那些远去的坚实身影

【民国著名文人性情档案】

《伴随》编辑部 编著

北方文艺出版社

图书在版编目（ＣＩＰ）数据

　　那些远去的坚实身影：民国著名文人性情档案 / 伴
随编辑部编著 . -- 哈尔滨：北方文艺出版社，2011.12
（2021.3 重印）
　　ISBN 978-7-5317-2764-4

　　Ⅰ . ①那… Ⅱ . ①伴… Ⅲ . ①文人 – 生平事迹 – 中国
– 民国 Ⅳ . ① K825.4

　　中国版本图书馆 CIP 数据核字 (2011) 第 234219 号

那些远去的坚实身影：民国著名文人性情档案
NAXIE YUANQU DE JIANSHI SHENYING MINGUO ZHUMING WENREN XINGQING DANGAN

....

编　　著 / 《伴随》编辑部
责任编辑 / 李玉鹏
封面设计 / 开封 图牌设计 小戚
出版发行 / 北方文艺出版社
地　　址 / 哈尔滨市南岗区宣庆小区 1 号楼
网　　址 / http://www.bfwy.com
邮　　编 / 150008
电子信箱 / bfwy@bfwy.com
经　　销 / 新华书店
印　　刷 / 保定市铭泰达印刷有限公司
开　　本 / 720×1020　　1/16
印　　张 / 27
字　　数 / 373 千
版　　次 / 2012 年 2 月第 1 版
印　　次 / 2021 年 3 月第 2 次印刷
定　　价 / 59.80 元
书　　号 / ISBN 978-7-5317-2764-4

....

目　录

鲁迅：横眉冷对千夫指，俯首甘为孺子牛

鲁迅照

传略 鲁迅（1881—1936），中国文学家、思想家、革命家和教育家。原名周树人，字豫才，浙江绍兴人。出身于破落封建家庭。青年时代受进化论、尼采超人哲学和托尔斯泰博爱思想的影响。1902年考取留日官费生，赴日本进东京的弘文学院学习。1904年，入仙台医科专门学校学医，后从事文艺工作，希望用以改变国民精神。1905—1907年，参加革命党人的活动，发表了《摩罗诗力说》、《文化偏至论》等论文。期间曾回国奉母命结婚，夫人朱安。1909年，与其弟周作人一起合译《域外小说集》，介绍外国文学。同年回国，先后在杭州、绍兴任教。

辛亥革命后，鲁迅曾任南京临时政府和北京政府教育部部员、佥事等职，兼在北京大学、女子师范大学等校授课。1918年5月，首次用"鲁迅"的笔名，发表中国现代文学史上第一篇白话小说《狂人日记》，奠定了新文学运动的基石。五四运动前后，参加《新青年》杂志工作，成为"五四"新文化运动的主将。

1918 年到 1926 年间，陆续创作出版了小说集《呐喊》、《彷徨》，论文集《坟》，散文诗集《野草》，散文集《朝花夕拾》，杂文集《热风》、《华盖集》、《华盖集续编》等。其中，1921 年 12 月发表的中篇小说《阿 Q 正传》，是中国现代文学史上的不朽杰作。1926 年 8 月，因支持北京学生爱国运动，为北洋军阀政府所通缉，南下到厦门大学任中文系主任。1927 年 1 月，到当时的革命中心广州，在中山大学任教务主任。1927 年 10 月到达上海，开始与其学生许广平同居。1929 年，儿子周海婴出世。1930 年起，先后参加中国自由运动大同盟、中国左翼作家联盟和中国民权保障同盟，反抗国民党政府的独裁统治和政治迫害。从 1927 年到 1936 年，创作了历史小说集《故事新编》中的大部分作品和大量的杂文，收辑在《而已集》、《三闲集》、《二心集》、《南腔北调集》、《伪自由书》、《准风月谈》、《花边文学》、《且介亭杂文》、《且介亭杂文二编》、《且介亭杂文末编》、《集外集》和《集外集拾遗》等专集中。鲁迅的一生，对中国文化事业作出了巨大的贡献：他领导、支持了"未名社"、"朝花社"等文学团体；主编了《国民新报副刊》（乙种）、《莽原》、《语丝》、《奔流》、《萌芽》、《译文》等文艺期刊；热忱关怀、积极培养青年作者；大力翻译外国进步文学作品和介绍国内外著名的绘画、木刻；搜集、研究、整理大量的古典文学，编著《中国小说史略》、《汉文学史纲要》，整理《嵇康集》，辑录《会稽郡故书杂录》、《古小说钩沉》、《唐宋传奇录》、《小说旧闻钞》等。

1936 年 10 月 19 日因肺结核病逝于上海。

1938 年出版《鲁迅全集》（二十卷）。中华人民共和国成立后，鲁迅著译已分别编为《鲁迅全集》（十卷），《鲁迅译文集》（十卷），《鲁迅日记》（二卷），《鲁迅书信集》，并重印鲁迅编校的古籍多种。1981 年出版了《鲁迅全集》（十六卷）。北京、上海、绍兴、广州、厦门等地先后建立了鲁迅博物馆、纪念馆等。鲁迅的小说《祝福》、《阿 Q 正传》、《药》等先后被改编成电影。鲁迅的作品被译成英、日、俄、西、法、德、阿拉伯、世界语等 50 多种文字，在世界各地拥有广大的读者。

印象　　夏丏尊忆鲁迅：周先生尚年轻时，风采和晚年所见者差不多。衣服是向不讲究的，一件廉价的羽纱——当年叫洋官纱——长衫，从端午前就着起，一直要着到重阳。一年之中，足足有半年看见他着洋官纱，这洋官纱在我记忆里很深。民国十五年（1926）初秋他从北京到厦门教书去，路过上海，上海的朋友们请他吃饭，他着的依旧是洋官纱。我对了这二十年不见的老朋友，握手以后，不禁提出"洋官纱"的话来。"依旧是洋官纱吗？"我笑说。"呃，还是洋官纱！"他苦笑着回答我。

郑振铎忆鲁迅：初次和他见面时，总以为他是严肃而冷酷的。他的瘦削的脸上，轻易不见笑容。他的谈吐迟缓而有力。渐渐的谈下去，在那里面，你便可以发见其可爱的真挚，热情的鼓励与亲切的友谊。他虽不笑，他的话却能引你笑。和他的兄弟启明先生一样，他是最可谈，最能谈的朋友，你可以坐他的客厅里，他那间书室（兼卧室）里，坐上半天，不觉得一点拘束，一点不舒服。什么话都谈，但他的话头却总是那末有力。他的见解往往总是那末正确。你有什么怀疑、不安，由于他的几句话也许便可以解决你的问题，鼓起你的勇气。

清水的印象："干瘪黄瘦的脸庞，高起突出的颧骨，浓的眉，长的发（未修装），短髭，布鞋，尖锐而又慈和的眼睛。"

上海立达学园胡行之回忆："模样呢，黄黄的脸，唇上堆着一撮黑须，发是乱蓬蓬的，穿着一件颇肮脏的老布长衫，面色黄黑，赛似一个鸦片鬼，又似一个土老儿，如果没有读过他的文章，怎会知道这是一个文坛健将呢？他之不爱修饰，随便的衣著，说话时常带讽刺，使人发笑，使人感到沉痛，这完全如他的文章一样。古人说'文如其人'，确是一些不错的。"

上海暨南大学黄慕度回忆："他中等身材，两道浓眉之下黑白分明的眼球炯炯有神，日本式的短髭簇聚在上唇，显出别致的风采。他微笑着向大家不断地点头。"

李乔的印象："穿灰布长衫，朴素得像一位老农民似的先生。没有戴帽子，留着平顶，头发一根根直立着，不由得会使人想起'怒发冲冠'那

鲁迅：横眉冷对千夫指，俯首甘为孺子牛

句词来。他的颧骨很高，两眼炯炯有光，方形的脸庞，那两道浓眉，那撇隶书的一字形的胡髭。"

由茨看到的鲁迅："脸色很苍白，除了两撇浓黑的髭以外，在鬓边也长出几根粗硬的须，看去就是好几个月不进理发店。穿着一袭黑布面的山羊皮裘，一条狭窄的腊肠式灰尼西装裤，和一双胶底平跟鞋。"他觉得鲁迅"庄严而不傲慢，和蔼而不轻佻"。

林曦回忆："苍白的瘦面孔，肌肉并不紧张，但却含蓄着一般沉毅的魄力。浓黑的直立的长发，不整齐而倔强。平直的两道浓眉，和隆直的鼻子，互相垂直，这样所构成的严肃和正直之感，被软软的上下眼泡所包起来的柔细的眼睛和向两鬓退去的皱纹，用和善深沉的色彩给调和了。掩口的黑须，和血色不甚明显的口唇，在说话时巧妙的配合着语句的幽默，话停时，却追加上令人信服的坚定。暗旧的茶绿色的棉袍，领扣虽是扣了，却不大对得上。当说话时一只手作着沉稳的手势时，袖口显得空洞，袍子的下摆落在膝盖下不远的腿上，衣服短，人更觉得低矮了。"

李文保回忆："鲁迅的态度有似和家人谈家常，从容，安详，毫不矜持，没有一点知识分子架子。从他身形看，头上刺天的短发，饱含着闪耀光芒的双眼，挺硬齐平的胡须，随着讲话动作着。时已冬季，穿的却是一件夹袍似的青色薄棉长袍，脚穿的却只是青年常穿的青色网球鞋。讲话有时用手轻摸着桌上他的旧毡帽，给人以极为简朴的印象。"

1923 年，大学二年级的许广平第一次上鲁迅的"中国小说史略"课。这时，她眼中的鲁迅是"首先惹人注意的是他那大约有两寸长的头发，粗而且硬，笔挺地竖立着，真当得'怒发冲冠'的一个'冲'字"。他穿着"褪色的暗绿夹袍，褪色的黑马褂，差不多打成一片。手弯上、衣身上的许多补钉，则炫着异样的新鲜色彩，好似特制的花纹。皮鞋的四周也满是补钉"。

许寿裳的回忆："鲁迅的身材并不见高，额角开展，颧骨微高，双目澄清如水精，其光炯炯而带着幽郁，一望而知为慈悲善感的人。两臂矫健，时时屏气曲举，自己用手抚摩着；脚步轻快而有力，一望而知为神经质的人。

赤足时，常常盯住自己的脚背，自言脚背特别高，会不会是受着母亲小足的遗传呢？总之，他的举动言笑，几乎没有一件不显露着仁爱和刚强。"

孙伏园回忆说，鲁迅留学归国时，头发不常理，约五分长，乱簇簇的一团，留着胡子；有时穿西服，有时穿长袍，长袍多为灰布的：冬天灰棉布，春秋灰布夹袍，初夏是灰色大褂；裤子多是西服裤；皮鞋是东方式的，黑色无带，便于穿脱；手中常拿一根手杖，就是《阿Q正传》中的哭丧棒。

蒋廷黼谈对鲁迅的初次印象："他有点瘸，走起路来慢吞吞的。他和我们相处不仅很客气，甚至可以说有点胆怯。"

王志之回忆第一次见到鲁迅，"恍惚感到当前坐着那位老头子是灰黑色的，一切都很模糊，好像刚从牢里放出来，浓密的眉毛和胡须好像在很活跃地耸动，显得有很厚的涵蓄……消瘦的脸是那样的憔悴，只剩一层惨白的掀起无数皱纹的皮肤，包着突出的颧骨……"

辛朗回忆鲁迅："面貌是瘦的，身体甚至于手，都是异常孱弱的。……那天我知道他要去北平的师大演讲了，我预先便在那里候着，许多青年男女，无数的一群都拥挤在那'风雨操场'里。鲁迅到的消息传来了，人数也就更增加了。房中容不下，只好又挤在空场中，中间一个方桌上便站着鲁迅。语句很沉着，间或几句使听的人发笑了，但他却像并不有意，继续着他的话，眼望着远方，虽然并不嗔怒，却更能使人感知，他虽然并没有发出激越的声调，但听的人谁都听得很真切。讲演完了，他向外走着，一重一重的人海还是围绕着他，要不是你预先知道那是鲁迅，准会由他陈旧带着许多块油渍的长袍上想到是一个贩卖古董旧货的商贾……"

增田涉对鲁迅的印象则是"清澈澄明的眼睛毫无纤尘，走路的姿态甚至带有飘飘然的'仙骨'"。他在室内"穿着狭小的学生装的裤子，束着皮带，穿着手织的紫色毛衣。头发和胡须蓬乱，手里经常拿着烟管，嘴闭作一字形，微微笑着。……香烟不离手，……手指头给烟脂熏得变成赤茶色。头发也有时剪了，大概由于剪发的事极少，所以一剪了就显出样子很不同地好看起来，我便开玩笑说'漂亮'。"

张辛南的回忆，鲁迅的牙齿全部是深黄色，牙根是深黑色，其黑如漆；上街时，他穿一条黑布裤，一件白小纺大褂，头发不剪，面带黄色。几次演讲下来，许多人都认为鲁迅吸鸦片。一次，有人问张道："周先生恐怕有几口瘾吧！"张答："周先生吃香烟。"又一次，一位军人问张道："学者也吸鸦片烟么？"张问："哪个学者？"他毫不犹豫地说："周鲁迅满带烟容，牙齿都是黑的，还能说不吃烟么？"张见他语气坚定，只好不予理会。

阿累回忆鲁迅："他的面孔是黄里带白，瘦得叫人担心，好像大病新愈的人，但是精神很好，没有一点颓唐的样子。头发约莫一寸长，原是瓦片头，显然好久没剪了，却一根一根精神抖擞地竖着。胡须很打眼，好像浓墨写的隶体'一'字。"

丁玲回忆："会开始不久，鲁迅来了，他迟到了。他穿一件黑色长袍，着一双黑色球鞋，短的黑发和浓厚的胡髭中间闪烁的是铮铮锋利的眼神，然而在这样一张威严肃穆的脸上却现出一付极为天真的神情，像一个小孩犯了小小错误，微微带点抱歉的羞涩的表情。……会上正有两位女同志发言，振振有词的批评左联的工作，有一位还说什么'老家伙都不行，现在要靠年轻人'等等似乎很有革命性，又很有火气的话。我看见鲁迅仍然是那末平静的听着。"

萧红回忆，鲁迅从不戴手套，不围围巾，冬天穿着黑土蓝的棉布袍子，头上戴着灰色毡帽，脚穿黑帆布胶皮底鞋。出门时，大家劝他围上围巾，他说："从小就没戴过手套围巾，戴不惯。"胶皮底鞋夏天穿着热，冬天又凉又湿，大家劝他换掉，他不肯，说胶皮底鞋子走路方便。于是，他就这样走着去内山书店，两只手露在外边，很宽的袖口冲着风就向前走，腋下夹着个黑绸子印花的包袱。这个包袱他每天随身携带，出去时带着给青年们的回信，回来时又从书店带来新的信和青年请他看的稿子。

评价　　周作人说：鲁迅不求闻达，但求自由的想或写，不要"学者文人"的名，更不为利。《新青年》是无报酬的，晨报副刊多不过一字一二厘即千字一二圆。罢了。以这种态度治学问或做创作，这才能够有独到之见，独创之才，有自己的成就，不问工作大小都有价值，与制艺异也。

郑振铎说：他所最恨的是那些专说风凉话而不肯切实的做事的人。会批评，但不工作；会讥嘲，但不动手；会傲慢自夸，但拿不出东西来，像那样的人物，他是不客气的要摈之门外，永不相往来的。所谓无诗的诗人，不写文章的文人，他都深恶痛绝地在责骂。他常感到"工作"的来不及做，凡做一件事，都总要快快的做："迟了恐怕要来不及了。"这句话他常在说。

叶公超说："他的情感的真挚，性情的倔强，智识的广博都在他的杂感中表现的最明显。……在这些杂感里，我们一面能看出他的心境的苦闷与空虚，一面却不能不感觉他的正面的热情。他的思想里时而闪烁着伟大的希望，时而凝固着韧性的反抗，在梦与怒之间是他文字最美满的境界。"

陈独秀说："鲁迅先生的短篇幽默文章，在中国是空前的天才，思想也是前进的。……保持着独立思想的精神，不肯轻易随声附和，是值得我们钦佩的。"

梁实秋说："鲁迅一生坎坷，到处'碰壁'，所以很自然的有一股怨恨之气，横亘胸中，一吐为快。怨恨的对象是谁呢？礼教，制度，传统，政府，全成了他泄愤的对象。他是绍兴人，也许先天的有一点'刀笔吏'的素质，为文极尖酸刻薄之能事，他的国文的根底在当时一般白话文学作家里当然是出类拔萃的，所以他的作品（尤其是所谓杂感）在当时的确是难能可贵。"

孔另境说："先生有两个超于常人的特点，其一是恩怨观念十分着重，只要这个人被他骂过，他会永远记住，像陈源教授，事情已经隔十多年了，但他还常常要带到他"，无论是谈天还是写文章；要是这个人确实和他有感情，即使这人现在已十分落伍，他也不肯骂他，倘有人提及此人，他只是笑。"先生另外的一个特点是重气节，嫉恶如仇"，他对没有气节的人从不饶恕。某文学家被捕后，鲁迅尽最大努力去营救，但这人后来变节，立即平安无事，鲁迅得知后非常生气，从此再不愿有人提及此人一个字。鲁迅最佩服至死不屈的人，如瞿秋白，所以后来尽心尽力为瞿编撰《海上述林》。

许广平说："你的弊病，就是对一些人太过深恶痛绝，简直不愿同在一地呼吸，而对一些人则期望太殷，于是不惜赴汤蹈火，一旦人家不以此种为殊遇而淡漠处之，或以寻常人者对你，则你感觉天鹅绒了。这原因，是由于你的感觉太锐敏太热情，其实世界上你所深恶痛绝的和期望太殷的，走到十字街头，还不是一样吗，而你把十字街头的牛鬼蛇神硬搬到'象牙之塔''艺术之宫'，这不能不说是小说家，取材失策，如果明了凡有小说材料，都是空中楼阁，自然心平气和了。"

1944年，昆明文艺界举行纪念鲁迅逝世八周年晚会，闻一多也去参加。闻是"新月派"诗人，曾骂过鲁迅，他不仅不避嫌疑来参加，且发表了坦诚的演说。他先向鲁迅的画像深鞠一躬，然后说："鲁迅对！他以前骂我们清高，是对的；他骂我们是京派，当时我们在北京享福，他在吃苦，他是对的……时间越久，越觉得鲁迅伟大。今天我代表自英美回国的大学教授，至少我个人，向鲁迅先生深深地忏悔！"然后，他指着鲁迅画像旁悬挂的对联"横眉冷对千夫指，俯首甘为孺子牛"说："有人说鲁迅是中国的圣人，就凭这两句话，他就当之无愧！"

鲁迅去世后，与他曾有论战、且从未谋面的郭沫若盛赞鲁迅，曾写下三副挽联，其中一联云："孔子之前，无数孔子，孔子之后，一无孔子；鲁迅之前，一无鲁迅，鲁迅之后，无数鲁迅。"

老舍说："还有人也许说，鲁迅先生的后期著作，只是一些小品文，未免可惜，假若他能闭户写作，不问外面的事，也许能写出比阿Q更伟大的东西，岂不更好？是的，鲁迅先生也许能那样地写出更伟大的作品。可是，那就不成其为鲁迅先生了。"

郁达夫在《鲁迅的伟大》中说："如问中国自新文化运动以来，谁最伟大？谁最能代表这个时代？我将毫不踌躇地回答：是鲁迅。鲁迅的小说，比之中国几千年来所有这方面的杰作，更高一步。至于他的随笔杂感，更提供了前不见古人，而后人又绝不能追随的风格，首先其特色为观察之深刻，谈锋之犀利，文笔之简洁，比喻之巧妙，又因其飘逸幽默的气氛，就难怪读者会感到一种即便喝毒酒也不怕死似的凄厉的风味。"

蔡元培为《鲁迅全集》撰序，他称"先生阅世既深，有种种不忍见不忍闻的事实，而自己又有一种理想的世界，蕴积既久，非一吐不快"。其著述"蹊径独辟，为后学开示无数法门，所以鄙人敢以新文学开山目之"。

林语堂评鲁迅："鲁迅所持非丈二长矛，亦非青龙大刀，乃炼钢宝剑，名宇宙锋。是剑也，斩石如棉，其锋不挫，刺人杀狗，骨骼尽解。于是鲁迅把玩不释，以为嬉乐，东砍西刨，情不自已，与绍兴学童得一把洋刀戏刻书案情形，正复相同，故鲁迅有时或类鲁智深。"

晚年的王瑶如此评价鲁迅："鲁迅先生是真正的知识分子。什么是知识分子？他首先要有知识；其次，他是'分子'，有独立性。否则，分子不独立，知识也会变质。"

婚恋 朱安是鲁迅的原配夫人，他们是 1906 年 7 月 26 日在绍兴结婚的。朱安是绍兴城里人，比鲁迅年长三岁，是个心地善良，恪守妇道，没有文化的姑娘。鲁迅本来不同意这桩婚事，可是她母亲却坚持成全此亲事，几次催他回国成亲。鲁迅总是拖延、搪塞。这一年的 7 月，鲁迅的母亲给他拍电报称："母病速归。"鲁迅只好立即回国。不料，他到家的第二天，母亲就为他举行了婚礼。

朱安照

鲁迅觉得母命难违，只好听之任之。在婚礼上，鲁迅面色阴沉，听从

摆布，并没有什么反抗的举动，她母亲以为儿子认可了这门婚事。晚上入洞房时，由他的童年朋友周冠五和衍太太的儿子明山扶着鲁迅上楼，见到揭开盖头的朱安，鲁迅一句话也没有说，在洞房里静静地坐了一夜。第二天和第三天晚上，鲁迅睡在她母亲的屋里，母亲多次要他回到自己的屋里去，他都婉辞拒绝了。第四天就东渡日本，直到 1909 年 8 月才回国。

鲁迅回国后，先后在杭州师范学校、绍兴浙江省五中和绍兴师范学校，担任教务长、学监和校长。此间，他住在学校，很少回家。1912 年蔡元培担任国民政府教育总长之后，聘任鲁迅到教育部工作。鲁迅自此离家。留下朱安陪着鲁母苦度生涯。1919 年鲁迅在北京八道湾买下一所宅院，将母亲、朱安和两个弟弟全家接来居住。后因与周作人反目，鲁迅搬到阜成门内西三条胡同。此间，他和朱安依然分居。朱安陪伴着鲁母生活，也管理着家务。

朱安是受封建礼教影响很深的女子，她与鲁迅相敬如宾，鲁迅把生活费用交给朱安，日常生活由她安排。她为鲁家做饭菜，缝洗衣服，每天晚上为鲁迅铺好被褥。尽管鲁迅不同意她这样做，但是朱安仍然不改初衷。平时，两人为了尽量不碰面，不说话，她准备了一只箱子，将鲁迅换下的衣服洗好放在里边，让鲁迅取用。这就使得单身的鲁迅始终能穿上洗干净的衣服。在朱安患病时，鲁迅也很关心她，陪伴她到医院治疗。鲁迅还定期为朱安的娘家寄钱。这对没有爱情，却又无法摆脱封建桎梏的婚姻，就这样延续了 30 年之久。

1927 年 10 月，鲁迅在上海与许广平同居。朱安安于天命，对鲁迅与许广平的同居，并无怨恨，而且还对许广平以妹相称。1936 年 10 月鲁迅病逝后，朱安给周建人写信，要他转告许广平：欢迎许广平母子到北京和她一起居住，"同甘共苦，扶持堂上，教养遗孤"。1947 年朱安孤独地辞别人世。

许广平是鲁迅在北京女高师（后更名为北京女子师大）兼课时认识的女学生。她祖籍福建，生于广东番禺。1917 年考入天津直隶女子师范学校，

1922 年毕业后进入北京女子高等师范学校国文系读书。

当年的北京女高师校长是许寿裳，他与北大校长蔡元培是同乡，因之两所学校的联系较多。女高师聘请了北大的资深教授来兼课，北大的一些活动，女高师的师生也可以参加。鲁迅是在许广平读二年级时，到女高师讲《中国小说史略》的。当时的鲁迅已经发表了小说《狂人日记》，在青年学生中很有影响。女高师的学生们听说鲁迅给他们讲课，都很仰慕，特别是女孩子们更想看看他

鲁迅与许广平、周海婴

是怎样一个人。不料，前来给她们上课的却是一位个头不高，表情严肃，衣着陈旧的人。学生们敬重他，可是看到他那严峻的面孔又有些惧怕。他以浓重的绍兴口音的"官话"讲课，常在讲义之外讲些大家闻所未闻的事，讲得很幽默，逗得满堂大笑而他自己却不笑。

许广平是个好学的学生，每次听课她都坐在第一排。认认真真地听课和记笔记，有时有了不懂的问题，还敢于向老师提问。课间休息时，她还主动去擦黑板，也常与老师说几句话。特别是对于鲁迅渊博的学识，精辟的见解，更是从心底里敬仰。因此鲁迅对这个勤学好问的女生也颇有好感。

1924 年 5 月北洋政府任命杨荫榆担任女子师大校长后，推行奴化教育和封建教育，引起学生们的不满。在 1925 年 3 月 11 日，女师大发生了反对校长杨荫榆的学潮，思想激进的许广平是学潮中的骨干。面对学校复杂的形势和面临毕业的选择，许广平陷入思想苦闷之中。毕业后何去何从，心里苦闷，无法解脱。她想把心中的苦闷说给自己敬重的老师，以便求得他的指导。她就大胆地给鲁迅写了封信，述说了学校状况、人生道路，以及自己的苦闷，并且要求老师给予"无时地界限"的指导。不料鲁迅在收

到她来信的当天，就给她写了回信。这让怀着惴惴不安的心情给鲁迅写信的她激动不已。接着，他们在一个月里就互相往还了六封信。尽管每周听课时能见到鲁迅，可是他们觉得通信便于思想交流，更拉近了彼此的距离。

1925年4月12日，许广平约了同窗好友林卓凤一起到西三条胡同的鲁迅家拜访，许广平见到鲁迅在家里很忙碌。除了备课、上课和在教育部办公外，还要写文章，编《莽原》，校稿子，看清样。许广平看在眼里，急在心里，便力所能及地帮着鲁迅干些杂事。这样，课余时间她到西三条胡同去的次数就逐渐多了起来。每次去鲁家，她不仅从生活上关心鲁迅，帮助他处理一些稿件或生活的琐事，而且还劝导他多休息，少吸烟，戒掉饮酒。这种关怀自然使鲁迅对她的情谊逐渐加深。在1925年10月20日这一天，许广平在鲁迅家一直待到晚上，鲁迅坐在书桌边的藤椅上，许广平坐在鲁迅书桌旁的床头。他们谈得很投缘，谈得激动之时，许广平顺手抓住了鲁迅扶在藤椅上的手，鲁迅反手就紧紧地握住了许广平的手。这时两颗心都很激烈地跳动着，鲁迅顺手将许广平揽在怀里，如饥似渴地吮着对方的香唇。

1925年5月9日，女子师大校长杨荫榆宣布开除许广平等六位学生自治会职员，激起了广大师生的义愤，马裕藻、沈尹默、鲁迅等教授联名抗议，校内反对杨荫榆的情绪更加高涨。

1926年"三·一八"惨案后，段祺瑞政府列出通缉名单，鲁迅被列入其中。为躲避段祺瑞政府的通缉，鲁迅于同年8月来到厦门大学任教。而许广平则回到家乡，在广州女子师范学校任职。两地分隔使他们间的通信更加频繁，更加强化了他们的感情系念。1927年1月，鲁迅到广州的中山大学任中文系主任，"四·一二惨案"发生后，鲁迅因校方营救被捕学生不顺利愤而辞职，同年的10月3日，鲁迅和许广平来到上海，46岁的鲁迅与29岁的许广平开始了他们的同居生活。

提掇　我国著名的民主革命家、教育家蔡元培，与鲁迅同是浙江绍兴人，他们两家还是世交。1904 年蔡元培组织光复会时，鲁迅经朋友陶成章介绍加入，蔡元培对这个小老乡很器重。他的提掇几乎是重写了鲁迅的人生历史。1912 年初蔡元培被孙中山任命为教育总长。他接任后就广纳人才，发函请许寿裳荐举的鲁迅来教育部就职。后来教育部迁往北京，教育部次长趁机网罗亲信，欲将鲁迅除名。蔡元培察觉后任命鲁迅为教育部社会教育司第一科科长。1916 年蔡元培担任北京大学校长后，聘请鲁迅讲授中国小说史，还请他为北大设计校徽，并沿用至今。此外，鲁迅被聘为中国大学特约著作员和加入中国民权保障同盟，也都是蔡元培推荐的。

鲁迅对蔡元培很尊敬，不管当面还是书信，总是恭敬地以"先生"称之。鲁迅称为"先生"的，除了章太炎之外，就是蔡元培了。蔡元培发现鲁迅喜欢抄古碑，搜集金石拓片，就将自己收藏的《赞三宝福业碑》、《高归彦造像》、《丰乐七帝二寺邑义等造像》和《苏轼等仿像老题记》拓片赠送给他。

蔡元培与鲁迅的关系密切到爱屋及乌的程度。他对鲁迅的弟兄也很关心。蔡元培得知周作人来到北京，就聘为北大人文科教授。周建人因受周作人夫人羽太信子排挤，蔡元培就将周建人荐举到上海商务印书馆工作。

蔡元培对鲁迅思想的影响，最主要的还是他执掌北京大学后，倡导的"思想自由、兼容并包"的"北大精神"。蔡元培聘任新文化运动的领袖陈独秀为文科学长，随之陈独秀主编的《新青年》迁移北京，使得这所弥漫着陈旧气息的最高学府，开始呈现勃勃生机。为鲁迅思想成熟提供了良好的环境和背景，使他的《狂人日记》、《阿 Q 正传》等白话小说，得以由《新青年》面世。蔡元培倡导的"北大精神"哺育了鲁迅，为鲁迅的大展宏图提供了广阔的舞台。

1936 年 10 月鲁迅病逝后，蔡元培参加了鲁迅治丧委员会，举行葬礼时，亲自执绋送葬。《鲁迅全集》编纂好后，蔡元培致函国民党中央宣传部部长邵力子，请求送审时开放绿灯。蔡元培为这部全集写了序言。序言中对鲁迅的创作和学问推崇备至。这些评价出于一位德高望重的长者之口，更让人感到其分量之重，情感之真，至今看来仍令人感动不已。许广平对蔡元培为鲁迅所做的一切极为感激和崇敬，她曾撰文说："蔡先生文章道德，海内传颂，鲁迅先生一生深蒙提掖，此次更承为全集作序，知何宗尚，鲁迅先生有知，亦必含笑九泉，岂徒私人之感幸。"

忘年　　瞿秋白是中国共产党早期的主要领导人之一，也是中国革命文艺事业的重要奠基人。1931年初，他受到王明等人的残酷打击，被排挤出中共中央领导之后，开始转入文化战线，与鲁迅、茅盾等一起领导左翼文化运动，并结成了忘年之交。

其实，瞿秋白与鲁迅的交往时间并不长，如果从1931年5月瞿秋白与鲁迅经冯雪峰中间联络相识算起，他们的交往只有四年的时间。可是从鲁迅书赠给瞿秋白的那副"人生得一知己足矣，斯世当以同怀视之"的对联看，他们的友谊却是非常深挚，非同一般的。

1931年5月的一天，冯雪峰给避居在茅盾家的瞿秋白送去左联机关刊物《前哨》的"纪念战死者专号"。瞿秋白读了这本由鲁迅等编辑的刊物十分赞赏。特别是读了鲁迅写的《中国无产阶级革命文学和前驱的血》一文，不由得击节称赞说："写得好，究竟是鲁迅！"瞿秋白虽然没有与鲁迅见过面，但对鲁迅的文章非常喜欢读，认为他的文章犀利、泼辣，很有战斗力。事后冯雪峰与鲁迅谈起瞿秋白，说他在苏联学习过，懂得俄文，鲁迅当即让冯雪峰请瞿秋白将《铁流》俄文的序文翻译出来。随后，鲁迅又请瞿秋白翻译卢那察尔斯基的《解放了的堂吉诃德》。1931年9月，鲁迅译的法捷耶夫名著《毁灭》出版后，瞿秋白给鲁迅写信，对鲁迅译文中的几个问题提出了看法，并说："我们是这样亲密的人，没有见面的时候就这样亲密的人，这种感觉，使我对你说话的时候，和自己商量一样。"

后来，瞿秋白住到上海市紫霞路冯雪峰的朋友家里。他和鲁迅的联系就由冯雪峰承担。冯雪峰每隔三、四天，或五六天，就分别去瞿秋白和鲁迅的住处一次，传递"左联"与革命文学运动的情况，请示或讨论一些问题。瞿秋白除了指导和参与"左联"的一些活动外，还为"左联"公开发行的《北斗》、《文艺新闻》和秘密刊物《文学导报》写杂文，或翻译介绍马列主义的文艺理论及苏联的文学作品。

1932年初夏的一天，瞿秋白由冯雪峰陪同拜访了鲁迅。他们一见如故，倾心而谈，话缘投机，至晚始别。此后，他们经常见面交流思想，切磋文章，甚至共同商讨由瞿秋白执笔成文，用鲁迅的笔名发表。如编入《鲁迅全集》的《王道诗话》、《曲的解放》、《出卖灵魂的秘诀》等多篇作品，就是瞿秋白执笔的杂文。1933年4月瞿秋白编辑了《鲁迅杂感选集》，在他写的序言中对鲁迅思想的形成、发展与特点，以及在新文化运动中的地位、作用和弱点，都作了科学的分析和正确的评价。鲁迅对他的直率批评和鼓励非常满意。

在白色恐怖笼罩的上海，鲁迅的处境很艰难，但他置个人安危于不顾，先后在1932年11月、1933年2月、7月及9月，四次接待瞿秋白夫妇到家里避难。这对处于地下状态的左翼文化领导者的瞿秋白，无疑是极好的保护。1934年1月初，瞿秋白奉命到江西中央苏区。临行前，他来鲁迅家辞行。他们彻夜长谈，依依惜别。不料第二年的6月瞿秋白被反动派杀害。为此鲁迅抱病搜集、抄写、编排、校阅瞿秋白的译稿，编辑成《海上述林》两卷出版，作为悼念瞿秋白的礼物。

双雄　　鲁迅与胡适都是我国新文化运动的开路先锋，是我国现代文学史上的并立双雄。

鲁迅在教育部任职时，他的同乡好友、《新青年》编辑钱玄同经常到鲁迅的住处来，将《新青年》拿给他看，并希望他能写点文章。鲁迅在《新青年》杂志上读到胡适发表的《文学改良刍议》，他对胡适提出文学革命的气魄和胆识十分敬佩。1918年1月《新青年》改组，鲁迅、胡适都应邀参加《新青年》的编辑工作。在《新青年》改组会上，鲁迅结识了李大钊、陈独秀和胡适等人。他们成了同一战线上的盟友。最初，他们志同道合，意气相投，发表文章相互配合。当胡适提出"打倒孔家店"的口号，将批判的锋芒直指封建礼教时，鲁迅则与之相呼应，创作了白话小说《狂人日记》，以更为激烈的批判精神揭露了封建礼教的"吃人"本质。

鲁迅与胡适同为北京大学教授，在学术领域经常互相切磋，互通信息。胡适研究《红楼梦》提出作者"自叙传"一说，得到鲁迅的充分肯定。鲁迅写作《中国小说史略》时，曾引用过胡适考证过的资料。胡适早就有写作中国小说史的想法，在鲁迅的《中国小说史略》出版后，他给与很高的评价，认为"这是一部开山的创作，搜集甚勤，取材甚精，断制也甚谨严，可以替我们研究文学史的人节省无数精力。"

虽然鲁迅对胡适倡导的"多研究些问题，少谈些主义"持有异议，但真正形成鲁迅与胡适分歧的原因还在于对国民党的看法上，鲁迅面对国民党的黑暗与强权，所采取的态度是"黑暗至极，无理可说"，只有反抗。而胡适也对国民党的独裁专制不满，但他却标榜美国式民主，冀望通过"负责任的言论"来引导政体走上民主化轨道。这种分歧，突出地表现在中国民权保障同盟的工作上。1932年12月，宋庆龄、蔡元培、鲁迅、杨杏佛等人在上海发起成立中国民权保障同盟。胡适被选举为北平分会执行委员会主席。当中国民权保障同盟向国民党提出"立即无条件释放一切政治犯"时，胡适则公开发表文章予以批评。宋庆龄、鲁迅对胡适的言论提出质疑，胡适仍然固执己见。1933年6月18日，积极参加同盟活动的杨杏佛被特务在上海暗杀，两天后鲁迅冒着生命危险毅然出席杨杏佛的入殓仪式。而当鲁迅为杨杏佛遇害而伸张正义的时候，胡适对昔日的学生和朋友之死，始终未置一词。鉴此，中国民权保障同盟只得将胡适除名，由此鲁迅与胡适也就彻底分道扬镳了。

尽管鲁迅与胡适成为不同立场的代言人，可是胡适对鲁迅在白话文学上的成绩，一直是持肯定态度的。鲁迅逝世后，武汉大学教授苏雪林指责鲁迅，污蔑鲁迅，极力贬低鲁迅的价值和影响。胡适闻知立即给苏雪林去信说："凡论一人，总须持平，爱而知其恶，恶而知其美，方是持平。鲁迅自有他的长处，如他的早年文学作品，如他的小说史研究，皆是上乘之作。"苏雪林还翻出旧账说，曾有人认为鲁迅的《中国小说史略》是抄袭了日本盐谷温的著作，熟知鲁迅的中国小说史研究的胡适，在给她的信中写道："现今盐谷温的文学史已由孙俍工译出了，其书是未见我和鲁迅之小说研究以前的作品，其考据部分浅陋可笑。说鲁迅抄盐谷温，真是万分的冤枉。盐谷一案，我们应该为鲁迅洗刷明白。"这种客观的态度是值得肯定的。

慈爱　许广平回忆：一次，上课时，前排的几个学生说："周先生，天气真好哪！"鲁迅不答。又有人说："周先生，树枝吐芽哪！"还是不答。"周先生，课堂空气没有外面好哪！"终于，他笑了笑。学生受了鼓励，说："书听不下去哪！"他说："那么下课！"马上有学生接口道："不要下课，要去参观。"这时全体学生都说要去，于是鲁迅便带着他们去参观故宫了。

常维钧回忆：讲课时，为了让学生更好理解，鲁迅还在黑板上画画，或以肢体语言表达。一次，为了解释《酉阳杂俎》中的故事，他仰着面，弓着腰，身子向后仰，结果身体一弯曲就晃起来，脚下也站立不稳，他自语道："首髻及地，吾不能也。"学生们见此情形，很是感动。

担任《奔流》、《语丝》编辑时，鲁迅每天都收到五花八门的稿件：有自己写了不愿再看，让鲁迅仔细修改的；有翻译错误百出，不能登载，抱怨不断的；有一稿多投的；有字小且模糊的……这些稿件，鲁迅都用心加以编辑，设法登载。如果是译稿，但凡能对照原文的，鲁迅便自己对照，加以改正；如果原文是英文，鲁迅便向人打听，修改妥当。

鲁迅搬到砖塔胡同时，十二岁的俞芳觉得他表情严肃，脸上没有一丝笑容，有些怕他。院子里有一棵俞芳种的芋艿，从来没人注意过，鲁迅搬来不久便问她："为什么你种的芋艿总是只有一片叶子呢？"俞芳答："老叶颜色太深，不好看，我就把老叶摘掉了。"鲁迅便告诉她，这样芋艿是种不好的，让她以后不要再摘掉老叶了。这时，一旁的大姐俞芬忍不住骂俞芳"呆"，鲁迅却微笑着对她说："小孩子总有小孩子的想法和做法，对他们幼稚可笑的行动，要多讲道理，简单的指责和呵斥，并不能解决问题。"

搬来不久，鲁迅便送给俞芳和妹妹俞藻每人一盒积木，并常给她们买点心和糖果。他从来不对孩子们摆架子，俞芳肖猪，俞藻肖牛，他便称呼二人"野猪"、"野牛"，而二人也没大没小地叫他"野蛇"（鲁迅肖蛇）。他也不生气，笑着问她们："蛇也有不是野的吗？"

对于孩子们的要求，鲁迅有求必应。俞芳写了篇童话，请他修改，他很认真地为她修改，并加了标点；俞芳、俞藻喜欢画小人，但不会画人头，便请鲁迅帮忙，他总按她们的要求画，立等可取；俞芳、俞藻的地理课老师要求学生家长将各省的省会、主要出产、气候等用毛笔写在卡片上，小姐妹分配到长江流域各省的卡片，二人请鲁迅帮忙写出，第二天得到了老师的表扬，她们回家高兴地告诉了鲁迅，鲁迅笑着说："真是不胜荣幸之至！"

一次，鲁迅对住得不远的茅盾说，借你儿子用一下，茅盾莫名其妙，但还是答应了。鲁迅这才说明，是请孩子看电影。原来当时茅盾十二岁的儿子正生病在家休养，鲁迅同情病中的孩子，特地约他同去看电影解闷。走在路上，鲁迅还特地拉着孩子手，弄得孩子很窘迫。回家后，孩子问他的母亲道："为什么我这么大了还要拉着我的手呢？"

某日深夜，周家的两个女工王妈和齐妈发生口角，声音越吵越大，鲁迅被吵醒，整夜失眠，第二天就病了。晚上俞家姐妹去看望鲁迅，说起夜间女工吵架之事，俞芬问道："大先生，你为什么不去喝止她们？其实你就是大声咳嗽一声，她们听到了，也会不吵的。"鲁迅摇头道："她们口角，彼此的心里都有一股气，她们讲的话又急又响，我听不懂，因此不知道她们吵嘴的原因，我去喝止或大声咳嗽一声，可能会把她们的口角暂时压下去，但心里的一股气是压不下去的，心里有气，恐怕也要失眠；再说我呢，精神提起，也不一定就能睡着，与其三个人都失眠或两个人失眠，那么还是让我一个人失眠算了。"

每当傍晚，邮递员送信来时，鲁迅多半自己取信，并和邮递员聊几句。一次，鲁迅的母亲问他："你们在外边讲些什么呀？"他说："邮递员送信很辛苦（当时邮递员送信都是步行），信送到了，我请他吸支烟，喝杯水，在门洞里坐坐，歇歇力，表示对他的感谢。"

一次雪后路滑，车夫拉着鲁迅，一起摔倒在地上，车夫的腿受了伤，鲁迅的门牙撞掉，满口是血，但鲁迅并未责备车夫，反而问车夫的伤势如何。回家后，大家惊慌失措，鲁迅却说："世道真的变了，靠腿吃饭的，跌伤了腿，靠嘴吃饭的，撞坏了嘴。"

内山完造回忆：一天，鲁迅穿着粗朴的蓝布长衫、廉价的橡皮底鞋，到宾馆去看望萧伯纳。鲁迅走进宾馆电梯，电梯司机见他进来，既没有理会，也没有动作。鲁迅以为还有人来，于是就等着。过了好一会儿没人过来，鲁迅便催促司机说："到七楼。"司机上下打量了他一番说："走出去！"鲁迅只好出去，爬楼梯上七楼去了。两人见面晤谈后，萧伯纳将鲁迅送到电梯口，见到萧伯纳对鲁迅的殷勤样子，电梯司机很是窘迫。

一次，鲁迅与徐懋庸谈话结束时，突然问徐道："你有几个孩子？"徐说有两个，他马上带徐到一家商店，买了两斤高级糖果，让徐带回去给孩子。听说徐正患消化不良，又到药房买了一瓶蓖麻油，说："服这个泻一泻就好了。这是起物理作用的药品，没有副作用。"

1933 年，瞿秋白和夫人杨之华秘密来到上海，瞿当时身患肺病，生活非常拮据。鲁迅让瞿氏夫妇到自己家中居住，并执意将主人房腾出来，自己打地铺。为了帮助瞿，又不伤害他的自尊心，鲁迅将自己编的一本《鲁迅杂感选集》交给瞿，请他出版，实际上是将这本书的版权和稿费赠送给瞿。

文学青年孙用翻译了《勇敢的约翰》，寄给鲁迅，鲁迅阅后马上回信称赞译得很好，并为孙谋划出版。费时两年，鲁迅终于找到一家小书店愿意为孙印书，并垫付了几百元的制版费。等到书店返还一部分制版费后，鲁迅又将他作为版税先支付给孙用。

丁玲和冯雪峰去拜访鲁迅，三人在桌子旁聊天，周海婴在另一间屋子睡觉。鲁迅不开电灯，把煤油灯捻得小小的，说话声音也很低。他解释说，孩子要睡觉，灯亮了孩子睡不着。丁玲回忆说，他"说话时原有的天真的表情，浓浓的绽在他的脸上"。

鲁迅讨厌留声机的声响，尤其是在闭目构思的时候。但因为周海婴喜欢，他特地给六岁的儿子买了一台。周海婴对送来的留声机不满意，鲁迅竟一连给他换了三次。为此，他还写下了"无情未必真豪杰，怜子如何不丈夫"的诗句。

每到夏天，上海十分溽热，周海婴的胸前和背上总要长出痱子。晚饭以后，他便跑到二楼，躺在父亲床上。这时鲁迅就准备一个小碗和海绵，把一种药水摇晃几下，用药水把海绵浸湿，轻轻涂在周海婴胸上或背上。每搽一面，由许广平用扇子扇干。直到天色黑尽，鲁迅又要开始工作了，周海婴才恋恋不舍回到三楼自己的房间里睡觉。

耿介　鲁迅一生共演讲过 60 多次，北京、西安、厦门、上海、广州等地的大学和文学团体，都曾邀请鲁迅前往演讲。作为被时人称为"文豪"的鲁迅，演讲时听者众多，有关部门也是隆重礼遇，而鲁迅却从未因场面需要改变自己的谈话风格，反而常给人"不近情理"的感觉，让人心生感慨。

1924 年 7 月，鲁迅到西北大学演讲，讲题为《中国小说的历史的变迁》。其间陕西省省长、军阀刘镇华邀请鲁迅为驻西安的陆军下级军官演讲，刘的目的是让鲁迅在讲演中对他的"政绩"推崇一番，以抬高自己的威信。鲁迅在受邀同时指出："我向士兵讲是可以的，但是我要讲的题目仍然是小说史，因为我只会讲小说史。"结果，鲁迅为士兵上了一回小说课，刘军阀的目的彻底落空。

1927年1月23日，鲁迅应广州世界语学会邀请前往演讲。一位姓黄的组织者为了能让鲁迅应允演讲，对鲁迅恭维了一番，说鲁迅在北京时曾极力提倡世界语，鲁迅连忙否认，说那是周作人，不是他。第二天演讲开始前，黄登台致词，又恭颂鲁迅以前提倡世界语之功，然后请鲁迅演讲，而鲁迅登台后就又声明那是周作人，不是他。

而最能见出鲁迅风范的，是1926年11月在厦门集美大学的一次演讲。当时的集美大学校长叶渊请鲁迅和林语堂一同前往，办学方针趋于保守的叶，自知鲁迅是一位"思想前进的文人"，为了不使鲁迅的演讲与自己的观点相左，特地先请鲁迅一起吃饭，然后才带他进礼堂。但鲁迅登台就讲道："我在厦门的时候，听说叶校长办学很拘束，学生极不自由，殊不敢加以赞同。……刚才叶校长又请我吃面。吃了人家的东西，好像要说人家的好话，但我并不是那样的人，对于叶校长办学的方法之错误，以及青年身心的发展，和参加社会活动的必要等等，我仍旧是非说不可的。"

鲁迅吃了人家的却嘴不软，足令叶校长露出"失望不安的情态"。鲁迅自己也曾对这次演讲发表过看法。"校长实在沉鸷得很，殷勤劝我吃饭。我却一面吃，一面愁。心里想，先给我演说就好了，听得讨厌，就可以不请我吃饭；现在饭已下肚，倘使说话有悖谬之处，适足以加重罪孽，如何是好呢？午后讲演，我说的是照例的聪明人不能做事，因为他想来想去，终于什么也做不成等类的话。""硬要我去，自然也可以的，但须任凭我说一点我所要说的话，否则，我宁可一声不响，算是死尸。"（《华盖集续编·海上通讯》）

张友松回忆，某青年总向鲁迅宣传无政府主义，劝说鲁迅不要相信马克思主义，吃过多次闭门羹仍锲而不舍。最后一次，此人又来劝说鲁迅，并苦口婆心地说："我也是出自一片好心呀！"鲁迅气极，声色俱厉地质问道："你把刀子放在我脖子上，也是一片好心吗？"随即跺脚骂道："你给我滚出去！"

厦门大学校长林文庆经常克扣办学经费，刁难师生。某次，厦大的教授和研究院的负责人开会，林提出将经费削减一半，教授们纷纷反对。林文庆说："学校的经费是有钱人给的。所以，只有有钱人，才有发言权！"鲁迅听罢，站起来掏出两个银币，"啪"的一声放在桌子上，厉声说："我有钱，我也有发言权！"

在中山大学时，某政治家请鲁迅赴家宴，鲁迅推辞不掉，只能赴宴。席间，鲁迅发现主人是什么都不懂的俗人，便觉此人讨厌。刚巧上来一道菜，主人介绍这道菜是某先觉所喜欢的，而做菜的正是某先觉原来的厨师，众人一听，便开始赞美这道菜。鲁迅却不动筷子，说道："我就是不喜欢吃这样菜。"

陈彬如回忆，鲁迅到中山大学任教后，国民党高层想拉拢他，陈公博、甘乃光、孔祥熙、戴季陶等人均送帖子请他吃饭，他一概拒绝。请帖送来的多了，他便统统拿到楼下传达室去展览，并贴上一张条子，上书四个大字："概不赴宴！"

中日民航通航，日本方面希望鲁迅能主持中国方面的通航典礼，委托一个驻中国记者前来邀请鲁迅。鲁迅马上拒绝："不能把太太小姐敲碎一个啤酒瓶子的事要我做。"记者说："如果您不答应，我就非常为难了。"鲁迅说："如果我答应您，我就非常为难了。"

严苛　　孙伏园发现鲁迅西服的裤子总是单的，即便在寒冷的北京的冬天，也一向如此。鲁迅对孙说："一个独身的生活，决不能经常往安逸方面着想的。岂但我不穿棉裤而已，你看我的棉被，也是多少年没有换的老棉花，我不愿意换。你再看我的铺板，我从来不愿意换藤绷或棕绷，我也从来不愿意换厚褥子。生活太安逸了，工作就被生活所累了。"

1924年2月的一天，许钦文到砖塔胡同去看望鲁迅，刚进门，十二岁的俞芳便对他说："昨天晚上，大先生那里好像有客人，半夜了，还在高声谈话呢！"许进屋去找鲁迅，才知道，昨天晚上不是来了客人，而是鲁迅在独自朗读刚写完的《幸福的家庭》。每次鲁迅写完文章，"总要看两遍，自己觉得拗口的，就增删几个字，一定要它读得顺口"。

鲁迅都是自己整理书架和文具，书架上的书摆放得非常整齐，文具也有各自的位置，从不乱放。他常说："东西要有一定的位置，拿起来便当，譬如医药瓶子，换了地方，药剂师是会犯配错药的危险的。"

1934 年，鲁迅选编《木刻纪程》时借用过许多青年木刻家的木板。书编完后，鲁迅将借用的每块木板上的油墨洗净，将一些弯曲的木板设法压平，然后用厚纸垫好板面，再用牛皮纸仔细包好，一一送还。

鲁迅包一个纸包也要包得整整齐齐。每次要寄书，即使许广平已经包得很好，他也要自己动手，重新包扎。包好后，用细绳捆上，那包方方正正的，连一个角也不准歪一点或扁一点，连绳头都用剪刀剪得整整齐齐。增田涉回国时，去向鲁迅辞行，鲁迅准备了许多土特产送给他。许广平已经将礼物包装好，但鲁迅说许的包法不好，拿过来重新包装好后，才交给增田涉。

上个世纪 30 年代，著名编辑赵景琛翻译过一些外国作品。由于他对外文不是十分精通，所以他的译作中时有笔误出现。一次，他将"银河"误译为"牛奶路"；还有一次，又将"半人半马怪"译作"半人半牛怪"。鲁迅据此写了一首打油诗，诗曰："可怜织女星，化作马郎妇。乌鸦疑不来，迢迢牛奶路。"

许广平在北京女子师范大学就读期间，鲁迅是她的老师，因此许广平经常向鲁迅请教。有一次，许广平写了一篇题为《罗素的话》的论文，交鲁迅批阅。鲁迅看过之后，在论文后面写下这样几句话："拟给九十分。其中，给你五分（抄三分，末尾的几句议论二分），其余八十五分都给罗素。"

轶闻　　1918 年 5 月，鲁迅首次以"鲁迅"为笔名在《新青年》发表小说《狂人日记》。当时新青年的编委不赞成使用匿名和别号，必须使用真名。鲁迅不想用真名，但又不能破坏规矩，故署名"鲁迅"。他曾对许寿裳解释此笔名的含义：（一）母亲姓鲁，（二）周鲁是同姓之国，（三）取愚鲁而迅速之意。

鲁迅到一家理发店去理发，理发师看他衣着平常，于是乱剃一气。没想到鲁迅给了他一大把钱，理发师既惊讶又惭愧。第二次鲁迅又去理发，理发师便悉心伺候，但鲁迅只照价目表付了账。理发师问其故？鲁迅说："上次你乱理，我乱给；这次你认真地理，我就认真地给。"

北大旁听生冯省三跑到鲁迅家，坐在鲁迅床上，翘起双脚对鲁迅说："喂，你门口有修鞋的，把我这双破鞋拿去修修。"鲁迅毫不犹豫地拿起冯的鞋子，去门口修好取回，亲自套在冯的脚上。冯未称谢便走了。而鲁迅日后提及此事，总说："山东人真是直爽哇！"

某个夏夜，鲁迅正在写东西，中国大学旁听生钟青航穿着睡衣到鲁迅家门口说："我睡不着，特地来同先生谈谈。"鲁迅开门让他进来，钟便滔滔不绝地说了起来。这位深夜来访者既不是失眠，也没有失恋，而为诉苦，两周前，钟因晚上兴奋，叫了一辆车围着北京城兜了一圈，没钱付十五元车钱，却打了开车的司机几个耳光，下场是被警察厅关了两周。他向鲁迅诉说在警察厅里吃黑面馍馍、受蚊子臭虫叮咬之苦，一直聊到天亮，结果鲁迅文章未写觉未睡，还要去上课。但鲁迅日后聊到此人，总说："四川青年真勇敢！"

鲁迅的母亲识字，喜欢读中国的旧式小说。鲁迅和周作人就到处搜罗小说给她看。老太太看书很快，大约过个把星期，就会跟鲁迅要书看。《呐喊》出版之后，有人拿给老太太看，特别指明《故乡》一篇特别好，老太太马上戴上眼镜，开始读《故乡》。读完这篇之后，她原书交还，说："没啥好看，我们乡间也有这样的事情，这怎么也可以算小说呢？"

鲁迅穿着非常朴素，衣服都是破破烂烂的，袜子补了一层又一层，以至于这种打扮带来了很多麻烦，经常受到羞辱。有一次鲁迅去银行取工资，他拿出周树人的公章，但银行里的人不肯把钱给他，因为他们不相信穿着破烂的人有能力取这么多钱。还有一次警察看到鲁迅提着箱子，就要求开箱检查，因为他的样子像是在卖鸦片。而鲁迅在进出大楼时被保安轰出去的事情，也时有发生。

有一次，鲁迅先生讲到《红楼梦》，笑着问学生："诸君喜欢林妹妹否？"一位学生大胆地站起来反问道："请问，先生喜欢否？"鲁迅先生答道："我可不喜欢林妹妹。""为什么？""我嫌她爱哭哭啼啼，小心眼儿。"学生都会心地笑了。

鲁迅投稿，编辑者按字数计算稿费时将标点除去。后又向鲁迅索稿，鲁迅乃精选一篇无标点稿送去，编辑者不能断句读，乃请鲁迅注上标点。鲁迅笑曰："标点固须费事也，何不算稿费？"编辑者以后再也不除去标点了。

妙评　鲁迅曾经评价刘半农、陈独秀和胡适的为人。他说："假如将韬略比作一间仓库罢，独秀先生的是外面竖着一面大旗，大书道：'内皆武器，来者小心！'但那门却是开着的，里面有几枝枪，几把刀，一目了然，用不着提防。适之先生是紧闭的关着门，门上粘一条小纸条道：'内无兵器，请勿疑虑。'这自然可以是真的，但有些人，至少是我这样的人，有时总不免要侧着头想一想。半农却是令人不觉其有武器的一个人。所以我佩服陈胡，却亲近半农。"

名言　时间就像海绵里的水，只要愿挤，总还是有的。

我好像是一只牛，吃的是草，挤出的是牛奶。

不满是向上的车轮，能够载着不自满的人前进。

横眉冷对千夫指，俯首甘为孺子牛

寄意寒星荃不察，我以我血荐轩辕

愿中国青年都摆脱冷气，只是向上走，不必听自暴自弃者的话。

其实地上本没有路，走的人多了，也便成了路。

哪里有天才，我是把别人喝咖啡的工夫都用在了工作上了。

唯有民族魂是值得宝贵的，唯有它发扬起来，中国才有真进步。

沉着、勇猛，有辨别，不自私。

无情未必真豪杰，怜子如何不丈夫

愈艰难，就愈要做。改革，是向来没有一帆风顺的。

我们目下的当务之急是：一要生存，二要温饱，三要发展。

必须敢于正视，这才可望敢想、敢说、敢做、敢当。

勇者愤怒，抽刃向更强者；怯者愤怒，却抽刃向更弱者。

中国一向就少有失败的英雄，少有韧性的反抗，少有敢单身鏖战的武人，少有敢抚哭叛徒的吊客；见胜兆则纷纷聚集，见败兆则纷纷逃亡。

我每看运动会时，常常这样想：优胜者固然可敬，但那虽然落后而仍非跑至终点的竞技者，和见了这样的竞技者而肃然不笑的看客，乃正是中国将来之脊梁。

我们中国人对于不是自己的东西，或者将不为自己所有的东西，总要破坏了才快活的。

中国的有一些士大夫，总爱无中生有，移花接木地造出故事来，他们不但歌颂生平，还粉饰黑暗。

说过的话不算数，是中国人的大毛病。

曾经阔气的要复古，正在阔气的要保持现状，未曾阔气的要革新，大抵如此，大抵！

搞鬼有术，也有效，然而有限，所以以此成大事者，古来无有。

敌人是不足惧的，最可怕的是自己营垒里的蛀虫，许多事情都败在他们手里。

有缺点的战士终究是战士，宝贵的苍蝇也终究不过是苍蝇。

哈儿狗往往比它的主人更严厉。

其实先驱者本是容易变成绊脚石的。

贪安稳就没有自由，要自由就要历些危险。只有这两条路。

假使做事要面面顾到，那就什么事都不能做了。

时间就是性命。无端的空耗别人的时间，其实是无异于谋财害命。

死者倘不埋在活人心中，那就真的死掉了。

改造自己，总比禁止别人来的难。

巨大的建筑，总是一木一石叠起来，我们何尝做做这一木一石呢？我时常做些零碎事，就是为此。

只要能培一朵花，就不妨做做会朽的腐草。

我自爱我的野草，但我憎恶这以野草作装饰的地面。

宁可与敌人明打，不欲受同人暗算。

明言着轻蔑什么人，并不是十足的轻蔑。惟沉默是最高的轻蔑——最高的轻蔑是无言，而且连眼珠也不转过去。

发思古之幽情，往往为了现在。

名作

从百草园到三味书屋

我家的后面有一个很大的园，相传叫作百草园。现在是早已并屋子一起卖给朱文公的子孙了，连那最末次的相见也已经隔了七八年，其中似乎确凿只有一些野草；但那时却是我的乐园。

不必说碧绿的菜畦，光滑的石井栏，高大的皂荚树，紫红的桑椹；也不必说鸣蝉在树叶里长吟，肥胖的黄蜂伏在菜花上，轻捷的叫天子（云雀）忽然从草间直窜向云霄里去了。单是周围的短短的泥墙根一带，就有无限趣味。油蛉在这里低唱，蟋蟀们在这里弹琴。翻开断砖来，有时会遇见蜈蚣；还有斑蝥，倘若用手指按住它的脊梁，便会拍的一声，从后窍喷出一阵烟雾。何首乌藤和木莲藤缠络着，木莲有莲房一般的果实，何首乌有臃肿的根。有人说，何首乌根是有像人形的，吃了便可以成仙，我于是常常拔它起来，牵连不断地拔起来，也曾因此弄坏了泥墙，却从来没有见过有一块根像人样。如果不怕刺，还可以摘到覆盆子，像小珊瑚珠攒成的小球，又酸又甜，色味都比桑椹要好得远。

长的草里是不去的，因为相传这园里有一条很大的赤练蛇。

长妈妈曾经讲给我一个故事听：先前，有一个读书人住在古庙里用功，晚间，在院子里纳凉的时候，突然听到有人在叫他。答应着，四面看时，却见一个美女的脸露在墙头上，向他一笑，隐去了。他很高兴；但竟给那走来夜谈的老和尚识破了机关。说他脸上有些妖气，一定遇见"美女蛇"了；这是人首蛇身的怪物，能唤人名，倘一答应，夜间便要来吃这人的肉的。他自然吓得要死，而那老和尚却道无妨，给他一个小盒子，说只要放在枕边，便可高枕而卧。他虽然照样办，却总是睡不着，——当然睡不着的。到半夜，果然来了，沙沙沙！门外像是风雨声。他正抖作一团时，却听得豁的一声，一道金光从枕边飞出，外面便什么声音也没有了，那金光也就飞回来，敛在盒子里。后来呢？后来，老和尚说，这是飞蜈蚣，它能吸蛇的脑髓，美女蛇就被它治死了。

结末的教训是：所以倘有陌生的声音叫你的名字，你万不可答应他。

这故事很使我觉得做人之险，夏夜乘凉，往往有些担心，不敢去看墙上，而且极想得到一盒老和尚那样的飞蜈蚣。走到百草园的草丛旁边时，也常常这样想。但直到现在，总还没有得到，但也没有遇见过赤练蛇和美女蛇。叫我名字的陌生声音自然是常有的，然而都不是美女蛇。

冬天的百草园比较的无味；雪一下，可就两样了。拍雪人（将自己的全形印在雪上）和塑雪罗汉需要人们鉴赏，这是荒园，人迹罕至，所以不相宜，只好来捕鸟。薄薄的雪，是不行的；总须积雪盖了地面一两天，鸟雀们久已无处觅食的时候才好。扫开一块雪，露出地面，用一支短棒支起一面大的竹筛来，下面撒些秕谷，棒上系一条长绳，人远远地牵着，看鸟雀下来啄食，走到竹筛底下的时候，将绳子一拉，便罩住了。但所得的是麻雀居多，也有白颊的"张飞鸟"，性子很躁，养不过夜的。

这是闰土的父亲所传授的方法，我却不大能用。明明见它们进去了，拉了绳，跑去一看，却什么都没有，费了半天力，捉住的不过三四只。闰土的父亲是小半天便能捕获几十只，装在叉袋里叫着撞着的。我曾经问他得失的缘由，他只静静地笑道：你太性急，来不及等它走到中间去。

我不知道为什么家里的人要将我送进书塾里去了，而且还是全城中称为最严厉的书塾。也许是因为拔何首乌毁了泥墙罢，也许是因为将砖头抛到间壁的梁家去了罢，也许是因为站在石井栏上跳下来罢，……都无从知道。总而言之：我将不能常到百草园了。Ade，我的蟋蟀们！Ade，我的覆盆子们和木莲们！

出门向东，不上半里，走过一道石桥，便是我的先生的家了。从一扇黑油的竹门进去，第三间是书房。中间挂着一块匾道：三味书屋；匾下面是一幅画，画着一只很肥大的梅花鹿伏在古树下。没有孔子牌位，我们便对着那匾和鹿行礼。第一次算是拜孔子，第二次算是拜先生。

第二次行礼时，先生便和蔼地在一旁答礼。他是一个高而瘦的老人，须发都花白了，还戴着大眼镜。我对他很恭敬，因为我早听到，他是本城中极方正，质朴，博学的人。

不知从那里听来的，东方朔也很渊博，他认识一种虫，名曰"怪哉"，冤气所化，用酒一浇，就消释了。我很想详细地知道这故事，但阿长是不知道的，因为她毕竟不渊博。现在得到机会了，可以问先生。

"先生，'怪哉'这虫，是怎么一回事？……"我上了生书，将要退下来的时候，赶忙问。

"不知道！"他似乎很不高兴，脸上还有怒色了。

我才知道做学生是不应该问这些事的，只要读书，因为他是渊博的宿儒，决不至于不知道，所谓不知道者，乃是不愿意说。年纪比我大的人，往往如此，我遇见过好几回了。

我就只读书，正午习字，晚上对课。先生最初这几天对我很严厉，后来却好起来了，不过给我读的书渐渐加多，对课也渐渐地加上字去，从三言到五言，终于到七言。

三味书屋后面也有一个园，虽然小，但在那里也可以爬上花坛去折腊梅花，在地上或桂花树上寻蝉蜕。最好的工作是捉了苍蝇喂蚂蚁，静悄悄地没有声音。然而同窗们到园里的太多，太久，可就不行了，先生在书房里便大叫起来：

"人都到那里去了？"

人们便一个一个陆续走回去；一同回去，也不行的。他有一条戒尺，但是不常用，也有罚跪的规矩，但也不常用，普通总不过瞪几眼，大声道：

"读书！"

于是大家放开喉咙读一阵书，真是人声鼎沸。有念"仁远乎哉我欲仁斯仁至矣"的，有念"笑人齿缺曰狗窦大开"的，有念"上九潜龙勿用"的，有念"厥土下上上错厥贡苞茅橘柚"的……先生自己也念书。后来，我们的声音便低下去，静下去了，只有他还大声朗读着：

"铁如意，指挥倜傥，一座皆惊呢；金叵罗，颠倒淋漓噫，千杯未醉嗬……"

我疑心这是极好的文章，因为读到这里，他总是微笑起来，而且将头仰起，摇着，向后面拗过去，拗过去。

先生读书入神的时候，于我们是很相宜的。有几个便用纸糊的盔甲套在指甲上做戏。我是画画儿，用一种叫作"荆川纸"的，蒙在小说的绣像上一个个描下来，像习字时候的影写一样。读的书多起来，画的画也多起来；书没有读成，画的成绩却不少了，最成片断的是《荡寇志》和《西游记》的绣像，都有一大本。后来，因为要钱用，卖给一个有钱的同窗了。他的父亲是开锡箔店的；听说现在自己已经做了店主，而且快要升到绅士的地位了。这东西早已没有了罢。

九月十八日

周作人：心里住着两个"鬼"的淡漠旅人

传略　周作人（1885—1967），原名櫆寿，字星杓，号起孟、启明、知堂、苦茶庵老人,清光绪二十七年（1901)取名作人，以名行世，一生用过90多个笔名，常用笔名有独应、周逴、周遐寿、仲密等，绍兴人。鲁迅二弟。9岁以前在家中私塾开蒙，11岁入三昧书屋，后去杭州陪侍狱中祖父并授读一年半，遍读史书与笔记小说。光绪二十七年秋，进南京江南水师学堂管轮科，开始翻译英文小说。光绪三十二年夏，随鲁迅东渡

周作人照

日本，先后进东京法政大学、立教大学文科学习，曾与鲁迅创办《新生》杂志，未果；合译出版《域外小说集》，并开始创作小说和自学多种外文。宣统元年六月，在东京与羽太信子结婚。

　　辛亥革命前夕归国，先后任绍兴省立第五中学英文教员、绍兴教育会会长、浙江教育司视学，兼任《绍兴教育会月刊》及《爇社》杂志编辑，还常在《越铎日报》发表反封建的政论和翻译外电通讯。在任绍兴教育会长期间，着手进行教材改革并开始研究儿童文学。在五四时期，与陈独秀、

李大钊、胡适、鲁迅等参加《新青年》和《每周评论》的编辑工作。同年10月，又任《新潮》月刊编辑主任，发表了《人的文学》、《平民文学》、《思想革命》等著名文学论文，以及新诗《小河》、《微明》、《画家》、《爱与憎》等优秀作品，在新文化运动中起过积极而重要的作用。五四运动后，先后在燕京大学、孔德学校、中日学院、女子学院等校任教。1922年11月，发起成立文学研究会。

1924年冬，与林语堂等创办《语丝》周刊。1930年8月，主编《骆驼草》。抗日战争开始后，滞留北平。1939年元旦，遇刺未亡，随即出任伪华北政务委员会常务委员兼教育总署督办、国民政府委员和北京大学图书馆馆长、文学院院长、东亚文化协会会长等职，又以汪伪政府要员身份访问日本和"满洲国"。抗战胜利后，被国民党南京高等法院判刑10年，1949年1月被保释出狱。

新中国成立后，在北京从事著译工作。曾先后翻译了《俄罗斯民间故事》、《日本狂言选》、《希腊拟曲》、《伊索寓言》等9部，与人合译了《阿里斯托芬喜剧集》、《欧里庇得斯悲剧集》（共3集）、《石川啄木诗歌集》、《平家物语》等6部。一生著译颇丰，主要著作有《自己的园地》、《雨天的书》、《瓜豆集》、《中国新文学的源流》等。也回忆和撰写了大量有关鲁迅的图书和文章，主要有《鲁迅的故家》、《鲁迅小说里的人物》、《鲁迅的青年时代》等。1965年9月，所写最后一部30多万字的回忆录《知堂回想录》，由香港三育图书文具公司出版。

淡漠　　1897年正月，周作人陪祖父的妾潘姨太到杭州陪侍因科考贿赂案被光绪皇帝钦判斩监候、羁押在杭州府狱里的祖父周福清。在杭州时，周作人住在花牌楼，被"拘在小楼里边"，"生活够单调气闷"。这段生活是周作人淡漠性格形成的原因之一。

八道湾的院子里有一棵大杏树，开花的时候，周作人每天从树下经过，却不知道花开了。鲁迅因此说周"视而不见"，他曾感慨："像周作人时常在孩子大哭于旁而能无动于衷依然看书的本领，我无论如何是做不到的！"

林语堂说，鲁迅极热，周作人极冷。1944 年，林在西安遇到沈兼士，相约登华山。路上，沈对林说，周作人在北平做日本御用的教育长官时，日本人将抗日青年关在北大红楼，夜半挨打号哭之声，惨不忍闻，周作人竟装痴作聋，视若无睹。沈兼士边说边流泪，林语堂不禁感慨："热可怕，冷尤可怕！"

周黎庵记载，从 1945 年 8 月 15 日日本无条件投降到 9 月底，国民党政府进行了大规模的肃奸运动，逮捕了许多人。在这四十多天中，周作人经常到琉璃厂逛旧书铺，镇静自若，一点没有风雨欲来的恐惧情绪。

周作人被捕前，北大学生邓云乡到周的办公室请其写稿子，周当时正准备赴南京应付汉奸诉讼，他对邓的冒失并不气恼，只是轻松地说："现在不是写文章的时候，将来一定给你写。"

王士菁回忆，周作人即使谈到激动人心的事或应该深刻反省的事时，也不激动，"仍若无其事，甚至有点麻木不仁"。谈到李大钊去世后掩护李的子女、保护李的文稿之事，他并不激动，"好像在叙述和自己并无多大关系的往事"；偶尔谈到自己落水之事，"也只是轻轻地说了一句'糟了'，并无惋惜，也并无自责，好像谈的是别人的事情一样"。

妻子羽太信子去世后，周作人在给友人的信中说："虽然稍觉寂寞，惟老僧似的枯寂生活或于我也适宜。拟俟稍静定后可以多做点翻译工作也。"

反目　　鲁迅本名周树人，与周作人、周建人是同胞兄弟。1919 年 2 月，鲁迅在北京八道湾买了一所大四合院，将母亲接来，与周氏兄弟三人同住。当时，鲁迅的母亲年迈，夫人朱安不识字，鲁迅提出由周作人的日本籍妻子羽太信子管理家务。鲁迅作为大哥，主动将每月收入，除留些零用钱外，都如数交给羽太信子掌管。

　　这种安排本来是出于对羽太信子的信任，可是她一朝权在手，便变得肆无忌惮起来。她花钱大手大脚，讲排场，摆阔气，丝毫不考虑这些钱是大哥的血汗钱。因而鲁迅的经济负担越来越重。

　　周建人是经羽太信子搭桥，与她的妹妹结婚的。因为有着这层关系，羽太信子将自己的妹妹和妹夫当佣人一样对待，指使他们干这干那，一点儿也不尊重。鲁迅知道周建人老实，不甘心他在这个家里受人支配，就给蔡元培写信，请求帮助给周建人在上海商务印书馆找个职位。这是鲁迅出于对弟弟的关心，迫不得已而为之。

　　羽太信子变相挤走了周建人还不满足，她还想独占这所四合院。于是便设定阴谋向鲁迅开刀了。1922 年 7 月的一天，羽太信子又哭又闹地对周作人说，鲁迅从后窗户偷看她洗浴！周作人本来就是对羽太信子言听计从，唯唯诺诺，听到她的诉说，也不细问根究，就气呼呼地给鲁迅写了封信，信中写道："以后你不要到后院来！"鲁迅接到此信十分诧异，亲兄弟在前后院住，怎么忽然写起信来了？他想问个明白，可是周作人却拒绝与他见面，更不用说弄明白原委了。无奈，鲁迅一家就搬出了八道湾，他母亲也跟着他一家搬出去住。这样，羽太信子就独霸了八道湾这所四合院，达到了她的目的。其实，羽太信子诬蔑鲁迅偷看她洗浴，完全是无中生有，指鹿为马的陷害，八道湾后院的房屋，北窗户很高，外有泄水沟，沟外还栽种着花卉，是根本无法靠近窗户往屋里看的。

　　良知　　1919 年五四运动爆发时，周作人正在日本探亲。5 月 12 日，他得知这一消息就匆匆回国。5 月 28 日回到北京。6 月 3 日，他即和刘半农等人以北大代表的名义去北大第三院法科慰问因声援大学生被北洋政府拘捕的中小学生，被军警拒绝，未能见到。6 月 4 日下午，参加北大教职员会议，讨论营救被捕学生的事。那时，北大文科院红楼外已经驻兵五棚，而周作人他们这些知识分子好像一点也不在乎。6 月 5 日，他路遇大队军警包围演讲学生。当夜，他就在灯下写下《前门遇马队记》，愤怒谴责军警的所作所为。6月14日，他在得知陈独秀被捕的消息后，就和李辛白、王星拱等人以北大代表的名义到警察厅看望。

1926年"三·一八"的第二天（3月19日），时为女师大教授的周作人就以无比悲愤的心情写下了《为三月十八日国务院残杀事件忠告国民军》（发表在3月21日的《京报》副刊），他控诉"这是北京城中破天荒的大残杀，比五卅上海事件更为野蛮，其责任除政府当局段祺瑞、章士钊、贾德耀诸人直接负担，我们要求依法惩办外，对于国民军的首领也不能屈为谅解。"第三天（3月20日），他在《京报副刊》发表《对于大残杀的感想》，痛感"就是在满清，自我有知以来，不曾听见北京有过这种残杀"。3月22日，他在《京报副刊》发表《可哀与可怕》，"我固然哀刘杨二君之横死，但我也怕天下有不知哀矜之情的男女"。这一天他又写下《关于三月十八日的死者》（发表在3月29日的《语丝》72期），再次谴责"这回执政府的大残杀"，他说："惭愧我总是'文字之国'的国民，只会以文字来纪念死者。"他引《心中》一文说："中国人似未知生命之重。故不知如何善舍其生命，而又随时随地被夺其生命而无所爱惜。"他的文字是平稳而不是激烈的，但对死者的追念，对政府的谴责、抗议则和他的兄弟鲁迅并没有什么两样。

4月2日他在《京报副刊》发表《恕府卫》，指出恕府卫的理由：一，他们无知识；二，他们是奉命的。尤其要谴责的是那些"使用明枪暗箭，替段政府出力"的知识阶级、名人学者和新闻记者，"这种丑态是五四时代所没有的"。

4月5日他在《语丝》73期发表《新中国的女子》，对牺牲的学生给予了极高的评价，表示"最可佩服的是女学生们的勇敢"，称她们是"新中国的女子"。

不足一个月，制造"三·一八"惨案的段祺瑞政府就垮了，另一个军阀张作霖进了北京，《京报》被封，邵飘萍先生于4月26日遇害，北京弥漫着一片肃杀之气，言论自由、新闻自由受到严峻的挑战。周作人在5月24日发表的《闲话四则》（《语丝》80期）中说："三月十八日以来北京有了不少的奇迹，结果是沉默，沉默，再是沉默。这是对的，因为这是惟一适当的对付法。"这些话虽然没有鲁迅"沉默啊，沉默，不在沉默中爆发，就在沉默中灭亡"来得精粹、沉痛，但周作人那一时刻也没有沉默，5月31日，他还在《语丝》81期发表《死法》一文，为生命的失去感到痛苦，他说："枪毙，这在现代文明里总可以算是最理想的死法了"，"三月十八日为中法大学学生胡锡爵君在执政府被害，学校里开追悼会的时候，我送去一副对联，文曰：'什么世界，还讲爱国？如此死法，抵沙成仙！'这末一联实在是我衷心的颂辞"。

6月28日，离"三·一八"一百天，周作人写下百日祭文《六月二十八日》，发表在7月1日的《世界日报·副刊》。他说："正如五四是解放运动的开头一样，这'三·一八'乃是压迫反动的开始。"

恩师　　章太炎是浙江余杭人，本名章炳麟，号太炎。他是我国近代民主革命家、古文经学家。早年参加过康有为的"强学会"，积极参与维新运动。戊戌政变后逃往日本。1906年在日本参加同盟会，任《民报》主笔。

当时周作人正在日本留学，又恰好与章太炎的女婿龚未生同学，便通过他的引见结识了这位自己很敬佩的同乡。

章太炎在主持《民报》之余，还在神田大成中学开办国学班，给留学生们讲授中国的传统文化。后来应鲁迅等人的要求，又在《民报》报馆另开一班，给鲁迅、周作人、许寿裳、钱玄同、朱希祖等八位留学生讲《说文解字》、《庄子》、《楚辞》、《尔雅义疏》等国学文化。章太炎讲课深入浅出，诙谐生动，将很枯燥的文字学讲得很有趣味，谈笑风生，庄谐杂出，如同与家人或朋友谈天一般。课余休息时，太炎先生常说些闲话，有时也发妙论，使满座皆惊。自然使学生们深受感染。

1909 年春夏之交，鲁迅和周作人接到了他们的老师章太炎的来信，告诉他们印度梵师来讲学，他已经为他俩交了学费，希望他们参加学习梵文。后因学习的难度很大，他们都没有坚持下来，但章太炎治学"儒佛兼收"、"兼收并蓄"的精神却给周作人以深刻的印象与启示，对他很有激励作用。在1926 年的《谢本师》中他写道："虽然有些先哲做过我思想的导师，但真是授过业，启发过我的思想，可以称作我的师者，实在只有先生一人"，"给予我不少的益处，是我所十分感谢的"。

1917 年 4 月，周作人到北京后，就投入了新文化运动，成为有力的倡导者之一。可是章太炎却在五四运动落潮后渐入颓唐，退居书斋，致力于著述及讲学。他在上海发起成立亚洲国学会，淡泊于日益壮大的新文化运动。1922 年 4 月，周作人以"仲密"为笔名在《晨报副刊》发表《思想界的倾向》的文章，告诫人们警惕"国粹主义"的"勃兴"，很委婉地对章太炎倡导国学提出了异议。由此，他们间的感情出现了裂痕，彼此的联系逐渐减少。

1927 年大革命失败后，周作人逐渐与时代前进的步伐相背离。又与章太炎的思想趋近一致。1932 年的春天，章太炎造访北平时，周作人再度执弟子礼，热情款待章太炎。

1936 年章太炎去世，周作人作《记太炎先生学梵文事》以纪念。文章赞颂太炎先生"不辞以外道为师，此种博大精进的精神，实为凡人所不及，足为后学之模范者也"，给予这位恩师很高的评价。

益友　周作人与陈独秀、李大钊等，都有过较为密切的交往。他初倡新村运动时，便得到李大钊、毛泽东、蔡和森、恽代英等人支持，其中尤以李大钊为著。周作人回忆说，《新青年》同人相当不少，除二三人时常见面外，别的都不容易找。在第一院即红楼的，只有作为图书馆主任的李大钊，在上班时必定在那里，所以找他最适宜，他没有架子，令人可亲，平日所谈的也只是些平常的闲话。周作人说，李大钊的"雅儒"，不失谦谦君子，故而感到亲切，称之为"畏友守常"。周的日记多处记有李大钊和新村运动，如"守常函介李君来，属为绍介往新村"；"访守常，以新村绍介函交徐彦之君"等。李大钊还和周作人共同发起"工读互助团"。

1927年4月7日，李大钊为奉系军阀逮捕，接着便惨遭杀害。李大钊的"有些儒雅，有些朴质，也有些凡俗"的印象，在周作人的脑海中已成为不灭的定格。可是，当时的《顺天时报》却发表文章说，李大钊"如果肯自甘淡泊，不作非分之想，以此文章和思想来教导一般后进，至少可以终身得一部分人的信仰和崇拜，如今却做了主义的牺牲"等等。友人已殁，还横遭非议，他义愤至极，发表《偶感》、《日本人的好意》，维护李大钊的英名，指出，李大钊是"以身殉主义"，本"没有什么悔恨"可言，"志士不忘在沟壑，勇士不忘丧其元"。李大钊"身后萧条乃若此"，正是其"自甘澹泊"的明证，其高风亮节定可启示后人，怎容狗苟蝇营之辈说三道四！

李大钊就义后，他不怕戴"红帽子"，与北大教授钱玄同、沈尹默、刘半农等人参与后事的处理。李大钊被捕时，其长子李葆华已是共青团员，也在追捕之列，周作人将其藏在自己家达一个多月。后来，他又和沈尹默等筹划，让李葆华化名杨震，送往日本留学，以避风头。李葆华对此记忆终生："周作人先生的确是在张作霖的白色恐怖下让我住在他家里，掩护了我一个多月，他又与沈尹默送我到日本学习。他是很热情的。"

周作人在任伪教育督办时期，还多次照顾李大钊的长女李星华。1939年，冀北暴动失败后，李大钊的次女李炎华及其婿侯辅庭、幼子李光华来到北平。周作人十分清楚他们的政治身份，仍然悉心照顾，全力掩护。1940年，李星华和李光华在他的帮助下，离开北平前往延安。

李大钊遇害后家境窘困，其遗属要求变卖其所遗书籍，周作人受李家之托，为此奔波，先后与胡适、蒋梦麟、钱玄同等相商，极力帮助李之遗属渡过难关。1932年，李大钊的族侄李乐光在清华任助教时，秘密搜集李大钊遗作，编为《李大钊全集》。李乐光被捕后，李大钊的文稿由李星华交与周作人，希望能够早日出版。

历经风雨变故，1939年4月，北新书局终于出版《守常全集》，遗憾的是所出仅是原书稿的一半。周作人在《从四月六日谈起》一文中，这样提到这部书稿："遗文散见于各杂志报章，后经其族侄搜集，编为四卷，历兵火盗贼之劫，未曾毁，将来或许有出版的希望亦未可知云。"

周作人一直保存原书稿的后半部分，全国解放后，交予北京图书馆，《守常全集》才以4卷本出版。

情事

周作人情窦初开是在14岁那年。第一个梦中情人是大概比他小一岁的杨三姑。当时为了陪侍狱中的祖父，他跟祖父的姨太太寄寓在杭州花牌楼，隔壁一家姓姚。杨三姑便是邻居姚老太太的干女儿，尖面庞，黑眼珠，瘦小身材。周作人临摹陆润痒的字帖时，杨三姑常抱着一只名叫"三花"的大猫，含情脉脉地在一旁观看。她的出现使少年周作人亲近喜悦，于是便在不知不觉间振作起精神，用尽不知从哪里来的力气去练字。就这样，杨三姑成为了周作人"对于异性的爱慕的第一人了"。

半年后，杨三姑患霍乱夭折。听到噩耗，周作人不禁黯然神伤，后来到杭州，经过杨三姑住过的清波门，仍然感到一种特别的亲近。1946年，62岁的周作人因汉奸罪被关在南京老虎桥监狱，在押期间作《往昔诗30首》，其中还追忆起这位初恋的对象。

周作人再次萌生男女之情是在庚子事变之前，大约15岁的时候，地点在绍兴小皋埠的娱园。娱园的老主人是清代举人，诗人兼画家，是周作人大舅父鲁怡堂的岳父。鲁怡堂晚年就寄居在娱园的西厢房。娱园内有一座微云楼，还有水池，是当地文人墨客宴集夜饮的地方，在地方文献中多有记录。庚子事变（1900年）之前，鲁怡堂的独生子成亲，周作人前往参加婚礼。当时姨表姑表同时聚集了21人，女的7人。其中有一人跟周作人同年同月生，周作人称她为郦表姐。在交往中，周作人对她产生了单相思。但他也知道，这位姑娘从小已定亲，不容他有非分之想。有一次，趁她不注意时，周作人跟一些小兄弟溜进她房中拿东西吃，无意中看见她的一件雪青纺绸衫，不禁拿着跳起舞来，感到非常得意。令周作人痛惜的是，郦表姐婚后也因病早逝，只留下一张早年的照片在周作人母亲那里。

周作人的第三个梦中情人是日本姑娘乾荣子。1906 年夏秋之间，鲁迅奉母命完婚之后将周作人带到日本，寄宿在东京本乡汤岛二丁目的伏见馆。周作人在伏见馆第一个遇见的人就是馆主人的妹妹乾荣子。她当时 16 岁，兼做伏见馆的女佣（日本称作下女），替客人搬运行李，端茶倒水。周作人嫌恶缠足，最喜见女人的天足，所以乾荣子两只白如雪的光脚在榻榻米上走来走去，给周作人留下了终生难忘的印象。

乾荣子在周作人潜意识中留下了深刻印象，致使晚年周作人在梦境中还多次跟她相见，并在日记中留下了记录。更让周作人狼狈的是，他对乾荣子的这种单相思招来了妻子的猜忌，引发了一场接一场的家庭风波，使他陷入了"寿则多辱"的困境。

周作人的妻子是一位日本女人，名叫羽太信子，1888 年 7 月生，1962 年 4 月死，享年 74 岁。周作人是在 1906 年的夏秋之际跟随鲁迅去日本的，1908 年 4 月 8 日迁居东京本乡西片町十番地吕字 7 号，亦称"伍舍"。这是日本著名作家夏目漱石的故居，房子大，而入住的只有包括周氏兄弟在内的 5 个中国留学生。为了照料这 5 个单身男子汉的生活，特请羽太信子来到这里做杂务（即跟乾荣子一样的"下女"）。据日本东京警方档案，周作人跟羽太信子于 1909 年 3 月 18 日（阴历二月二十七日）登记结婚。这就是说，从初见到成婚，周作人只花了 10 个多月时间，感情可谓是发展神速。

据史实推断，周作人新婚之后的一段时光应该还是开心的，所以他在诗中写下了"远游不思归，久客恋异乡"一类的句子。但结婚归国之后家庭就时起风波，主要是因为羽太信子患歇斯底里症，稍不如意便会大发脾气。到了晚年，遇到"三年困难"时期，物质供应匮乏，再加上乾荣子频入周作人的梦境，羽太信子心生猜忌，怀疑周作人1934年7月11日至8月28日东游日本时曾与乾荣子幽会，遂冷嘲热讽，如噩梦昏呓，不堪入耳。事实上，周作人此次东游是跟羽太信子同行，一贯惧内的周作人不大可能有越轨之举，更何况他并不知道乾荣子的下落，也已表示"无心再去找她"。

被共同生活了半个世纪的妻子怀疑辱骂是十分痛苦的事情，写日记发牢骚就成为周作人宣泄的爆发口。早在解放初期，周作人跟妻子发生冲突之后就在日记中留下了"甚不愉快"一类记载，后来经常"不快"。到了1960年家庭危机似乎达到了顶峰，致使周作人"精神动摇"，"终日不快"，无法工作，惟祈速死。在矛盾剧烈时，周作人曾发出感慨："临老打架，俾死后免得想念，大是好事。"但待妻子一旦作古，周作人仍不免有所追思，因为羽太信子之所以猜忌暴戾，不可理喻，的确跟她的宿疾有关。更何况她平素信佛，崇拜观音，不但长年照顾周作人的饮食起居，而且也帮邻里做过一些好事，既不是"圣女"，也不是"恶魔"、"冤孽"。

评说　　周作人曾说，他的心里住着两个鬼："绅士鬼"和"流氓鬼"，它们"指挥我的一切的言行"，"有时候流氓占了优势我便跟了他去彷徨，什么大街小巷的一切隐秘无不知悉，酗酒、斗殴、辱骂，都不是做不来的，我简直可以成为一个精神上的'破脚骨'（小流氓）。但是在我将真正撒野，如流氓之'开天堂'等的时候，绅士大抵就出来高叫'带住，著即带住！'说也奇怪，流氓平时不怕绅士，到得他将要撒野，一听绅士的吆喝，不知怎的立即一溜烟地走了。"

女师大风潮中，周作人写了一系列文章支持学生运动，其文笔辛辣犀利，丝毫不输乃兄鲁迅。但他出作品集时，却不收录此类文章。孙郁说："（这）大约又是'绅士鬼'起作用吧？这是一个矛盾的人，一个被精神困扰的痛苦的灵魂。"

周作人说："我写文章平常所最为羡慕的有两派，其一是平淡自然，一点都没有做作，说得恰到好处；其二是深刻泼辣，抓到事件的核心，仿佛把指甲狠狠地掐进肉里去。"

曹聚仁评价周作人的文风，"可用龙井茶来打比，看去全无颜色，喝到口里，一股清香，令人回味无穷。前人评诗，以'羚羊挂角，无迹可求'来说明神韵，周氏小品，其妙正在'神韵'"。

郁达夫说："周作人的文体，来得舒徐自在，信笔所至，初看似乎散漫支离，过于繁琐！但仔细一读，却觉得他的漫谈，句句含有分量，一篇之中，少一句就不对，一句之中，易一字也不可，读完之后，还想翻转来从头再读。"

舒芜说："周作人的身上，就有中国新文学史和新文化运动史的一半，不了解周作人，就不可能了解一部完整的中国新文学史和新文化运动史。"

周建人说哥哥周作人："周作人自小性情和顺，不固执己见，很好相处，但他似乎既不能明辨是非，又无力摆脱控制和掌握。从八道湾制造的兄弟失和事情中，表演得很充分。这似乎纯系家庭内部矛盾问题，却包裹着大是大非的原则问题，他从这一点上和鲁迅分了手，以后的道路也就越走越远了。"

徐志摩说周作人："他是个博学的人；他随手引证，左右逢源；但见解意境都是他自己的，和他的文章一样。"

冯雪峰对周建人说，他看过周作人的《谈龙集》等文章，认为周作人是中国第一流的文学家，鲁迅去世后，他的学识文章，没有人能相比。

钱玄同在《新青年》发表《关于新文学的三件要事》一文中说："周启明君翻译外国小说，照原文直译，不敢稍以己变更。他既不愿用那'达诣'的办法，借外国人学中国人说话的调子；尤不屑像那'清室举人'的办法，叫外国文人都变成蒲松龄的不通徒弟，我以为他在中国近年的翻译界中，是开新纪元的。"

胡适在《五十年来中国之文学》一文中说，中国的文学革命，在建设方面，有两件事可记，一是"白话诗的试验"，二是"欧洲新文学的提倡"，后者以"周作人的成绩最好。他用的是直译的方法，严格的尽量保全原文的文法与口气。这种译法，近年来很有人仿效，是国语的欧化的一个起点"。

学生废名说，他和俞平伯谈到周作人时，二人认为，知堂先生是一个唯物论者，一个躬行君子。他们从知堂先生可以学得一些道理，日常生活之间他们却学不到他的那个艺术的态度。俞平伯以一个思索的神气说道："中国历史上曾有像他这样气分的人没有？"两人都回答不了。废名认为，大概只有"渐近自然"四个字能形容周作人。

曹聚仁说："我对于启明先生的敬意，不自今日始；他的每一种散文集必比以前一种更醇厚深切，更合我个人的口味，愈益增加我的敬慕之情。……周先生所修都是不朽的胜业，只能'藏之名山，传之其人'……"

张中行谈论老师周作人："在我的师辈里，读书多，知识丰富，周氏应该排在第一位。这最明显地表现在他的文章里，上天下地，三教九流，由宇宙之大到苍蝇之微，他几乎无所不谈。"

钱理群说："有一点周作人是确实做到的：对于自己写下的历史的每一页，他都没有半点忏悔之意。他也同时拒绝了将自我崇高化、英雄化的蛊惑，只是像一个'走了许多路程'的'旅人'，平静地，甚至有几分淡然地，讲着自己的故事，一些'平凡的事情和道理'。——他终于把评价留给了历史与后人，保存了一个完整的智者的自我形象。"

朱光潜说："周先生自己说是绍兴人，没有摆脱'师爷气'。他和鲁迅是弟兄，所以作风很相近。但是作人先生是师爷派的诗人。鲁迅先生是师爷派的小说家，所以师爷气在《雨天的书》里只是冷，在《华盖集》里便不免冷而酷了。"

林语堂说周氏兄弟："周氏兄弟，趋两极端。鲁迅极热，作人极冷。两人都是天才，而冷不如热。……每逢语丝茶话，两位都常来……作人不大说话，而泰然自若，说话声调是低微的，与其文一样，永不高喊。鲁迅则诙谐百出。"

舒芜说："如果不仅从周作人的后期历史来看，而是从他的整个历史来看，应该说这是中国文化传统的悲剧，是知识分子命运的悲剧。中国知识分子肩负着中国文化传统，在国家命运突然面临着几千年未有的大变局之时，每个人都有一个命运的问题：或是不能克服文化传统中的消极核心而失败，一切文章学问，功绩成就同归于尽，这就是周作人的悲剧；或是毕生同这个消极核心战斗，鲁迅就是这样谱出了胜利的乐章。"

名诗

小 河

一条小河，稳稳地向前流动。

经过的地方，两面全是乌黑的土；

生满了红的花，碧绿的叶，黄的果实。

一个农夫背了锄来，在小河中间筑起一道堰。

下流干了；上流的水被堰拦着，下来不得；

不得前进，又不能退回，水只在堰前乱转。

水要保他的生命，总须流动，便只在堰前乱转。

堰下的土，逐渐淘去，成了深潭。

水也不怨这堰，便只是想流动，

想同从前一般，稳稳地向前流动。

一日农夫又来，土堰外筑起一道石堰。土堰坍了；

水冲着坚固的石堰，还只是乱转。

堰外田里的稻，听着水声，皱眉说道，

"我是一株稻，是一株可怜的小草，

我喜欢水来润泽我，

怯怕他在我身上流过。

小河的水是我的好朋友；

他曾经稳稳的流过我面前，

我对他点头，他向我微笑。

我愿他能够放出了石堰，

仍然稳稳地流着，

向我们微笑；

曲曲折折的尽量向前流着，

经过两面地方，都变成一片锦绣。

他本是我的好朋友，

只怕他如今不认识我了；

他在地底呻吟，

听去虽然微细，却又如何可怕！

这不你我的朋友平日的声音，

——被轻风挽着走上沙滩来时，

快活的声音。

我只怕他这回出来的时候，

不认识从前的朋友了，

便在我身上大踏步过去；

我所以正在这里忧虑。"

田边的桑树，也摇头说，

"我生的高，能望见那条小河，

他是我的好朋友，

他送清水给我喝，

使我能生肥绿的叶，紫红的桑葚。

他从前清澈的颜色，

现在变了青黑；

又是终年挣扎，脸上添许多痉挛的皱纹。

他只向下钻早没有工夫对了我点头微笑；

堰下的潭，深过了我的根了。

我生在小河旁边，

夏天晒不枯我的枝条。

冬天冻不坏我的根。

如今只怕我的好朋友，

将我带到沙滩上，

伴着他卷来的水草。

我可怜我的好朋友，

但实在也为我自己着急。"

田里的草和虾蟆。听了两下的话，

也都叹气，各有他们自己的心事。

水只在堰前乱转；

坚固的石堰，还是一毫不摇动。

筑堰的人，不知到哪里去了。

注：此诗作于 1919 年 1 月，被胡适称之为新诗的第一首杰作，朱自清则下断语："周作人作《小河》，新诗乃正式成立。"

趣诗

五 十 自 寿

周作人五十寿辰时，曾作有自寿诗：

前世出家今在家，不将袍子换袈裟。

街头终日听谈鬼，窗下通年学画蛇。

老去无端玩骨董，闲来随分种胡麻。

旁人若问其中意，且到寒斋吃苦茶。

半是儒家半释家，光头更不著袈裟。

中年意趣窗前草，外道生涯洞里蛇。

徒羡低头咬大蒜，未妨拍桌拾芝麻。

谈狐说鬼寻常事，只欠工夫吃讲茶。

妙文

谈　酒

　　这个年头儿，喝酒倒是很有意思的。我虽是京兆人，却生长在东南的海边，是出产酒的有名地方。我的舅父和姑父家里时常做几缸自用的酒，但我终于不知道酒是怎么做法，只觉得所用的大约是糯米，因为儿歌里说，"老酒糯米做，吃得变 nionio"——末一字是本地叫猪的俗语，做酒的方法与器具似乎都很简单，只有煮的时候的手法极不容易，非有经验的工人不办，平常做酒的人家大抵聘请一个人来，俗称"酒头工"，以自己不能喝酒者为最上，叫他专管鉴定煮酒的时节。有一个远房亲戚，我们叫他"七斤公公"，——他是我舅父的族叔，但是在他家里做短工，所以舅母只叫他作"七斤老"，有时也听见她叫"老七斤"，是这样的酒头工，每年去帮人家做酒，他喜吸旱烟，说玩话，打马将，但是不大喝酒（海边的人喝一两碗是不算能喝，照市价计算也不值十文钱的酒），所以生意很好，时常跑一二百里路被招到诸暨嵊县去。据他说这实在并不难，只须走到缸边屈着身听，听见里边起泡的声音切切察察的，好像是螃蟹吐沫（儿童称为蟹煮饭）的样子，便拿来煮就得了；早一点酒还未成，迟一点就变酸了。

但是怎么是恰好的时期，别人仍不能知道，只有听熟的耳朵才能够断定，正如骨董家的眼睛辨别古物一样。

大人家饮酒多用酒盅，以表示其斯文，实在是不对的。正当的喝法是用一种酒碗，浅而大，底有高足，可以说是古已有之的香宾杯。平常起码总是两碗，合一"串筒"，价值似是六文一碗。串筒略如倒写的凸字，上下部如一与三之比，以洋铁为之，无盖无嘴，可倒而不可筛，据好酒家说酒以倒为正宗，筛出来的不大好吃。唯酒保好于量酒之前先"荡"（置水于器内，摇荡而洗涤之谓）串筒，荡后往往将清水之一部分留在筒内，客嫌酒淡，常起争执，故喝酒老手必先戒堂倌以勿荡串筒，并监视其量好放在温酒架上。能饮者多索竹叶青，通称曰"本色"，"元红"系状元红之略，则着色者，唯外行人喜饮之。在外省有所谓花雕者，唯本地酒店中却没有这样东西。相传昔时人家生女，则酿酒贮花雕（一种有花纹的酒坛）中，至女儿出嫁时用以饷客，但此风今已不存，嫁女时偶用花雕，也只临时买元红充数，饮者不以为珍品。有些喝酒的人预备家酿，却有极好的，每年做醇酒若干坛，按次第埋园中，二十年后掘取，即每岁皆得饮二十年陈的老酒了。此种陈酒例不发售，故无处可买，我只有一回在旧日业师家里喝过这样好酒，至今还不曾忘记。

我既是酒乡的一个土著，又这样的喜欢谈酒，好像一定是个与"三西"结不解缘的酒徒了。其实却大不然。我的父亲是很能喝酒的，我不知道他可以喝多少，只记得他每晚用花生米水果等下酒，且喝且谈天，至少要花费两点钟，恐怕所喝的酒一定很不少了。但我却是不肖，不，或者可以说有志未逮，因为我很喜欢喝酒而不会喝，所以每逢酒宴我总是第一个醉与脸红的。自从辛酉患病后，医生叫我喝酒以代药饵，定量是勃兰地每回二十格阑姆，蒲陶酒与老酒等倍之，六年以后酒量一点没有进步，到现在只要喝下一百格阑姆的花雕，便立刻变成关夫子了。（以前大家笑谈称作"赤化"，此刻自然应当谨慎，虽然是说笑话。）有些有不醉之量的，愈饮愈是脸白的朋友，我觉得非常可以欣美，只可惜他们愈能喝酒便愈不肯喝酒，好像是美人之不肯显示她的颜色，这实在是太不应该了。

黄酒比较的便宜一点，所以觉得时常可以买喝，其实别的酒也未尝不好。白干于我未免过凶一点，我喝了常怕口腔内要起泡，山西的汾酒与北京的莲花白虽然可喝少许，也总觉得不很和善。日本的清酒我颇喜欢，只是仿佛新酒模样，味道不很静定。葡萄酒与橙皮酒都很可口，但我以为最好的还是勃兰地。我觉得西洋人不很能够了解茶的趣味，至于酒则很有工夫，决不下于中国。天天喝洋酒当然是一个大的漏巵，正如吸烟卷一般，但不必一定进国货党，咬定牙根要抽净丝，随便喝一点什么酒其实都是无所不可的，至少是我个人这样的想。

喝酒的趣味在什么地方？这个我恐怕有点说不明白。有人说，酒的乐趣是在醉后的陶然的境界。但我不很了解这个境界是怎样的，因为我自饮酒以来似乎不大陶然过，不知怎的我的醉大抵都只是生理的，而不是精神的陶醉。所以照我说来，酒的趣味只是在饮的时候，我想悦乐大抵在做的这一刹那，倘若说是陶然那也当是杯在口的一刻罢。醉了，困倦了，或者应当休息一会儿，也是很安舒的，却未必能说酒的真趣是在此间。昏迷，梦魇，呓语，或是忘却现世忧患之一法门；其实这也是有限的，倒还不如把宇宙性命都投在一口美酒里的耽溺之力还要强大。我喝着酒，一面也怀着"杞天之虑"，生恐强硬的礼教反动之后将引起颓废的风气，结果是借醇酒妇人以避礼教的迫害，沙宁（Sanin）时代的出现不是不可能的。但是，或者在中国什么运动都未必彻底成功，青年的反拨力也未必怎么强盛，那么杞天终于只是杞天，仍旧能够让我们喝一口非耽溺的酒也未可知。倘若如此，那时喝酒又一定另外觉得很有意思了罢？

一九二六年六月二十日，于北京

张恨水：惹得读者为作品人物"请命"的书生

张恨水照

传略　　张恨水（1895—1967），原名张心远，生于江西广信小官吏家庭，祖籍安徽潜山。童年就读于旧式书馆，并沉溺于《西游》、《列国志》一类古典小说中，尤其喜爱《红楼梦》的写作手法，醉心于风花雪月式的诗词典章及才子佳人式的小说情节。青年时期的张恨水成为一名报人，并开始创作。他自 1914 年开始使用"恨水"这一笔名，其名取自李煜"自是人生长恨水长东"之句。这时期创作的作品，如《青衫泪》、《南国相思谱》等，以描写痴爱缠绵为内容，消遣意味浓重，均可列入鸳鸯蝴蝶派小说中。1924 年 4 月张恨水开始在《世界晚报・夜光》副刊上连载章回小说《春明外史》，这部长达九十万言的作品在此后的五十七个月里，风靡北方城市，使张恨水一举成名。1926 年，张恨水又发表了另一部更重要的作品《金粉世家》，从而进一步扩大了他的影响。但真正把张氏声望推到最高峰的是将言情、谴责及武侠成分集于一体的长篇小说《啼笑因缘》，这部小说至今已有二三十个版本，在发表的当时就因各大电影公司争先要将之拍摄为电影而几成新闻，由它改编成的戏剧和曲艺也不在少数，而因《啼笑因缘》而作的续书之多更是民国小说中之最。至此，张恨水的名声如日中天，即使不看小说的人也知道这个作家，就如同不看京戏的人也知道梅兰芳一样。1934 年，张恨水到陕西和甘肃一行，目睹陕甘人非人类的艰苦生活，而大受震动，其后写作风格发生重大变化，士大夫作风渐渐减少，开始描写民间疾苦（如小说《燕归来》）。抗战爆发后，他将很大精力放在写作抗战小说中，其中最受后人重视的是长篇小说《八十一梦》和《魍魉世界》（原名《牛马走》）。抗战胜利后，他的一些作品致力于揭露国统区的黑暗统治，创作了《五子登科》等小说，但均未产生重大影响。1967 年初，张恨水在北京去世，终年七十三岁。

文华　张恨水记忆力极强，过目不忘。先生让他背书，他总是很快就能背出来。先生逐渐增加背诵量，他也能迅速背诵下来。乡人传言张恨水过目不忘，母亲并不相信。一天，她将张恨水叫来，找了一本张没有读过的书，顺手拿起纳鞋底的锥子，使劲扎下去，一下扎透半本，让张背完被锥子扎到的书页。第二天早上，张竟一口气将半本书全部背出，全家人惊诧不已。

十岁时，张恨水随父亲坐船去新城县赴任。在船上，张从本家四叔那儿发现一本《残唐演义》，如获至宝，看得如痴如醉。到新城后，张进入私塾读书。私塾先生喜欢看《三国演义》，常常把《三国演义》放在书桌上。每次先生不在，张就过去偷看几页。他对《三国演义》很是着迷，希望能自己拥有一本。从此，他便开始攒零花钱，偷偷买小说看。

父亲反对张恨水看小说这种"闲书"，张便将小说藏在箱子里。等到夜深人静，家人都已经睡熟，他才悄悄取出书，放下帐子，将一个小凳子放在枕边，在凳子上点上一支蜡烛，津津有味地痴读起来。张恨水看小说，不仅看正文，也看批注，不仅看内容，也看书评。在他看来，这些旁人读来有些枯燥的文字，妙处实不亚于小说本身。他从里面"懂了许多典故"，又"领悟了许多作文之法"；例如，"形容一个很健美的女子，我知道'荷粉露垂，杏花烟润'，是绝好的笔法"。《儒林外史》为张恨水所特别推崇，他认为《儒林外史》不着一"贬"，却通篇充满了讽刺。他又从《小说月报》上读到了许多林纾翻译的欧美小说，对欧美小说中的心理描写、景物描写，尤其是寓情于景、情景交融的描写手法，非常喜欢。他还认真读了一部词章小说《花月痕》，对这部小说中的诗、词、曲很是赞赏，在这部小说的启发下，日后他创造了特有的"九字回目"。

张恨水认为中国章回体小说有三个缺点，一是缺少心理描写，《红楼梦》有一些，但还不够；二是缺少景物描写，《三国演义》中的"三顾茅庐"关于雪景的描写还不错；三是缺少细节描写。日后他在创作章回体小说时作了改革。

1924 年 4 月，张恨水开始在《世界晚报》的《夜光》副刊上连载章回体小说《春明外史》。在随后的五十七个月中，张发表了长达九十万言的文字，风靡整个北京，张一举成名。

从《春明外史》开始，张恨水首创了"九字回目"。他认为以前的章回小说，对于回目都不太考究，字数不一，词藻也不典雅。基于此，他煞费苦心地始创了"九字回目"，定下几个原则：一、回目文字一定要切合本回的高潮；二、词藻要华丽典雅；三、所取字句和典故，一定要浑成；四、回目成上下联，均为九字，求得一律，平仄对仗，上联是仄声，下联必须是平声落韵。张恨水精心创制的九字回目，受到读者、词章爱好者的激赏，他们不仅吟诵研究，而且"私淑者"大有人在，万枚子、金寄水、刘肇霖、萧豹岑等都采用九字回目写书。当时还有一位叫郭竹君的读者，把《春明外史》的所有回目，全部用原韵和唱，投到《世界晚报》。《夜光》的主编左笑鸿，将全部回目刊出。和诗步韵，本是历来文人常见之事，郭竹君"唱和回目"，则属破题第一遭。

1930 年 2 月，张恨水辞去报社的工作，专事写作，这一时期也是他创作的高峰期。他每天从上午 9 点开始写作，有时一直写到深夜 12 点。唯一的娱乐便是偶尔和夫人周南去听场京戏或看场电影。每晚上床后，张恨水总要拥被看一两个小时的书，他说："必须'加油'才能跟上时代，理解时代。"

据左笑鸿、贺逸文、夏方雅合写的《〈世界日报〉兴衰史》记载，每日下午两三点钟，许多读者便在报馆门口，焦急地排队等待当日报纸发售，只为先睹《春明外史》为快。他们不论寒暑，不管风雨，坚持在报馆门口排队，天天如此，一排就是 5 年！《春明外史》写到第 13 回时，由《世界日报》出了单行本，发行不久，即告售罄，接连数版，都迅速销售一空。1927 年 11 月，报社又将一、二集合并出版，也很快就售完。

1930 年，上海世界书局出版《春明外史》全集，分上下两函 12 册，发行前，在上海《申报》、《新闻报》两大报纸上刊出巨幅广告，并将全书 86 回目联文，全文大字刊载。此举轰动了整个上海，吊足了读者的胃口。书发行后，一版再版，每次都抢售一空。当时，上海和北京的作者，各有地盘，北京的作者一向不被上海报纸约稿，而北京的报纸也从不约上海的作者写稿，似乎井水不犯河水，张恨水的出现打破了这一约定俗成的惯例，成为北京作者打入上海滩的第一人。随着《春明外史》进入上海，张恨水也成为南北皆知的人物。

《春明外史》连载过程中，发生了"请命"风波。当小说连载到 21 回，写到梨云身染重疾，危在旦夕时，读者纷纷写信给张恨水，让他笔下留情，免梨云一死，甚至有人给梨云开出救命的良方。还有人质问张恨水："你忍心让梨云送命吗？"

《金粉世家》在连载时，也发生了"请命"风波。当读到冷清秋在大火中携幼子出走时，很多读者为冷清秋的凄惨命运洒下同情泪。张恨水的至交、著名的老报人万枚子，看到此处，竟和夫人相对而泣。当读者看到在昆明湖发现冷清秋丢失的鞋时，预感不妙，纷纷写信给张恨水，让他"笔下超生"，不能让冷清秋死去。有的甚至对张恨水"口出不逊"。著名漫画家华君武回忆，他看《金粉世家》时，曾给张恨水写过一封信，要他不可"笔下无情"。

当《啼笑因缘》在上海《新闻报》连载时，《新闻报》的副刊主编严独鹤立即与严谔声、徐耻痕办了一个叫"三友书社"的出版社，这个出版社唯一的目的就是出版《啼笑因缘》。

《啼笑因缘》成书后，张恨水有事到江南，看到此书的受欢迎程度，他说："我这次来，上至党国名流，下至风尘少女，一见着面，便问《啼笑因缘》，这不能不使我受宠若惊了！"

《啼笑因缘》还引发了一场著名的官司。1931年，上海明星电影公司购得《啼笑因缘》的演出改编权，决定将其拍摄成电影，由胡蝶、郑小秋、夏佩珍主演，阵容十分强大。与明星公司素有积怨的大华电影社的顾天为，迅速请人将《啼笑因缘》改编成剧本，并根据当时《著作权法》的规定，抢先向民国政府内政部申请了准予拍摄《啼笑因缘》的执照，并与黄金荣勾结，高薪从明星公司挖走主要演员。只有女主角胡蝶不为金钱所动，依旧效忠明星公司。时有人谣言称张学良不抵抗日本侵略军，在北平与胡蝶跳舞行乐。顾忌恨胡蝶，特在天蟾舞台排演新戏《不爱江山爱美人》，借以坐实谣言。于是张学良与胡蝶的绯闻在全国不胫而走，事实上两人并不相识。张恨水对顾天为的恶行十分恼怒，站出来公开支持明星公司。1932年6月，明星公司的第一集《啼笑因缘》有声影片终于上映。当影院已座无虚席，观众们期待电影上映时，顾竟从法院弄来一个"假处分"，带着法警来到电影院，要求南京大戏院立即停映。明星公司无奈之下，只能向法院交了3万元，撤销了"假处分"，使影片得以准时放映。接着，顾又请黄金荣出面，让内政部下令明星公司停映《啼笑因缘》。明星公司迫不得已，请杜月笙居中调停，章士钊做法律顾问，交了10万银元的巨款，与大华达成了"和解"。

《啼笑因缘》出版后，要求张恨水写续集的读者信，从全国各地像潮水般涌来，3年不辍。张只好在报上发表文章说，因"不愿它自我成之，自我毁之"，"所以归结一句话，我是不能续，不必续，也不敢续"。

1933年，张恨水送母亲回安庆时，顺便赴上海探友。张一到上海，就被书商包围，天天磨着他写续集。而且当时《啼笑因缘》居然有十几种"续书"和"反案"。面对此种局面，又联想到国难，张写了《啼笑因缘续集》，让书中的人物都投身抗日，并且为国捐躯。这样的安排一来为宣传抗日，二来是为了不会再有续集的续集。

虽然张恨水最畅销的书是《啼笑因缘》，但他最喜欢的却是《春明外史》和《金粉世家》。他曾对子女说："《啼笑因缘》写得并不太好，你去看《春明外史》和《金粉世家》吧。读一遍不行，要一口气读三遍，然后再来问我。"儿子张伍的恋人第一次上门，张对未来儿媳说："你看过《春明外史》《金粉世家》吗？《啼笑因缘》并没有什么好看的。如果有兴趣，请你去看这两部书。"

《金粉世家》最受女读者的欢迎。张恨水在许多场合总会遇到一些女读者，问他和《金粉世家》有关的问题。就是一些粗通文字的老太太也喜欢《金粉世家》。每天晚饭后，张恨水的母亲就让儿子把当日的连载念给她听，这成了张每日的"工作"，他亦乐此不疲。鲁迅的母亲鲁瑞也是张恨水迷，每逢张的新作出版，鲁迅便买回去孝敬母亲。1934年，鲁迅写信对母亲说："三日前曾买《金粉世家》一部十二本，又《美人恩》一部三本，皆张恨水作，分二包，由世界书局寄上，想已到，但男自己未曾看过，不知内容如何也。"

张恨水的小说不仅普通民众爱读，连被尊称为"教授之教授"的陈寅恪也是张恨水迷。陈在西南联大任教时，双目失明，他请好友吴宓去学校图书馆借来张的《水浒新传》，让人每日读给他听，这也是他病中唯一的消遣。

张学良看了《春明外史》，非常喜欢，前去拜访张恨水，二人一见如故。张学良本欲聘请张恨水为司令部秘书，张恨水婉言谢绝。张学良见张恨水家中人口众多，经济拮据，便授予他一个挂名领薪的"参事"职务。张学良还曾希望张恨水为他执笔写传，但由于种种原因，未能落笔。1928 年，张学良在沈阳办《新民晚报》，函邀张恨水为之写一部类似《春明外史》的长篇小说。9 月，张恨水开始撰写《春明新史》，在《新民晚报》连载。

张恨水每天给多家报纸写稿，从来不中断。他的小说不仅救活了多家报纸，更是以一支笔养活了他数十人的大家庭。

1928 年，张恨水同时有六部小说在报纸上连载，分别是《春明外史》《春明新史》《金粉世家》《青春之花》《天上人间》《剑胆琴心》。六部小说的人物、情节、进度各不相同，张却能应付裕如。他采用轮流写作的方法，先将一部小说写出若干章回，估计足够连载一段时间，再写另一部小说。他每天要写五六千字，案头放着四五支铅笔，铅笔写钝了，磨磨笔尖，就算是休息了。

张恨水"稿德"之佳，在报社编辑中也有公论。向他约稿，几乎有求必应，从不拖延。《金粉世家》连载五年零四个月，只有女儿患猩红热夭亡，伤痛之余停稿一天，且二十四小时后即补上。

《金粉世家》中的人物有一百多个，张恨水同时还在创作《春明外史》《天上人间》《京尘幻影录》等长篇，儿子张伍实在搞不清父亲是怎么安排的，难道不会乱吗？这个疑问一直憋在他心里，有一天他终于忍不住开口问父亲，张恨水回答说："自己的小说怎么会乱呢？谁也不会把自己家里人搞错吧？再说，几部小说我是分开写，今天写这部，明天就写那部。《春明外史》《金粉世家》要天天写，我就把《金粉世家》列了一张人物表，写上这些人物的姓名、身份、性格，贴在书桌前的窗子上，写之前先看一遍，就不会错了。"据张伍所知，张恨水的小说有人物表的，就只有《金粉世家》，别的书都没有用过。

张恨水的儿媳妇也曾问过他："您同时写好几部，不乱吗？"张恨水反问道："你自己的孩子，会乱吗？"

当时，文友中风传，每天晚上九点，报馆来索稿的编辑便排队在张家门口等候，张低头在稿纸上奋笔疾书，数千字一气呵成，各交来人。

1932 年，张恨水在北平《世界日报》连载《金粉世家》的同时，在北平的《新晨报》连载《满城风雨》，在上海《红玫瑰》杂志连载《别有天地》，在上海《新闻报》连载《太平花》，在上海《晶报》连载《锦绣前程》，在上海《旅行杂志》连载《似水流年》。此外，他还在世界书局出版《满江红》，同时又在报刊上发表了《弯弓集》的各个短篇。

张恨水每日写作时，除了吃饭如厕，几乎所有时间都不停笔。有时他上厕所也在构思，想到一个理想的情节，急于记下来，边系裤带边兴奋地自言自语。他写字速度很快，但字迹工整端正，从不写草书，且极少涂改。弟妹们学习之余常帮他抄写稿件，往往他写好两页，弟妹们才抄好一页。

无论是在嘈杂的环境中，还是偶患小疾，或者抱着孩子，张恨水都保持着高效的创作。在艰苦卓绝的抗战八年间，张恨水累计写了八百多万字的作品。据说张曾在 26 天内，完成了三篇宣传抗战的小说，一个剧本，一组笔记和两组诗。

在南京时，张恨水除了主编《南京人报》的副刊《南华经》外，还为南京、上海的六家报社写《燕归来》等七部小说。好友张友鸾回忆："有人认为，写长篇小说要几经修改，初稿、再稿、定稿，总之要有时间仔细推敲；还有，搞文字工作，撰写稿件，也应有个安静环境。可是恨水先生却不然，他的小说是每天晚上要发稿时才写，写好后，与《南华经》副刊稿一并交付排字房，第二天再来看大样。他写稿时不怕噪音干扰，尽管临街窗户传来卖馄饨的小锣叮当声、五香茶叶蛋的叫卖声、汽车喇叭声、马车嘚嘚声，但他闹中取静，埋头振笔疾书。他写小说稿，估计已是心中有数，写到发排够用了，就把它裁剪下来，然后又在下面的稿纸上写上三四行，以便第二天有个依据继续写下去。"

张恨水善于写杂文，在他 30 多年的报人生涯中，有一段时间，每天除了小说外，他还有大量的杂文见报，多为针砭时弊之作，文字犀利老辣。

在中国现代文学史上，张恨水无疑是最多产的作家之一，他的写作生涯长达五十余年，写下了三千万言的作品，中长篇小说多达一百一十余部，堪称著作等身。

义行　　1919 年五四运动爆发后，芜湖也掀起了查禁外货、罢市罢课的学生运动。群众把日本草席钉在电线杆上，上写"若用日货，男盗女娼"。那年农历五月初四，有一个卖艺人在芜湖街面上大放媚日言论，在群众的反对下，此人逃进日本人办的丸山药店中。五月初五，日本驻南京领事馆借口芜湖人仇日排外，派日本兵一队，荷枪实弹，到芜湖向人民群众挑衅。下午，张恨水用屈原爱国精神激励工友，率众高呼口号，在丸山药店前举行了反日示威游行。这一行动，被芜湖人民称为"爱国义举"。

1926 年"三·一八"惨案发生后，张恨水与《世界日报》的同仁一起，报道了惨案的经过，声援学生运动，指责段祺瑞政府，要求段辞职以谢天下。邵飘萍遇害后，张恨水又以"邵飘萍以身殉职"为题，在《世界日报》头版报道事件真相，为报界同仁伸张正义。

张恨水因反对日本在华北的扩张，被迫离开北平，来到南京，与张友鸾等人办了《南京人报》。因张的巨大号召力，《南京人报》一炮打响，在不足 100 万人的南京市，第一天就销售了 15000 份，这在当时是个震撼报界的"破纪录"新闻。

1931 年"九·一八"事变发生时，张恨水正在上海的《快活林》连载小说《太平花》，当时全国人民同仇敌忾，张对日本人也极为气愤，想在自己的小说中表达，但《太平花》表现的却是非战的和平思想。当时有两个方法，一是将小说的立意来个一百八十度大转变，故事变成抗战；二是放弃，重新写一部。张恨水决定采用第一个方法，他整整思考一个礼拜后，开始动笔修改。

1944 年初，张恨水家中来了两个不速之客，他们一身戎装，风尘仆仆。知道他们是前段时间死守常德的将士后，张让儿子去买来两包好些的烟招待。二人说明此次来意，是为保卫常德阵亡的 57 师将士请命，希望张能将常德保卫战记录下来，永垂青史。张恨水为他们的精神所感动，写下《虎贲万岁》一书，歌颂了代号"虎贲"的74军57师八千余人在六万日军包围中，誓死保卫常德的悲壮之举。

抗战时期，张恨水在《新民报》副刊"最后关头"发表了上千篇诗文，宣传抗日，针砭时弊，嬉笑怒骂，犀利泼辣。"最后关头"在创办一年后，由于触怒国民党政府，被勒令停刊。张恨水说："'九一八'国难来了，举国惶惶。我自己也想到，我应该做些什么呢？我是个书生，是个没有权的新闻记者。'百无一用是书生'，惟有这个时代，表现得最明白。想来想去，各人站在各人的岗位上，尽其所能为罢，也就只有如此聊报国家于万一而已。因之，自《太平花》改作起，我开始写抗战小说。"

张恨水用了两个月时间，写完了《弯弓集》，他在自序中痛陈"寇氛日深，民无死所"，深感"心如火焚"，接着他说明写《弯弓集》的本意："今国难临头，必兴语言，唤醒国人"。为早日与读者见面，《弯弓集》由张恨水自费出版，这也是张一生出版的所有作品中唯一一次自掏腰包。

东北沦陷后，张恨水痛感国土沦丧，他呼吁开发西北，作为抗日的基地。1934年5月，张恨水带着一名工友前往西北考察。张一共考察了20多个县。在考察中，他亲眼目睹了当时西北的生活：深秋里浑身上下只穿羊毛毡背心的孩子；刚泡的茶几分钟后便沉淀出一分厚的细泥；全家找不到一片木头；没有被子只能将沙子烧热了当被子，隆德县的县长告诉他，一些很小的孩子在干沙里被烤死；18岁的大姑娘没有裤子穿，只能围着沙草过冬……张亲眼目睹，一个人快要饿死，有人把食物给他，但被其他人阻止，因为这点食物已经救不了他，只能延长他的痛苦。所以，在1934年之后，张恨水更加关注现实，接连写了《燕归来》、《小西天》等爱国作品。

张恨水参加北平人民抗日动员集会时，被闻讯赶来的反动军警抓上囚车。张的同乡、汉奸侯少福见后，忙将张从车上拽下，打了张两个耳光，斥道："他妈的，你这个迂夫子，也来瞎凑热闹，滚回去！"侯此举虽救了张，但张却并不感激侯，反而对其甘于下水深为厌恶。抗战爆发后，张回到家乡潜山，在应县抗日动员委员会之请作的宣传抗日的演讲中，谈及此事，痛斥侯卖国求荣的行为。不久之后，侯带着夫人衣锦还乡，一时民怨沸腾，县政府碍于舆论，拘捕了侯，结果发现侯此次返乡实际是受伪政府指派到潜山组织维持会的。县政府当即处决了侯，没收其财产作为抗日经费。

由于张恨水积极宣传抗日，上了日寇的黑名单，日寇还曾向当时在北平的张学良提出抗议。张被迫于1935年秋天离开了他视为第二故乡的北平，他曾有诗述及此事："十年豪放居河朔，一夕流离散旧家。"

南京沦陷后，张恨水一家返回安徽潜山。当时有许多潜山青年希望回到大别山，组织抗日游击队。43岁的张亦决定加入，他以自己的名义写下一篇呈文，交给国民政府的第六部，表明他们不要资金，也不要枪弹，只是希望政府能承认这支队伍是合法组织。呈文递上去，却如石沉大海。张恨水的两名孪生弟弟牧野、朴野等不及，便自行组织了一支游击队。就在他们士气高涨、四处打击日军之时，却被认定为非法组织，遭到国民党军队的围剿。朴野逃走，牧野被俘，张恨水四处托人，才将弟弟救出。

张恨水对此极为气愤，入川后，他立即写了长篇小说《疯狂》，表达自己的愤慨。但由于国民党政府的压制，张不便畅所欲言，写完时发现已不是初衷，沦为一部失败之作。之后，张恨水又根据三弟的事迹，写了小说《巷战之夜》。

张恨水住在重庆南温泉的三间茅寮，四壁是竹片糊泥，上盖茅草，用手拍墙壁，全屋颤抖不已；大风一起，茅草随风而去；一下大雨，屋内便下起小雨，这时一家人马上用各种器皿接漏，屋内一片淙淙铮铮。张恨水笑言："一室之内，雅乐齐鸣。"他为茅寮取名"北望斋"，取自陆游诗句"北望中原泪满襟"。

张恨水的《热血之花》是迄今我国发现的最早的抗日小说，《大江东去》是第一部描写南京大屠杀中日军所犯暴行的中国作品，《虎贲万岁》则是第一部直接描写国民党正面战场——常德保卫战的长篇小说。

抗战胜利后，国民党政府向一千多人颁发了"抗战胜利"勋章，张恨水也在其列。

曾任冯玉祥秘书长的何其巩，在抗战前担任过北平市市长。抗战胜利后，蒋介石任命何其巩为驻北平的代表，于中南海勤政殿成立了八大处。何是安徽人，便打起了安徽会馆的主意。

安徽会馆建于民国初期，由于段祺瑞、李鸿章都是安徽人，兴办会馆引起多方关注，建设规模很大，内有庭院，书房也多。为安徽籍的文人提供了写作场所，在会馆吃住都是免费的。张恨水的《春明外史》、《啼笑因缘》就是在安徽会馆里写的。

何其巩利用他手中的权力，把安徽会馆私自变卖了。1945年10月，何向在北平各界的安徽人士发出通知，在他北池子的家里宴请同乡。

那天，来宾中有国民党十一战区副参谋长兼兵站总监张知行；有十一战区的咨询委员会顾问余心清；有十一战区秘书长、军法总监徐惟烈；有十一战区党政处长周范文；有北平市特别党部主任委员吴觉先；还有著名剧作家马彦祥；新民报北平版经理张恨水及其弟新民报采访主任张濮野。宴会进行中，张恨水突然走到何其巩面前，大声地质问："何其巩，我不客气了。这个安徽会馆是公家的还是私人的？你当着大家的面说说清楚。"何其巩一下子没闹明白，慢悠悠地回答："当然是公家的。"张恨水目光紧逼何其巩："那私人有没有权力出卖公家的房子。"

经过这一场舌战，酒席也就不欢而散。毕竟张恨水是有影响的人物，此事一传开，何其巩从此销声匿迹。

情事　张恨水的妻子徐文淑，原名徐大毛，其父为私塾先生，但徐并不识字。1912年，张父去世后，母亲戴氏带着子女们回到老家安徽潜山，为了拴住儿子的心，戴氏决定给18岁的张恨水找个媳妇。

媒婆介绍徐家长女后，戴氏趁着徐家牌楼戏台唱戏，前去相儿媳。这日，戴氏在媒婆的陪同下，来到徐家牌楼，媒婆一指，戴氏只见两个姑娘并肩而坐，其中一个眉清目秀，模样可爱。戴氏很是满意，于是两家很快定下婚期。但戴氏和张恨水万万没有想到，媒婆指给戴氏的其实是徐家的小女儿，另一个相貌平常的姑娘才是徐家长女。

张恨水本不满母亲包办婚姻，但他不忍拒绝母亲，只能同意。转眼到了成亲之日，张府上下，张灯结彩，喜气洋洋。张恨水像木偶一样穿上了新衣，与新人拜了堂。等进入洞房，秤杆子挑开红头盖，张恨水才发现，眼前的新娘相貌平平，身材矮胖，与母亲口中的女子大相径庭，他大受屈辱，后来写下了小说《青衫泪》。但为了母亲，他勉强接受了徐大毛。

婚后，张恨水的妹妹其范为大嫂更名徐文淑，并教她读书习字。徐文淑曾产下一女，但不幸夭折。

结婚不到半年，张恨水便出外谋事。及至1926年，徐文淑随全家迁居北平时，张恨水已经娶了胡秋霞，并有了一个女儿。徐文淑没有怨言，和胡秋霞相处融洽。

张恨水的母亲心疼儿媳，总希望徐文淑能有个孩子，老有所依。1927年，徐又生下一子，不幸夭折。从此，徐文淑认为是自己苦命，基本过着单身生活。1928年，胡秋霞生下儿子张小水，下地不哭，是徐文淑抱在怀里救活的。从此，徐视张小水如同己出，而张恨水的孩子们都叫徐"大妈"。

抗战爆发后，张恨水将徐文淑与胡秋霞安顿在安徽老家。1946年，胡秋霞与子女返回北平，徐文淑独自留在潜山照顾婆母，张恨水给她购置了土地、房屋。到土改时，徐因为有地，被划成地主，只能离开潜山县，住在安庆市的一座小楼里，深居简出。张每月给她汇寄50元生活费，徐常开心地对人说："我嫁了个摇钱树呢。"1955年，张恨水曾去看望她。

1958年10月的一天，徐文淑上街去给张小水寄信时中风，跌倒在地。路人过来搀她，她指指腰兜。人们从兜里的信上找到了她家的地址，并把她送入医院，不久，她便与世长辞。临终前，她留下遗言，将两枚金戒指分别送给胡秋霞和周南，以作纪念。

1919年，张恨水到北京后，每天要工作十几个小时，生活很是辛苦。

当时张已经三十岁，客居北京，举目无亲，内心非常苦闷。

一次，张恨水到"贫民习艺所"（一个救济院性质的慈善机构）去采访，那里收容了许多无家可归的小女孩。女孩大了，院方还负责为她们介绍婆家。院方把女孩们的照片挂在办公室里，在许多照片里，张恨水选中了一个女孩，交了一笔押金和自己的照片，等着院方通知。当时一个商人也看中了这个女孩，也交了押金和照片，在两张照片中，女孩选择了张恨水。女孩姓胡，出生在重庆的一个江边小镇，父亲是一个靠挑水过活的穷人。四五岁时她被拐卖到上海，给一个杨姓人家当了丫鬟。杨家搬到北平，她也来到北平。一次，她不堪忍受毒打从杨家逃了出来，在巡警的指点下来到贫民习艺所。

张恨水从王勃的名句"落霞与孤鹜齐飞，秋水共长天一色"取"秋霞"二字为女孩取名胡秋霞。他先将胡秋霞寄养在一对老夫妇家中，两人培养出感情后，才办了婚礼。

胡秋霞悉心照料张恨水的生活，使张可以安心工作，这之后，张恨水迎来了他创作的第一个高峰期。张也手把手地教她读书识字，到《春明外史》连载时，胡秋霞已经可以看小说了。

张恨水名噪京城后，杨家人慕名前来攀亲，认了胡秋霞做养女，说这样可以提高她的出身门第，方不辱没大作家张恨水；又带了许多金银首饰，送给他俩刚出生的女儿；还接胡秋霞回家，说是回娘家走走亲戚。

后来，张恨水根据胡秋霞的生活经历，创作了长篇小说《落霞孤鹜》。小说出版后，立即被上海明星电影公司看中，于1931年拍成了电影，由胡蝶主演。张还将杨家人认胡秋霞做女儿一事写进了另一部小说《金粉世家》，见第九十八回"院宇见榛芜大家中落，主翁成骨肉小婢高攀"。

胡秋霞只是粗通文墨，她与张恨水之间缺少张恨水向往的那种才子佳人式的浪漫。而杨家经常让胡秋霞去打牌，有时胡还喝得酩酊大醉回家，张恨水很是失落。

1928年，张恨水遇到了一位美国留学归来的才女，二人互生爱慕。才女提出，如果张恨水想和她结婚，必须先和胡秋霞、徐文淑离婚。张恨水觉得一旦离婚，胡、徐将失去生活的依靠，于是他毅然挥剑斩断情丝。

接下来，张恨水遇到了其一生的爱人周南。胡秋霞很是愤怒，她闹过，想过离婚，撕碎了以前所有的照片。有一天，胡秋霞趁张恨水不在家，打上周南家门，把玻璃都砸掉了。但在婆母和家人的劝说下，为了三个幼小的儿女，她最终还是妥协了，常常借酒浇愁。

胡秋霞对钱看得很淡，张恨水给她的私房钱，她从不会自己享受，张恨水办《南京人报》时，她毅然拿出 2000 元大洋帮助张购买印刷设备。

抗战时期，张恨水在重庆，胡秋霞和家里人被留在了安徽老家。由于战争，张恨水寄钱只能寄到金寨，每次胡秋霞都要赶两百多里山路冒着危险把一家人的活命钱取回来。张恨水老家的人对胡秋霞的评价是，很像一个侠女，"爱劳动，胆子大，心眼好"。

抗战胜利后，张恨水将胡秋霞母子接到北平，刚开始住在张恨水单位的宿舍里。1948 年，她生下女儿张正后，为了更好地照顾胡秋霞，张恨水将她接回了家，和周南生活在一个屋檐下。次年，张脑溢血，还在哺乳中的胡秋霞与家人轮流照顾丈夫。等张病好一些，她就搬到别处居住。张恨水每月来看他们，来了便乐呵呵地带着他们上小馆子。

三年自然灾害期间，胡秋霞省下粮食给儿孙吃，自己却常常饿得浮肿。她去张恨水和周南的住处串门，总是带上一些吃的，生怕自己去吃饭使得他们不够吃而为难。

周南病逝后，胡秋霞和张恨水也没有一起生活。但她常常去探望张恨水，直到张恨水离世。

晚年的胡秋霞虽然有儿孙相伴，但寂寞依旧，苦酒伴随了她整个后半生。她指着袅袅的檀香清烟对女儿说："那就是我的伴……"1983 年，胡秋霞告别了人间。

1931 年，张恨水与北平春明女中学生周淑云结婚，婚后，他根据《诗经·国风》第一章"周南"二字，为周淑云改名"周南"。

周淑云祖籍云南，出身于一个破落官僚家庭。父亲早故，只有母亲和一个弱智弟弟。因此，她成了母亲唯一的希望。这身世与张恨水《啼笑因缘》中的沈凤喜较相似。而她正是看了《啼笑因缘》，开始倾慕张恨水的才华。

张、周二人相遇是在春明女中的一次赈灾游园会上，组织者在这次游园会中安排了一场京剧演出，演出的剧目是传统名剧《玉堂春》中的《女起解》一折，张恨水被邀请出演押差崇公道这一角色，而扮演苏三的就是周淑云。两人一见钟情，周淑云明确表示自己不在乎名分和地位。很快，17岁的周淑云以"外室"的身份同36岁的张恨水结合。

婚后，张恨水教周南读唐诗、学绘画、练书法，不时来段京腔对唱，其乐融融。周南的到来，给张恨水注入了新的活力，使张恨水享受到了追慕已久的琴瑟相和、红袖添香的家庭温馨。当年，周南生下了一个白胖小子，取名张全。

张恨水和周南的结合终于让张恨水得享才子佳人式的爱情，周南不敢独自过马路，张恨水就雇人力车拉她横穿马路；周南偶尔贪小便宜买布，却怎么也看不出是占了便宜；周南错将公鸡当成母鸡买回家……这些偶尔出现的小插曲，在张恨水的眼中都成了周南的娇憨可爱。

1935年，张恨水到上海创办《立报》，周南怀抱儿子张全相伴其右。在上海，张恨水除编《立报》副刊外，尚有报刊约稿多达十篇，每天必定写作到深夜。周南习惯早睡，孩子却不肯睡，周南便将孩子交给张恨水，自顾自休息。张只得一手抱着孩子，一手提笔写作。孩子哭时，哼上几句京剧，哄孩子入睡。有时，周南还嘱咐："里弄中有叫卖火腿粽子的，给我买两只来。"张亦点头听从。

抗战之初，全家迁居安徽潜山，张恨水只身入川。周南放心不下丈夫，带着儿子张全和不满周岁的张伍，在张堂兄樵野的护送下，千里奔赴重庆与张团聚。一路上，兵荒马乱，枪林弹雨，周南甚至连续两天水米未进。周南千里入蜀寻夫之事，后来被张恨水写进小说《蜀道难》。

在重庆，一家人度过了艰苦的八年生活。住的是"文协"的三间茅屋，下雨时，锅碗瓢盆全用上接漏，张恨水戏称"待漏斋"。为改善生活，周南学会了种菜、养猪。为不影响张恨水写作，天不亮就叫孩子把猪赶上山，天黑后才赶回后院。

有一次，日机轰炸重庆，周南闻讯奔到码头，准备过江去看张恨水。到了江边，小轮已离开岸边数尺，她不顾一切跨向小轮，一只脚在船上，一只脚还在船外，幸亏轮上的乘客相扶，才免意外。

1956年，周南罹患乳腺癌，进行了两次手术。她默默承受着病魔的折磨，仍以笑脸迎人，直至卧床不起。张恨水意识到她已经病入膏肓时，向中央文史馆求助，文史馆派来名医，但已无济于事了。1959年10月14日，周南离开人世，年仅四十有五。

张恨水晚年，将周南的一张照片压在书桌的玻璃下，"文革"时，儿女怕照片被当成四旧，藏了起来，张恨水却重新找出来，挂在床头，日夜相对。

张恨水的情事，在张家向来是个禁忌。张恨水一直不愿意谈及他的爱情，其长孙张纪说："我爷爷张恨水一生娶过三个妻子，作为张恨水的后人，我们不愿用世俗的尺子去衡量他更爱哪一个女人，这段历史被我上一代人封存已久缄口不谈，不仅在我家，就是在老家的大家族里也是讳莫至深。因为我爷爷反对被人谈及他的罗曼史。"

趣事　一次夜半，有客人来报社拜访，张恨水放下编务待客。而《南华经》此时正要付排，版面还差一小块。编辑急得在楼下大喊，问张怎么办。张让客人稍候，走到楼栏边对编辑说："别急，我说你记，等版面够了，就喊停。"于是他在楼口随口而来："楼下何人唤老张，老张楼上正匆忙；时钟一点都敲过，稿子还差二十行。日里高眠夜里忙，新闻记者异平常；今生倒做包文正，日断阴来夜断阳。齿牙半动视茫茫，已过中年底事忙？应是要当姜白发，还图八十遇文王。"直听到楼下编辑喊"停"，他才打住。

此"楼上口占打油诗"的轶事，成为南京报界的佳话。事后也有人遗憾地说，编辑应该晚一点喊停，看他究竟能口占多少首？

张恨水的儿子张伍回忆，他同学的母亲曾对他说，她读《啼笑因缘》的时候，正在北平女师大念书，同学们都想知道张恨水是什么样子，于是联名写信给张恨水，希望能得到他的相片。这位同学的母亲笑言道："没想到你父亲在信中说：你们喜欢看我的书，我感到荣幸，但是你们看了我的照片后，就会不喜欢我的书了，所以还是不登我的照片为好。"

抗战期间，署名张恨水的伪书泛滥，一次，四川省水利厅长何北衡设宴招待张恨水，谈及伪书，问他："你恨不恨这些人？"张一脸严肃地答道："我独恨你！"此言一出，举座皆惊。张笑道："我一生恨水，所以取名恨水，而何厅长偏爱水，大搞水利，专门与我作对，我当独恨你了。"众人哄堂大笑。

张恨水不仅爱看戏，偶尔自己也登台过过戏瘾。1933年，北平新闻界一位同事的母亲做寿，开了一台纯系票友的堂会，张也粉墨登场，演出《乌龙院》。主人打破梨园规矩，在演员排表时，在中央位置，写上"小说家张恨水"。读者听闻，纷纷跑来一睹张氏真容。

这日，张恨水甫一登台亮相，便引起观众哄笑，因为他扮丑角张文远，走台步一瘸一拐，画着白鼻子，张口念白，一口安徽腔。旦角上来后，并不照着原来的台词，存心逗张道："张心远（张恨水原名）是谁呀？"张答："是我的徒弟。"旦角接着问："我听说你的徒弟是有名的小说家，你怎么没名呀？"台下一愣，张随即接口："有道是，有状元徒弟无状元师傅啊！"台下顿时掌声一片。张下台后，有人问他为何走路一瘸一拐，他答："不知谁在我靴子里放了一枚圆钉，害得我好苦。"

张恨水在《南京人报》时，一个人住在报社，常穿着白绸衫，手摇纸扇，迈着八字步，用嘶哑的喉咙，唱道："大老爷打罢了退堂鼓，御前来了我宋江……"某天傍晚，张刚唱罢这句，画漫画的刘元前来送稿，穿一身墨绿色西服，系着绿色领带，张一看，立即改用京剧念白道："惨绿少年，你来了！哈哈！"大家哄笑。

1944年5月16日，是张恨水50寿辰，恰好也是他从事新闻和创作30周年纪念日。为此，张恨水所在的重庆新民报社及一些报社准备联合开茶话会。张恨水感到十分不安，亲自撰写了一篇题为《总答谢》的文章发表在《新民报》上：

照说，这种光荣的赐予，我应当诚恳的接受。可是我想到物价的数字，我立刻想到不应当因我这百无一用的书生而浪费。而且我的朋友，不是忙人，就是穷人。对于忙朋友，不应当分散他的时间；对于穷朋友，不应当分散他的法币。于是我变为恳切的婉谢。

假如茶话会真的开了，一个面白无须、身着川绸长衫的措大，在许多来宾中公然受贺，那窘状是不可想象的。说我矫情不如说我知趣。朋友，以为如何？

美文

五月的北平

能够代表东方建筑美的城市，在世界上，除了北平，恐怕难找第二处了。描写北平的文字，由国文到外国文，由元代到今日，那是太多了，要把这些文字抄写下来，随便也可以出百万言的专书。现在要说北平，那真是一部二十四史，无从说起。若写北平的人物，就以目前而论，由文艺到科学，由最崇高的学者到雕虫小技的绝世能手，这个城圈子里，也俯拾即是，要一一介绍，也是不可能。北平这个城，特别能吸收有学问、有技巧的人才，宁可在北平为静止得到生活无告的程度，他们不肯离开。不要名，也不要钱，就是这样穷困着下去。这实在是件怪事。你又叫我写哪一位才让圈子里的人过瘾呢？

静的不好写，动的也不好写，现在是五月（旧的历法清和四月），我们还是写点五月的眼前景物吧。北平的五月，那是一年里的黄金时代。任何树木，都发生了嫩绿的叶子，处处是绿荫满地。卖芍药花的担子，天天摆在十字街头。洋槐树开着其白如雪的花，在绿叶上一球球的顶着。街，人家院落里，随处可见。柳絮飘着雪花，在冷静的胡同里飞。枣树也开花了；在人家的白粉墙头，送出兰花的香味。北平春季多风，但到五月，风季就过去了（今年春季无风）。市民开始穿起夹衣，在不暖的阳光里走。北平的公园，既多又大。只要你有工夫，花不成其为数目的票价，亦可以在锦天铺地、雕栏玉砌的地方消磨一半天。

照着上面所谈，这范围还是太广，像看《四库全书》一样。虽然只成个提要，也觉得应接不暇。让我来缩小范围，只谈一个中人之家吧。北平的房子，大概都是四合院。这个院子，就可以雄视全国建筑。洋楼带花园，这是最令人美慕的新式住房。可是在北平人看来，那太不算一回事了。北平所谓大宅门，哪家不是七八上十个院子？哪个院子里不是花果扶疏？这且不谈，就是中产之家，除了大院一个，总还有一两个小院相配合。这些院子里，除了石榴树、金鱼缸，到了春深，家家由屋里度过寒冬搬出来。而院子里的树木，如丁香、西府海棠、藤萝架、葡萄架、垂柳、洋槐、刺槐、枣树、榆树、山桃、珍珠梅、榆叶梅，也都成人家极普通的栽植物，这时，都次第的开过花了。尤其槐树，不分大街小巷，不分何种人家，到处都栽着有。在五月里，你如登景山之巅，对北平作个鸟瞰，你就看到北平市房全参差在绿海里。这绿海大部分就是槐树造成的。

洋槐传到北平，似乎不出五十年，所以这类树，树木虽也有高到五六丈的，都是树干还不十分粗。刺槐却是北平的土产，树兜可以合抱，而树身高到十丈的，那也很是平常。洋槐是树叶子一绿就开花，正在五月，花是成球的开着，串子不长，远望有些像南方的白绣球。刺槐是七月开花，都是一串串有刺，像藤萝（南方叫紫藤）。不过是白色的而已。洋槐香浓，刺槐不大香，所以五月里草绿油油的季节，洋槐开花，最是凑趣。

在一个中等人家，正院子里可能就有一两株槐树，或者是一两株枣树。

尤其是城北，枣树逐家都有，这是"早子"的谐音，取一个吉利。在五月里，下过一回雨，槐叶已在院子里着上一片绿荫。白色的洋槐花在绿枝上堆着雪球，太阳照着，非常的好看。枣子花是看不见的，淡绿色，和小叶的颜色同样，而且它又极小，只比芝麻大些，所以随便看不见。可是它那种兰蕙之香，在风停日午的时候，在月明如昼的时候，把满院子都浸润在幽静淡雅的境界。假使这人家有些盆景（必然有），石榴花开着火星样的红点，夹竹桃开着粉红的桃花瓣，在上下皆绿的环境中，这几点红色，娇艳绝伦。北平人又爱随地种草本的花籽，这时大小花秧全都在院子里拔地而出，一寸到几寸长的不等，全表示了欣欣向荣的样子。北平的屋子，对院子的一方面，照例下层是土墙，高二三尺，中层是大玻璃窗，玻璃大得像百货店的货窗相等，上层才是花格活窗。桌子靠墙，总是在大玻璃窗下。主人翁若是读书伏案写字，一望玻璃窗外的绿色，映入眉宇，那实在是含有诗情画意的。而且这样的点缀，并不花费主人什么钱的。

北平这个地方，实在适宜于绿树的点缀，而绿树能亭亭如盖的，又莫过于槐树。在东西长安街，故宫的黄瓦红墙，配上那一碧千株的槐林，简直就是一幅彩画。在古老的胡同里，四五株高槐，映带着平正的土路，低矮的粉墙。行人很少，在白天就觉得其意幽深，更无论月下了。在宽平的马路上，如南、北池子，如南、北长街，两边槐树整齐划一，连续不断，有三四里之长，远远望去，简直是一条绿街。在古庙门口，红色的墙，半圆的门，几株大槐树在庙外拥立，把低矮的庙整个罩在绿荫下，那情调是肃穆典雅的。在伟大的公署门口，槐树分立在广场两边，好像排列着伟大的仪仗，又加重了几分雄壮之气。太多了，我不能把她一一介绍出来，有人说五月的北平是碧槐的城市，那却是一点没有夸张。

当承平之时，北平人所谓"好年头儿"。在这个日子，也正是故都人士最悠闲舒适的日子。在绿荫满街的当儿，卖芍药花的平头车子整车的花蕾推了过去。卖冷食的担子，在幽静的胡同里叮当作响，敲着冰盏儿，这很表示这里一切的安定与闲静。渤海来的海味，如黄花鱼、对虾，放在冰块上卖，已是别有风趣。又如乳油杨梅、蜜饯樱桃、藤萝饼、玫瑰糕，吃起来还带些诗意。公园里绿叶如盖，三海中水碧如油，随处都是令人享受的地方。但是这一些，我不能、也不愿往下写。现在，这里是邻近炮火边沿，南方来人说这里是第一线了。北方人吃的面粉，三百多万元一袋；南方人吃的米，卖八万多元一斤。穷人固然是朝不保夕，中产之家虽改吃糙粉度日，也不知道这糙粮允许吃多久。街上的槐树虽然还是碧净如前，但已失去了一切悠闲的点缀。人家院子里，虽是不花钱的庭树，还依然送了绿荫来，这绿荫在人家不是幽丽，乃是凄凄惨惨的象征。谁实为之？孰令致之？我们也就无从问人。《阿房宫赋》前段写得那样富丽，后面接着是一叹："秦人不自哀！"现在的北平人，倒不是不自哀，其如他们哀亦无益何！

好一座富于东方美的大城市呀，他整个儿在战栗！好一座千年文化的结晶呀，他不断地在枯萎！呼吁于上天，上天无言；呼吁于人类，人类摇头。其奈之何！

刘半农："如君之人已不可再得"

传略　刘半农（1891—1934），原名刘寿彭，改名刘复；字伴侬、瓣秾、半农，号曲庵。江苏江阴人，是我国"五四"新文化运动的先驱之一。著名的文学家、语言学家、教育家。同时，他又是我国语言及摄影理论奠基人。他的《汉语字声实验录》荣获"康士坦丁语言学专奖"。是我国第一个获此国际大奖的语言学家。

出生于知识分子家庭，1911年曾参加辛亥革命，1912年后在上海以向鸳鸯蝴蝶

刘半农照

派报刊投稿为生。1917年到北京大学任法科预科教授，并参与《新青年》杂志的编辑工作，是"五四"新文化运动的积极倡导者之一。积极投身文学革命，反对文言文，提倡白话文。1920年到英国伦敦大学学习实验语音学，1921年夏转入法国巴黎大学学习。1925年获得法国国家文学博士学位，1925年秋回国，任北京大学国文系教授，讲授语音学。

1926年出版了诗集《扬鞭集》和《瓦釜集》。其他著作有《半农杂文》、《中国文法通论》、《四声实验录》等，编有《初期白话诗稿》，另有译著《法

国短篇小说集》、《茶花女》等。

1934 年在北京病逝。病逝后，鲁迅曾在《青年界》上发表《忆刘半农君》一文表示悼念。

兄弟　刘半农与他的弟弟刘天华、刘北茂，都是我国的现代文化名人，被誉为"江阴刘氏三杰"。"刘氏三杰"出生在江苏江阴澄江镇一个贫寒的家庭。他们的祖父英年早逝，祖母夏氏很年轻时就守寡。自己孤单一人，就从丈夫的堂兄膝下过继了一个男孩，取名刘宝珊。以自家微薄的财力培养他读书识字。几年后的一个冬天，夏氏外出时，忽然听到河边有婴儿啼哭，她觉得很蹊跷，到河边一看，原来是包裹得很严实的一个女弃婴在啼哭。看样子出生也不过一个月左右，就抱回家抚养。这个女婴长大后，就成了刘宝珊的童养媳。又过了几年母亲给他们圆了房，刘宝珊夫妇先后生养了三个儿子，长大后都成为了名人。

二弟刘天华生于 1895 年，自幼喜欢音乐，1909 年考入常州中学，被选进校军乐队，开始接触到军乐和乐器。辛亥革命爆发后，常州中学停办，他回到江阴。为维持生计，他曾在中学当音乐教员。1915 年父亲去世，他自己又患病在家，花两毛钱买了把二胡，自学二胡，创作了二胡曲《病中吟》。第二年他被聘为江苏省立第五中学音乐教员。此时他对民间音乐产生浓厚的兴趣，向民间艺人学习二胡、琵琶和古琴，还到处寻访民间艺人采集民间音乐，获得了很扎实的积累。

1922 年刘天华被聘为北大音乐传习所国乐导师，培养了很多有才华的学生。1930 年梅兰芳应邀赴美国演出前，为了准备出国演出音乐资料，经京剧编剧齐如山介绍，梅兰芳请刘天华帮助记录京剧音乐曲牌。他用了将近三个月的时间，将梅兰芳的京剧唱腔以五线谱的形式记录下来，印制成书，以便带到美国散发。这本《梅兰芳歌曲谱》在美国很受欢迎，美国音乐界开始认识刘天华，随即邀请他访美。为了准备访美事宜，他累病了，不幸染上猩红热而不治，于1932年6月8日去世，年仅38岁。

刘天华是我国第一个用西方五线谱记录整理"国乐"的音乐家，他大胆借鉴西方音乐，改进、提高民族音乐，创作了很多脍炙人口的二胡曲，如《病中吟》、《良宵》、《空山鸟语》、《光明行》等，使他成为我国二胡学派的奠基人。他还是民族乐器的革新者，对传统的二胡和琵琶都进行了技术改进，扩展了音律，拓宽了表现领域，为这两种古老的民族乐器赋予了新鲜生命。

三弟刘北茂，原名寿慈，字寿元，生于1903年，是一位著名的二胡演奏家、作曲家和音乐教育家。他从小喜欢音乐，特别是在两位兄长的影响下，在读中学时就掌握了多种民族乐器的演奏技巧。

1927年他以优异成绩考入燕京大学英语系，毕业后先后在暨南大学、北京大学等大学任教。北平沦陷后，他拒绝日伪政权的高薪聘请，毅然放弃英语教学，到重庆国立音乐学院教音乐。由此，他开始转入音乐事业，决心继承和发扬二哥刘天华的"改进国乐"的遗愿，献身于国乐的改进、提高工作。

建国后，先后任中央音乐学院和安徽师大教授。到晚年，双腿瘫痪，于1981年与世长辞。他一生创作了一百多首二胡曲，像《汉江潮》、《小花鼓》、《流芳曲》等二胡独奏曲，都是广为流传的代表作。他是我国现代音乐史上一位多产的作曲家，是刘天华事业的忠实继承者和发展者，被誉为"民族音乐大师"。

贡献 1919年，刘半农为了推动新文化运动，想到了利用双簧戏这个形式来宣扬新文化。他把自己的想法告诉了好友钱玄同。钱玄同虽是国学大师章太炎的门生，旧学根底深厚，但他十分讨厌旧文学的做派和风格，曾经骂他们为"桐城谬种"、"选学妖孽"。刘半农提议两人合演一曲双簧戏，一个扮演顽固的复古分子，封建文化的守旧者；一个扮演新文化的革命者。用这种双簧戏的形式把正反两个阵营的观点都亮出来，以引起全社会的关注。一开始，钱玄同觉得主意虽不错，但手法有些不入流，不愿参加。但刘半农坚持说，非常时期只有采取非常手段，才能达到目的。经他反复动员，最后钱玄同才同意与他一起演一出双簧戏。1918 年 3 月 15 日，《新青年》杂志第四卷三号上，忽然发表了一篇写给《新青年》杂志编辑部的公开信《给编者的一封信》。署名"王敬轩"。信为文言写就，全信 4000 多字，不用新式标点，以一个封建思想和封建文化卫道者的形象，列数《新青年》和新文化运动的所谓"罪状"，极尽谩骂之能事。而就在同一期上，发表了另一篇以本社记者半农之名写的观点与之针锋相对的文章《复王敬轩书》，全信洋洋万余言，对王敬轩的观点逐一批驳。这一双簧戏旗帜鲜明，在文坛引起强烈反响，不仅真的引来了"王敬轩"那样的卫道士如林琴南等人的发难，更多地却引起了青年学子和进步人士的喝彩。鲁迅对此也持肯定的态度。这一正一反两篇文章同时出现的结果是："旧式文人的丑算是出尽，新派则获得压倒性的辉煌胜利"。一些原来还在犹豫的人都开始倾向新文化了，连朱湘和苏雪林都说他们是看了这双簧戏才变成新派的，可见双簧戏影响之大。

刘半农导演的这出双簧戏已经成为现代文学史上一个富有戏剧性的插曲，也凸显了刘半农对新文化的贡献。苏雪林曾评价说："（刘半农）虽不足与陈（独秀）、胡（适）方驾，却可与二周（鲁迅、周作人）并驱。事实上，他对新文学所尽的气力，比之鲁迅兄弟只有多，不会少。"作为新青年的健将，刘半农对新文学的贡献很大，但说他超越鲁迅兄弟的评价未免过誉。但鲁迅本人也不否认刘半农对新文化运动的贡献，他说："（刘半农）是《新青年》里的一个战士，他活泼，勇敢，很打了几次大仗。"（《忆刘半农君》）

首创　　刘半农到伦敦后不久，于 1920 年 9 月 4 日创作了一首题为《教我如何不想她》的小诗。这首诗很快便被同在伦敦留学的赵元任谱成歌曲，随后在国内传唱开来，流行至今。有人说，《教我如何不想她》是一首写给女友的情歌。但更多的人认为，"她"字在这里代表的是中国，这首诗应该是刘半农在异国他乡思念祖国家乡的心声。

《教我如何不想她》之"她"字，也是刘半农所首创。汉字中之"他"本无男女之分，因此翻译外国文学作品，或自行创作文学作品，均感不便。初时，人们以"伊"字作为女性之"他"，如鲁迅早期小说《阿 Q 正传》、《祝福》等，均用"伊"字来代替女性之"他"。然而，"他"与"伊"为截然不同之二字，用起来仍有不少麻烦，刘半农考虑及此，反复琢磨，乃首创"她"字以作女性之"他"，后来得到社会认可，"她"字到处通行，并载入了字典。

引路　　刘半农的后半生和民歌的收集、创作有不解之缘，他之所以走上这条路，和他的出身以及投身于新文化运动关系密切。刘氏出身贫寒，熟悉民间文化；而新文化运动在理论上抛弃了传统文人的矫揉造作和儿女情长的题材，但是要拿出实在的业绩证明它更出色，方可征服人心。这创作的源头活水哪里找？显然，为士大夫和小资们不熟悉乃至蔑视的民间文化是最佳选择。刘半农不只是一个勇猛的战士，还是一个敏锐的战士。由此，他开创了民歌、俗曲收集、整理与创作的辉煌事业。在 1918 年所作的《中国之下等小说》的演讲中，刘半农即肯定了鼓词、宝卷、唱本等民间文艺、通俗文艺的价值，要求描写民众生活、吸取民间文艺和通俗文艺的营养，创造平民文艺。在 1927 年发表的《国外民歌译》自序中，刘半农说他之所以喜爱民歌，是因为他"爱阔大，不爱纤细；爱朴实，不爱雕琢；爱爽快，不爱腻滞；爱隽趣的风神，不爱笨头笨脑的死做"的气质所决定的。他认为歌谣是最纯洁的文学，是自然的天籁，是被庙堂士大夫污染最少的文学，又认为："歌谣之构成，是信口凑合的，不是精心结构的"。这样，民歌便于自由抒发情感，而这"正是文学上最重要的一个要素"。

　　1918 年 1 月底的一天，刘半农对北大国文系主任沈尹默说："歌谣中也有很好的文章，我们何妨征集一下呢？"沈尹默表示赞同。第二天，刘半农就将拟好的章程交给北大校长蔡元培，蔡元培批交文牍处，2 月 1 日的《北大月刊》发布了刘半农草拟的《北京大学征集全国近世歌谣简章》，引起强烈反响。"中国征集歌谣的事业，从此开场了"。歌谣学运动的兴起，使全国许多报刊也注意起民歌来。随后，相继出现了顾颉刚、钟敬文、魏建功等早期民间文艺学者搜集和研究民间文艺的大批成果。1919 年，刘半农亲自采集《江阴船歌》二十首。1925 年，又到江阴采集到民歌数十首。1928 年，刘半农任中央研究院语言研究所民间文艺组主任时，曾提出对歌谣俗曲、传说故事、谚语谜语、切口语、叫卖声的研究计划。以后，又率领李家瑞等人收集整理俗曲，于 1932 年出版了《中国俗曲总目稿》，收录了十一省区的六千多种俗曲曲目。由此，刘半农成为中国新文化运动时期最早倡导民间文艺，亲自搜集民间歌谣的重要代表人物。

　　1925 年 9 月，刘半农结束留学，回到祖国，重返北大担任国文系教授、国学门导师。他以"扎硬寨，打死仗"的精神继续着他作为实验语言学家的事业，把研究方向牢牢地定位在语音上面。刘半农从法国带了大量的科学仪器回来，他先后发明了声调推算尺与四声模拟器，写成《声调之推断及"声调推断尺"之制造与用法》和《"四声模拟器"之创制》等一批专业论文。他把这些器材和发明悉数贡献出来，因陋就简地在北大创立了我国第一个语音乐律实验室，并开设了相关的课程，填补了我国在这方面的空白。刘半农不是一个单纯的爬格子的人，而是一个杰出的实验语言学家，对于实验他事必躬亲，一会去故宫测试所藏古乐器的音律，一会去西北研究民俗，为各地的方言录音，收集俚曲小调，忙得不亦乐乎。他还和赵元任、钱玄同、黎锦熙等人发起了"数人会"，以讨论国语统一问题。成为中国实验语音学的领路人。

护宝　　归国之后，除了在北大任职，1928 年刘半农还在古物保管委员会北平分会任职。就在这时，刘半农和美国文化窃贼、不学无术的安得思发生了正面冲突。原来，1928 年 4 月，安得思秘密率领第四次中亚考察团到我国蒙古高原偷偷发掘文物。之前，他曾带领大队人马先后 7 次在内蒙挖掘文物，每次都把获得的几十、几百箱的文物瞒过国民政府直接运回美国。这一次，安得思又挖了八九十箱文物准备经北京到天津出口，被文物维护会和古物保管委员会查到。因为在他的护照上，只允许他打猎，而未批准他发掘文物。因此，文物被扣留。怀恨在心的安得思怂恿在北平的各洋文报纸痛骂文物与古物两委员会。说刘半农等人"是妨害文化"、"是中国人不懂科学的表示"。但两委员会不为所动，谈判的结果，安得思被迫将一半的偷盗文物留在中国。

1930 年 4 月，英国文化窃贼斯坦因骗得中国外交部的一张旅游护照，准备绕过各中国文物保护组直接从印度进入中国西北进行中亚考察，而且计划和法国探险家哈特组建的"雪铁龙横穿亚洲考察队"在中国新疆会师，共同开掘文物。这一试图绕开中方的罪恶的文化劫掠行为，激起了刘半农的愤怒，该年 5 月和 12 月他两次上文国民政府，要求阻止斯坦因的非法行径。这次努力没有白费，次年，斯坦因便被中国国民政府驱逐出境。

至交　　刘半农出现在周作人的视野里，大约在《新青年》红火的初期。那时陈独秀已把《新青年》移至北京，刘半农也随之从上海赶到了燕京之地。他此前在军队里做过文书，后任上海《中华新报》和《红玫瑰》的记者。因为投稿于《新青年》，遂结识了陈独秀，所以他的北上，和《新青年》很有些关系。查周作人的日记，记载的和刘半农的交往甚多。在周作人 1918 年的日记中，友人出现最多的是钱玄同，次为陈独秀和刘半农。所谈多为学问之事，如小说研究、儿歌研究等等。周作人曾送刘半农日本诗集等书，刘氏亦借杂书予周作人。

周作人曾这样描述刘半农：

"君状貌英特，头大，眼有芒角，生气勃勃，至中年不少衰。性果毅，耐劳苦。专治语音学，多所发明；又爱好文学美术，以余力照相，写字，作诗文，皆精妙。与人交游，和易可亲，喜诙谐，老友或戏谑为笑；及今思之，如君之人已不可再得。""他不装假，肯说话，不投机，不怕骂，一方面却是天真烂漫，对什么人都无恶意。"

看刘半农的文章，谈到周作人的地方也很多，并有一种亲情在里面。1921年5月20日，刘氏在伦敦致信周作人，请其为新编《瓦釜集》作序，文中说：

"我现在要求你替我做一篇序，但并不是一般出版物上所要求的恭维的序。恭维一件事，在施者是违心，在受者是有愧，究竟何苦！我所要求的，是你的批评；因为我们两人，在做诗上所尝的甘苦，相知得最深，你对于我的诗所下的批评，一定比别人分外确当些……我希望你为友谊的缘故做我的朋友，这是我请你做我的朋友，这是我请你做序的一个条件。"

刘氏还在《记砚兄之称》一文中，谈及了与周作人的友情：

"余与知堂老人每以砚兄相称，不知者或以为儿时同窗友也，其实余二人相识，余已二十七，岂明已三十三，时余穿鱼皮鞋，犹存上海少年滑头气，岂明则蓄浓髯，戴大绒帽，披马夫式大衣，俨然一俄国英雄也。越十年，红胡入关主政，北新封，《语丝》停，李丹忱捕，余与岂明同避菜厂胡同一友人家。小厢三楹，中为膳食所，左为寝室，席地而卧，右为书室，室仅一桌，桌仅一砚。寝，食，相对枯坐而外，低头共砚写文而已，砚兄之称自此始。居停主人不许多友来视，能来者余妻岂明妻而外，仅有徐耀辰兄传递外间消息，日或三四至也，时为民国十六年，以十月二十四日去，越一星期归，今日思之，亦如梦中矣。"

趣闻　1934年3月刘半农出席一次音乐会，李抱忱演唱了《教我如何不想她》，得到满堂彩。歌者随后热情地介绍说歌词的作者也在场，刘半农被迫登场，就在这时，他听到一位女士悄悄地说："原来是这样一个老头儿！"刘半农因此特地写了一首打油诗："教我如何不想他？请进门来喝杯茶。原来如此一老叟，教我如何再想他？"

刘半农十分乐于助人，对酷爱学习的人更是爱护。1919年1月，有位姓方的朋友（在家排行老六）

刘半农书法

向他借两本书，一本是瑞典的《滩簧日记》，另一本是收有高尔基等人作品的英文版苏联小说集。他欣然同意，热情地将书寄出，还附了一封意味深长，饶有风趣的回信：

（生）咳，方六爷呀，方六爷。（唱西皮慢板）你所要，借的书，我今奉上。这其间，一本是，俄国文章，那本是，瑞典国，小曲滩簧。只恨我，有了它，一年以上，都未曾，打开来，看过端详。（白）如今你提到它，（唱）不由得，小半农，眼泪汪汪。（白）咳，半农呀，半农呀，你真不用功也。（唱）但愿你，将它去，莫辜负它，拜一拜，手儿呵，你就借去了罢。

这封信用戏曲的形式写成，轻松幽默，情趣盎然。虽有不少游戏成分，但寓意于笑谈之中，耐人寻味。作者对自己买书久看，读书不用功，深感内疚，严厉自责，对别人颇有劝戒作用。

刘半农提倡俗文学，曾编"骂人专辑"，在《北京晨报》上刊登启事，征求"国骂"，并不惜以身试骂。先是赵元任用湖南、四川、安徽等地的方言将他骂了一顿又一顿，随后周作人也用绍兴话将他痛骂一通……到了他去上课时，学生们也在课堂上用各种方言轮番骂他。

名诗

教我如何不想她

天上飘着些微云，
地上吹着些微风。
啊！
微风吹动了我的头发，
教我如何不想她？

月光恋爱着海洋，
海洋恋爱着月光。
啊！
这般蜜也似的银夜。
教我如何不想她？

水面落花慢慢流，
水底鱼儿慢慢游。
啊！
燕子你说些话？
教我如何不想她？

枯树在冷风里摇，
野火在暮色中烧。

啊！

西天还有些儿残霞。

教我如何不想她？

名作

饿

他饿了；他静悄悄地立在门口；他也不想什么，只是没精没采，把一个指头放在口中咬。

他看见门对面的荒场上，正聚集着许多小孩，唱歌的唱歌，捉迷藏的捉迷藏。

他想：我也何妨去？但是，我总觉得没有气力，我便坐在门槛上看看罢。

他眼看着地上的人影，渐渐地变长；他眼看着太阳的光，渐渐地变暗。"妈妈说的，这是太阳要回去睡觉了。"

他看见许多人家的烟囱，都在那里出烟；他看见天上一群群的黑鸦，咿咿呀呀地叫着，向远远的一座破塔上飞去。他说："你们都回去睡觉了么？你们都吃饱了晚饭了么？"

他远望着夕阳中的那座破塔，尖头上生长着几株小树，许多枯草。他想着人家告诉他：那座破塔里，有一条"斗大的头的蛇！"他说："哦！怕啊！"

他回进门去，看见他妈妈，正在屋后小园中洗衣服——是洗人家的衣服——一只脚摇着摇篮；摇篮里的小弟弟，却还不住地啼哭。他又恐怕他妈妈，向他垂着眼泪说，"大郎！你又来了！"他就一响也不响，重新跑了出来！

他爸爸是出去的了，他却不敢在空屋子里坐；他觉得黑沉沉的屋角里，闪动着一双睁圆的眼睛——不是别人的，恰恰是他爸爸的眼睛！

他一响也不响，重新跑了出来，——仍旧是没精没采的，咬着一个小指头；仍旧是没精没采，在门槛上坐着。

他真饿了！——饿得他的呼吸，也不平均了；饿得他全身的筋肉，竦竦地发抖！可是他并不啼哭，只在他直光的大眼眶里，微微有些泪痕！因为他是有过经验的了！——他啼哭过好多次，却还总得要等，要等他爸爸买米回来！

他想爸爸真好啊！他天天买米给我们吃。但是一转身，他又想着了——他想着他爸爸，有一双睁圆的眼睛！

他想到每吃饭时，他吃了一半碗，想再添些，他爸爸便睁圆了眼睛说："小孩子不知道'饱足'，还要多吃！留些明天吃罢！"他妈妈总是垂着眼泪说，"你便少喝一'开'酒，让他多吃一口罢！再不然，便譬如是我——我多吃了一口！"他爸爸不说什么，却睁圆着一双眼睛！

他也不懂得爸爸的眼睛，为什么要睁圆着，他也不懂得妈妈的眼泪，为什么要垂下。但是，他就此不再吃，他就悄悄地走开了！

他还常常想着他姑母——"啊！——好久了！妈妈说，是三年了！"三年前，他姑母来时，带来两条咸鱼，一方咸肉。他姑母不久就去了，他却天天想着她。他还记得有一条咸鱼，挂在窗口，直挂到过年！

他常常问他的妈妈，"姑母呢？我的好姑母，为什么不来？"他妈妈说："她住得远咧！——有五十里路，走要走一天！"

是呀，他天天是同样地想，——他想着他妈妈，想着他爸爸，想着他摇篮里的弟弟，想着他姑母。他还想着那破塔中的一条蛇，他说："它的头有斗一样大，不知道它两只眼睛，有多少大？"

他咬着指头，想着想着，直想到天黑。他心中想的，是天天一样，他眼中看见的，也是天天一样。

他又听见一声听惯的"哇……乌……"他又看见那卖豆腐花的，把担子歇在对面的荒场上。孩子们都不游戏了，都围起那担子来，捧着小碗吃。

他也问过妈妈，"我们为什么不吃豆腐花？"妈妈说，"他们是吃了就不再吃晚饭的了！"他想，他们真可怜啊！只吃那一小碗东西，不饿的么？但是他很奇怪，他们为什么不饿？同时担子上的小火炉，煎着酱油，把香风一阵阵送来，叫他分外的饿了！

天渐渐地暗了，他又看见五个看惯的木匠，依旧是背着斧头锯子，抽着黄烟走过。那个年纪最大的——他知道他名叫"老娘舅"——依旧是喝得满面通红，一跛一跛地走；一只手里，还提着半瓶黄酒。

他看着看着，直看到远远的破塔，已渐渐地看不见了；那荒场上的豆腐花担子，也挑着走了。他于是和天天一样，看见那边街头上，来了四个兵，都穿着红边马褂：两个拿着军棍，两个打着灯。后面是一个骑马的兵官，戴着圆圆的眼镜。

荒场上的小孩，远远地看见兵来，都说"夜了"！一下子就不见了！街头躺着一只黑狗，却跳了起来，紧跟着兵官的马脚，汪汪地嗥！

他也说，"夜了夜了！爸爸还不回来，我可要进去了！"他正要掩门，又看见一个女人，手里提着几条鱼，从他面前走过。他掩上了门，在微光中摸索着说，"这是什么人家的小孩的姑母啊！"

1920 年 6 月 20 日，伦敦

许地山："他似乎永远不会说'不'"

传略　许地山（1893—1941），原名许赞堃，字地山，笔名落华生。生于台湾台南，甲午之战后全家迁居福建龙溪（漳州）。幼年随父在广东读书，中学毕业后因家境衰落，到漳州第二师范教书，1913年赴缅甸仰光中学任教，1916年回国。次年入燕京大学，得文学学士学位后再入宗教学院，得神学学士学位。1923年赴美入哥伦比亚大学，次年到英国牛津大学研习。他对宗教史有精深研究，也下工夫钻研过印度哲学、人类学、民俗学，掌握梵文、希腊文和中国古代的金文、甲骨文，是著名学者。

许地山照

1919年积极参加五四运动，曾与郑振铎、瞿秋白共同编辑《新社会旬刊》。是我国最早的新文学团体文学研究会发起人之一。第一篇短篇小说《命命鸟》，发表于1921年1月《小说月报》，以虔诚的宗教感情塑造了一对青年男女因爱情受阻而厌世。希望转生"极乐国土"，以求解脱。小说以独特的宗教神秘色彩和艺术风格在读者中引起很大的反应。收入第一本小说集《缀网劳蛛》中的早期作品大都表现对宗法礼教和封建习俗的不满，同时也流露出浓厚的宗教观念和虚无思想。著名的散文小品集《空山灵雨》也反映了他早期思想的"杂沓纷纭"。有主题明确内容深刻的佳作，也有宣扬佛教思想的篇章。

1935年赴香港大学任教，曾任中华全国文艺界抗敌协会香港分会常务理事、新文学学会理事等职。抗战爆发后积极参加抗日救亡运动。这几年写的作品，主题和风格都有转变，结合现实日益紧密。1934年的小说《春桃》塑造了一个劳动妇女泼辣而善良的形象。1940年的《铁鱼底腮》写了一个旧知识分子学无所用的苦闷心情及悲惨遭遇。这些现实主义作品和他逝世后编辑出版的《杂感集》都显示出他的人生态度的积极变化。在抗日战争的洪流中，他积极参加进步文化活动，教学任务又十分繁重，终因劳累过度，不幸因心脏病逝于香港。

才情　许地山一生与世无争，热爱和平，性格温和、天真、乐观、幽默。当时他的形象是这样的：总穿着自己设计的"长仅过膝，对襟不翻领的棉布大杉"，手带白玉戒指，留长长尖尖的指甲，蓄长发，留三撇胡，在当时被笑称颇似莎翁。经常满面笑容，据说在朋友眼里，几乎都总是咧着嘴巴笑嘻嘻。而对着即使是与其知识观念不相苟合而怒气冲冲相辩论的学生，也是极和蔼地说，没事哇，没事哇，你慢慢地谈。

许地山在香港大学任教时，一次，按约定时间去接购物的妻子，妻子因购物砍价而迟到，他幽默地谅解："你浪费我许多时间，可是又为我节省很多金钱，到底我没有吃亏。"

"当他遇到朋友的时候，他就忘了自己：朋友们说怎样，他总不驳回。去到东伦敦买黄花木耳，大家做些中国饭吃？好！去逛动物园？好，玩扑克牌？好！他似乎永远没有忧郁，永远不会说'不'。"好友老舍如此回忆许地山。

郁达夫说，许地山"在那一个时候，还不脱一种孩稚的顽皮气，老是讲不上几句话后，就去找小孩子抛皮球，踢毽子去了。我对他当时这一种小孩脾气，觉得很是奇怪；可是后来听老舍他们谈起了他，才知道这一种天真的性格，他就一直保持着不曾改过。"

许地山在宗教研究中对佛学很投入，并表现在自己的日常生活中。如终年茹素，偶尔吃荤；虽然留学西洋多年，可他从不穿西服，夏天是麻布长衫、白通帽，冬天是棉袍大褂、黑呢帽。就这样，他因为一年四季爱穿黄对襟棉大衫，留长发蓄山羊胡须，天天练习像钟鼎文一样的梵文，师生们称之为"三怪才子"；又因其不僧不俗、亦僧亦俗，同学们喊他做"许真人"。

许地山有许多惊人的才华，他不仅研究服装，还会自己做衣服；他善于培植花木、布置庭院，经他的手插于瓶中的花枝别具韵味；他搜集古钱，加以考证；他捕蝴蝶，制作标本；他还知音律，弹一手好琵琶；他带领他的孩子们养猴子、小狗和家禽，还为孩子们创制一种有历史内容的六国棋；他会说厦门话、广州话、北京话，懂英文、德文、梵文等外国文字；能辨识金文、甲骨文，

沈从文评价许地山，说他能"把基督教的爱欲、佛教的明慧，近代文明与古旧情绪，毫不牵强地糅合在一处"。

许地山和老舍在伦敦时，有一次出去一整天才回来，进门便笑，还不住地用手摸着刚刚刮过的脸。老舍问他笑什么，他说，教理发匠挣去了两镑多！天啦，理一个发才八便士，再加刮脸也不过一先令，怎么会花去两镑多呢？原来是理发匠问他什么，他就答应什么。理发师碰到这么好说话的人，于是把所有项目全做一遍，不花去两镑多才怪呢。

许地山去世时，有人叹道："老年人失掉了快活的谈话伴侣，中年人失掉了热忱的同志，少年人失掉了开心的先生，孩子们失掉了淘气的老伯。"

炽情 许地山和夫人林月森结婚很早，1920 年，刚生下女儿不久

的林月森在赴京途中病逝于上海。许地山和妻子感情很深，他把她安葬在静安寺的坟场里，常常一清早独自走到妻子坟前，放上一束鲜花，默默地站立一会，回味他们生前的往事与趣谈。对妻子的怀念成为他干燥的心灵气候里仅有的无声春雨。于是，便有了这首充满炽情的词——《心有事》：

"心有事，无计问天。／心事郁在胸中，教我怎能安眠？／我独对着空山，眉更不展／我魂飘荡，有如出岫残烟。／想起前事，我泪就如珠脱串。／独有空山为我下雨涟涟。／我泪珠如急雨，急雨犹如水晶箭；／箭折，珠沉，隔作山溪泉。／做人总有多少哀和怨；／积怨成泪，泪又成川！／今日泪、雨交汇入海，海涨就要沉没赤县；／累得那只抱恨的精卫拼命去填／呀，精卫！你这样做，最经历万劫也不能遂愿。／不如咒海成冰，使它像铁一样坚。／那时节，我要和你相依恋，／各人才对立着，沉默无言。"

爱妻去世本来让许地山心如死灰。但若干年后，一个青春妩媚的女子闯进了他的生活，令其死灰复燃。生活就是这般奇妙，失去的以为不会再来；它却不期然以另一副面貌出现。周俟松，北京师范大学的高材生。她在中学时读到许地山的作品，心生仰慕。在"五四"的游行队伍中，周俟松第一次见到许地山，又为其演讲所倾倒。

第二次见面，是在接待俄国盲诗人爱罗先珂的欢迎会上，许地山忙前忙后，十分活跃。周俟松远远地看着他，目不转睛。不久，周俟松考入北京师大数学系，她有一天去与她家同在石附马大街的熊佛西家做客，意外地碰到许地山，他们说了很多话，像一对老朋友。许地山渊博的学问和生动的谈吐使周家的女学生再也按捺不住。

许地山见过几次周俟松后，也陷入情网，他鼓足勇气于1928年12月19日给周俟松写了第一封情书。"自识兰仪，心已默契。故每瞻玉度，则愉慰之情甚于饥疗渴止"，"是萦回于苦思甜梦间，未能解脱丝毫，既案上宝书亦为君掩尽矣"。相思连书都看不进去了，这对一介书生，该是何等的折磨。好在苦思必有甜梦。周俟松不顾父母反对，决意与许地山结婚。

翌年五一劳动节九时，许、周在北京"来今雨轩"举行婚礼。当年的文学研究会就是在这里成立的。前来祝贺的嘉宾有蔡元培、陈垣、熊佛西、朱君允、田汉、周作人等。新房设在周家二进院，从洞房后窗可以看到后花园的八角木屋和野趣横生的丁香树、枣树，旖旎之至。周俟松在那天的日记上注了四个字：风和日朗。

婚后，这对新人恩爱有加。周俟松特别喜欢看故事，许地山写不了那么多，就专门为她翻译孟加拉和印度的民间故事。他们经常讨论到深夜，夫唱妇随，红袖添香，享尽人间福祉。我们来读一段许地山那时翻译的德国民歌，庶几可以写照他的心情：

"夏夜底月初升，在沉寂的山顶；远处颤音低微，是夜莺的幽鸣。唱罢，快乐的夜莺！在银光里唱罢，这如梦的夏夜，我们不能听见别的声。西天一片云彩，黑暗像要降临。停住罢！别走近来遮片刻底爱光阴，停住罢！"

有一天，住在山东济南的老舍忽然收到许地山的电报，电文是："×日×时到站接黑衫女。"老舍郑重其事地按时赶到车站，接到的所谓"黑衫女"竟是身着黑色旗袍的周俟松。她在一所学校任校长，前往济南出差。许地山的风趣让老舍笑得闭不上嘴，亦足见许地山当时的轻快与喜悦。

黑暗虽然没有降临，阴影却像宿命似地飘然而至。阴影来自于光环的消失和激情的退去。在周俟松眼里，许地山不知不觉由著名作家变成不修边幅、随意乱扔东西的邋遢鬼，变成重友轻家、应酬太多的伧夫俗客。而周俟松呢，慢慢地，红粉褪色，淑女成妖，先是唠叨，尔后是牢骚，都不见效，终于演化成河东狮吼。许地山可没有陈季常那样的耐性，他是演讲出身的，吵起架来也是出口成章，全然把闺房重地当作了北京街头。在夫妻生活中，对抗一旦产生了惯性，那任何细枝末节都可能触发一场"战争"。1933 年秋，两人惊涛骇浪般大吵后，许地山不辞而别，远赴印度考察学习去了。

大半年过去，身在异乡的许地山发现自己无法忘掉周俟松，无法抛却他们之间那一段氤氲情义。他多么希望能回到从前那些个无猜无忌、耳鬓厮磨的日子里去，但矛盾和憎怨是明摆着的，它们像一座座山阻隔着这对夫妇。许地山知道，要搬掉这些山，必须靠他们自己；否则这些山就会无情地让他们恩断义绝。突然，他想到，为什么不在两个人之间立一个公约呢？那该叫什么公约呢？对，以爱情的名义，就叫"爱情公约"！

于是，他提笔给周俟松写了一封充满悔意和深情的信，并附上自己拟定的解决双方矛盾的"爱情公约"：

一、夫妇间，凡事互相忍耐。

二、如意见不和，在大声说话以前，各自离开一会儿。

三、各自以诚相待。

四、每日工作完毕，夫妇当互给肉体和精神的愉快。

五、一方不快时，他方当使之忘却。

六、上床前，当互省日间未了之事及明日当做之事。

周俟松读了许地山的信和公约，泪如雨下。她检省自己的种种不是，想起对许地山无时不在的牵挂，她给许地山回了一封情真意切的信，希望他早日回家。

许地山迫不及待地回到家里，两人执手相见，恍如梦中，竟说不出话来。周俟松把许地山领到卧室，向他指了指墙上，许地山抬头看见那里高高挂着的，正是他们的"爱情公约"。夫妇俩抱头痛哭，从此他们生活中便永远没有了阴霾。

周俟松是一个坚强的女性。1941 年，年仅 49 岁的许地山因劳累突然倒地身亡，8 岁的女儿许燕吉号啕大哭。周俟松抹干眼泪，拍着女儿的背说："孩子，不要怕，还有妈妈呢！"周俟松活了九十多岁，她默默地为丈夫编书、写文章，像一只春蚕，绵绵不绝地吐露着自己的不尽哀思与无边怀想。

论爱

爱就是惩罚

许地山

"这都什么时候了，还埋头在案上写什么？快同我到海边去走走吧！"

丈走只管写着，没站起来，也没抬头对他妻子行个"注目笑"的礼。妻子跑到他身边，要抢掉他手里的笔，他才说："对不起，你自己去吧。船明天一早就要开，今天晚上我得把这几封信赶出来，十点钟还要送到船上的邮箱去。"

"我要人伴着我到海边去。"

"请七姨子陪你去。"

"七妹子说我嫁了，应当和你同行，她和别的同学先去了。我要你同我去。"

"我实在对不起你，今晚不能随你出去。"他们争执了许久，结果还是妻子独自出去了。

丈夫低着头忙他的事情，足足忙了四个钟头。那时已经十一点了，他没有进去看看新婚的妻子回来了没有，披起大衣大踏步地出门去。

他回来，到书房里检点一切后，才进入卧房，妻子已先睡了。他们约法，迟睡的人得亲过先睡者的嘴才许上床。所以丈夫走到床前，依法亲了妻子一下，妻子急用手在唇边来回擦了几下，那意思是她不接受这个吻。

丈夫不敢上床，呆呆地站在一边一会儿，他走到窗前，两手支着下颌，点点的泪滴在窗棂上，他说："我从来没受过这样的惩罚……你的爱，到底在哪里？"

"你说爱我，方才为什么又惩罚我，使我孤零？"妻子说完随即起来，安慰他说："好人，不要当真，我和你闹着玩哪。爱就是惩罚，我们能免掉吗？”

挚友　　许地山 1920 年燕京大学毕业后留校任教。因为他是基督教徒，经常在礼拜日到教堂做义工。此时的老舍是个小学教师，于 1922 年受洗入基督教，也常去做义工。两人因此相识，许地山说话直爽，尤其是爱说笑话，“村的雅的都有”，这就使老舍感到他平易近人，所以和他成了很好的朋友。

做义工期间，老舍为了提高英文水准，到燕京大学跟埃文斯教授学习英文。埃文斯是伦敦大学东方学院校外考官，对老舍的印象颇佳，举荐他为东方学院教师。这样，25 岁的老舍，便于 1924 年 9 月，来到伦敦任教。

老舍在东方学院的酬金是每年 250 镑，每月仅有 20 镑，生活是较为艰苦的。他还要给母亲寄些生活费用，这就显得更为拮据了。老舍心情不好，就埋头在小说堆里，广泛阅读英文名著，到后来自己也觉得手痒痒的，想试试身手。

许地山见老舍迷上了小说，就鼓励他写。在许地山的影响和鼓励下，1925 年老舍用 3 便士一本的学生练习本写成了《老张的哲学》。许地山对这部小说大为称许，认为老舍写得非常幽默诙谐，便将这部小说推荐给上海的郑振铎，发表在《小说月报》上。从此老舍一发而不可收，接二连三地发表了长篇《赵子曰》、《二马》等作品，成为五四时期长篇小说创作最为光彩的明星。

许地山逝世后，老舍在《敬悼许地山先生》一文中痛惜地说：“以他的对种种学问好知喜问的态度，以他的对生活各方面感到的趣味，以他的对朋友提携辅导的热诚，以他的对金钱利益的淡薄，他绝不像个短寿的人。”

郑振铎和许地山的交往开始于五四运动之前几个月，郑振铎就读于北京铁路管理学校，许地山正在燕京大学求学。课余，他俩和在俄文专修学校读书的瞿秋白，还有耿济之、瞿世英等七八个青年经常到北京基督教青年会图书馆里借书看，彼此认识后，大家常在一起切磋学术，探讨文艺，议论时事，无话不谈。许地山丰富的社会阅历和风趣横生的谈吐，使郑振铎印象很深；郑振铎为人诚恳、刚正、率真，也被许地山视为挚友。

1919年，五四运动发生的时候，郑振铎和许地山分别是各自学校的代表，又经常在一起开会，积极参加各种反帝、反封建的活动。11月间，他俩与瞿秋白、耿济之、瞿世英等共同编辑《新社会》旬刊。这是一种青年读物，最初几期里，有些谈青年修养和介绍科学知识的文章，但逐渐增多的是讨论社会革命和反帝、反封建的论著。郑振铎先后发表了《我们今后的社会改造运动》、《万恶的社会》等文章，许地山也发表了《女子的服饰》、《十九世纪两大社会学家底女子观》等文章。《新社会》的影响越来越大，他们决定提高刊物的学术性，为纪念国际劳动节30周年，连续3期都办成"劳动号"，郑振铎写了《什么是劳动问题》等文章，许地山写了《劳动底究竟》等文章，他们赞颂劳动者的创造和智慧，提出"各业工人，能够组织工会，互相联络，做欧洲式的大规模罢工"等希望……这3期"劳动号"出刊后，北洋军阀政府惊恐万分，在1920年5月派武装警察查封了《新社会》。

郑振铎和许地山志同道合，共同为发展新文学而努力，他们都曾致力于儿童文学。郑振铎写的儿童诗《早与晚》、《黎明的微风》、《春游》等6首，就是由许地山谱曲后发表的。许地山又介绍其二哥敦谷（画家）为郑振铎主编的《儿童世界》创作插图。郑振铎与许地山对于印度著名作家、诗人泰戈尔（1861—1941）的诗都有共同的兴趣。据郑振铎回忆，在北平时，有一天傍晚，他到许地山宿舍去，在书架上翻出一本日本翻译版的《泰戈尔诗集》，读得很高兴。许地山看到他这么喜欢泰戈尔的诗，便和他谈起泰戈尔的生平和诗。那时，许地山正在译泰戈尔的《吉檀迦利》，便把泰戈尔的《新月集》送给郑振铎，建议他翻译。郑振铎翻译《新月集》后，译文还经许地山校读。

后来，许地山热心于哲学、宗教史的研究，郑振铎则钻研中国文学史。虽然彼此的爱好已有所不同，但仍互相支持，互相帮助。1925 年，许地山在英国牛津大学曼斯菲尔学院从事研究工作，撰写长篇论文《梵剧体例及其在汉剧上底点点滴滴》时，论及中国古典戏剧受到印度伊兰文学的影响，需要有关资料，就写信要求郑振铎帮助。郑振铎为他搜集了不少中国古籍上的材料，并为该文作了修订后发表于由他主编的《小说月报》"中国文学研究专号"（上）。郑振铎研究中国文学史时，需要牛津大学图书馆珍藏的敦煌卷子资料，因该馆不准任何人携带纸笔入内辑录，许地山就入内读熟，然后出来凭记忆记下来，再寄给郑振铎。所以，郑振铎完成《中国俗文学史》的著述，其中也有许地山的一份劳绩。

郑振铎在上海时，曾为国家抢购和保存了大批善本书。1937 年"八·一三"事变发生，日本帝国主义进攻上海，局势日益恶化。郑振铎担心上海不安全，打算把这批书暂时寄存到香港，几经联系，别人都不敢承担其责。这时，许地山正在香港大学中文系任主任教授，同时还任中英文化协会主席，郑振铎写信和他联系，他立刻答应。这批三千多部的价值连城的元明本书、抄校本书，都是由郑振铎寄到香港大学图书馆，由许地山收下。对许地山这种勇敢负责的行为，保存民族文化的功绩，郑振铎一直感激在心。

郑振铎珍视许地山的友情并对他怀着敬意，1941 年 8 月，许地山因劳累致心脏病突发逝于香港，郑振铎在上海闻讯十分悲痛，抗战胜利后特撰文悼之。1958 年 6 月，新版《许地山选集》付印之际，郑振铎还为该书写了序言，回忆与许地山 20 多年的深厚友谊，指出："在一九二０年到一九四一年的二十多年里，他的创作无疑地是中国现代文学上的耀眼光辉。我们谈到这个时期的文学时，不能忽略这样一位有天才的作家。"

师道　　1935 年初，胡适南下接受香港大学颁赠的名誉博士学位，他向校方提议，港大中文学院中国文学系的主任应由中国学者担任，此人应毕业于英国大学，对中西文化有精深造诣，在学术界享有权威，而且还应是南方籍贯，谙闽粤方言。校方采纳了这项建议，经胡适介绍，许地山于 1935 年秋受聘香港大学，主持中国文学教学。

许地山出任中文系教授后，港大学风剧变，孕育出一股新的学术气象。许地山学贯中西，知识渊博，待人接物总是抱着一片和蔼与真诚，永远保持热情，因而深得同仁的敬重与青年的爱戴。不少学生因许地山的到来获益良多，著名史学家金应熙在《悼许地山师》一文中追忆："先生却是最恨敷衍了事的，他对每一课都认真预备。有几次我到中文学院上课，比预定上课时间早，已经看见先生在教室认真预备，翻抄上课时需用的参考书籍了。在上课的时间，有时偶遇一两个意义不明的词，先生也从来不肯放过，总要找到解释才休的。"

许地山以"五四"闯将的姿态与热情，致力改革中文系，他把当时的"中文部"正式改为"中国文学系"，开办文、史、哲、翻译等课程，随后又分设文学、史学、哲学三系，合组成中文学院。他还着手革新课程，充实内容，积极倡导新文学、新文化、新思想，倡导汉字简化，改革八股文，力倡白话文，并把中文学院招生的作文全部改用白话。1941 年 7 月，针对钱穆的《新时代与新学术》，他在《大公报》发表了《国粹与国学》一文，反对抱残守缺，主张"一个民族的文化的高低是看那民族能产生多少有用的知识与人物，而不是历史的久远与经典的充斥"。

苦研　1915 年，许地山考进燕京大学，曾在文学院和神学院求学。在此后五年间，他成天出进于图书馆。

燕京大学图书馆藏书丰富，尤其是中外民俗学、宗教学图书，许地山在图书馆读了很多中国民间故事、传说；因为兼通梵文，他通过比较作研讨，发现其中不少乃自印度辗转流入，若干年后，许地山就此翻译了《孟加拉民族故事》；而在图书馆里，他更多的是研读各种佛经。1918 年，写给新婚妻子的小品《愿》《香》等篇章，都分别用了佛经词语和典故。燕京大学图书馆深化了他对图书馆的需求，此后每到一处，无论居住长短，许地山大半时间都用到了跑图书馆上。

五四运动以后，大学停课，很多学生逛嬉于游乐场所，或无所事事，许地山却成天在图书馆流连忘返。燕京图书馆藏书已不能满足他的求知欲了，就到其他图书馆去。可以说北京城里城外所有挂牌子的图书馆，他都跑遍了，他的同学日后回忆说："北京的图书馆，没他没去过之处，一去就是一整天。他身上满是书香。"因为博览群书，知识面广，许地山在燕京大学图书馆也就出了名，人们认定他是一个一点也不痴的真正的"书痴"。

1923 年，许地山与梁实秋、谢冰心等同赴美国留学，他进纽约哥伦比亚大学研究院开读宗教哲学。在大学仅一年，而大半时间却都在图书馆度过。到写作自传体小说——《读〈芝兰与茉莉〉》，也是借用了图书馆若干藏书，并在图书馆的 413 号检讨室里写成的。在此期间，许地山还查阅、摘录了图书馆收藏的欧美学者研究中国道学文化的著作和调查报告，准备写《中国道教史》。后来在上海商务印书馆 1934 年推出的这部书的扉页上，许地山为感念当年图书馆提供的阅读便利，还特地写下"美国哥伦比亚图书馆"等字样以纪之。

翌年 9 月，许地山转入英国牛津大学曼斯菲尔学院研究印度宗教比较学和民俗学。牛津大学图书馆历史悠久，藏书更为丰富，吸引着这个来自东方的学子深入宝山不愿返。他在牛津大学两年，日后回忆这段有益的图书馆生活，许地山颇有关山度若飞之感，还特地在自称为"牛津书虫"的文章里称："牛津实在是学者的学国，我在此地，两年的生活，尽用于波德林图书馆、印度学院、阿克兰屋（社会人类学讲室）及曼斯菲尔学院中，竟不觉归期已近"。老舍后来追忆说：许地山只要在图书馆中坐下，就不用再希望他还能看看钟表。他到了图书馆，是永远不记着时刻的。伦敦虽大，许地山行迹所在却只是两个点，那就是大英博物馆皇家图书馆和学校图书馆。老舍说，在伦敦要找许地山很容易，"他独自出去，不是到博物院，必是入图书馆，进去，他就忘了出来。有一次，在上午八九点钟，我在东方学院图书馆楼上发现了他。到吃午饭的时候，我去唤他，他不动。一直到下午五点，他才出来，还是因为图书馆已到关门时间的缘故。找到了我，他不住地喊饿，是啊，他已饿了十个点钟了"。

1926年，时在巴黎留学研究近代中国史的罗家伦，拟开创"中国近代史"课程，他写信给许地山，请求帮助搜集中英鸦片战争时期的英国文书、档案。许地山当即自牛津大学波德林图书馆查阅这些尘灰满面的文字。他朝出夜归整整花费了一个月时间整理、抄录。由于这些原始档案大多是缺头断尾，在抄录过程中，许地山还作了必要的考证和注释。他终于比较完整地搜集了1840年鸦片战争前后的中英交涉史料，寄交了罗家伦。

许地山在波德林图书馆搜集原始档案，也引发了自己对鸦片战争题材的兴趣。过去在国内见到的都是中国一方的文字，未及其他，易产生以偏概全的结论，而此正是治学大忌。因而许地山在波德林图书馆搜集档案结束后，余意未了，又赴英国其他图书馆寻找，果然获得更多的资料。当他回国前夕，竟抄录、整理了厚厚一本的英国鸦片战争档案文书。它就是1928年由上海商务印书馆推出的《达忠集（鸦片战争前中英交涉史料）》。

1927年，许地山离英归国。回燕京大学宗教学院任教。他的学识渊博，能开不少其他教师教不了的课，如《佛教文学》《佛教哲学》《道教哲学》和人类学、社会学等。即便如此，他仍习惯于以大量时间在图书馆读书，按题搜集资料，其中很多选题是他人想象不到的，像搜集各种门神像等。有个时期他还热衷在图书馆寻找传统文化里被人们鄙视的扶箕迷信种种样式，后来竟然编了一册《中国扶箕文化研究》，罗列了100多种迷信样式，用以揭露、批判社会的陋习。

许地山1935年升任教授后，学院为他设置研究室。这间挂有"面壁斋"匾额的研究室，除了一面墙挂匾，三面墙都被连接天花板的书架遮住了。其中有两只书架上，还摆着学者自海外图书馆抄录的梵文学习笔记和抄录欧洲中古时代僧侣所写的圣经以及其他稿本。当时，许地山想有条不紊地整理它们，以便完成八年前回国途经印度应泰戈尔建议，编出一部《梵文字典》的承诺。可是笔记整理完竣之后，他寻遍北平各大图书馆，发现藏梵文的中西书籍罕有，遑论涉及梵文的工具书了。由于资料的缺乏，这项有意义的研究随 1935 年许地山赴香港大学任教而中断了。

许地山在香港大学期间，仍醉心于出入图书馆抄书编书，大小学问都做。因为家里饲养了几只猫，他大感兴趣，就想到做猫的文字。他就此跑了多次图书馆，搜集中国和世界各地有关猫的神话、故事、人文与自然知识，写了一篇近两万字的《猫乘》，他说："作者一向爱猫，故此不惮其烦地写了这一大篇给同爱的读者。"

禅理【三篇·许地山】

荼　蘼

我常得着男子送给我的东西，总没有当它们做宝贝看。我朋友师松却不如此，因为她从不曾受到男子的赠与。

自鸣钟敲过四下以后，山上礼拜寺的聚会就完了。男男女女像出圈的羊，争要下到山坡觅食一般。那边有一个男学生跟着我们走，他的正名字我忘记了，我只记得人家都叫他做"宗之"。他手里拿着一支荼蘼，且行且嗅。荼蘼本不是香花，他嗅着，不过是一种无聊举动便了。

"松姑娘，这枝荼蘼送给你。"他在我们后面嚷着，松姑娘回头看见他满脸堆着笑容递着那花，就速速伸手去接。她接着说："多谢，多谢。"宗之只笑着点点头，随即从西边的山径转回家去。

"他给我这个，是什么意思？"

"你想他有什么意思，他就有什么意思。"我这样回答她。走不多远，我们也分途各自家去了。

她自下午到晚上不歇把弄那枝茶蘼。那花像有极大魔力，不让她撒手一样。她要放下时，每觉得花儿对她说："为什么离弃我？我不是从宗之手里递给你，交你照管的吗？"

呀，宗之的眼、鼻、口、齿、手、足，动作，没有一件不在花心跳跃着，没有一件不在她眼前的花枝显现出来！她心里说，"你这美男子，为甚缘故送给我这花儿？"她又想那天经坛上的讲章，就自己回答说："因为他顾念他使女的卑微，从今而后，万代要称我为有福。"

这是她爱茶蘼花，还是宗之爱她呢？我也说不清，只记得有一天我和宗之正坐在榕树根谈话的时候，他家的人跑来对他说："松姑娘吃了一朵什么花，说是你给她的，现在病了。她家的人要找你去问话咧。"

他吓了一跳，也摸不着头脑，只说："我哪时节给她东西吃？这真是……！"

我说，"你细想一想"，他怎么也想不起来。我才提醒他说："你前个月在斜道上不是给了她一朵茶蘼吗？"

"对呀，可不是给了她一朵茶蘼！可是我哪里教她吃了呢？"

"为什么你单给她，不给别人？"我这样问他。

他很直截地说："我并没什么意思，不过随手摘下，随手送给别人就是了。我平素送了许多东西给人，也没有什么事，怎么一朵小小的茶蘼就可使她着了魔？"

他还坐在那里沉吟，我便促他说："你还能在这里坐着么？不管她是误会，你是有意，你既然给了她，现在就得去看她一看才是。"

"我哪有什么意思？"

我说："你且去看看罢，蚌蛤何尝立志要生珠子呢？也不过外间的沙粒偶然渗入它的壳里，它就不得不用尽工夫分泌些黏液把那小沙裹起来罢了。你虽无心，可是你的花一到她手里，管保她不因花而爱起你来吗？你敢保她不把那花当作你所赐给爱的标识，就纳入她的怀中，用心里无限的情思把它围绕得非常严密吗？也许她本无心，但因你那美意的沙无意中掉在她的爱贝壳里，使她不得不如此。不用踌躇了，且去看看罢。"

宗之这才站起来，皱一皱他那副冷静的脸庞，跟着来人从林菁的深处走出去了。

香

妻子说："良人，你不是爱闻香么？我曾托人到鹿港去买上好的沉香线；现在已经寄到了。"她说着，便抽出妆台的抽屉，取了一条沉香线，燃着，再插在小宣炉中。

我说："在香烟缭绕之中，得有清谈。给我说一个生番故事罢。不然，就给我谈佛。"

妻子说："生番故事，太野了。佛更不必说，我也不会说。"

"你就随便说些你所知道的罢，横竖我们都不大懂得，你且说，什么是佛法罢。"

"佛法么？——色，——声，——味，——香，——触，——造作，——思惟，都是佛法；惟有爱闻香的不是佛法。"

"你又矛盾了！这是什么因明？"

"不明白么？因为你一爱，便成为你的嗜好，那香在你闻觉中，便不是本然的香了。"

愿

南普陀寺里的大石，雨后稍微觉得干净，不过绿苔多长一些。天涯的淡霞好像给我们一个天晴的信。树林里的虹气，被阳光分成七色。树上，雄虫求雌的声，凄凉得使人不忍听下去。妻子坐在石上，见我来，就问："你从哪里来？我等你许久了。"

"我领着孩子们到海边捡贝壳咧。阿琼捡着一个破贝，虽不完全，里面却像藏着珠子的样子。等他来到，我教他拿出来给你看一看。"

"在这树荫底下坐着，真舒服呀！我们天天到这里来，多么好呢！"

妻说："你哪里能够……"

"为什么不能？"

"你应当作荫，不应当受荫。"

"你愿我作这样的荫么？"

"这样的荫算什么！我愿你作无边宝华盖，能普荫一切世间诸有情；愿你为如意净明珠，能普照一切世间诸有情；愿你为降魔金刚杵，能破坏一切世间诸障碍；愿你为多宝盂兰盆，能盛百味，滋养一切世间诸饥渴者；愿你有六手，十二手，百手，千万手，无量数那由他如意手，能成全一切世间等等美善事。"

我说："极善，极妙！但我愿做调味的精盐，渗入等等食品中，把自己的形骸融散，且回复当时在海里的面目，使一切有情得尝咸味，而不见盐体。"

妻子说："只有调味，就能使一切有情都满足吗？"

我说："盐的功用，若只在调味，那就不配称为盐了。"

名作

忆卢沟桥

记得离北平以前，最后到卢沟桥，是在二十二年的春天。我与同事刘兆惠先生在一个清早由广安门顺着大道步行，经过大井村，已是十点多钟。参拜了义井庵的千手观音，就在大悲阁外少憩。那菩萨像有三丈多高，是金铜铸成的，体相还好，不过屋宇倾颓，香烟零落，也许是因为求愿的人们发生了求财赔本求子丧妻的事情吧。这次的出游本是为访求另一尊铜佛而来的。我听见从宛平城来的人告诉我那城附近有所古庙场了，其中许多全铜佛像，年代都是很古的。为知识上的兴趣，不得不去采访一下。大井村的千手观音是有著录的，所以也顺便去看看。

出大井村，在官道上，巍然立着一座牌坊，是乾隆四十年建的。坊东面额书"经环同轨"，西面是"荡平归极"。建坊的原意不得而知，将来能够用来做凯旋门那就最合宜不过了。

春天的燕郊，若没有大风，就很可以使人流连。树干上或土墙边蜗牛在画着银色的涎路。它们慢慢移动，像不知道它们的小介壳以外还有什么宇宙似的。柳塘边的雏鸭披着淡黄色的氄毛，映着嫩绿的新叶；游泳时，微波随蹼翻起，泛成一弯一弯动着的曲纹，这都是生趣的示现。走乏了，且在路边的墓园少住一回。

刘先生站在一座很美丽的家堵坡上，要我给他拍照。在榆树荫覆之下，我们没感到路上太阳的酷烈。寂静的墓园里，虽没有什么名花，野卉倒也长得顶得意地。忙碌的蜜蜂，两只小腿粘着些少花粉，还在采集着。蚂蚁力争一条烂残的蚱蜢腿，在枯藤的根本上争斗着。落网的小蝶，一片翅膀已失掉效用，还在挣扎着。这也是生趣的示现，不过意味有点不同罢了。

闲谈着，已见日丽中天，前面宛平城也在域之内了。宛平城在卢沟桥北，建于明崇祯十年，名叫"拱北城"，周围不及二里，只有两个城门，北门是顺治门，南门是永昌门。清改拱北为拱极，永昌门为威严门。南门外便是卢沟桥。拱北城本来不是县城，前几年因为北平改市，县衙才移到那里去，所以规模极其简陋。从前它是个卫城，有武官常驻镇守着，一直到现在，还是一个很重要的军事地点。我们随着骆驼队进了顺治门，在前面不远，便见了永昌门。大街一条，两边多是荒地。我们到预定的地点去探访，果见一个庞大的铜佛头和些铜像残体横陈在县立学校里的地上。拱北城内原有观音庵与兴隆寺，兴隆寺内还有许多已无可考的广慈寺的遗物，那些铜像究竟是属于哪寺的也无从知道。我们摩挲了一回，才到卢沟桥头的一家饭店午膳。

自从宛平县署移到拱北城，卢沟桥便成为县城的繁要街市。桥北的商店民居很多，还保存着从前中原数省入京孔道的规模。桥上的碑亭虽然朽坏，还矗立着。自从历年的内战，卢沟桥更成为戎马往来的要冲，加上长辛店战役的印象，使附近的居民都知道近代战争的大概情形，连小孩也知道飞机、大炮、机关枪都是做什么用的。到处墙上虽然有标语贴着的痕迹，而在色与量上可不能与卖药的广告相比。推开窗户，看着永定河的浊水穿过疏林，向东南流去，想起陈高的诗："卢沟桥西车马多，山头白日照清波。毡庐亦有江南妇，愁听金人出塞歌。""清波不见，浑水成潮"是记述与事实的相差，抑昔日与今时的不同，就不得而知了。但想象当日桥下雅集亭的风景，以及金人所掠江南妇女。经过此地的情形，感慨便不能不触发了。从卢沟桥上经过的可悲可恨可歌可泣的事迹，岂止被金人所掠的江南妇女那一件？可惜桥栏上蹲着的石狮子个个只会张牙裂眦结舌无言，以致许多可以稍留印迹的史实，若不随蹄尘飞散，也教轮辐压碎了。我又想着天下最有功德的是桥梁。它把天然的阻隔连络起来。它从这岸渡引人们到那岸。在桥上走过的是好是歹，于它本来无关，何况在上面走的不过是长途中的一小段，它哪能知道何者是可悲可恨可泣呢？它不必记历史，反而是历史记着它。

卢沟桥本名广利桥，是金大定二十七年始建，至明昌二年（公元——一八九至一一九一二）修成的。它拥有世界的声名是因为曾入马哥博罗的记述。马哥博罗记作"普利桑干"，而欧洲人都称它做"马哥博罗桥"，倒失掉记者赞叹桑干河上一道大桥的原意了。中国人是擅于修造石桥的，在建筑上只有桥与塔可以保留得较为长久。中国的大石桥每能使人叹为鬼役神工，卢沟桥的伟大与那有名的泉州洛阳桥和漳州虎渡桥有点不同。论工程，它没有这两道桥的宏伟，然而在史迹上，它是多次系着民族安危。纵使你把桥拆掉，卢沟桥的神影是永不会被中国人忘记的，这个在"七七"事件发生以后，更使人觉得是如此。当时我只想着日军许会从古北口入北平，由北平越过这道名桥侵入中原，决想不到火头就会在我那时所站的地方发出来。

在饭店里，随便吃些烧饼，就出来，在桥上张望。铁路桥在远处平行地架着。驮煤的骆驼队随着铃铛的音节整齐地在桥上迈步。小商人与农民在雕栏下作交易上很有礼貌的计较。妇女们在桥下浣衣，乐融融地交谈。人们虽不理会国势的严重，可是从军队里宣传员口里也知道强敌已在门口。我们本不为做间谍去的，因为在桥上向路人多问了些话，便教警官注意起来，我们也自好笑。我是为当事官吏的注意而高兴，觉得他们时刻在提防着，警备着。过了桥，便望见实柘山，苍翠的山色，指示着日斜多了几度，在砾原上流连片时，暂觉晚风拂衣，若不回转，就得住店了。"卢沟晓月"是有名的。为领略这美景，到店里住一宿，本来也值得，不过我对于晓风残月一类的景物素来不大喜爱，我爱月在黑夜里所显的光明。晓月只有垂死的光，想来是很凄凉的，还是回家吧。

我们不从原路去，就在拱北城外分道。刘先生沿着旧河床，向北回海淀去。我捡了几块石头，向着八里庄那条路走。进到阜成门，望见北海的白塔已经成为一个剪影贴在洒银的暗蓝纸上。

林语堂：“对我自己而言，顺乎本性，就是身在天堂”

传略　林语堂（1895—1976），福建龙溪人。原名和乐，后改玉堂，又改语堂。

1912年入上海圣约翰大学，毕业后在清华大学任教。1919年秋赴美哈佛大学文学系。1922年获文学硕士学位。同年转赴德国入莱比锡大学，专攻语言学。1923年获博士学位后回国，任北京大学教授、北京女子师范大学教务长和英文系主任。1924年后为《语丝》主要撰稿人之一。1926年到厦门大学任文学院长。1927年任外交部秘书。1932年主编《论语》半月刊。1934年创办《人间世》，

林语堂照

1935年创办《宇宙风》，提倡“以自我为中心，以闲适为格调”的小品文。1935年后，在美国用英文写《吾国与吾民》、《京华烟云》、《风声鹤唳》等文化著作和长篇小说。

1944年曾一度回国到重庆讲学。1945年赴新加坡筹建南洋大学，任校长。1952年在美国与人创办《天风》杂志。1966年定居台湾。1967年受聘为香港中文大学研究教授。1975年被推举为国际笔会副会长。1976

年在香港逝世。

著作书目：

《剪拂集》（杂文集）1928，北新

《新的文评》（评论集）1930，北新

《语言学论丛》1932，开明

《欧风美语》（散文集）1933，人间

《大荒集》（杂文集）1934，生活

《我的话》（第1卷，杂文集，又名《行素集》），1934，时代

《我的话》（第2卷，杂文集，又名《拙荆集》），1936，时代

《林语堂幽默文选》1936，万象

《生活的发见》1938，东京创元社

《新生的中国》1939，林氏出版社

《俚语集》（杂文集）1940，上海朔风书店

《第一流》1941，上海地球出版社

《语堂文存》1941，林氏出版社

《中国圣人》1941，上海朔风书店

《中国文化精神》1941，上海国风书店

《讽颂集》蒋旗译，1941，国华编译社

《爱与刺》1941，明日出版社

《锦绣集》1941，上海朔风书店

《生活的艺术》1941，上海西风社

《有不斋文集》（杂文集）1941，人文书店

《雅人雅事》（杂文集）1941，上海一流书店

《语堂随笔》1941，上海人间出版社

《拨荆集》（杂文集）1941，香港光华出版社

《瞬息京华》（长篇小说，又名《京华烟云》）张振玉译，1940，上
海若干出版社

《文人画像》1947，上海金屋书店

《啼笑皆非》1947（5版），商务

《林语堂散文集》1954，香港世界文摘出版社

《无所不谈》（1—2集，杂文集）1969，文星书局；1—3合集，1974，开明

《平心论高鹗》（杂文集）1966，文星书局

《语堂文集》1978，开明

《林语堂经典名著》（1—35卷）1986，台湾金兰文化出版社

《文人剪影》（散文集）与人合集，1986，重庆人民出版社

《中国人》（杂文集）1988，浙江人民

《赖柏英》（长篇小说）1988，湖南文艺

《人生的盛宴》（散文集）1988，湖南文艺

文华　　1936年，美国纽约举办第一届全美书展，主办者安排林语堂作演讲。当时林的《吾国与吾民》正在热销，读者争相一睹其风采。林穿一身蓝缎长袍，风趣幽默地侃侃而谈，听众正听得入神，他却突然收住语气说："中国哲人的作风是，有话就说，说完就走。"说罢，挥了挥长袖，飘然离场。听众面面相觑，好几分钟才反应过来

有一次，林语堂参加台北一个学校的毕业典礼，在他讲话之前，上台讲话的人都是长篇大论。在大多数与会者期待中，林先生走上主席台，时间已经是上午十一点半了。林语堂面对台下的听众，眼神有些令人捉摸不透。他缓缓开口，"绅士的演讲，应当是像女人的裙子，越短越好。"话音刚落，他立即转身，置无数眼球的注视于不顾，径直回到自己的座位。台下的人还没反应过来，都在发愣，全场鸦雀无声，短暂的静寂过后，随即是满场的掌声和笑声。

林语堂曾经应美国哥伦比亚大学的邀请，讲授"中国文化"课程。他

在课堂上对美国的青年学生大谈中国文化的好处，好像无论是衣食住行还是人生哲学都是中国的好。这些学生既觉得耳目一新，又觉得不以为然。有一位女学生见林语堂滔滔不绝地赞美中国，实在忍不住了，她举手发言，问："林博士，您好像是说，什么东西都是你们中国的最好，难道我们美国没有一样东西比得上中国吗？"林语堂略一沉吟，乐呵呵地回答说："有的，你们美国的抽水马桶要比中国的好。"

一次，林到一所大学去参观。参观结束后与学生们一起进餐时，校长临时起意请他和学生讲几句话。林就讲了一个笑话："罗马时代，皇帝常把人投到斗兽场中。一次皇帝把一个人丢进斗兽场里喂狮子。此人走到狮子身旁，对狮子讲了几句话，狮子竟然掉头就走。皇帝极为奇怪，又让人放了一只老虎进去。那人又对老虎讲了几句，老虎也掉头走了。皇帝非常诧异，问那人道：'你究竟对狮子和老虎说了些什么，竟使它们不吃你呢？'那人答道："我只提醒它们，吃我很容易，可吃了以后，你们得演讲！'"全场听罢哄笑，校长却啼笑皆非。

1933年12月8日，林语堂在上海某大学演讲《关于读书之意见》，他说："人生在世，幼时以为什么都不懂，大学时以为什么都懂，毕业后才知道什么都不懂，中年又以为什么都懂，到晚年才觉悟一切都不懂。"

《京华烟云》是林语堂的代表作，被称为继《红楼梦》之后又一部百科全书式的著作。从1938年8月8日至次年8月8日，林语堂用了整整一年时间完成了这部著作。此书用英文写就，英文名为"The Moment Peking"。在翻译成中文时，有人译为"北京一刹那"，也有人译为"北京一瞬间"，还有译为"瞬息京华"。虽然和原著词义相合，但并未译出原著的神韵。林语堂对这几个译名都不满意，在作品即将付梓时，他自己译为"京华烟云"。写《京华烟云》时，林太乙每次放学回家，大衣都来不及脱就冲进书房去看林语堂当天写的东西。一次，林太乙没敲门便冲进书房，发现父亲热泪盈眶，问道："爸，你怎么啦？"林语堂回答："我在写一段非常伤心的故事。"这天他写的是红玉之死。

1939 年，《京华烟云》出版后，被"每月读书会"选为 12 月的特别推荐书目，美国《时代周刊》说："《京华烟云》很可能是现代中国小说之经典之作。"40 年代，《京华烟云》在美国多次再版，销量达 25 万册。

长女林如斯评价父亲的《京华烟云》道："此书的最大的优点不在性格描写得生动，不在风景形容得宛然如在目前，不在心理描绘得巧妙，而是在其哲学意义。你一翻开来，起初觉得如奔涛，然后觉得幽妙、流动，其次觉得悲哀，最后觉得雷雨前之暗淡风云，到收场雷声霹雳、伟大壮丽、悠然而止。"

林语堂一生曾三次被提名为诺贝尔文学奖候选人。他的《生活的艺术》不仅成为全美畅销书冠军，在美国纽约时报畅销书排行榜上，更稳居榜首达五十二周，美国印行超过四十版，并被译成法、德、意、荷、丹麦、瑞典、西班牙、葡萄牙等十几种文字，成为欧美各阶层的"枕上书"。在《生活的艺术》自序中，林语堂写道："我的理论大都是从下面所说这些人物方面而来。老妈子黄妈，她具有中国女教的一切良好思想；一个随口骂人的苏州船娘；一个上海的电车售票员；厨子的妻子；动物园中的一只小狮子；纽约中央公园里的一只松鼠；一个发过一句妙论的轮船上的管事人；一个在某报天文栏内写文章的记者（已亡故十多年了）；箱子里所收藏的新闻纸；以及任何一个不毁灭我们人生好奇意识的作家，或任何一个不毁灭他自己人生好奇意识的作家……"

师道　　林语堂到东吴大学法学院兼授英文课，开学第一天，上课铃响了好久，他才夹了一个装得鼓鼓的皮包走进教室。学生们以为林带了一包有关讲课的资料，谁知，他打开皮包，里面竟是满满一包带壳的花生。他将花生分送给学生，但学生们并不敢真吃，只是望着他。林开始讲课，操一口简洁流畅的英语，却大讲其吃花生之道："吃花生必吃带壳的，一切味道与风趣，全在剥壳。剥壳愈有劲，花生米愈有味道。"接着，他才切入正题："花生米又叫长生果。诸君第一天上课，请吃我的长生果。祝诸君长生不老！以后我上课不点名，愿诸君吃了长生果，更有长性子，不要逃学，则幸甚幸甚，三生有幸。"学生们哄堂大笑。林微笑着招呼学生："请吃！请吃！"教室里响起一片剥花生壳的声音。此后，每逢林语堂讲课时，总是座无虚席。

林语堂的脑子里似乎也没有多少师道尊严，不像有的先生摆出一副俨然神圣的架势，装腔拿调他说太累，他受不了。他滔滔不绝、口若悬河地讲着。在讲台上踱来踱去，有时就靠在讲台前讲。讲着讲着，一屁股就坐到了讲台上；有时也坐在椅子上讲，讲得兴浓，得意忘形。学生们先是大愣，后来也就习惯了。

林语堂从不要求学生死记硬背，上课用的课本也不固定，大多是从报章杂志上选来的，谓之"新闻文选"，生动有趣，实用易懂。他也不逐句讲解，而是挑几个似同而异的单词比较。比如他举中文的"笑"为例，引出英文的"大笑"、"微笑"、"假笑"、"痴笑"、"苦笑"等以做比较。学生触类旁通，受益无穷，大感兴趣。

林语堂还有一种绝活，就是"相面打分"。他的英文课从不举行任何形式的考试。每当学期结束前，要评定学生的成绩了，他便坐在讲台上，拿一本学生名册，轮流唱名，唱到的学生依次站起，他则像一个相面先生一样，略为朝站起的学生一相，就定下分数。难得有几位他吃不准，心中没十分把握，便略为谈上几句，他便测知端详，然后定分。他说："倘使我只在大学讲堂演讲，一班56个学生，多半见面而不知名，少半连面都认不得，到了学期终叫我出10个考题给他们考，而凭这10个考题，定他们及格不及格，打死我我也不肯。"于是他反其道而行之。他的记性特好，一个班的学生，几节课下来，他便能直呼其名了。他在课堂上总是随时指认学生起立回答问题，未及学期结束，每位学生的学力和程度，他已有了一个清晰的轮廓和印象了，这就是他敢于"相面打分"的秘诀。据他的学生们回忆，林语堂"相面"打下的分数，其公正程度，远超过一般以笔试命题计分的方法，同学们心中无不服帖。

率性　林语堂说："我从未有写过一行讨当局喜欢或是求当局爱慕的文章。我也从来没说过讨哪个人喜欢的话；连那个想法也压根儿没有。"

1924 年，林语堂加入语丝社，他选择《语丝》而不是同为欧美留学回来的胡适等人的《现代评论》，是因为"喜欢《语丝》之放逸，乃天性使然"，而胡适那一派是士大夫派，是能写政论文章、能做官的人。

诗人泰戈尔访华，受到中国文坛的热烈追捧，也受到一些人的激烈抨击。林语堂却说："我觉得泰戈尔于我的精神生活毫无关系，不曾觉得他有什么意味，他带给我何等的冲动。"他还批评泰戈尔作为一位亡国诗人，不仅不公开批判灭其国家的英国政府，反而"格外受亡其国之优待"。

1925 年底，"首都革命"爆发，林语堂和群众一起，拿着棍子、石头等简单防御工具，与警察展开了肉搏战。林早年苦练的棒球技术发挥了威力，他投起石头来，又准又狠。围观的群众不断叫好，源源不断地给他补充"弹药"。搏斗中，林的眉头被击中，鲜血直往外冒，周围的人劝他回家休息，林坚决不肯。廖翠凤看见林语堂满身是血地回来了，很是心疼，她不许林再上街。可她刚怀上了第二胎，行动不便，一不留神，林又偷偷地带了一袋石头出门了。以后，只要一提起"用旗竿和砖石与警察相斗"的经历，林语堂就会眉飞色舞地讲起来，言词之间，满是骄傲和自豪。

"五卅"惨案后，林语堂上了军方的黑名单。廖翠凤生完次女回到家中，居然发现林还在案桌上写文章。接着，她又在阁楼上发现了一个自制的绳梯，奋笔疾书的林头都没抬地说，那是必要时用来跳墙逃走的。廖翠凤急了："要走大家走！我一手抱一个（孩子），一手拖一个（孩子），怎么跳墙！"

1927 年，林语堂被陈友仁所感动，到汉口的革命政府担任外交部秘书长，地位仅次于部长陈友仁，但半年后林即离开了武汉。这六个月，是林语堂一生中惟一的官场生涯。他说：世界上只有两种动物，一是管自己的

林语堂："对我自己而言，顺乎本性，就是身在天堂"

事的，一是管人家的事的。前者属于吃植物的，如牛羊及思想的人是；后者属于肉食者，如鹰虎及行动的人是。林自认为是"吃植物的"，于是决定再不做政治家。他曾言："对我自己而言，顺乎本性，就是身在天堂。"

林语堂在美国留学期间受过胡适的资助。后来胡适任民权同盟北平分会的会长，撰文反对"释放一切政治犯"的主张。林语堂认为他违背了民权同盟的章程，不顾与胡适的私人交情，坚决赞成将他开除出会。

宽厚　林语堂的女儿说："父亲心目中无恶人，信赖任何人。"在上海时，林语堂雇了一个小瘪三在家里当差，他雇佣那个小瘪三的理由仅仅是因为此人聪明。此人会修理电铃、接保险丝、悬挂镜框、补抽水马桶的浮球，甚至还会修理打字机。林很喜欢他，甚至爱屋及乌地将小瘪三用英语、国语、上海话、厦门话骂人的本领看成语言天赋，并愿意为他出学费，让他去读英语夜校。幸好，此人不成器，没有去读。后来，林家里又雇了一个二十多岁的女佣。此人与女佣相好后，同睡在林氏夫妇床上，林语堂说服夫人原谅了他们。最后二人串通好偷林家的银器到外面去卖，林依然对二人深信不疑，直到二人在外面因偷东西被捕入狱，自己招供之后，林语堂才醒悟过来。

又一次，林语堂夫妇带着孩子们到无锡游玩，本打算第二天回来，但临时改变了行程，当晚就回了上海。到家后，他们发现，厨子和家中的洗衣妇睡在他们床上。林夫人廖翠凤气坏了，执意要赶走二人，林语堂又大发慈悲，他替厨师求情，理由是"他烧的八宝鸭实在好吃"。洗衣妇却没有脸面再留下来，离开了。林语堂还提议，将厨子在乡下的妻子接到上海，顶替了洗衣妇的职务。

林语堂的女儿们学钢琴，老师是一位老小姐。她戴着一顶假发，眼睛有点突出，林的女儿们背后便叫她突目金鱼。据说她一次坐黄包车经过白渡桥，一阵大风把她的假发吹掉了，林的女儿们听了哈哈大笑。林语堂说：

"不要笑她，老小姐最可怜，现在男女谈自由恋爱，不肯让父母亲为他们做媒，所以才有老小姐。从前，不管一个女人长得怎样，都嫁得出去。"

1938 年，林语堂到法国旅行，向法国一家事务所捐款 4220 法郎，认养了 6 名中国孤儿。

1943 年，林语堂到西安孤儿院看孤儿们的歌舞表演，其中一位会跳舞又会弹钢琴的 12 岁女童引起了他的注意。他当即认养了这个叫金玉华的小女孩，并于抗战胜利后，几经周折将她带到美国。但因为金玉华哥哥及廖翠凤的反对，他未能收养金，只能任她回国。为此，林语堂伤心不已。

亲情　　在上海居住时，林语堂常带着三个女儿在花园中散步；夏天阵雨过后，他和孩子们到屋后的溪水中去捕小鱼；他为孩子们在花园中开辟了一个小菜园，让她们自己种西红柿、豆子、南瓜等；夏天，林家的花园里开着荷花，秋天则种满了菊花；冬天，他和全家人一起到公园打雪仗，直到公园关门才回家。周末，他会带着全家去看电影，或到附近的城市旅游。

幼女林相如七岁生日那天，林语堂一早起来就跑到厨房，用糖霜在蛋糕上写上女儿的名字，高兴地像个小孩子。大家唱"生日快乐"时，他为女儿们甜美的歌声感动不已，流下泪来，他不停地亲着相如，并送给她一元钱。

林语堂一家常年在国外生活，但他一直教三个女儿学习中文，亲自为她们讲解中国的历史、文化、哲学等。一次，林为女儿们讲授唐诗，讲到崔护的"去年今日此门中，人面桃花相映红"时，他声情并茂地讲述着诗中的故事，哭得涕泗横流，将书都打湿了。和女儿们一起读《红楼梦》，有时他也哭得眼泪汪汪的。

林语堂夫妇到伦敦探望女儿林太乙一家，看到外孙女黎至文也来接机，林高兴地大声呼喊："妞妞！"这时机场的人都扭过头来看，七八岁的黎至文觉得很难为情。林语堂喜欢和黎至文、黎至怡姐弟一起做花生糖、玩捉迷藏，快乐得像个孩子，称他们三人是"三个小孩"。他将自己小时候的照片和黎家姐弟的照片拼在一起，拼出一张"三个小孩"的照片。廖翠凤出门买菜时，三个人将鞋子放在饭桌上，躲进藏衣室，等廖回来叫他们，他们不答应，只是躲在藏衣室咯咯地笑，到最后忍不住了，才出来扑到廖身上大笑。

一次，林语堂、林太乙以及两个小外孙去逛菜市场，摸奖得了一只活的大白鹅。回家的时候，林语堂开着车，后座上的大白鹅虽双脚被绑住了，却拼命叫唤，并伸长了脖子要咬他，两个小孩吓得大哭起来。林太乙没法拉住鹅，只能让两个孩子不要哭。林语堂顿时失去了冷静，开车时脸都涨红了，回家他对廖翠凤郁闷地说："带着一只鹅和两个哭啼的孩子开车，下次我不来了！"

黎至怡回忆，儿时，他和外公林语堂躺在公园的草地上，观察一个蚂蚁丘，看着熙熙攘攘的蚂蚁来来往往，林语堂说："这些蚂蚁在忙什么呢？它们怎么知道应该做什么？他们看起来多么强壮！"黎至怡觉得外公的话正好道出了他心中的疑问，二人一起提出了许多问题，但找不到答案。

一次，林语堂和黎至怡去香港海边玩，两人大吃冰激凌，在沙滩上找小蟹，在海里游泳，玩得不亦乐乎。后来肚子饿了，林提议去浅水湾大饭店吃饭。小黎至怡觉得两人满身是沙子，便对林说，恐怕人家不会让他们进那样的豪华饭店。林语堂笑着说："外表不重要，像我们俩这么体面的人怎么不能踏进那个大饭店？"于是两人大大方方进了餐厅，要了张靠窗子的桌子，果然无人拒绝。黎望着二人留下的沙迹，觉得很惊奇。

林语堂的二姐林美宫聪明美丽，成绩优秀，她很想上大学。但林家的经济能力有限，林父供养儿子们上大学已经很困难，再无力负担女儿的学费。二姐出嫁前一天的早晨，掏出四毛钱给林语堂，说："你要去上大学了。不要糟蹋了这个好机会，要做个好人，做个有用的人，做个有名气的人。这是姐姐对你的愿望。"第二年林语堂回乡时，二姐已因鼠疫去世，死时怀有八个月的身孕。林语堂总有一种感觉，仿佛自己在替二姐上大学。他说：

"我青年时代所流的眼泪，多是为二姐而流的。"晚年，他对外孙们谈及二姐，依旧泪下。

大嫂在院子里洗衣服，小林语堂准备捉弄一下她，便趁她起身去拿衣服时偷偷撤去凳子，大嫂毫无提防，结果坐了个空。当时大嫂已经怀孕，全家人吓坏了，马上把她送到医院抢救，才母女平安。日后林语堂对大嫂和侄女格外关心，将《宇宙风》的版权赠给大嫂，侄女家中遭劫，他知道后，从美国寄钱给她。

稚朴　　一次，林语堂和家人在意大利可磨湖的小渔船上钓鱼，林语堂忽然站起来，高声唱意大利歌曲《噢！我的太阳》，惹得附近的渔民大笑不止。

林语堂在对待不速之客方面，如同歌德般不近人情。家中举办宴会，他会很高兴地接待朋友，与朋友闲谈，平常则不喜与朋友随便来往聊天。在美国时，都是胡适去林家中拜访，他从不探访胡适，二人也从来不会无事相约在外面吃个便饭聊聊天。

林语堂生活上不拘小节，在宴席上，他弄不清自己的酒杯和邻人的酒杯，经常喝错。有一次，他和夫人应邀去一个美国朋友家中吃饭，结果弄错了日子，提前一个星期去了，二人知道弄错后还傻傻地一直坐在朋友家的客厅里，朋友的夫人只好马上准备饭食，胡乱给他们做了点吃的。林语堂到上海时，不再着西服，而是穿中式长袍马褂，足登青布鞋子。他说中式服装穿着最舒服，四肢百骸自由自在，穿西服像被绑捆了那样，动弹不得，尤其领带一系，扣住喉咙，气都透不过来，他将系领带称作"狗领"。

林语堂胃口好，食量大，爱吃爱喝，就是生病的时候，他也可以吃双倍的东西。他自诩有惊人的消化力："我的肚子里，除了橡皮以外，什么都能消化的。"又说："我会医自己的病，就是多吃东西，那样我的病就会好了。"

林语堂最爱在半夜里吃东西。一天夜里，他觉得肚子饿了，起来一口气吃了五只鸡蛋和两片脆饼。又有一次，他吃了四片饼干还觉得不够。为此，他幽默地对家人说："昨天夜里我觉得很饿，不知道是起来的好，还是不起来的好。我又觉得很惭愧，仅仅为了吃东西，睡了还要起来。不过我若不吃些东西，让肚子空空的，那么，我便更不能入睡了。"挣扎半天，他还是起来到厨房找了些东西填肚子，结果被夫人瞧见，在一旁忍俊不禁。

在美国时，一次林语堂捧了本《模范绅士约翰·哈里法克斯》向廖翠凤求爱；第二次，他忘了，又捧了这本书向她求爱。

婚恋 林语堂的初恋是一个叫"橄榄"的女孩。"橄榄"是山里的女子，其母是林语堂母亲的教女。

在《八十自述》中，林语堂回忆："我记得她蹲在小溪里等着蝴蝶落在她的头发上，然后轻轻地走开，居然不会把蝴蝶惊走。"

儿时他们常在山间一起玩，林语堂曾用《圣经》上的一句话形容过橄榄赤足的样子："她的脚在群山间，是多么美丽！"

由于林语堂想出国留学，而橄榄要照顾双目失明的祖父，不能离开家乡，所以他们分手了。但他从未忘记橄榄，而橄榄赤足奔跑在草地上的情景成了林永不能割舍的"情结"，他曾专门写《论赤足之美》，他说："要是问我赤足好，革履好，我无疑地说，在热地，赤足好。……赤足是天所赋予的，革履是人工的，人工何可与造物媲美？赤足之快活灵便，童年时快乐自由，大家忘记了吧！步伐轻快，跳动自如，怎样好的轻软皮鞋都办不到，比不上。至于无声无臭，更不必说。"

在圣约翰大学上学时，林语堂和厦门的陈希佐、陈希庆兄弟交好。也由此认识了他心仪的第二位女子，陈氏兄弟的妹妹陈锦端。陈锦端的父亲陈天恩早年追随孙中山，是厦门数一数二的巨富。林语堂对陈锦端一见钟情，而陈锦端也心仪林语堂，二人很快坠入爱河。放暑假时，二人回到了各自的家中。林语堂思念心上人，几次跑到厦门，借口探望陈氏兄弟。林语堂在《八十自述》中说："我从圣约翰回厦门，总在我好友的家逗留，因为我热爱我好友的妹妹。"

林语堂经常造访陈家，陈天恩早看出来林的来意是为其长女。陈天恩是虔诚的基督教徒，他认为林虽然聪明，但对基督教不够虔诚，家庭出身也不好，爱女不能托付给他。陈天恩对陈锦端表明态度，迫使她同意再也不见林语堂。于是每次林来访，陈锦端都躲在房间里，不肯出来。

一次，陈天恩对林语堂说，隔壁廖家的二小姐（廖翠凤）贤惠漂亮，他愿意做媒，保准成。林马上明白了陈天恩的意思。他觉得受到了极大的侮辱，垂头丧气地回到坂仔。大姐林瑞珠知道后大骂林语堂："你怎么这么笨，偏偏爱上陈天恩的女儿？你打算怎么养她？陈天恩是厦门的巨富，你难道想吃天鹅肉？"大姐的话把林语堂拉回到现实。就这样，林语堂的第二次恋爱还没有步入高潮就戛然而止了。

陈锦端一直占据林语堂心里的某个角落，历久而弥新。据林太乙回忆："父亲对陈锦端的爱情始终没有熄灭。我们在上海住的时候，有时锦端姨来我们家玩。她要来，好像是一件大事。我虽然只有四五岁，也有这个印象。父母亲因为感情很好，而母亲充满自信，所以不厌其详地、得意地告诉我们，父亲是爱过锦端姨的，但是嫁给他的，不是当时看不起他的陈天恩的女儿，而是说了那句历史性的话：'没有钱不要紧'的廖翠凤。母亲说着就哈哈大笑。父亲则不自在地微笑，脸色有点涨红。我在上海长大时，这一幕演过很多次。我不免想到，在父亲心灵最深之处，没有人能碰到的地方，锦端永远占一个位置。"

林语堂笔下的少女，总是长长的头发，用一个宽大的发夹别着。林太乙问他，为什么总是这副打扮？林语堂回答，这是他第一次见锦端时她的打扮。

林语堂说："吾所谓钟情者，是灵魂深处一种爱慕不可得已之情。由爱而慕，慕而达则为美好姻缘，慕而不达，则衷心藏焉，若远若近，若存若亡，而仍不失其为真情。此所谓爱情。"

廖翠凤是陈天恩邻居廖悦发的次女，廖家也是大富之家，廖悦发脾气很坏，重男轻女，动辄向妻女大吼大叫，对女儿的教育十分严厉，对儿子却百依百顺。廖翠凤是烈性子，看不惯父兄欺负母亲，偶尔也顶上几句。哥哥们都学会了爸爸的坏习惯，对这个妹妹从不看在眼里，打骂相加，只有二哥暗地里还帮帮她。廖翠凤一心想离开家，结婚就成了惟一的出路。

陈天恩提出将廖翠凤介绍给林语堂后，林不能拂却陈天恩的面子，于是到廖家相亲。廖翠凤躲在屏风后面观察他，很是中意。林语堂与廖翠凤的二哥交好，廖翠凤早就知道林，心中也认可他。而林的大姐林瑞珠曾经和廖翠凤是同学，她对廖翠凤的印象很好。林语堂的父母听了大姐的介绍，劝林"娶妻求贤"。林语堂对父母的决定没有异议，于是林至诚就向廖家提亲。

订婚前，母亲担心女儿，劝廖翠凤说，林语堂很聪明，但家里穷，廖翠凤斩钉截铁地对母亲说："没有钱不要紧！"于是林语堂和廖翠凤就这样订婚了。

林语堂直到四年后才与廖翠凤完婚，当时林准备到哈佛留学，廖翠凤的父亲坚持要林与女儿完婚后，二人同去，林无法再拖延婚期，只好同意结婚。

结婚这日，林语堂到廖家迎亲，按照当地风俗，女方家端上一碗龙眼茶，林只要象征性地喝一口就可以，但他却一饮而尽，连龙眼也吃了，惹得廖家人大笑。

婚礼上，当着众宾客的面，林语堂拿出婚书，对廖翠凤说："我把它烧了！婚书只有在离婚的时候才有用，我们一定用不到。"举座哗然。这纸婚书果然没有用到。林语堂和廖翠凤相亲相爱，白头偕老，造就了一段半个多世纪的金玉良缘。

结婚后，林语堂和廖翠凤带着廖的一千大洋陪嫁远渡重洋。廖在船上就得了盲肠炎，到美国后不久发作，只能到医院动手术。手术过程竟然长达三个小时，动手术的医生大概没有见过中国女人，将廖的内脏仔细搜索了一番才割除了盲肠。出院后不久，廖由于受了感染，必须动第二次手术，又只能入院。林无奈，只能向廖家求助，廖的二哥汇给他们一千美元，才渡过难关。

在哈佛读了一年，尽管林语堂的每门功课都是甲等成绩，助学金却被留学生总管施赞元停了。林语堂没法再待下去，恰逢美国的基督教青年会招募华工去法国乐库索城，他只好前往应征。在法国，林语堂用常见的一千字，为中国劳工编了一本教材，教中国劳工学文化。廖翠凤向一位法国女士学习法文，变成了莫逆之交。他们打工储蓄了些美元，这时德国马克贬值，他们便到了德国。林语堂先在歌德的故乡耶鲁大学攻读莎士比亚，获得硕士学位，又到莱比锡大学攻读比较语言学。经济困难时，廖翠凤只得变卖首饰以维持生活。林语堂除上博士课程外，还与廖翠凤一起上英文课程，二人宛若兄妹。当时他们住在郊外，房东太太是个寂寞的寡妇，靠啤酒和腌肉过活，成天抽烟。寡妇拿自己写的诗给林语堂看，存心勾引他。有一次林语堂经过她的门口，她突然晕倒，要林语堂扶她起来，林语堂看出她的用意，连忙喊翠凤，寡妇就假装清醒了，二人会意而笑。

结婚快四年了，廖翠凤才敢怀孕。由于经费不足，他们不得不决定回国分娩。此时，林语堂正在准备着博士考试。林语堂上学以来，从不把考试当一回事，他的老主意就是只求及格，不临时抱佛脚，所以绝不惊慌；而廖翠凤却胆战心惊，替他着急。

博士论文考试的最后口试，林语堂要从这个教授房间跑到另一个教授房间，轮番答辩，挺着大肚的廖翠凤在外面焦急地等待着，倚间而望。已到十二点了，林语堂才出来，廖翠凤问："怎么样啊？"林语堂说："合格了！"廖翠凤就在大街上给了他一吻。这一吻，宣告了林语堂学生时代的结束，他获得了莱比锡大学的语言学博士学位。

林语堂讨厌束缚，如领带、裤腰带、鞋带。廖翠凤每次出门却非得打扮齐整，胸针、手表、耳环，连衣服边脚的皱褶也得熨帖，一丝不苟。她也如此要求林语堂。林语堂时时出怪主意，作弄老实的廖翠凤。林语堂把烟斗藏起来，叫着："凤，我的烟斗不见了！"廖翠凤急忙放下手中的活，满屋子地找，林语堂则燃起烟斗，欣赏妻子忙乱的神情。

有女儿后，林语堂就随着女儿管廖翠凤叫"妈"。他从书房出来，总是像小孩子般地问："妈在哪里？"有时腻烦廖翠凤的管教，林也会说："我认为我早就小学毕业了。"廖翠凤不说话，笑眯眯地看着林语堂，林就乖乖地做廖翠凤交代的事。

廖翠凤是家中的总司令，她管理家政，指挥所有人的行动。不爱做家务的林语堂也必须负责饭后的洗碗碟工作。不过，林每次洗碗都是大阵势，打碎碗碟的声浪不绝于耳。廖翠凤算算账，发现让林洗碗实在不合算，就不再让他洗了。林语堂于是高兴地去捏廖翠凤的鼻子，廖也笑起来，可看见林兴高采烈的样子，又不禁狐疑，他是不是故意打碎的。

廖翠凤喜欢谈论家事，回忆过去，林语堂就坐在椅子上，点燃烟斗，不出任何声音，静静地听妻子的唠叨。他笑称："怎样做个好丈夫？就是在太太喜欢的时候，你跟着她喜欢，可是太太生气的时候，你不要跟着她生气。"

林语堂夫妇二人的性格不同。三个孩子常说："世上找不到两个比爹妈更不相像的人。"林语堂外向，廖翠凤内向，林语堂是气球，廖翠凤是压载物。没有压载物的气球会碰到灾祸。廖翠凤生性严肃，有条有理，随时穿得整整齐齐，餐桌上总是挑方方正正的腿肉和胸肉吃，不吃肫肝之类的玩意儿。林语堂一向喜欢翅膀、肝肠、脖子之类的杂碎。他乐观，任性，总是魂不守舍，对人生抱着顽皮的看法，讨厌一切拘谨和约束。林语堂认为廖翠凤属于接纳万物、造福人类的"水"，而自己却是凿穿万物的"金"。

当时的文化名人大多抛弃了发妻，另找时髦的知识女性。林语堂成名以后，廖翠凤担心他也会喜新厌旧。林安慰她："凤啊，你放心，我才不要什么才女为妻，我要的是贤妻良母，你就是。"

林语堂曾对朋友说："我像个氢气球，要不是凤拉住，我不知道要飘到哪里去！"廖翠凤也点头说："要不是我拉住他，他不知道要飘到哪里去！"

1969 年，林语堂和廖翠凤结婚半个世纪，亲朋好友为他们举办了盛大的金婚纪念晚会。林送给廖一个手镯，说是为了表彰她这么多年来坚定不移守护着家，以及多次的自我牺牲。廖翠凤想起结婚伊始，林语堂撕婚书时的坚决，百感交集。手镯上刻着林翻译的雪莱的《老情人》（An Old Sweetheart）："同心如牵挂，一缕情依依，岁月如梭逝，银丝鬓已稀，幽冥倘异路，仙府应凄凄，若欲开口笑，除非相见时。"

林语堂过世后，廖翠凤一直住在香港小女儿家中，用心整理出《京华烟云》和《林语堂当代汉英辞典》等巨著的手稿，存放在台湾的故宫博物院，直到 1985 年阳明山故居原址改为"林语堂先生纪念图书馆"，这些著作和遗物才捐给台北市政府供公开展示。1987 年，廖翠凤于香港去世。

反目　　林语堂和鲁迅因在女师大任教而结识，在"女师大事件"发生后的 1925 年 12 月 5 日，鲁迅主动给林写信，开始了二人的交往。林后来公开表示，当时北大教授分为两派，一派是以胡适为领袖的现代评论派，一派是以周氏兄弟为首的语丝派，而他"是属于后一派的"。

张宗昌上台后，没有报纸敢发表林语堂写的文章，军人打扮的人还时不时地在林家门口溜达一圈，美其名曰"保护"。报纸上还流传着一张北洋政府准备第二批通缉的名单，其中，林名列 17 位，鲁迅排在 21 位。林在友人家中藏匿三个星期后，接受了厦门大学校长林文庆的邀请，到厦大任教。临行前，林语堂还特地去向鲁迅告别。之后，林语堂将鲁迅、孙伏园、沈兼士、章川岛等在京受到迫害的一干好友邀到厦大。

厦大靠理科起家，经费、校舍资源等各项政策都向理科倾斜。林语堂到校后，分去近一半的研究经费，遭到理科部主任刘树杞的忌恨。刘利用自己掌管财政之便，三次让鲁迅更换住所，最后竟让鲁迅搬到了理学院大厦的地下室。更过分的是，鲁迅的屋子里有两个灯泡，刘树杞说要节约电费，非让人摘下一个。鲁迅气得目瞪口呆，胡子都立了起来。鲁迅又是一个人在厦门生活，无人照料日常起居，有时只能在火炉上用水煮火腿度日。但鲁迅为了林语堂还是留了下来，他说："只怕我一走，玉堂要立即被攻击。所以有些彷徨。"由于在厦大备受排挤，最后鲁迅决定去中山大学任教，他说林语堂"太老实"，劝他也离开厦门，同往广州。厦门是林的家乡，况且此地还有其他朋友兄弟，林没有随鲁迅离开。

鲁迅与林语堂曾同住在上海北四川路横滨桥附近，一次鲁迅不小心把烟头扔在了林语堂的帐门下，将林的蚊帐烧掉了一角，林心中十分不悦，厉声责怪了鲁迅。鲁迅觉得林小题大做，因为一床蚊帐这么大火气，便回敬说一床蚊帐不过五块钱，烧了又怎么样，两人就这样争吵了起来。

鲁迅和北新书店的老板李小峰闹版税官司，郁达夫作和事佬为二人调解。此后，李小峰宴请鲁迅，林语堂夫妇也被邀请参加。席间，林提到鲁迅的北大学生张友松请客之事（张曾请鲁迅和林语堂吃饭，说也要办一个书店，并承诺决不拖欠作者的稿酬），并说"奸人"在跟他捣乱（指张友松传播他在汉口发洋财一事）。李小峰便怀疑自己和鲁迅起纠纷是张从中作梗。鲁迅听罢，则疑心林讥讽自己受了张的挑拨，当即脸色发青，站起来大声喊道："我要声明！我要声明！"一拍桌子，"玉堂，你这是什么话！我和北新的诉讼不关张友松的事！"林辩解道："是你神经过敏，我没有那个意思！"两人越说越上火，互相瞪着对方，如斗鸡般足足对视了一两分钟。郁达夫见势不妙，赶紧按鲁迅坐下，又拉着林语堂和廖翠凤离开。宴席不欢而散。

郁达夫回忆说，鲁迅后来也明白了这次是误会，但二人之间已经产生了裂痕，之后，大约有三年时间，二人没有往来。

1932年底，蔡元培和宋庆龄成立了中国民权保障同盟，林语堂和鲁迅都加入其中，二人又开始交往。次年，杨杏佛被暗杀，举行入殓仪式这天，林语堂因正被严密监控，无法出门，未去参加。鲁迅去后没有见到林，非常生气："这种时候就看出人来了，林语堂就没有去，其实，他去送殓又有什么危险！"事实上，林冒着生命危险参加了 7 月 2 日杨杏佛的出殡下葬仪式，这一次，鲁迅没有去。

林语堂办《论语》，做了"幽默大师"，鲁迅不能理解，他认为在血与火的斗争中，是没有幽默可言的，"只要我活着，就要拿起笔，去回敬他们的手枪"。

1933 年底，鲁迅曾写信给《论语》的主编陶亢德，推荐青年作者王志之的稿子，陶回复鲁迅说，留下"少许"，余则退还。鲁迅又写信给林语堂，说明此事，让林将王的稿子退还，林不明白鲁迅的意思，退回了稿子。两个多月后，林语堂和陶亢德先后致信鲁迅约稿，并让鲁迅提供照片，鲁迅断然拒绝，并附信说，以后他要看《论语》，也自己花钱购买，不劳寄赠。

1934 年，林语堂和章克标意见不合，一气之下离开《论语》，另起炉灶，办起了《人间世》。据陶亢德回忆，《人间世》创刊前，林语堂请文坛好友来家里吃饭。客人来得差不多了，就差鲁迅。大家都知道二人最近闹得不太愉快，有人好心提醒他，要不要催一催。林摆摆手，很有把握地说，不必，他一定会来的。话音刚落，鲁迅就拖着胶皮鞋，嘀嘀嗒嗒地走进来了。

《人间世》也走的是谈幽默的老路子，遭到左翼文人的攻击。鲁迅也说幽默文学是"麻醉文学"。林、鲁两人关于翻译究竟应该"信达雅"还是"直译"发生争执，惹得鲁迅十分不快，林语堂批评鲁迅是"左倾急进主义"，是想"做偶像"。

鲁迅曾写信劝告林语堂不要搞那些小品了，多译点英文名著才是正途。林语堂回信："等老了再说。"林说此语并非有意，但在鲁迅听来却以为林有意嘲笑，因为鲁迅比林大 14 岁，彼时已经 53 岁。

一次饭桌上，林语堂谈及在香港时，几个广东人兀自讲粤语，其他人听不懂，林便故意对他们讲英语，将他们吓住。不料，鲁迅怒不可遏，拍着桌子站起来厉声道："你是什么东西！你想借外国话来压我们自己的同胞吗？！"林语堂哑口无言，尴尬无比。

徐在上海大观楼补摆婚宴，鲁迅来得晚，看见林语堂夫妇在座，二话不说抬腿就走。

鲁迅的《天生蛮性》一文，只有三句话："辜鸿铭先生赞小脚；郑孝胥先生讲王道；林语堂先生谈性灵。"辜鸿铭是前清遗老，郑孝胥是伪满总理，鲁迅将林语堂和他们相提并论，此时的鄙夷之情可想而知。

1935年，胡风发表《林语堂论》《张天翼论》等文章，林语堂认为是鲁迅化名批评他，鲁迅说："要是我写，不会写得那么长！"

两年之后，林语堂远赴美国，终此一生，两人再没有相见。

1936年10月19日，鲁迅病逝。四天后，林语堂写下了这样的文字："鲁迅与我相得者二次，疏离者二次，其即其离，皆出自然，非吾与鲁迅有轻轩于其间也。吾始终敬鲁迅；鲁迅顾我，我喜其相知；鲁迅弃我，我亦无悔。大凡以所见相左相同，而为离合之迹，绝无私人意气存焉。"

在《忆鲁迅》一文中，林语堂说："鲁迅这个人，我始终没有跟他闹翻。"

赵世洵回忆，在新加坡时，他曾问林语堂与鲁迅的那段不快经历，出乎他意料的是，林绝口不谈鲁迅的坏话，而且言语中多有推崇。林含着烟斗，吐出一口烟雾，左手略微摆动一下，若有所思地说："过去的事别提了。不过，世洵，我可以告诉你，《中国小说史》到今天为止，还是他写的那一本最为完备。"后林语堂的女婿将《中国小说史》翻译成英文，林语堂为之作序。

爱憎　　西安事变发生后，林语堂撰文向美国人说明"张"和"蒋"两个读音的差别，讲述张学良和蒋介石二人政治主张的差别，他说，张软禁蒋的目的是为了逼蒋抗日，按中国人的智慧，西安事变的结果是喜剧，而不是悲剧，张最后不仅会放了蒋，而且会陪着蒋去南京。最后事件的结果果然如林所说。

1937年8月，林语堂在《时代周刊》发表《日本征服不了中国》一文，分析了1931年以来日本逐步侵略中国的过程，预言"最后的胜利一定是中国的"。

1940 年 5 月，林语堂偕夫人与女儿由美返国，在重庆北碚购置了一幢四室一厅的五间居室作为住家。他再次出国时，毅然将该住房捐献给正处在困难中的"中华全国文艺界抗敌协会"。老舍的儿子舒乙回忆，抗战期间，老舍一家就借住在林的这所房子内，而今这里已经挂上了"老舍旧居"的牌子。

为了响应爱国行动，林语堂将著作所得二万三千美元存款，改以银元法币存在中国银行，但抗战后遭遇通货膨胀、币值狂贬，这笔钱形同废纸。

抗战期间，林语堂利用自己在美国的影响力，积极宣传抗日，许多美国民众发起抵制日货行动，史密斯大学的女学生发起不穿日本丝袜运动，罗切斯特书院的数百名女生在礼堂前排队将自己的丝袜扔进垃圾桶，男生们则宣称，不与穿丝袜的女生跳舞。

林语堂经常撰文宣传抗日，指出日本的困境，并指责美国两面手法，不愿援助中国，反而卖废铁、汽油等物资给日本，间接协助危害中国。几十年后，林语堂忆及抗战时的情形，仍动情地说："我看见中国的驴由中国西北甘肃的油田，驮着宝贵的石油到西南的昆明，我真要为中国哭起来。"

林语堂曾问国民政府军政部长何应钦，在过去几年中，史迪威给了中国什么，何说只有够装备一个师的枪弹而已。林十分愤怒，他说史迪威粗暴而傲慢，就像个独裁暴君，"他来不是帮助中国，他是破坏中美的团结"。

林语堂还积极争取美国中立者的支持，他对许多美国人事不关己的态度十分愤怒，1943 年，他发表《啼笑皆非》一文，对英美官方对华的所作所为进行清算，嘲笑他们所谓"中立"态度的愚蠢，他说："在我国与日本作殊死战时，谁打中国的耳光就同有人伸手打我一样。"

对美国的批评和对国民党政府的支持，也导致了美国人对林语堂的反感。1944 年，他的亲国民政府的政论集《枕戈待旦》销路不佳。甚至有人传闻他拿了何应钦两万美元，才如此卖力为国民党宣传。赛珍珠当面问林是否有此事，林回答自己没有拿过中国政府一文钱，仅仅是办了一个"官员签证"，这样就免于用"旅游签证"须每六个月离开美国一次再回去的麻烦。

林语堂对美国政界兴起"两个中国"的说法相当不以为然，多次激烈批判，称美国观念错误，不了解中国人。陈纪滢回忆，林曾对他说，美国人想搞两个中国，不但"不了解蒋介石"，"也不了解毛泽东"。多年后，陈还记得林说话时的神情："他说这段话时，是站着说的，浑身用力，双拳并举，两眼要迸出火星似的。"

林语堂游西湖，看见博览会塔，心中大为不满，以为好似美人脸上的一点烂疮。他说："我由是立志，何时率领军队打入杭州，必先对准其放炮，先把这西子脸上的烂疮，击个粉碎，后人必定有诗为证云：西湖千树影苍苍，独有丑碑陋难当；林子将军气不过，扶来大炮击烂疮。"

1938 年，林语堂全家旅欧，适逢慕尼黑事件发生，形势十分紧张。林听完希特勒的广播讲话后，愤怒地喊道："世界是没有上帝的，假使是有，应当使希特勒在演说中间停止心脏的跳跃，以挽救世界的和平。"由于局势的影响，林停止写作 5 天。事后他说，他损失 5 天的工作时间，按每天100 元计算，共计 500 元，要求希特勒赔偿。

北洋政府将在"三·一八惨案"中遇难的学生定性为"暴徒"，时为北师大教务长的林语堂在第一时间发表文章悼念"最熟识也最佩服嘉许"的学生刘和珍、杨德群，说她们是死于"与亡国官僚瘟国大夫奋斗之下，为全国女革命之先烈"，赞扬她们"死的光荣"，"死的可爱"。

1939 年，林语堂应邀参加在纽约举办的第 17 届国际笔会，他是三个发表演讲的作家之一（另外二人为德国作家托马斯·曼和法国作家莫洛亚）。他说："著作界应该永久是个反对党。站在永久反对党的立场上，他们愈使执政者看来觉得不顺眼，则他们对国家与世界的贡献也便愈大。"

雅好　林语堂爱喝茶，他说如果不喝茶他就写不出作品。如果泡茶的水不开，他喝一口便不满意地说是"洗碗水"。他要求泡茶的茶壶是专用的，如果茶里有牛奶味，便立即要求换茶壶。

林语堂喜欢散步，他走路很快，每次全家出门，他总是走在最前面。廖翠凤则相反，总是走得很慢。如果廖穿着水貂大衣，林便愿意和太太并肩走，他解释："如果我不和你走，人家一定要看不起我。现在我同你走，人家会说：'他的太太有件水貂大衣，他一定很富裕。'"

林语堂喜欢在乡村中散步，也喜欢穿上雨衣在细雨中漫步，或持着烟斗在林中彷徨。他每次散步回来，都要洗一次脚。他认为自己的脚是世界上最干净的，因为没有人像他一样，每天要洗三四次脚。

林语堂书法

晚饭后，林语堂总是坐在火炉前，熄了灯，就着火炉中荧荧的柴火，静心地享受着喜欢的音乐。如果遇到喜欢的音乐，林一定听了又听。

林语堂没有酒量，却喜欢看人喝酒划拳，他说："那一定像抽烟一样，使人能享受片刻的愉快。"每次家庭聚餐，他不仅鼓励别人喝酒，还点名叫晚辈们较量一番。

林语堂对饮食很讲究，晚年住在台湾，他觉得台湾的饮食很对他的胃口。中午吃一碗早上刚从山上砍下的笋尖煮成的鲜汤，或是一碗新鲜的蛤蜊汤，都让他赞不绝口。他喜欢到馆子里吃炒羊肚、汤包。他喜欢吃西瓜，吃得咂唇作响，故意让西瓜汁流到下巴上，说这样吃才过瘾。

林语堂嗜烟，据说，广为流传的"饭后一支烟，赛过活神仙"这句话，正是他所言，他把夫人允许他在床上抽烟看成是婚姻美满的标准。林语堂曾经戒过一次烟，但后悔不已，视戒烟为背叛。他说："我有一次，也很欠思量的戒烟三个星期。但后来终究为良心所驱使而重新登上正当的途径。从此我就立誓不再起叛逆之心。""只要我的自主力和道德观念一日存在，则我一日不做背叛的尝试。"

林语堂离不开他的烟斗，如果烟斗忘了放在哪里了，他便无法工作，在屋子里乱跑，嘴里说着："我的烟斗！我的烟斗在哪里？烟斗，烟斗。"找到后，他便得意得大笑。他喜欢用烟斗温热的圆端擦鼻子，用烟嘴部分作为指挥的工具，他还用烟斗敲椅子上的钉子。有时不小心将烟油碰到嘴边，他感觉如同苦汁，在街道的角隅大吐。钱穆回忆，抗战时在成都初次与林语堂见面，林就是两指夹着烟卷，一面抽烟，一面谈话，烟卷积灰渐长，林谈话不停，手边附近又没有烟灰缸。钱穆看着，担心若烟灰掉落，将有损主人地上美丽的地毯。林语堂似乎漫不在意，直到烟灰已长及全烟卷十分之七的程度，"却依然像一全烟卷，安安停停地留在语堂的两指间"。

林语堂喜欢钓鱼，在美国时，他会乘坐专供钓鱼的轮船，出海钓鱼，每次都满载而归。他说，垂钓归来，把竹篓子交给太太，看她把鱼放进冰箱或是分送给邻居，是一件快活的事。到台湾后，他不再钓鱼，而是在屋前的游泳池里养了一群鱼，从此便常在池旁喂鱼、观鱼。林语堂喜欢摆弄钓具和人工做的鱼饵，例如假苍蝇，他对制造这种鱼饵的技术佩服不已，有时，也自己给鱼饵改良，用的是廖翠凤的指甲油，给每只假苍蝇都添上笑容。

评誉　林语堂曾自我评价："我的长处是对外国人讲中国文化，而对中国人讲外国文化。"

1935 年 6 月，赛珍珠在上海为《吾国与吾民》作序，她写道："它实事求是，不为真实而羞愧。它写得骄傲，写得幽默，写得美妙，既严肃又欢快，对古今中国都能给予正确的理解和评价。我认为是迄今为止最真实、最深刻、最完备、最重要的一部关于中国的著作。更值得称道的是，它是由一个中国人写的，一位现代的中国人，他的根基深深地扎在过去，他丰硕的果实却结在今天。"

1936 年 5 月，斯诺请鲁迅写出中国当代最好的五名杂文家，鲁迅当即写下林语堂的名字，并且位序排在自己前面。

林语堂的小说都用英文写就。赵毅堂在《林语堂与诺贝尔奖》一文中指出："应当说，林的中文好到无法翻成英文，他的英文也好到无法翻译成中文。"

林语堂的"烟斗"同志、美食作家唐鲁孙说，林语堂虽然爱笑谈，细细咀嚼他的话，都有高深哲理，而且言行表里如一。

林语堂介绍中国和印度古代经典作品的著作《中国印度之智能》（The Wisdom of China and India）被美国的大学广泛列为教科用书。

林语堂曾与胡适一同被美国文坛列为"二十世纪智能人物"。

美国《纽约时报》在报导林语堂逝世消息时说："林博士以渊博的西方知识，导引他的国家和人民旧有观念现代化。"

日本《每日新闻》说：林语堂"对于让外国人了解中国以及中国文化，所作的贡献，超越十名大使的价值"。

林语堂曾被西方社会誉为除孔夫子外，另一位最广为西方人认识的中国文人。

美国总统老布什于 1989 年在美国国会上说，林语堂作品所反映中国文化的观点，至今仍在影响美国政府。

《中国时报》社论说："林氏可能是近百年来受西方文化熏染极深而对国际宣扬中国传统文化贡献最大的一位作家与学人。其《吾国与吾民》及《生活的艺术》以各种文字的版本风行于世。若干浅识的西方人知有林语堂而后知有中国，知有中国而后知有中国的灿烂文化。尤可贵者，其一生沉潜于英语英文，而绝不成为'西化'的俘虏，其重返中国文化的知识勇气，及其接物处世的雍容谦和皆不失为一典型的中国学者。"

《本真的自由——林语堂评传》的作者说："林语堂以中国的生活经

验和中国思维方式为资源的近情思想，给我们提示的是一条中国知识分子获得精神自由的可能途径。"

竹如记载："美国一家出版商塔普林格在遴选亚洲作家时曾说，'我想提出五位为西方所公认的现代远东作家，但我竟无法提出；除去林语堂博士以外，真不知道还有什么人可以入选。'"

郁达夫说："林语堂生性憨直，浑朴天真，假令生在美国，不但在文字上可以成功，就是从事事业，也可以睥睨一世，气吞小罗斯福之流。《剪拂集》时代的真诚勇猛，是书生本色，至于近来的耽溺风雅，提倡性灵，亦是时势使然，或可视为消极的反抗，有意的孤行。周作人常喜欢外国人所说的隐士和叛逆者混处在一道的话，来做解嘲；这话在周作人身上原用得着，在林语堂身上，尤其是用得着。他的幽默，是有牛油气的，并不是中国历来所固有的《笑林广记》。他的文章，虽说是模仿语录的体裁，但奔放处，也赶得上那位疯狂致死的超人尼采。"

自叙 "我愿自己有屋一间，可以在内工作。此屋既不需特别清洁，亦不必过于整齐。只要我觉得舒适，亲切，熟悉即可。床的上面挂一个佛教的油灯笼，就是你看见在佛教或是天主教神坛上的那种灯笼。要有烟，发霉的书……"

"我要几件士绅派头儿的衣裳，但是要我已经穿过几次的，再要一双旧鞋。我需要有自由，愿少穿就少穿……若是在阴影中温度高到华氏九十五度时，在我的屋里，我必须有权一半赤身裸体，而且在仆人面前我也不以此为耻。他们必须和我自己同样看着顺眼才行。夏天我需要淋浴，冬天我要有木柴点个舒舒服服的火炉子。""我需要一个家，在这个家里我能自然随便……我需要几个真有孩子气的孩子，他们要能和我在雨中玩耍，他们要像我一样能以淋浴为乐。"

"我要好友数人，亲切一如日常的生活，完全可以熟不拘礼，他们有些烦恼问题，婚姻问题也罢，其他问题也罢，皆能坦诚相告，他们能引证希腊喜剧家阿里斯托芬（Aristophanes）的喜剧中的话，也能说荤笑话，他们在精神方面必须富有，并且能在说脏话和谈哲学时候同样坦白自然，他们必须各有其癖好，对事物必须各有其定见。这些人要各自有信念，但也对我的信念同样尊重。"

"我需要一个好厨子，他要会做素菜，做上等的汤。我需要一个很老的仆人，心目中要把我看做是个伟人，但并不知道我在哪方面伟大。"

"我要一个好书斋，一个好烟斗，还要一个女人，她须聪明解事，我要做事时，她能不打扰我，让我安心做事。"

"我要有自由能流露本色自然，无须乎做伪。"

"我厌恶费体力的事，永远不骑墙而坐；我不翻跟头，体能上的也罢，精神上的也罢，政治上的也罢。我甚至不知道怎样趋时尚，看风头。"

"我从来没有成功过，也没有舒服过，也没有自满过；我从来没有照照镜子而不感觉到惭愧得浑身发麻。"

"我极厌恶小政客，不论在什么机构，我都不屑于与他们相争斗。我都是避之唯恐不及。因为我不喜欢他们的那副嘴脸。"

"在讨论本国的政治时，我永远不能冷静超然而不动情感，或是圆通机智而八面玲珑。我从来不能摆出一副学者气，永远不能两膝发软，永远不能装做伪善状。"

"我以为我像别人同样有道德，我还以为上帝若爱我能如我母亲爱我的一半，他也不会把我送进地狱去。我这样人若是不上天堂，这个地球不遭殃才怪。"

妙语　　两脚踏东西文化，一心评宇宙文章

——《我的话》

一个人彻悟的程度，恰等于他所受痛苦的深度。

——《吾国吾民》

人类之足引以自傲者总是极为稀少，而这个世界上所能予人生以满足者亦属罕有。

——《吾国吾民》

没有幽默滋润的国民，其文化必日趋虚伪，生活必日趋欺诈，思想必日趋迂腐，文学必日趋干枯，而人的心灵必日趋顽固。

——《一夕话》

没有女子的世界，必定没有礼俗、宗教、传统及社会阶级。世上没的天性守礼的男子，也没的天性不守礼的女子。假定没有女人，我们必不会居住千篇一律的弄堂，而必住在三角门窗八角澡盆的房屋，而且也不知饭厅与卧室之区别，有何意义。男子喜欢在卧室吃饭，在饭厅安眠的。

——《金圣叹之生理学》

人生在宇宙中之渺小，表现得正像中国的山水画。在山水画里，山水的细微处不易看出，因为已消失在水天的空白中，这时两个微小的人物，坐在月光下闪亮的江流上的小舟里。由那一刹那起，读者就失落在那种气氛中了。

——《苏东坡传》

享受悠闲生活当然比享受奢侈生活便宜得多。要享受悠闲的生活只要一种艺术家的性情，在一种全然悠闲的情绪中，去消遣一个闲暇无事的下午。

——《生活的艺术》

只有快乐的哲学，才是真正深湛的哲学；西方那些严肃的哲学理论，我想还不曾开始了解人生的真义哩。在我看来，哲学的唯一效用是叫我们对人生抱一种比一般人较轻松较快乐的态度。

——《生活的艺术》

作家的笔正如鞋匠的锥，越用越锐利，到后来竟可以尖如缝衣之针。但他的观念的范围则必日渐广博，犹如一个人的登山观景，爬得越高，所望见者越远。

——《生活的艺术》

一本古书使读者在心灵上和长眠已久的古人如相面对，当他读下去时，他便会想象到这位古作家是怎样的形态和怎样的一种人，孟子和大史家司马迁都表示这个意见。

——《生活的艺术》

艺术应该是一种讽刺文学，对我们麻木了的情感、死气沉沉的思想，和不自然的生活下的一种警告。它教我们在矫饰的世界里保持着朴实真挚。

——《生活的艺术》

如果我们在世界里有了知识而不能了解，有了批评而不能欣赏，有了美而没有爱，有了真理而缺少热情，有了公义而缺乏慈悲，有了礼貌而一无温暖的心，这种世界将成为一个多么可怜的世界啊！

——《生活的艺术》

一个女子最美丽的时候是在她立在摇篮的面前的时候；最恳切最庄严的时候是在她怀抱婴儿或挽着四五岁小孩行走的时候；最快乐的时候则如我所看见的一幅西洋画像中一般，是在拥抱一个婴儿睡在枕上逗弄的时候。

　　　　　　　　　　　　　　　　——《生活的艺术》

　　人生真是一场梦，人类活像一个旅客，乘在船上，沿着永恒的时间之河驶去。在某一地方上船，在另一个地方上岸，好让其他河边等候上船的旅客上船。

　　　　　　　　　　　　　　　　——《生活的艺术》

　　人生是残酷的，一个有着热烈的、慷慨的、天性多情的人，也许容易受他的比较聪明的同伴之愚。那些天性慷慨的人，常常因慷慨而错了主意，常常因对付仇敌过于宽大，或对于朋友过于信任，而走了失着。……人生是严酷的，热烈的心性不足以应付环境，热情必须和智勇连结起来，方能避免环境的摧残。

　　　　　　　　　　　　　　　　——《生活的艺术》

　　凡是谈到真理的人，都反而损害了它；凡是企图证明它的人，都反而伤残歪曲了它；凡是替它加上一个标识和定出一个思想派别的人，都反而杀害了它；而凡是自称为信仰它的人，都埋葬了它。所以一个真理，等到被竖立成为一个系统时，它已死了三次，并被埋葬了三次了。

　　　　　　　　　　　　　　　　——《生活的艺术》

　　那些有能力的人、聪明的人、有野心的人、傲慢的人，同时，也就是最懦弱而糊涂的人，缺乏幽默家的勇气、深刻和机巧。他们永远在处理琐碎的事情。他们并不知那些心思较旷达的幽默家更能应付伟大的事情。

　　　　　　　　　　　　　　　　——《生活的艺术》

　　一般人不能领略这个尘世生活的乐趣，那是因为他们不深爱人生，把生活弄得平凡、刻板，而无聊。

——《生活的艺术》

一位现代中国大学教授说过一句诙谐语："老婆别人的好，文章自己的好。"在这种意义上说来，世间没有一个人会感到绝对的满足的。大家都想做另一个人，只要这另一个人不是他现在的现在。

——《生活的艺术》

古教堂、旧式家具、版子很老的字典以及古版的书籍，我们是喜欢的，但大多数的人忘却了老年人的美。这种美是值得我们欣赏，在生活是十分需要。我以为古老的东西，圆满的东西，饱经世变的东西才是最美的东西。

——《生活的艺术》

我所以反对独裁者，就因为他们不近人情。因为不近人情者总是不好的。不近人情的宗教不能算是宗教；不近人情的政治是愚笨的政治，不近人情的艺术是恶劣的艺术；而不近人情的生活也就是畜类式的生活。

——《生活的艺术》

一个真正的旅行家必是一个流浪者，经历着流浪者的快乐、诱惑，和探险意念。旅行必须流浪式，否则便不称其为旅行。旅行的要点在于无责任、无定时、无来往信札、无嚅嚅好问的邻人、无来客和无目的地。一个好的旅行家决不知道他往那里去，更好的甚至不知道从何处而来。他甚至忘却了自己的姓名。

——《生活的艺术》

一个学者是像一只吐出所吃的食物以饲小鸟的老鹰；一个思想家则像一条蚕，他所吐的不是桑叶而是丝。

——《生活的艺术》

林语堂：『对我自己而言，顺乎本性，就是身在天堂』

让我和草木为友，和土壤相亲，我便已觉得心满意足。我的灵魂很舒服地在泥土里蠕动，觉得很快乐。当一个人优闲陶醉于土地上时，他的心灵似乎那么轻松，好像是在天堂一般。事实上，他那六尺之躯，何尝离开土壤一寸一分呢？

——《生活的艺术》

我曾经说过，中国人对于快乐概念是"温暖、饱满、黑暗、甜蜜"——即指吃完一顿丰盛的晚餐上床去睡觉的情景。一个中国诗人也曾说："肠满诚好事；余者皆奢侈。"

——《生活的艺术》

我们对于人生可以抱着比较轻快随便的态度：我们不是这个尘世的永久房客，而是过路的旅客。

——《生活的艺术》

如果我自己可以自选做世界上作家之一的话，我颇愿做个安徒生。能够写美人鱼（The Mermaid）的故事，想着那女人鱼的思想，渴望着到了长大的时候到水面上来，那真是人类所感到的最深沉最美妙的快乐了。

——《生活的艺术》

我爱春天，但是太年轻。我爱夏天，但是太傲气。所以我最爱秋天，因为秋天的叶子的颜色金黄、成熟、丰富，但是略带忧伤与死亡的预兆。

——《论年老——人生自然的节奏》

美文

人生的乐趣

我们只有知道一个国家人民生活的乐趣，才会真正了解这个国家，正如我们只有知道一个人怎样利用闲暇时光，才会真正了解这个人一样。只有当一个人歇下他手头不得不干的事情，开始做他所喜欢做的事情时，他的个性才会显露出来。只有当社会与公务的压力消失，金钱、名誉和野心的刺激离去，精神可以随心所欲地游荡之时，我们才会看到一个内在的人，看到他真正的自我。生活是艰苦的，政治是肮脏的，商业是卑鄙的，因而，通过一个人的社会生活状况去判断一个人，通常是不公平的。我发现我们有不少政治上的恶棍在其他方面却是十分可爱的人，许许多多无能而又夸夸其谈的大学校长在家里却是绝顶的好人。同理，我认为玩耍时的中国人要比干正经事情时的中国人可爱得多。中国人在政治上是荒谬的，在社会上是幼稚的，但他们在闲暇时却是最聪明最理智的。他们有着如此之多的闲暇和悠闲的乐趣，这有关他们生活的一章，就是为愿意接近他们并与之共同生活的读者而作的。这里，中国人才是真正的自己，并且发挥得最好，因为只有在生活上他们才会显示出自己最佳的性格——亲切、友好与温和。

既然有了足够的闲暇，中国人有什么不能做呢？他们食蟹、品茗、尝泉、唱戏、放风筝、踢毽子、比草的长势、糊纸盒、猜谜、搓麻将、赌博、典当衣物、煨人参、看斗鸡、逗小孩、浇花、种菜、嫁接果树、下棋、沐浴、闲聊、养鸟、午睡、大吃二喝、猜拳、看手相、谈狐狸精、看戏、敲锣打鼓、吹笛、练书法、嚼鸭肫、腌萝卜、捏胡桃、放鹰、喂鸽子、与裁缝吵架、去朝圣、拜访寺庙、登山、看赛舟、斗牛、服春药、抽鸦片、闲荡街头、看飞机、骂日本人、围观白人、感到纳闷儿、批评政治家、念佛、练深呼吸、举行佛教聚会、请教算命先生、捉蟋蟀、嗑瓜子、赌月饼、办灯会、焚净香、吃面条、射文虎、养瓶花、送礼祝寿、互相磕头、生孩子、睡大觉。

林语堂：「对我自己而言，顺乎本性，就是身在天堂」

这是因为中国人总是那么亲切、和蔼、活泼、愉快，那么富有情趣，又是那么会玩儿。尽管现代中国受过教育的人们总是脾气很坏，悲观厌世，失去了一切价值观念，但大多数人还是保持着亲切、和蔼、活泼、愉快的性格，少数人还保持着自己的情趣和玩耍的技巧。这也是自然的，因为情趣来自传统。人们被教会欣赏美的事物，不是通过书本，而是通过社会实例，通过在富有高尚情趣的社会里的生活，工业时代人们的精神无论如何是丑陋的，而某些中国人的精神——他们把自己的社会传统中一切美好的东西都抛弃掉，而疯狂地去追求西方的东西，可自己又不具备西方的传统，他们的精神更为丑陋。在全上海所有富豪人家的园林住宅中，只有一家是真正的中国式园林，却为一个犹太人所拥有。所有的中国人都醉心于什么网球场、几何状的花床、整齐的栅栏，修剪成圆形或圆锥形的树木，以及按英语字母模样栽培的花草。上海不是中国，但上海却是现代中国往何处去的不祥之兆。它在我们嘴里留下了一股又苦又涩的味道，就像中国人用猪油做的西式奶油糕点那样。它刺激了我们的神经，就像中国的乐队在送葬行列中大奏其"前进，基督的士兵们"一样。传统和趣味需要时间来互相适应。

古代的中国人是有他们自己的情趣的。我们可以从漂亮的古书装帧、精美的信笺、古老的瓷器、伟大的绘画和一切未受现代影响的古玩中看到这些情趣的痕迹。人们在抚玩着漂亮的旧书、欣赏着文人的信笺时，不可能看不到古代的中国人对优雅、和谐和悦目色彩的鉴赏力。仅在二三十年之前，男人尚穿着鸭蛋青的长袍，女人穿紫红色的衣裳，那时的双绉也是真正的双绉，上好的红色印泥尚有市场。而现在整个丝绸工业都在最近宣告倒闭，因为人造丝是如此便宜，如此便于洗涤，三十二元钱一盎司的红色印泥也没有了市场，因为它已被橡皮图章的紫色印油所取代。

古代的亲切和蔼在中国人的小品文中得到了极好的反映。小品文是中国人精神的产品，闲暇生活的乐趣是其永恒的主题。小品文的题材包括品茗的艺术，图章的刻制及其工艺和石质的欣赏，盆花的栽培，还有如何照料兰花，泛舟湖上，攀登名山，拜谒古代美人的坟墓，月下赋诗，以及在高山上欣赏暴风雨——其风格总是那么悠闲、亲切而文雅，其诚挚谦逊犹如与密友在炉边交谈，其形散神聚犹如隐士的衣着，其笔锋犀利而笔调柔和，犹如陈年老酒。文章通篇都洋溢着这样一个人的精神：他对宇宙万物和自己都十分满意；他财产不多，情感却不少；他有自己的情趣，富有生活的经验和世俗的智慧，却又非常幼稚；他有满腔激情，而表面上又对外部世界无动于衷；他有一种愤世嫉俗般的满足，一种明智的无为；他热爱简朴而舒适的物质生活。这种温和的精神在《水浒传》的序言里表述得最为明显，这篇序文伪托给该书作者，实乃十七世纪一位批评家金圣叹所作。这篇序文在风格和内容上都是中国小品文的最佳典范，读起来像是一篇专论"悠闲安逸"的文章。使人感到惊讶的是，这篇文章竟被用作小说的序言。

在中国，人们对一切艺术的艺术，即生活的艺术，懂得很多。一个较为年轻的文明国家可能会致力于进步；然而一个古老的文明国度，自然在人生的历程上见多识广，她所感兴趣的只是如何过好生活。就中国而言，由于有了中国的人文主义精神，把人当作一切事物的中心，把人类幸福当作一切知识的终结，于是，强调生活的艺术就是更为自然的事情了。但即使没有人文主义，一个古老的文明也一定会有一个不同的价值尺度，只有它才知道什么是"持久的生活乐趣"，这就是那些感官上的东西，比如饮食、房屋、花园、女人和友谊。这就是生活的本质，这就是为什么像巴黎和维也纳这样古老的城市有良好的厨师、上等的酒、漂亮的女人和美妙的音乐。人类的智慧发展到某个阶段之后便感到无路可走了，于是便不愿意再去研究什么问题，而是像奥玛开阳那样沉湎于世俗生活的乐趣之中了。于是，任何一个民族，如果它不知道怎样像中国人那样吃，如何像他们那样享受生活，那末，在我们眼里，这个民族一定是粗野的，不文明的。

在李笠翁（十七世纪）的著作中，有一个重要部分专门研究生活的乐趣，是中国人生活艺术的袖珍指南，从住宅与庭园、屋内装饰、界壁分隔到妇女的梳妆、美容、施粉黛、烹调的艺术和美食的导引，富人穷人寻求乐趣的方法，一年四季消愁解闷的途径，性生活的节制，疾病的防治，最后是从感觉上把药物分成三类："本性酷好之药"、"其人急需之药"和"一生钟爱之药"。这一章包含了比医科大学的药学课程更多的用药知识。这个享乐主义的戏剧家和伟大的喜剧诗人，写出了自己心中之言。我们在这里举几个例子来说明他对生活艺术的透彻见解，这也是中国精神的本质。

李笠翁在对花草树木及其欣赏艺术作了认真细致而充满人情味的研究之后，对柳树作了如下论述：

柳贵乎垂，不垂则可无柳。柳条贵长，不长则无袅娜之致，徒垂无益也。此树为纳蝉之所，诸鸟亦集。长夏不寂寞，得时闻鼓吹者，是树皆有功，而高柳为最。总之种树非止娱目，兼为悦耳。目有时而不娱，以在卧榻之上也；耳则无时不悦。鸟声之最可爱者，不在人之坐时，而偏在睡时。鸟音宜晓听，人皆知之；而其独直于晓之故，人则未之察也。鸟之防弋，无时不然。卯辰以后，是人皆起，人起而鸟不自安矣。虑患之念一生，虽欲鸣而不得，欲亦必无好音，此其不宜于昼也。晓则是人未起，即有起者，数亦寥寥，鸟无防患之心，自能毕其能事。且扪舌一夜，技痒于心，至此皆思调弄，所谓"不鸣则已，一鸣惊人"者是也，此其独宜于晓也。庄子非鱼，能知鱼之乐；笠翁非鸟，能识鸟之情。凡属鸣禽，皆当以予为知己。种树之乐多端，而其不便于雅人者亦有一节：枝叶繁冗，不漏月光。隔蝉娟而不使见者，此其无心之过，不足责也。然匪树木无心，人无心耳。使于种植之初，预防及此，留一线之余天，以待月轮出没，则昼夜均受其利矣。

在妇女的服饰问题上，他也有自己明智的见解：

妇人之衣，不贵精而贵洁，不贵丽而贵雅，不贵与家相称，而贵与貌相宜。……今试取鲜衣一袭，令少妇数人先后服之，定有一二中看，一二不中看者，以其面色与衣色有相称、不相称之别，非衣有公私向背于其间也。使贵人之妇之面色不宜文采，而宜缟素，必欲去缟素而就文采，不几与面色为仇乎？……大约面色之最白最嫩，与体态之最轻盈者，斯无往而不宜：色之浅者显其淡，色之深者愈显其淡；衣之精者形其娇，衣之粗者愈形其娇。……然当世有几人哉？稍近中材者，即当相体裁衣，不得混施色相矣。

记予儿时所见，女子之少者，尚银红桃红，稍长者尚月白，未几而银红桃红皆变大红，月白变蓝，再变则大红变紫，蓝变石青。迨鼎革以后，则石青与紫皆罕见，无论少长男妇，皆衣青矣。

李笠翁接下去讨论了黑色的伟大价值。这是他最喜欢的颜色，它是多么适合于各种年龄、各种肤色，在穷人可以久穿而不显其脏，在富人则可在里面穿着美丽的色彩，一旦有风一吹，里面的色彩便可显露出来，留给人们很大的想象余地。

此外，在"睡"这一节里，有一段漂亮的文字论述午睡的艺术：

然而午睡之乐，倍于黄昏，三时皆所不宜，而独宜于长夏。非私之也，长夏之一日，可抵残冬二日，长夏之一夜，不敌残冬之半夜，使止息于夜，而不息于昼，是以一分之逸，敌四分之劳，精力几何，其能此？况暑气铄金，当之未有不倦者。倦极而眠，犹饥之得食，渴之得饮，养生之计，未有善于此者。午餐之后，略逾寸晷，俟所食既消，而后徘徊近榻。又勿有心觅睡，觅睡得睡，其为睡也不甜。必先处于有事，事未毕而忽倦，睡乡之民自来招我。桃源、天台诸妙境，原非有意造之，皆莫知其然而然者，予最爱旧诗中，有"手倦抛书午梦长"一句。手书而眠，意不在睡；抛书而寝，则又意不在书，所谓莫知其然而然也。睡中三昧，唯此得之。

只有当人类了解并实行了李笠翁所描写的那种睡眠的艺术，人类才可以说自己是真正开化的、文明的人类。

周瘦鹃："无非是悲思，无非是痛泪"

周瘦鹃照

传略　周瘦鹃（1895—1968），原名国贤，字祖福，号瘦鹃，笔名有泣红、怀兰室主、紫罗庵主人等。1895 年 6 月 30 日出生于苏州。祖上是里下河泛舟来苏的船民，以后就在苏州定居。年幼丧父，家境贫寒。1909 年以义务生（即免费生）的资格考入上海大南门著名的民立中学。1912 年毕业后留校任英文教员，一年后脱离学校，开始了他最有兴趣的写作生涯。1914 年与友人王纯根创办了《礼拜六》周刊，风行一时。1916 年入中华书局任翻译编辑，同时加入南社。与严独鹤、程小青等人合译《福尔摩斯探案全集》并出版。1917 年因翻译出版《欧洲名家短篇小说丛刊》受到鲁迅先生的赞誉。1920 年后，应《申报》之聘，先后担任副刊《自由谈》、《春秋》主笔。1921 年 9 月，主编《半月》杂志。1922 年 6 月主编《紫兰花片》。1922 年参加了上海的文学团体"青社"，同年又加入赵眠云、范烟桥等人在苏州发起组织的"星社"。1923 年，周瘦鹃编《新小说丛书》、《侦探小丛书》、

《名家短篇小说集》、《紫罗兰庵小丛书》、《紫兰集》等。此后曾先后独办或与他人合办《上海画报》、《紫罗兰》、《游戏世界》、《中华》、《紫葡萄》、《良友》、《新家庭》、《儿童之友》等刊物。1915年"五九"国耻事件发生至1919年五四运动爆发后，为响应全国人民的反日爱国运动，周瘦鹃先后创作日记体小说《亡国奴之日记》和《卖国奴之日记》。在这被称作姐妹篇的爱国小说中，他寓对祖国的爱和对敌人的恨于嬉笑怒骂之间，痛斥了侵略者和卖国贼，表达了强烈的爱国心，因而受到人民欢迎。《亡国奴之日记》由中华书局出单行本，《卖国奴之日记》则由于言辞过于激烈而使各书局望而却步，最终不得不自费出版。"九一八"事变时，周瘦鹃曾在《新家庭》月刊上发表《为国难事吁求全国家庭一致抵制日货》的呼吁书，号召全国家庭团结一致，积极行动起来，坚决抵制日货。1936年9月，与鲁迅、茅盾、巴金、郭沫若等二十一人联名发表《文艺界同人为团结御侮与言论自由宣言》，主张新旧一切文艺派别联合起来，为抗日救国、言论自由而斗争。此后，直到抗战全面爆发，周瘦鹃不间断地写了不少爱国作品，如较著名的《风雨中的国旗》、《南京之围》、《祖国之微》、《亡国奴家里的燕子》等等，使他成为鸳鸯蝴蝶派作家中最著名的爱国作家。

抗战爆发后避居于浙江南浔及皖南黟县南屏村。抗战胜利后回苏州定居，边创作边研究制作盆景，并将寓所辟为"周家花园"，任人参观。新中国成立后，周瘦鹃即担任苏州园林整修委员会委员，此后担任苏州园林处顾问，为苏州园林的保护、修复与开放作出了贡献。此外还先后担任第三届、第四届全国政治协商会议会员、江苏省人民代表、江苏省文联常委、苏州市文物管理委员会副主任、苏州市博物馆副馆长等职。周瘦鹃在"文化大革命"中惨遭迫害，于1968年8月12日夜含冤自尽身亡。80年代，周瘦鹃被国家建设部追认为盆景艺术大师。

苦相　　周瘦鹃原名祖福，字国贤。因为他常用"瘦鹃"为笔名发表文章，就以瘦鹃名世，周祖福、周国贤反而很少有人知道了。

1912年，17岁的周国贤开始翻译外国小说，他自取了一个笔名"瘦鹃"，稍后，开始小说创作，也以"瘦鹃"为笔名，接着以"红鹃啼瘦楼"命名自己的书斋。周瘦鹃成名之后，曾有好多人问及笔名的出处。周有过一段诠释："别号最带苦相的要算是我的瘦鹃两字，杜鹃已是天地间的苦鸟，常在夜半啼血的，如今加上一个瘦字，分明是一头啼血啼瘦的杜鹃。这个苦，岂不是不折不扣十足的苦么？"

瘦鹃有苦相，可作如下两方面的理解：

首先是作家笔耕的辛苦。从16岁起，周瘦鹃译、著、编，般般勤奋，每天总要达到十五六个钟头。1911年到1931年，这20来年的时间，他连续不断地创作翻译，《中华小说界》、《民权素》、《女子世界》、《小说新报》、《小说大观》、《小说季刊》以及《晨报》、《申报》副刊都登有他的作品，尤其是小说周刊《礼拜六》和《小说画报》，坚持每期登载他一篇小说。1915年前后，周还写了《恐怖党》、《井底埋香记》、《至情》等几部长篇小说。不仅如此，他还在《礼拜六》、《申报·自由谈》、《游戏世界》、《半月》、《良友》等报刊担任主要编辑，主编《紫罗兰》杂志，编辑十多种书籍。众多辛劳是可想而知了。周瘦鹃从事文学生涯为了生活，朋友们说他"和苦力没有什么分别"，他曾以苦力自食其力相提并论，说自己是"自食其心"的"文字劳工"。

其次，可以从他作品的题材、内容上来理解，周自己说过"吾满腔子里塞着的无非是悲思，无非是痛泪，提笔写来，自然满纸是凄风苦雨。"周瘦鹃所说的青年知识分子的悲思，主要由帝国主义压迫和封建主义摧残所造成，两者比较而言，青年男女是因父母之命媒妁之言，不得自由恋爱而哀怨，显得更为浓烈，所以言情故事成为周瘦鹃的主线。正如周的朋友说他"平生为文，言情之作居十九，然哀艳不可卒读"，他的小说"都脱不了一个情字的圈儿"。

影缘　　1910 年夏天，上海民立中学十六岁的学生周瘦鹃在城隍庙的旧书摊上，用家里给的点心钱买了本《浙江潮》杂志。杂志上有篇笔记讲述的是一个法国军官的爱情故事，故事引起了周瘦鹃的强烈共鸣。在他看来，写小说要结构严谨，前后连贯，不是一件容易的事情，而剧本只用写人物上场下场和动作，其他的全用对白，似乎比写小说容易得多。于是，他日夜动笔，利用暑假一个月的功夫，编了一个五幕的剧本，取名《爱之花》。碰巧那时《小说月报》正在日报上登广告征求稿件，年轻人瞒着家人偷偷把稿件投了出去。很快，他就收到《小说月报》主编王蓴农的回信，告知稿件被采用了，并且送上 16 元银洋作为报酬。

《爱之花》发表几年之后，被新剧导演郑正秋、汪优游看中，改编成《英雄难逃美人关》，在汉口演得大红大紫。1928 年，郑正秋又亲自编剧，将其改编成电影《美人关》。

从此，周瘦鹃与电影结缘，现在已知由他编剧的影片有：1924 年的《水火鸳鸯》，1926 年的根据聊斋同名故事改编的古装片《马介甫》以及《还金记》，1928 年的《猛虎劫美记》等等。

除了编剧，他还给好友朱瘦菊导的电影《儿孙福》充当解说，并在新剧里客串角色，"特烦小说家周瘦鹃客串《血手印》之演出"的广告成为新上剧目的一大卖点。

从 1914 年开始，他在《游戏杂志》和《礼拜六》上刊登"影戏小说"，将自己认为有意思的电影改写成文言小说。要写"影戏小说"，看一遍电影显然是不够的。我们可以想象他辗转于各大影院，孜孜不倦地追看同一部电影的情形。

1914 年周瘦鹃在《游戏杂志》上刊登了"英雄小说"《何等英雄》，文章不但描述了同名影片"连演十数夜而观者无厌"的盛况，交代了片中的主要人物，甚至配有影片剧照。小说最为有趣的是对影片情节的复述，——配上了煽情的小标题，比如"英雄无奈是多情"等。

从 1919 年 6 月开始，周瘦鹃在自己主编的《申报·自由谈》上开辟"影戏话"专栏，专门进行电影评论。

在影评中，他将西方影片投射在他心中的中国传统文化的银幕上，显示出一种别样的风格。比如他评价意大利版的《茶花女》，描述女主角临死之前种种哀婉动人的情景，认为她的表演极具功力。通过评论者的转述，此情此景已经很容易让人联想到黛玉焚稿。果然他接下来说，唯一遗憾的是演员太胖，如果让她来演林黛玉的话，观众估计会被吓得逃跑。

周瘦鹃因编剧而与中国早期电影结缘已经被记入电影史册，而他的"影戏话"更是开启了中国电影评论的先河。

大师　　1935年周瘦鹃归隐苏州，以多年积蓄在苏州城东凤凰街王长河头买下一个面积约四亩半的宅园，此处是大书法家何子贞裔孙何维朴所购的宅园，原名"默园"。周瘦鹃买下后更名为"紫兰小筑"，周瘦鹃平生喜爱园艺，喜爱花草鱼虫。早年蛰居上海卖文为生时，就常常在狭小庭心里放上一、二十盆花草自娱。建园之初，周瘦鹃便在苏州各园圃中多方搜求盆景、名种花树，在园中垒石为山，掘地为池，在山上砌梅屋，植梅树，池中植荷，河畔筑轩。并且经常出外游山玩水，从岩壑、溪滩、田野、村落以及崇山峻岭之间，寻觅奇树怪石，带回来亲自培养加工，制作盆景。日积月累，多达六百余盆。由于主人胸有丘壑，腹有诗书，因此他制作的盆景风格清秀古雅，充满了诗情画意。后来，他终于成为我国最著名的盆景专家之一。

1938年冬，经人介绍，周瘦鹃加入已有

周瘦鹃书法

数十年历史的国际性的上海中西莳花会，1939 年、1940 年间，他四次参加上海中西莳花会的展赛，以古朴、典雅、独具特色的中国盆景、盆栽三次压倒西方人，获得荣誉奖状、全会总锦及英国彼得葛来爵士大银杯，一时名动业界。他的盆景被拍摄成电影纪录片，制作成画片，在全国各地巡回展出。后因该会英籍评判人员有意贬低中国，裁判不公，愤而退出。为我国盆景史上留下了一段引以自豪的爱国主义佳话。

哀情　周瘦鹃在《一生低首紫罗兰》文中说："我之与紫罗兰，不用讳言，自有一段影事，刻骨倾心，达四十余年之久，还是忘不了；因为伊人的西名是紫罗兰，我就把紫罗兰作为伊人的象征，于是我往年所编的杂志，就定名为《紫罗兰》、《紫兰花片》，我的小品集定名为《紫兰芽》、《紫兰小谱》，我的苏州园居定名为'紫兰小筑'，我的书室定名为'紫罗兰盦'，更在园子的一角叠石为台，定名为'紫兰台'，每当春秋佳日紫罗兰开放时，我往往痴坐花前，细细领略它的色香；而四十年来牢嵌在心头眼底的那个亭亭倩影，仿佛就会从花丛中冉冉地涌现出来，给予我以无穷的安慰……。"

周瘦鹃文中所说的"一段影事"，是指当年他的初恋，而他所说的"那个亭亭倩影"，就是当年务本女学的学生周吟萍。据郑逸梅说："某次，务本女学开校庆会，演新剧，吟萍任剧中主角，粉黛饰容，罗绮彰体，演来纤细入扣，婉转动人。这时，瘦鹃亦在座，这一下，给了他更深的印象。有时相遇于途，觉得羞于启齿，默默无言，他忽地发了狠，试投一信，表达衷情，过了三天，吟萍居然覆了一笺，许缔交谊。她有一西名 Violet，作书署名 VT，作为隐讳。书笺往还了数次，她把校中所作文课《探梅赋》一篇寄给瘦鹃阅看。瘦鹃一读之余，尤为倾倒。从此通翰频频，涉及婚姻问题。不料吟萍父母，认为瘦鹃是个穷书生，坚决反对。后被其父母强迫许配一富家子某，某不学无术，精神不很正常，瘦鹃也相识的。吟萍固一弱女子，在封建家庭压迫之下，没法抗拒，只得暗中饮泣。当吟萍和某结婚，瘦鹃还去吃喜酒，随着贺客参观洞房，见吟萍低鬟默坐，手抚其所御的浅色丝手套，原来这副手套，便是瘦鹃往日赠送她的，无非脉脉示意罢了。"

周吟萍结婚后，周瘦鹃终日郁郁不欢，母亲见状，命他别娶胡凤君，当结婚之日，吟萍亦来观礼，眉黛间有楚苦色。周瘦鹃说："翌日，忽以书来，谓昨宵观黛玉葬花于某剧院，心绪恶劣，为林颦卿一掬同情之泪云云。微旨所在，自不难探索而得，顾予惟有引疚，无以为慰。"

两年后，周吟萍怀孕了，却没有初为人母的喜悦。她在写给周瘦鹃的信里说：想当初家里逼婚，我也曾几次三番抵抗，然总没有效果，后来退一步想，我譬如寄居此间，保持清白，以后慢慢再作道理，一年工夫，居然被我捱过了！而你却与人结婚了，这也不能怪你，我深悔不曾向你明示。

原来，婚后周吟萍并不曾放弃爱情，"记得葳蕤经岁守，灯前仍是女儿身"，结婚一年，她竟然还是女儿身！这一年里，她身上始终揣着一把锋利的剪刀，她就用这一把剪刀，捍卫自己的贞洁，守护自己的爱情。她希望不久的将来，夫家一纸休书，赐回她的爱情。周瘦鹃的结婚，粉碎了她对爱的信心，绝望中，她坚守的防线土崩瓦解。生下孩子后，她不愿与富家子同居，只身到南京去谋职。

不久，周瘦鹃举家逃难到南浔，又写信要她到南浔避难，但吟萍回信坚持如故。后来南浔又告急，周瘦鹃买舟赴杭，辗转至皖黟之南屏村，等到三个月过后，上海趋于平定，周瘦鹃回到上海，就去拜访吟萍的母亲，探问她的消息，才得知她由南京到了汉口，再由汉口到了四川，茕茕弱质，万里投荒。而不久周瘦鹃得到她的来函，除了缕述其历劫远行之经过，最后还说蓬泊萍飘，归来不之何日，今生未了之缘，唯有期之来世云云。周瘦鹃觉得"语多哀怨，令人不忍卒读"。后来吟萍因有"失怙之痛"，才匆匆归来，但已不及见老父一面，她为之一恸几绝，周瘦鹃说："虽麻衣如雪，脂粉不施，仍不能掩其琼花璧月之姿也。"

从此，紫罗兰成为周瘦鹃爱情生活的物化和象征，他不顾妻子的感受，一生低首紫罗兰。他建紫罗兰庵，供紫罗兰花盆于案头，办《紫罗兰》刊物，用紫罗兰色墨水写文章。每当春秋佳日，紫罗兰盛开，香气逼人，他便痴坐花前，在花香花影中回味他们的缠绵往事。他还写大量的哀情小说，如《此恨绵绵无绝期》、《遥指红楼是妾家》、《恨不相逢未嫁时》等等，主人公都是他的紫罗兰——周吟萍。朋友抱怨，说："弥天际地只情字，如此钟情世所稀。我怪周郎一支笔，如何只会写相思"。他们哪知，他的胸中尽是断肠辞，他和她的爱情，只合那四个字：刻骨铭心。

多年后，周瘦鹃之妻胡凤君因积劳成疾不治而逝世，而周吟萍也已守寡多年。他以为，上天终于眷顾他们了，让他们再续前缘。佳人迟暮，才子白发，再牵手，也是一段美景。万万没想到，周吟萍一口回绝，她说：年华迟暮，不想重堕绮障。真正爱花的人爱一切美。她知道，他是一个爱美成嗜的人。年轻时不能在一起，人老珠黄，老朽对坐，彼此像一堆熬干煎尽的药渣，那是何等煞风景，今生不能在最美好的年华与你相守，就等来世吧。

和周瘦鹃极为稔熟的郑逸梅说："他的左手第四指上，经常戴着一金戒指，上面镌着西文 Love，即吟萍给他的纪念物。瘦鹃又积存吟萍寄给他的书札，凡数百通，裹以罗帕，装入锦匣，经战乱随身携带，幸无损失，直至十年浩劫，付诸荡然，瘦鹃也含冤而死了。"

师长

包天笑，原名包公毅，字朗孙，曾用拈花、钏影等笔名。江苏苏州人。1901 年因与杨紫麟合译《迦因小传》而步入文坛。1907 年与冷血创办《小说时报》，后来又创办过《小说大观》、《小说画报》等时尚杂志。在办报刊的同时，他还创作了大量的小说。他的小说多为政治、言情、武侠、教育等题材，以消遣和游戏为宗旨，因而被誉为中国第一代鸳鸯蝴蝶派作家。但包天笑一直不承认自己是鸳鸯蝴蝶派的作家，不过，他承认鸳鸯蝴蝶派作家周瘦鹃是他培养出来的学生，也受到了他的影响。

周瘦鹃在上海民立中学读书时，英文成绩突出，毕业后留校教英文。

151

无奈他不善于口头表达，对教书没有兴趣。他便翻译了一篇英文小说投给《小说时报》，主编包天笑读了他的译稿，十分赞赏，当即安排发表。在包天笑的鼓励和支持下，周瘦鹃在文坛上崭露头角，经常有译文见诸报端，很快就成为海上文坛的知名小说翻译家，因而周瘦鹃总是对包天笑以师长相称。

1916 年，周瘦鹃应聘到中华书局担任翻译编辑，同时还被包天笑介绍加入南社，他为南社编写了剧本《爱之花》。此后，包天笑与周瘦鹃过从更为亲密，彼此间建立了忘年之谊。周瘦鹃在结婚时还特地请包天笑做证婚人。当时包天笑正主编《小说画报》，他鼓励周瘦鹃创作小说，更深入地投入到文学事业中来。周瘦鹃不负恩师的期望，很快就根据自己结婚的体会写了篇《芙蓉帐里》，请包天笑批评指导。这篇小说写的是在新婚之夜他与妻子恩爱的故事，写得细腻、生动，卿卿我我，很有新潮的派头。特别是小说中的"凤君啊"、"凤君啊"的几句，后来竟成为同仁们对他开玩笑的笑料。

1921 年周瘦鹃接手《礼拜六》编辑工作，在编辑之余开始创作鸳鸯蝴蝶的哀情小说。其动机始于他结婚前与周吟萍的一段失败恋情。基于这种失败恋情的阴影，周瘦鹃创作的鸳鸯蝴蝶小说大多是哀情的，如《此恨绵绵无绝期》、《阿郎安在》等。后来周瘦鹃就成为与包天笑、李涵秋等作家齐名的鸳鸯蝴蝶派小说家。

合璧　1928 年 12 月 23 日晚，坐落在上海静安寺路（现在的南京西路）216 号的影戏院内灯火通明，数千余人，济济一堂，盛况空前。原来，经过三个月的筹备，这座影戏院定于当晚正式开幕。这座影戏院由资本家高永清联合部分外资将原卡尔登跳舞场改建而成，聘请时任《申报·自由谈》主编的周瘦鹃为广告部主任，周瘦鹃为这座新影戏院命名为"大光明"。而大光明影戏院邀请京剧名角梅兰芳主持典礼的消息，更是吸引了众多戏迷争相前来一睹梅君风采。

开幕典礼于晚九时举行，梅兰芳如期而至。只见他身着黑色的礼服，风姿翩然。一曲《十面埋伏》之后，梅兰芳与周瘦鹃一同登台，先由周瘦鹃致开幕词，后在一片经久不息的掌声中，梅兰芳为"大光明"的诞生拉开了帷幕。

第二天，周瘦鹃在他主编的《申报·自由谈》中刊登了《梅开光明记》一文，报道了开幕盛况。文章将梅兰芳与当时的"国花"梅花联系起来，谓之"梅开光明"，意义深远，而"他日群葩低头，意中事耳。"

梅兰芳此番来沪演出，曾多次主动拜访周瘦鹃，两人几番深谈之下，互相倾慕，结下了深厚的友谊。周瘦鹃曾在梅兰芳来沪表演期间，每日在《申报·自由谈》上发出一篇特稿《梅讯》，跟踪报道梅兰芳每天的演出盛况和生活动态，几乎成了梅氏的"起居注"。一个在舞台上挥洒，一个于报纸上着墨，可以说是他们共同打造了一桩桩旧上海的文化盛事。

梅兰芳先生有国画《瓶梅图》传世。此画系纸本、设色、立轴。图中以墨笔线勾一古陶瓶，梅的出枝笔墨劲健，穿插有序，颇有韵致；又以胭脂点色为花，古艳浓烈，且有浓淡深浅之分，以见阴阳向背，堪得画梅要旨三昧。画左上侧款题"丁丑（即1937年）秋月，畹华梅兰芳绘于客次纯轩"，可知正是他在蓄须明志，拒绝为日寇演出期间之作。这幅作品之珍贵，还因为图上的一段品题，曰："梅郎歌舞惊天下，余事丹青亦可人。画得寒花兼画骨，独标劲节示群伦。骏声先生雅属即正丙戌（即1946年，引者注）梅花时节周瘦鹃题。"据周瘦鹃自己介绍，他是从友人那看到梅的画，有感于梅先生的节操，因此题签其上。此画得以流传下来，成就了一段诗画合璧的佳话。

实际上周梅二人合璧之作不仅于此。周瘦鹃办的《紫罗兰》第二卷前期（1926年初出版）封面多由梅兰芳题写，那温婉柔美的初唐小楷和杂志的风格极为合拍。而且，周瘦鹃自办的诸多杂志也常以梅兰芳的戏装照片作为插图。一代名师的风采借杂志而流传久远，同时杂志亦尽得梅之馨香。

1949 年之后，梅兰芳的演出任务非常繁忙，常年奔忙在各种巡回演出中。也许大多数时候周瘦鹃只能对着梅先生送给他的两幅画（梅兰芳曾赠予周瘦鹃的两幅画作，一幅是工笔画成的无量寿佛像，一幅是芭蕉和碧桃扇面，周瘦鹃一直珍藏着）来思念故人。但二人仍不乏诗书往来。1954 年，梅兰芳来南京演出，特地邀请周瘦鹃前去观赏。期间周为当时的汉剧演员陈伯华（也曾是梅门弟子）作《蝶恋花》词，赞美陈在《宇宙锋》中的出色表现，请梅将其写成扇面留念。梅先生慨然挥毫，以俊逸的东坡体录下了周词。1958 年，梅兰芳又向周瘦鹃索诗，于是周托周信芳先生给梅捎去一把录有自己诗作《花事有感》（由蒋吟秋书写）的扇面。梅收到后专门去信道谢。

之后，据周瘦鹃回忆，二人则主要在全国人大政协会议期间交往，二人均为会议代表，开会间隙得以晤谈多次。周老曾力邀梅先生前来苏州演出，梅也欣然应允，可惜一直未能成行。

1961 年 8 月 8 日，一代大师梅兰芳去世，惊闻噩耗，周瘦鹃徘徊于自家的紫兰小筑中。他深知梅兰芳也是爱花之人，是一位养花行家。梅先生用科学育种的方法培育出各色牵牛花的掌故最为圈中人所津津乐道。种花人对种花人最好的纪念物自然莫过于花。周瘦鹃在园子里见到建兰和秋素开满了一柱柱的花朵，发出阵阵清幽的芳香，不由想起"兰芳"二字，便精心剪下几枝来，供在了梅先生早年送给他的五帧玉照之前。紫兰小筑南部的梅丘之上，本建有一小小的梅屋，专门在春初时陈列盆梅、瓶梅供人观赏。自此之后，主人遂把它当做个人缅怀老友的地方，周老常常于月白风清之夜，前来流连光景，希望能重睹老友作天女散花、洛神凌波的风采。

遗憾　　周瘦鹃自 1921 年开始接手主编《礼拜六》周刊，成为"鸳鸯蝴蝶派"的主要作家，他同时还是翻译家，翻译出版过《欧美名家短篇小说丛刻》等书。

鲁迅是从这部《欧美名家短篇小说丛刻》知道周瘦鹃的。当时中华书局出版此书后，送教育部审定注册。恰巧鲁迅正在教育部社会教育司担任第一科科长，他审读后给予很好的评价，并在中华书局的申报审定表上写下了自己的审读意见。此后不久，鲁迅还推荐这部书参与了评奖，由教育部为周瘦鹃颁发了奖状。

1936年9月，鲁迅病重期间，为联络文艺界进步人士参与团结御侮活动，曾派人找到周瘦鹃，将一份《文艺界同人团结御侮与言论自由宣言》给他看，并转告鲁迅希望他能在"宣言"上签名。周瘦鹃对鲁迅的重视与厚爱，十分感激，当即就在"宣言"上签了名。此后，周瘦鹃利用在《申报》、《新闻报》担任编辑的工作方便为宣传抗日和言论自由作了很多有益的工作。

鲁迅对其译著的重视，起初周瘦鹃并不知道。后来他也没有机会与鲁迅联系，这成为他终生的遗憾。

美文

观莲拙政园

也许是因为我家祖祖辈辈传下来的堂名是爱莲堂的原故，因此对于我家老祖宗《爱莲说》作者周濂溪先生所歌颂的莲花，自有一种特殊的好感。倒并不是为它出淤泥而不染，是花中君子，实在是爱它的高花大叶，香远益清，在众香国里，真可说是独有千古的。年年农历六月二十四日，旧时相传为莲花生日，又称观莲节，我那小园子里的池莲缸莲都开好了，可我看了还觉得不过瘾，总要赶到拙政园去观赏莲花，也算是欢度观莲节哩。

可不是吗？拙政园的水面，占全园面积的五分之三，池水沧涟，正可作为莲花之家，何况中部的堂啊，亭啊，轩啊，都是配合着莲花而命名的，因此拙政园实在是一个观莲的好去处。例如远香堂、荷风四面亭、倚玉轩，还有那船舫形的小轩"香洲",以至西部的留听阁,都是与莲花有连带关系,而可以给你坐在那里观赏的。

我们虽为观莲而来,但是好景当前,不会熟视无睹,也总要欣赏一下;况且这个园子已被列为第一批全国重点文物保护单位之一,真该刮目相看。怎么叫做"拙政"呢?原来明代嘉靖年间(公元1522-1566年),御史王献臣因不满于权贵弄权,弃官归隐,把这里大宏寺的一部分基地造了一个别墅,取晋代名流潘岳"此拙者之为政也"一句话,取名拙政园,含有发牢骚的意思。王死后,他的儿子爱好赌博,就在一夜之间把这园子输掉了。到了公元1860年,太平天国忠王李秀成攻下苏州时,就园子的一部分建立忠王府,作为发号施令的所在,这是值得大书特书的。

从东部新辟的大门进去,迎面就看到新叠的湖石,分列三面,傍石植树,点缀得楚楚可观,略有倪云林画意。进园又见奇峰几座,好像是案头大石供,这里原是明代侍郎王心一归田园遗址,有些峰石还是当年遗物。这东部是近年来所布置的,有土山密植苍松,浓翠欲滴;此外有亭有榭,有溪有桥,有广厅作品茗就餐之所。从曲径通到曲廊,在拱桥附近的水面上,先就望见一小片莲叶莲花,给我们尝鼎一脔;这是今春新种的,料知一二年后,就可蔓延开去了。从曲廊向西行进,就是中部的起点,这一带有海棠春坞、玲珑馆、枇杷园诸胜,仲春有海棠可看,初夏有枇杷可赏,一步步渐入佳境。走过了那盖着绣绮亭的小丘,就到达远香堂,顾名思义,不由得想起那《爱莲说》中的名句"香远益清,亭亭净植"八个字来,知道堂名就由此而得,而也就是给我们观莲的好地方了。

远香堂面对着一座挺大的黄石假山,山下一泓池水,有锦鳞往来游泳,堂外三面通廊,堂后有宽广的平台,台下就是一大片莲塘,种着天竺种千叶莲花,这是两年以前好容易从昆山正仪镇引种过来的。原来正仪镇上有个顾园,是元代名士顾阿瑛"玉山佳处"的遗址,在东亭子旁,有一个莲池,池中全是千叶莲花,据说还是顾阿瑛手植的,到现在已有六百多年,珍种犹存,年年开花不绝。拙政园莲塘中自从把原种藕秧种下以后,当年就开了花，真是色香双艳，不同凡卉；第二年花花叶叶，更为繁盛，翠盖红裳，几乎把整个莲塘都遮满了。并蒂莲到处都是，并且一花中有四五芯，七八芯，以至十三个芯的，花瓣多至一千四百余瓣。只为负担太重了，花头往往低垂着，使人不易窥见花芯，因此苏州培养碗莲的专家卢彬士老先生所作长歌中，曾有"看花不易窥全面，三千莲媛总低头"之句，表示遗憾，其实我们只要走到水边，凑近去细看时，还是可以看到那捧花芯的。今夏花和叶虽觉少了一些，而水面却暴露了出来，让我们欣赏那水中花影，仿佛姹娅欲笑哩。

远香堂西邻的倚玉轩，与船舫形的香洲遥遥相对，而北面的斜坡上有一个荷风四面亭，三者位在三个角度上，恰恰形成鼎足之势，而三处都可观莲，因为都是面临莲塘的。香洲贴近水边，可以近观，倚玉轩隔一条花街，可以远观；而荷风四面亭翼然高处，可以俯观，好在莲花解意，婉娈可人，不论你走到哪一面，都可以让你尽情观赏的。穿过了曲桥，从假山上拾级而登，就见一座楼，叫做见山楼，凭北窗可以看山，凭南窗可以观莲，并且也可以远观远香堂后的千叶莲花了。

走进别有洞天，就到了园的西部，沿着起伏的曲廊向西行进，就看到一座美轮美奂的花厅，分作两半，一半是十八曼陀罗花馆，庭中旧时种有山茶十八株，而曼陀罗就是山茶的别号，因以为名。另一半是三十六鸳鸯馆，前临池沼，养着文羽鲜艳的鸳鸯，成双作对地在那里戏水，悠然自得。池中种着白莲，让鸳鸯拍浮其间，构成了一个美妙的画面；正如宋代欧阳修咏莲词所谓："叶有清风花有露，叶笼花罩鸳鸯侣"，真是相得益彰，而大可供人观赏，供人吟味的。

向西出了三十六鸳鸯馆，向北走过一条小桥，就到了留听阁，窗户挂落，都是精雕细刻，剔透玲珑。我们细细体味阁名，原来是从那句"留得残荷听雨声"的古诗句上得来的。这个阁坐落在西部尽头处，去莲塘不远，到了秋雨秋风的时节，坐在这里小憩一会，自可听到残荷上淅淅沥沥的雨声的。

郁达夫：令人沉醉的自我剖白

郁达夫照

传略　郁达夫（1896—1945），名文，字达夫，出生于浙江富阳满洲弄（今达夫弄）的一个知识分子家庭。

1911年起开始创作旧体诗，并向报刊投稿。1912年考入之江大学预科，因参加学潮被校方开除。1913年9月随长兄赴日本留学，1914年7月入东京第一高等学校预科后开始尝试小说创作。1919年入东京帝国大学经济学部。1921年6月，与郭沫若、成仿吾、张资平等人酝酿成立了新文学团体创造社。7月，第一部短篇小说集《沉沦》问世，在当时产生很大影响。

1922年3月，自东京帝国大学毕业后归国。5月，主编的《创造季刊》创刊号出版。7月，小说《春风沉醉的晚上》发表。1923年至1926年间先后在北京大学、武昌师大、广东大学任教。1926年底返沪后主持创造社出版部工作，主编《创造月刊》、《洪水》半月刊，发表了《小说论》、《戏剧论》等大量文艺论著。

1928 年加入太阳社，并在鲁迅支持下，主编《大众文艺》。1930 年 3 月，中国左翼作家联盟成立，为发起人之一。12 月，小说《迟桂花》发表。

1933 年 4 月移居杭州后，写了大量山水游记和诗词。1936 年任福建省府参议。1938 年，赴武汉参加军委会政治部第三厅的抗日宣传工作，并在中华全国文艺界抗敌协会成立大会上当选为常务理事。

1938 年 12 月至新加坡，主编《星洲日报》等报刊副刊，写了大量政论、短评和诗词。1942 年，日军进逼新加坡，与胡愈之、王任叔等人撤退至苏门答腊的巴爷公务，化名赵廉。1945 年日本投降后被日军宪兵杀害。

郁达夫是著名的新文学团体"创造社"的发起人之一，他的第一本也是我国现代文学史上的第一本小说集《沉沦》，被公认是震世骇俗的作品，他的散文、旧体诗词、文艺评论和杂文政论也都自成一家，不同凡响。

夏衍先生曾说"达夫是一个伟大的爱国者，爱国是他毕生的精神支柱。"郁达夫在文学创作的同时，积极参加各种反帝抗日组织，先后在上海、武汉、福州等地从事抗日救国宣传活动，并曾赴台儿庄劳军。1938 年底，郁达夫应邀赴新加坡办报并从事宣传抗日救亡，星洲沦陷后流亡至苏门答腊，因精通日语被迫做过日军翻译，其间利用职务之便暗暗救助、保护了大量文化界流亡难友、爱国侨领和当居民。1952 年经中央人民政府批准，追认为革命烈士。

胡愈之先生曾对郁达夫的一生作这样的评价：在中国文学史上，将永远铭刻着郁达夫的名字，在中国人民法西斯战争的纪念碑上，也将永远铭刻着郁达夫烈士的名字。

才情　　郁达夫的好友刘海粟在《漫论郁达夫》中说，"达夫无意作诗人，讲到他的文学成就，我认为诗词第一，散文第二，小说第三，评论文章第四。"

郁达夫的旧体诗词揄扬备至，在新文艺作家的队伍中，足与鲁迅、田汉鼎足而三立。

郁达夫的旧体诗词植根于黄仲则、龚定庵，更远接宋人，无论七言律诗绝句，凡有作皆风味醇厚，遒劲中饶具妩媚之气韵，意境宽厚博大、雄浑瑰丽，虽时时处处有愁怨二字在，譬如"薄寒天气秋刚半，病酒情怀月正中"、"相逢仍在水边楼，不诉欢娱欲诉愁"一类，袒露的虽是自家心境，推广放射开去，便可见其对家国社稷的一片忠心寄托。郁达夫的诗，既具中国古典诗歌之神韵，也不乏感时忧怀的具备浓郁生活气息的佳作。即以《毁家诗纪》诗十九首词一阕来说，虽满溢着怨尤激愤的情绪，不过静心读来，分明可见宋人的心迹。但真正能坐得上郁达夫文章著述中头把交椅的，是他的散文与游记一类的闲笔文章。

郁达夫的散文，显示了独特的艺术风格和个性，率真坦荡的剖白、自然流露的抒情，入微的心理描写，精彩的艺文短章，写景记人、讲述一己苦闷愁虑的心事，宛如行云流水，笔致中毫无阻滞停留，汨汨泻出，《回忆鲁迅》、《悼胞兄曼陀》、《还乡记》、《记风雨茅庐》，无不描摹生动，譬如，"雁荡山中的秋月！天柱峰头的月亮，我想就是今天明天，一处也不游，便尔回去，也尽可以交代得过去，说一声'不虚此行'了，另外还更希望什么呢？"（《雁荡山的秋月》）"秋天，这北国的秋天，若留得住的话，我愿意把生命的三分之二折去，换得一个三分之一的零头。"（《故都的秋》）那明亮清澈的山中秋月，那肃穆萧飒的晚秋意境，令人印象深邃，挥之不去，读后全身都有舒爽淋漓之感，不得不佩服作者笔致的高妙轻灵。

与散文游记并为郁达夫文学创作双峰的，无疑是小说了。开山力作《沉沦》、《春风沉醉的晚上》自可不必去说，仅以篇幅极简、以黄仲则为题材的《采石矶》为例，在这部小说中，郁达夫将黄仲则与洪稚存分别比附为自己和郭沫若；用为提督学政朱笥河奉作上宾的大考据家戴东原影射当时红极一时的胡适博士，春秋笔法一望可知，昭示出他超绝的创造力。

婚恋 　　郁达夫的成名小说集《沉沦》，曾经因暴露青年性的苦闷，展示灵与肉的冲突而风行一时。文中饱受性压抑苦闷的青年其真实生活中的影子正是作者自己。据郁达夫的《水样的春愁——自传之四》和《自述诗》，当他十三岁还在富阳高等小学堂读书期间，

郁达夫与王映霞

性意识就开始萌动，与比邻的"赵家少女"，有过一段"水样的春愁"的初恋之情，这种同水一样的淡淡的春愁，竟扰乱了他的童心。及至后来赵家少女订婚，他还深深懊丧自己失去了良机。大约在同一时期，他还与倩儿等两位姑娘有过类似的恋情。后来郁达夫去日本，在日本留学期间，又曾经与后藤隆子、田梅野、玉儿等产生过恋情。后藤隆子被郁达夫昵称为"隆儿"，是郁达夫下宿处附近的"小家女"。郁达夫每次从学校到市上去，都要从她的家旁经过，遂产生情愫，并为她写下了四首诗。田梅野是名古屋旅馆的侍者，郁达夫与她交往数月，同样也为她写有诗词。玉儿也是侍女，郁达夫为她所写的情诗"玉儿看病胭脂淡，瘦损东风一夜花，钟定月沉人不语，两行清泪落琵琶"至今为人称道。

　　郁达夫风流倜傥，浪漫多情。1921 年他赴安庆的安徽法政专门学校执教时，又结识了一位妓女海棠姑娘，两人过从甚密。他每日任教结束，必到位于城外的海棠姑娘处，而由于有早课，他又必须凌晨时分早早赶到城门洞里，耐心地等城门打开。同期，郁达夫创作小说《茫茫夜》，可以认为是真实地记录下他的这一段感情生活。其中女主人公海棠，正是郁达夫过从甚密的海棠姑娘，而男主人公"于质夫"，当是郁达夫"夫子自道"了。

　　郁达夫的第一次婚姻是典型的旧式婚姻，是在父母之命、媒妁之言下的结合。1917 年，当郁达夫从日本回国省亲时，奉母命与同乡富阳宵井女

子孙荃订婚。从郁达夫当时的诗词来看，他虽然对父母之命、媒妁之言所订的婚姻并不满意，但对孙荃这位"裙布衣钗，貌颇不扬，然吐属风流，亦有可取处"的女子还是很有些依恋的。1920年两人正式结婚，由于郁达夫的坚持，没有举行什么仪式，也没有证婚人和媒人到场，更没有点上一对蜡烛，放几声鞭炮，孙荃只是在夜色降临的时候乘上一顶小轿到了郁家，简单的晚饭后即独自摸到楼上上床就寝。1921年以后，孙荃随郁达夫到他所供职的安庆、上海、北平等地居住，度过了她一生中最快乐的时光。郁达夫初遇王映霞时，正是身穿了孙荃从北平寄来的羊皮袍子，而孙荃，此时也正在北平呻吟于产褥之上。1927年6月5日，郁达夫与王映霞订婚，孙荃遂告与郁达夫分居。此后，孙荃携子女回富阳郁家与郁母同居，与儿女们相依为命，守斋吃素，诵佛念经，直到1978年去世。

郁达夫的第二任夫人，即是广为世人熟知的王映霞。1926年12月15日，由于上海创造社出版部出现混乱，郁达夫自广州上船，赶往上海。1927年1月14日，郁达夫在留日同学孙百刚家邂逅了王映霞，王映霞长身玉立，肌肤白皙，从小就有"荸荠白"的雅号。她面如银盘，眼似秋水，鼻梁是希腊式的，挺而直，娇躯略现丰满，曲线窈窕，骨肉停匀，在杭州女中和浙江省立杭州女子师范就读时，一向都有"校花"之誉，及笄而后，更居当时杭州四大美人之首。郁达夫一见王映霞，便立刻坠入情网，不能自拔。遂求再见、三见，于是上演了现代文坛一段轰轰烈烈的恋爱传奇。

1927年6月5日，郁达夫和王映霞在杭州聚丰园餐厅正式宴客订婚，次年2月在上海结婚，3月迁入上海赫德路（今常德路）嘉禾里居住。婚后郁达夫和王映霞过着虽然清贫但却平静充实的生活，据郁达夫1936年日记，"晚上独坐无聊，更作霞信，对她的思慕，如在初恋时期，真也不知什么原因。"说明即便结婚十年之久，他们之间的感情生活依然浓烈。

然而在因为战乱，郁达夫到福建任职，王映霞偕其母与三个儿子避难富阳、丽水、汉口时，两人之间却爆发了严重的冲突，并且一而再、再而三，以至于不可收拾。1938年7月5日，郁达夫在汉口《大公报》第四版刊登

《启事》，全文如下：

> 王映霞女士鉴：乱世男女离合，本属寻常，汝与某君之关系，及搬去之细软衣饰、现银、款项、契据等，都不成问题，惟汝母及小孩等想念甚殷，乞告一地址。

郁达夫谨启

原来此处"某君"即指时任浙江省教育厅厅长的许绍棣，许此时刚刚丧偶，也正携三个女儿在丽水，与王映霞朝夕相处。郁达夫闻听有关两人的传言，本就将信将疑，又在自己家中发现了许绍棣的信件，终于忍不住大怒，夫妻争吵，王映霞离家出走，郁达夫愤而刊登《启事》。后经友人调解，郁王又一番忏悔，一场风波才告平息。然而感情的裂痕却自此愈来愈深，终至最后在南洋恶脸相向，郁达夫推出《毁家诗纪》详细叙说王映霞与许绍棣的"热恋情事，"而王映霞也以《一封长信的开始》和《请看事实》相对应。在报纸的推波助澜之下，一对"富春江上神仙侣"终于覆水难收，以"协议离婚"分道扬镳。

与王映霞离婚之后，郁达夫的心境极其孤寂和颓唐，这时，一位国色天香的女播音员李小瑛（筱瑛、晓瑛、晓音）出现在他的面前，使他已是一潭秋水的心池，又波动起一片涟漪。李小瑛此时年方 26 岁，她十分崇拜郁达夫的文学才华，并主动向郁达夫示爱。郁达夫此时焉有不回应的道理，两人居然一拍即合，不久，李小瑛就以郁达夫"契女"的名义搬到郁达夫家中居住，郁达夫也不避嫌疑，把自己的书房让给李小瑛，两人暗中则已同居。为了表示亲昵，郁达夫甚至用罗马史家 Livius 的英文名字 Livy 作为对李小瑛的昵称，还常用德语 Ich liebe dich（我爱你）来表示爱意。可是郁达夫的儿子郁飞却强烈反对父亲和李小瑛的结合，而郁达夫也不便和李小瑛正式结婚。1941 年 12 月，李小瑛痛苦地搬出了郁家。太平洋战争爆发后，李小瑛退到爪哇岛，郁达夫逃亡到苏门答腊。他在这时创作了著名的《乱离杂诗》，其中前 7 首就是为思念李小瑛而作。

郁达夫的第三任夫人是何丽有。这位新夫人原籍广东，年仅 20 岁，生父姓何，幼时为一陈姓人家收养，所以原名叫陈莲有。她相貌平常，没有什么文化，而且不懂中国话。郁达夫取"何丽之有"之意给她取名为何丽有。当时郁达夫为躲避日本人迫害，化名赵廉，在印尼与朋友经营一家酒厂。一直到郁达夫遇难，何丽有才知道郁达夫是中国文化界的名人，而不只是一名寻常的酒厂老板。

师情　著名文学史家刘大杰是湖南省岳阳县人，自幼父母双亡，依靠外婆抚养与资助读书。1919 年他 15 岁时考入免费的武昌湖南旅鄂中学，半工半读，成绩仍然很优秀。1922 年他考入武昌师范大学文科读书。在这里他认识了郁达夫。

1925 年年初，郁达夫应邀到武昌师大文科任教。当时他已经出版了小说集《沉沦》，社会上有很大反响。学生们听说郁达夫来学校讲授"小说创作"课，都很踊跃地去听课。刘大杰本来就喜欢文学创作，听课自然非常积极，课后也经常提些问题向郁达夫请教。因此，郁达夫对这个好学的学生很重视，就越来越熟悉了。在郁达夫的影响下，刘大杰对文学的爱好更为执著。1925 年冬天，师大中文系的守旧派联名反对郁达夫，他愤而辞职，离开武昌。刘大杰对学校的做法不满，也退学了。

刘大杰的成长和事业有成，与郁达夫的影响和资助有着直接的关系。刘大杰羡慕郁达夫留学日本，但自己的经济状况不允许。当郁达夫得知他的愿望后，便于 1926 年年初，资助他到日本留学。1930 年刘大杰回到上海。起初在大东书局当编辑，后来受聘到复旦大学担任教授。

1933 年郁达夫移家杭州后，曾委托刘大杰与北新书局联系他的著作的版税问题。刘大杰也曾请恩师帮助他的朋友"撑一下场面"，对这样的委托，郁达夫都能慨然应诺。师生情谊，非同一般。

他们间的诗词交往也传为佳话。郁达夫的诗词造诣被郭沫若誉为"方家"，其诗词创作水平不亚于小说创作。刘大杰自幼喜欢古典诗词，读中学时就发表了一首旧体诗《卖糖儿》，受到国文老师的赏识。他们经常以诗词唱和，互表师生间的深情厚谊。1931年刘大杰曾写了首"七律"赠给恩师。郁达夫读后当即写了《读刘大杰词》：

> 未免三分名士气，
> 半生清苦理应该。
> 岳阳人物无多子，
> 乱世文章出异才。
> 立志勉追刘禹锡，
> 填词漫学贺方回。
> 长君一日为师友，
> 岁暮题诗代折梅。

诗中以唐代诗人刘禹锡和宋代词家贺铸（方回）作比，鼓励刘大杰矢志奋斗，同时也表达了师生间的深挚情谊。

抗战爆发后，郁达夫到南洋从事抗日宣传活动，他们也常有诗词唱和，1945年因汉奸告密，郁达夫被日寇杀害。第二年刘大杰得到这个噩耗后，步恩师的一首"七律"的原韵，写了首《哭郁达夫》：

> 春云旧梦已如烟，
> 醉酒谈诗十七年。
> 当日谁能怨贾谊，
> 而今我自哭张颠。
> 休言湖海难逃网，

只恨文章不值钱。

窗外潇潇秋意冷，

断肠风味写吴笺。

刘大杰这首悼念诗，回忆了师生间的深厚友情和对恩师的深切思念的感情。此后，刘大杰还写过三首诗悼念恩师，足见他心中对恩师的深深怀念。

提携　　沈从文是湖南凤凰县人，从小就聪明顽皮，当年父亲在外当兵，他的顽皮给母亲带来不少的烦恼。小学毕业后，14岁的沈从文就被母亲送到当地的军队当了兵。不久，五四新文化运动的浪潮波及他所在的湘西，受到五四精神的洗礼，他决定离开军队，到北京寻求升学深造。

当时的北大吸收不注册的旁听生，沈从文便到北大以旁听生身份听课。可是旁听生没有文凭找不到工作，他便报考燕京大学二年制国文系，但因成绩太差没能如愿。为了生计，他只得在前门外杨梅竹斜街的西西会馆里，学习写作，决心闯入文坛，实现自己的抱负。然而，对于一个初学写作的青年来说，练笔之作往往是不被重视的。他非常苦恼，就在1924年的11月给在京的几位知名作家分别写信，表述自己的苦恼和艰难处境。当时正在北大任教的创造社作家郁达夫读到他的来信。就于11月13日午后冒着漫天飞舞的鹅毛大雪，到西西会馆看望了他。当时，屋子里没有生火，寒气刺骨，沈从文正在屋里裹着棉被写作。郁达夫见他冷得瑟瑟发抖，就将自己的毛围巾披在沈从文的肩上。郁达夫又问他吃过饭没有？沈从文很羞怯地告诉郁达夫，他连早饭还没有吃。于是郁达夫带他到餐馆吃了一顿饭，结账时还将剩余的三块多钱给了沈从文。

在郁达夫的鼓励下，沈从文勤奋写作，于1924年12月22日出版的《晨报·副刊》上，发表了《一封未曾付邮的信》，这篇散文诉说了一个文学青年的穷困和苦闷，写得十分动情，受到媒体的重视。这是沈从文的处女作。

接着他又相继在《晨报·副刊》和《现代评论》上发表作品，逐渐被文坛所接受，同时也改变了他的艰难处境。1926年和1927年，他将自己的作品结集为《鸭子》和《蜜柑》，由北新书局和新月书店出版。

同道　艺术大师刘海粟于1939年12月11日乘"芝巴德号"到达印尼巴达维雅（现在的雅加达），受到印尼侨领丘元荣、刘应宜等热情欢迎，有1000多人出席欢迎宴会。刘海粟在印尼举办了为期一年的"中国现代名画筹赈展览会"，并将义卖收入30多万盾，全部寄回贵州红十字会转给前方抗日将士。

在印尼画展期间，刘海粟接到星洲南桥筹赈总会副主席陈正谦先生邀请他去新加坡开画展的信，刘海粟的好友郁达夫当时在新加坡编辑《星洲日报》"晨星"副刊，也写信请他去，并告诉他，新加坡抗日气氛很浓，很适合搞赈灾画展。于是，刘海粟于1940年12月21日赴新加坡。

在郁达夫眼里，刘海粟是一位爱国艺术家。1941年1月中旬的一个晚上，郁达夫告诉刘海粟说，上海已完全沦陷了，刘海粟非常震惊。刘海粟对郁达夫说，他真想扛上枪同日本鬼子拼个你死我活。郁达夫安慰他说："艺术家以艺术报国，不扛枪也是抗日，你在南洋为抗日奔走筹赈，这和扛枪没有两样。"

为了促使刘海粟画展成功，郁达夫先是在《星洲日报》上发表刘海粟学生叶泰华写的评价刘氏印尼画展的文章，高度评价了刘海粟"把力量贡献给国家"的精神。接着郁达夫撰写了《刘海粟大师星华双赈画展目录序》，发表在2月6日的《星洲日报》上，郁达夫说："在此地值得提出来一说的，倒是艺术家当处到像目下这样的国族危机严重的关头，是不是应丢去了本行的艺术，而去握手榴弹，执枪杆，直接和敌人死拼，才能说对得起祖国与同胞这问题。爱国两字的具体化，是否是要出于直接行动的一条路？……我们只要有决心，有技艺，则无论何人，在无论何地，做无论什么事情，只要这事情有一点效力发生，能间接地推动抗战，增强国家民族的元气与声誉，都可以说是已尽了他报国的义务……从这样的观点来着眼，则艺术大师刘海粟氏，此次南来，游荷属一年，为国家筹得赈款达数百万元，是实实在在，已经很有效地，尽了他报国的责任了。"

刘海粟新加坡画展就是以爱国报国这种基调进行的。画展于 2 月 23 日在新加坡中华总商会开幕，爱国侨领陈嘉庚主持开幕式，郁达夫、胡坤载等出席。原定半个月的展期后来又延长了 5 天，义卖收入两万多元。刘海粟在一次讲演中大声疾呼："吾人论人格，不以人为标准，以气节为标准。不论何人，凡背叛民族，不爱国家者，必须反对。气节乃中国人之传统精神！唯有气节，始能临大节而不可夺……有伟大之人格，然后有伟大之艺术。一个国家或民族，其人民如有不屈之人格与丰富之智慧，必能创造一切，必能强盛。"郁达夫非常赞赏刘海粟的坚强个性和民族气节。

郁达夫是 1938 年 12 月 28 日从香港乘船抵达新加坡的，他赴南洋也是为了宣传抗日，爱国的热情和洋溢的才华使他很快成为南洋文坛领袖。

郁达夫到新加坡后接编《星洲日报》副刊，经常发表一些宣传抗日的文章，他还常接待中国南来的文化人，如 1939 年徐悲鸿赴新加坡举办抗日赈筹画展，郁达夫在"晨星"上出版一个专号；刻印家张斯仁、诗人杨骚南来，他均积极为他们宣传。刘海粟在新加坡开画展后，郁达夫常领有气节的侨领和青年与之会面，他还在《星洲日报》、《星洲晚报》上连续刊发自己写的题刘海粟画的诗，肯定刘海粟的爱国热忱。在刘海粟画展前一天，郁达夫又写了一篇题为《刘海粟教授》的文章，对刘海粟的艺术生涯作了简略的评介。郁达夫对刘海粟在艺术上的成就高度赞扬，以他和刘海粟 20 多年的交往，对刘海粟的艺术历程作了精炼的梳理，由衷赞扬刘海粟"为我国家民族所争得的光荣，尤其是国际的荣誉"，并且以"永久的生命"5 字"奉献刘教授，作为祝教授这次画展开幕的礼品"。

1941 年 12 月 8 日傍晚，也就是日军偷袭珍珠港的当天，太平洋战争爆发，郁达夫赶来找刘海粟，告诉他战局紧张，英国人在太平洋区域飞机损失严重，他们不会尽力保卫新加坡的，要刘海粟赶快离开。临别时写了一首诗赠刘海粟："生同小草思酬国，志切旺夫敢忆家。张禄有心逃魏辱，文姬无奈咽胡笳。"郁达夫此后到了印尼，这次郁达夫与刘海粟告别成了他们的诀别——郁达夫后来被日本人杀害于南洋，终于未能回到祖国。

感铭　周作人的《"沉沦"》一文，发表在1922年3月的《晨报·副镌》上。文章说理通透，立场明确，一些对《沉沦》噪噪嚷嚷的声音，才渐渐消散开去。郁达夫是一个"摩拟的颓唐派，本质的清教徒"（李初梨语，见郭沫若《论郁达夫》）。对现实人生，他又是充满感念心情的。对周作人为自己写辨正文章这件事，郁达夫几乎终生未忘。周作人后来回忆说："但是达夫似乎永不忘记那回事，有一年他在世界书局刊行《达夫代表作》（仿佛是这个名称，因为这书已送给一个爱好达夫著作的同乡，连出版的书店也记不清了），寄给我的一本，在第一页题词上提到那回事情，这实在使我很是惶恐了。"

郁达夫书法

对于这事，周作人确实没记清楚。郁达夫题词的，应当是原由上海春野书店出版的《达夫代表作》，此书后来转在现代书局出版时，在扉页上题了这样一句："此书是献给周作人先生的，因为他是对我的幼稚的作品表示好意的中国第一个批评家。"献辞的发表时间是1930年元月。可其实在更早的文字里，郁达夫就表达过这样的感激之情。1927年，郁达夫在为自己《鸡肋集》题词中，有这么一段话："在这一年的秋后，《沉沦》

印成了一本单行本出世，社会上因为还看不惯这一种畸形的新书，所受的讥评嘲骂，也不知有几十百次。后来周作人先生，在北京的《晨报》副刊上写了一篇为我申辩的文章，一般骂我诲淫，骂我造作的文坛壮士，才稍稍收敛了他们痛骂的雄词……这《沉沦》的诲淫冤罪，大约可以免去了……"像这样一再表达的谢词，可以看出郁达夫感铭的程度。

因了这样一种文人间的援手，郁达夫与周作人之间，建立了长久的友谊。据周作人日记，他们的初次见面当为1923年2月11日。几天后的2月17日，周作人宴请郁达夫等友人。这次宴会，鲁迅也出席了，这应该是郁达夫与他的第一次见面。由此他们两人也建立了长久而真挚的友谊。

郁达夫后来表示，要为鲁迅的《呐喊》和周作人的《自己的园地》写评论文章，文章虽然没有写出，可却与周作人鲁迅兄弟，保持了长久的亲密友谊。在郁达夫，对周氏兄弟，不仅仅只是人事，对他们的文章，也是由衷敬佩，甚至推为当代作家之首的。1935年，上海良友图书印刷公司要编辑一套《中国新文学大系》，来全面反映中国新文学最初十年的业绩（1917—1927）。周作人与郁达夫，受邀编辑其中的散文部分。据郁达夫介绍，鲁迅、周作人、冰心、林语堂、丰子恺、朱自清、叶圣陶、茅盾等名家文章，归他择选。结果呢？其他名家，每人多不过五六篇，少的仅一篇，可鲁迅，一下子选了24篇，周作人更惊人，选了56篇。这两兄弟文章加起来，占了全书"十之六七"。郁达夫对周氏兄弟文章的珍爱，几乎到了无以复加的地步。

这样选择，当然得说得出理由。在郁达夫看去，这理由太充分了。在书前的"导言"中，郁达夫这样说："鲁迅的文体简练得像一把匕首，一刀见血。重要之点，抓住了之后，只消三言两语就可以把主题道破——这是鲁迅作文的秘诀……与此相反，周作人的文体，又来得舒徐自在，信笔所至，初看似乎散漫支离，过于繁琐！但仔细一读，却觉得他的漫谈，句句含有分量，一篇之中，少一句就不对，一句之中，易一字也不可，读完之后，还想翻转来从头再读的……近几年来，一变而为枯涩苍老，炉火纯青，归于古雅遒劲的一途了。"郁达夫甚至这样说："中国现代散文的成绩，以鲁迅周作人两人的为最丰富最伟大……"

轶事　　郁达夫还有一个外国名字，叫 James Daff Yowen（詹姆斯·达夫·郁文），这个笔名的由来是这样的。1919 年秋，达夫应长兄之召回国参加外交官及高等文官考试，他在北京时很想能见见当时鼓吹文学革命的领军人物胡适，就给胡适写了一封求见信，信上说："万一你不见我的时候，恐怕与我的 dignity（尊严）有些关系，所以我现在不能把我的姓名同我的学籍告知你。"信尾他写了这个英文名字。

1921 年，日本政界赫赫有名的尾崎行雄到中华留日学生青年会给近千名中国留学生演讲。尾崎在演讲中将中国称作"清国"，带有明显的讽刺意味。突然，一位青年站起来，用流利的日语说："请问尾崎先生，你怎么能把辛亥革命以后的中国仍然称作清国呢？是不知道中华民国这个事实，还是故意这样称呼？"驳得尾崎行雄哑口无言，被迫道歉。这青年就是郁达夫。

60 多年以后，夏衍回忆此事时说："一位年轻的中国留学生，驳倒一位日本政界的大人物，这件事很快就在留学生中传为美谈，连远在北九州户烟町念书的我也知道了。我佩服他的勇气，佩服他敢于顶撞一个大人物的爱国主义精神。"

刘开渠学成回国一年多，从来没有人请他塑像。郁达夫对刘很是理解和同情，积极为他奔波，刘终于接到了第一笔订单——为一商人的亡母作浮雕肖像。郁达夫还在肖像背后为其撰文。

郁达夫带着侄女郁风到护城河边溜达，看见一个车夫溺水而亡，其妻在一旁痛哭。郁达夫坐过那位车夫的车，很是同情，想从口袋里掏出几个钱给车夫的妻子，但身上却无分文，只有一个银表。他趁着车夫的妻子不注意时，将银表偷偷塞进她的小兜里。

黎锦明回忆："达夫天性仁爱，对一切不幸的人和生活，时常怀着极深厚的怜恤。"1926年，郁达夫与黎锦明从浦东码头乘船去广州，二人将行李运上船后，见有时间，便上岸浏览一番。他们在街上路遇两群瞎子少年相互厮打，东西摔得满地都是，有的人被抓伤了头皮，鲜血直流。郁慌忙跑上去，拉开他们，出言呵斥闹事之人，将地上摔破的东西捡起来，又掏出几角钱给受伤的少年，安慰他们说："买点药，回家好好的养伤。你们真奇怪，为什么这样不互相合作，你们都是弱小的人！……"将他们遣散后，郁达夫还独自伤感地苦笑着。

1929年8间，鲁迅因北新书局拖欠版税，准备请律师进行诉讼。北新书店的李小峰忙请郁达夫居中调解。当时，郁正在杭州小住，接到李的电报后，立即返回上海。经过几次商谈交涉，鲁迅答应暂时不提出诉讼，而北新书局则表示愿意按月摊还积欠的两万余元。事情终于得到圆满的解决，郁达夫为此事前后花费了20天左右，还耽误了自己的写作。

郁达夫曾参加在林则徐故宅举办的一次"诗钟"。题目临场公布：有、无，二唱。郁很快提笔在纸上写道："岂有文章惊海内，断无富贵逼人来。"第一个交了卷。此联上联取自杜甫诗，下联则为清龚定庵的诗。谁知却得了"状元"。主持人的评语是："浑成自然，天衣无缝，裁对工整，无异己出，应冠全场。"

有一次，郁达夫应邀演讲文艺创作，他上台在黑板上写了"快短命"三个大字。台下的听众都觉得很奇怪，他接着说："本人今天要讲的题目是《文艺创作的基本概念》，黑板上的三个字就是要诀。"快"就是痛快；"短"就是精简扼要；"命"就是不离命题。演讲和作文一样，也不可以说得天花乱坠，离题太远，完了。"从在黑板上写那三个字到说完话，他总共用了不到2分钟，正合乎他所说的三原则——"快短命"。

郁达夫对于金钱怀着厌恶和复仇心理。有一次郁达夫在饭店请客吃饭，结账的时候，郁达夫脱去皮鞋，从鞋底取出钞票付账，并诙谐地说："这钞票，它以前压得我不舒坦，如今我也要践踏它，以出怨气！"在郁达夫的小说和日记里面，也多次出现类似的描写。

1936 年在福州时，郁达夫有次领取薪水，回到家里后，就把钞票全部抛撒在地板上，来回践踏以泄愤。这被房东老太看做他是"神经病发作"。

郁达夫碰到不愉快的时候，往往会悄然无声地从家中出走一次，但不会走得很远。有一次王映霞受好奇心驱使悄悄跟踪他出门。他们在曾相携散步的路上一前一后走着。郁达夫偶尔回头发现了，马上喊了一辆人力车，叫车夫把车子拉到妻子身边先让她坐上去，自己后坐上去。到家后，郁达夫的气已消了。

郁达夫嗜酒如命，每顿必饮黄酒一斤，有时喝白兰地。他经常饮得酩酊大醉。有一天，他一夜未归，翌日黎明，只见一个陌生人扶着满身冰雪的郁达夫，踉踉跄跄地踏进了客堂。原来，他昨夜酒又喝醉了，在冰天雪地过了一夜。于是，夫人王映霞"约法三章"，规定凡朋友请郁达夫出去喝酒吃饭，必定要负责送回，否则不让出门。起初尚有效，久而久之，夫人的约定便成为一纸空文。

殇谜　　1945 年 8 月 29 日，也就是在日本宣布无条件投降后的两周，郁达夫没有迎来凯旋的欢呼，却迎来了他的噩耗。那晚 8 时许，郁达夫正在家中与几位朋友聊天，忽然有一个土著青年把郁达夫叫出去讲了几句话，郁达夫随即回到客厅，与朋友打个招呼就出去了，衣服都未来得及换，穿着睡衣和木屐消失在茫茫夜幕中，从此便再也没有回来。由于郁达夫的失踪太过诡秘，关于他的生死至今仍像谜一般没有解开。

目前，较为流行的一种说法缘于 1946 年 8 月 8 日，邵宗汉先生从棉兰苏门答腊联军总部情报处所获取的消息。该消息证实，联军当局在日本战犯口中得知郁达夫于 1945 年 9 月 17 日被日本宪兵枪杀，同时被害者尚有欧洲人数名，遗骸埋在武吉丁宜附近的丹戎革岱。然而，这一说法却有个重大的疑点难以解释，即有研究者曾翻阅棉兰法庭的审讯记录，却完全寻觅不到有关郁达夫（赵廉）的蛛丝马迹。如果此说成立，那么郁达夫和同时遇害的几位欧洲人的被埋地点也应该很清楚，可是，现在郁达夫的遗骸在整个东南亚却都找不到。

另外，关于郁达夫的失踪还有几种说法：

其一、可能死于几个开小差的日本宪兵之手。这几个宪兵平日里无恶不作，声名狼藉，而郁达夫对他们的行径很了解。当他们奉命绑架了郁达夫之后，害怕郁说出什么对自己以后不利的话，便扼死了他。之后，直接参与杀害郁达夫的两个宪兵便开了小差，从此下落不明。此说缘于日本研究郁达夫的专家铃木正夫，由于铃木正夫始终不愿公开证据来源者的姓名，其说成为孤证，因而颇受置疑。

其二、可能死于印尼独立军之手。日军投降以后，印尼共产党领导的独立运动风起云涌，很多印尼共产党人开始捕杀日军和亲日分子。由于郁达夫曾是日军的翻译，加上印尼独立军与华侨联系较少，并不知道郁的真实身份。所以，那天晚上将郁叫出去的印尼人可能是独立分子，郁很可能被他们杀害。

其三、可能由华侨朋友秘密掩护转移。郁达夫在印尼华侨中具有很大的影响力，他可能在武吉丁宜、巴爷公务的华侨组织帮助下秘密转移，脱离了日军所控制的范围。鉴于当时复杂的社会形势和闭塞的交通环境，郁完全有可能在途中出现意外。

其四、可能死于国民党特务机关之手。这一说法缘于郁达夫本人对国民党一直心存忌讳，他害怕国民党某要员公报私仇，以他为日军做"通译"为借口杀害他。

名诗【三首】

赠 鲁 迅

醉眼朦胧上酒楼，
彷徨呐喊两悠悠。
群盲竭尽蚍蜉力，
不废江河万古流。

自 叙 诗

家在严陵滩下住，秦时风物晋山川；
碧桃三月花似锦，来往春江有钓船。

过岳坟有感时事

北地小儿贪逸乐，南朝天子爱风流。
权臣自愿成和议，金虏何尝要汴州！
屠狗犹拼弦下命，将军偏惜镜中头。
饶他关外童男女，立马吴山志竟酬。

名文

钓台的春昼

因为近在咫尺，以为什么时候要去就可以去，我们对于本乡本土的名区胜景，反而往往没有机会去玩，或不容易下一个决心去玩的。正唯其是如此，我对于富春江上的严陵，二十年来，心里虽每在记着，但脚却没有向这一方面走过。一九三一，岁在辛未，暮春三月，春服未成，而中央党帝，似乎又想玩一个秦始皇所玩过的把戏了，我接到了警告，就仓皇离去了寓居。先在江浙附近的穷乡里，游息了几天，偶而看见了一家扫墓的行舟，乡愁一动，就定下了归计。绕了一个大弯，赶到故乡，却正好还在清明寒食的节前。和家人等去上了几处坟，与许久不曾见过面的亲戚朋友，来往热闹了几天，一种乡居的倦怠，忽而袭上心来了，于是乎我就决心上钓台访一访严子陵的幽居。

钓台去桐庐县城二十余里，桐庐去富阳县治九十里不足，自富阳溯江而上，坐小火轮三小时可达桐庐，再上则须坐帆船了。

我去的那一天，记得是阴晴欲雨的养花天，并且系坐晚班轮去的，船到桐庐，已经是灯火微明的黄昏时候了，不得已就只得在码头近边的一家旅馆的楼上借了一宵宿。

桐庐县城，大约有三里路长，三千多烟灶，一二万居民，地在富春江西北岸，从前是皖浙交通的要道，现在杭江铁路一开，似乎没有一二十年前的繁华热闹了。尤其要使旅客感到萧条的，却是桐君山脚下的那一队花船的失去了踪影。说起桐君山，却是桐庐县的一个接近城市的灵山胜地，山虽不高，但因有仙，自然是灵了。以形势来论，这桐君山，也的确是可以产生出许多口音生硬，别具风韵的桐严嫂来的生龙活脉。地处在桐溪东岸，正当桐溪和富春江合流之所，依依一水，西岸便瞰视着桐庐县市的人家烟树。南面对江，便是十里长洲；唐诗人方干的故居，就在这十里桐洲九里花的花圈深处。向西越过桐庐县城，更遥遥对着一排高低不定的青峦，这就是富春山的山子山孙了。东北面山下，是一片桑麻沃地，有一条长蛇似的官道，隐而复现，出没盘曲在桃花杨柳洋槐榆树的中间，绕过一支小岭，便是富阳县的境界，大约去程明道的墓地程坟，总也不过一二十里地的间隔。我的去拜谒桐君，瞻仰道观，就在那一天到桐庐的晚上，是淡云微月，正在作雨的时候。

　　鱼梁渡头，因为夜渡无人，渡船停在东岸的桐君山下。我从旅馆蹀了出来，先在离轮埠不远的渡口停立了几分钟。后来向一位来渡口洗夜饭米的年轻少妇，弓身请问了一回，才得到了渡江的秘诀。她说："你只须高喊两三声，船自会来的。"先谢了她教我的好意，然后以两手围成了播音的喇叭，"喂，喂，渡船请摇过来！"地纵声一喊，果然在半江的黑影当中，船身摇动了。渐摇渐近，五分钟后。我在渡口，却终于听出了咿呀柔橹的声音。时间似乎已经入了酉时的下刻，小市里的群动，这时候都已经静息，自从渡口的那位少妇，在微茫的夜色里，藏去了她那张白团团的面影之后，我独立在江边，不知不觉心里头却兀自感到了一种他乡日暮的悲哀。渡船到岸，船头上起了几声微微的水浪清音，又铜东的一响，我早已跳上了船，渡船也已经掉过头来了。坐在黑影沉沉的舱里，我起先只在静听着柔橹划水的声音，然后却在黑影里看出了一星船家在吸着的长烟管头上的烟火，最后因为被沈默压迫不过，我只好开口说话了："船家！你这样的渡我过去，该给你几个船钱？"我问。"随你先生把几个就是。"船家的说话冗慢幽长，似乎已经带着些睡意了，我就向袋里摸出了两角钱来。"这两角钱，就算是我的渡船钱，请你候我一会，上山去烧一次夜香，我是依旧要渡过江来的。"船家的回答，只是恩恩乌乌，幽幽同牛叫似的一种鼻音，然而从继这鼻音而起的两三声轻快的咳声听来，他却似已经在感到满足了，因为我也知道，乡间的义渡，船钱最多也不过是两三枚铜子而已。

　　到了桐君山下，在山影和树影交掩着的崎岖道上，我上岸走不上几步，就被一块乱石绊倒，滑跌了一次。船家似乎也动了恻隐之心了，一句话也不发，跑将上来，他却突然交给了我一盒火柴。我于感谢了一番他的盛意之后，重整步武，再摸上山去，先是必须点一枝火柴走三五步路的，但到得半山，路既就了规律，而微云堆里的半规月色，也朦胧地现出一痕银线来了，所以手里还存着的半盒火柴，就被我藏入了袋里。路是从山的西北，盘曲而上，渐走渐高，半山一到，天也开朗了一点，桐庐县市上的灯火，也星星可数了。更纵目向江心望去，富春江两岸的船上和桐溪合流口停泊着的船尾船头，也看得出一点一点的火来。走过半山，桐君观里的晚禷钟鼓，似乎还没有息尽，耳朵里仿佛听见了几丝木鱼钲钹的残声。走上山顶，先在半途遇着了一道道观外围的女墙，这女墙的栅门，却已经掩上了。在栅门外徘徊了一刻，觉得已经到了此门而不进去，终于是不能满足我这一次暗夜冒险的好奇怪僻的。所以细想了几次，还是决心进去，非进去不可，轻轻用手往里面一推，栅门却呀的一声，早已退向了后方开开了，这门原来是虚掩在那里的。进了栅门，踏着为淡月所映照的石砌平路，向东向南的前走了五六十步，居然走到了道观的大门之外，这两扇朱红漆的大门，不消说是紧闭在那里的。到了此地，我却不想再破门进去了，因为这大门是朝南向着大江开的，门外头是一条一丈来宽的石砌步道，步道的一旁是道观的墙，一旁便是山坡，靠山坡的一面，并且还有一道二尺来高的石墙筑在那里，大约是代替栏杆，防人倾跌下山去的用意，石墙之上，铺的是二三尺宽的青石，在这似石栏又似石凳的墙上，尽可以坐卧游息，饱看桐江和对岸的风景，就是在这里坐它一晚，也很可以，我又何必去打开门来，惊起那些老道的恶梦呢！

空旷的天空里，流涨着的只是些灰白的云，云层缺处，原也看得出半角的天，和一点两点的星，但看起来最饶风趣的，却仍是欲藏还露，将见仍无的那半规月影。这时候江面上似乎起了风，云脚的迁移，更来得迅速了。而低头向江心一看，几多散乱着的船里的灯光，也忽阴忽灭地变换了一变换位置。

这道观大门外的景色，真神奇极了。我当十几年前，在放浪的游程里，曾向瓜州京口一带，消磨过不少的时日。那时觉得果然名不虚传的，确是甘露寺外的江山，而现在到了桐庐，昏夜上这桐君山来一看，又觉得这江山之秀而且静，风景的整而不散，却非那天下第一江山的北固山所可与比拟的了。真也难怪得严子陵，难怪得戴征士，倘使我若能在这样的地方结屋读书，以养天年，那还要什么的高官厚禄，还要什么的浮名虚誉哩？一个人在这桐君观前的石凳上，看看山，看看水，看看城中的灯火和天上的星云，更做做浩无边际的无聊的幻梦，我竟忘记了时刻，忘记了自身，直等到隔江的击声传来，向西一看，忽而觉得城中的灯影微茫地减了，才跑也似地走下了山来，渡江奔回了客舍。

第二日侵晨，觉得昨天在桐君观前做过的残梦正还没有续完的时候，窗外面忽而传来了一阵吹角的声音。好梦虽被打破，但因这同吹篳篥似的商音哀咽，却很含着些荒凉的古意，并且晓风残月，杨柳岸边，也正好候船待发，上严陵去；所以心里虽怀着些儿怨恨，但脸上却只观出了一痕微笑，起来梳洗更衣，叫茶房去雇船去。雇好了一只双桨的渔舟，买就了些酒菜鱼米，就在旅馆前面的码头上上了船，轻轻向江心摇出去的时候，东方的云幕中间，已现出了几丝红晕，有八点多钟了。舟师急得利害，只在埋怨旅馆的茶房，为什么昨晚上不预先告诉，好早一点出发。因为此去就是七里滩头，无风七里，有风七十里，上钓台去玩一趟回来，路程虽则有限，但这几日风雨无常，说不定要走夜路，才回来得了的。

过了桐庐，江心狭窄，浅滩果然多起来了。路上遇着的来往的行舟，数目也是很少，因为早晨吹的角，就是往建德去的快班船的信号，快班船一开，来往于两岸之间的船就不十分多了。两岸全是青青的山，中间是一条清浅的水，有时候过一个沙洲，洲上的桃花菜花，还有许多不晓得名字的白色的花，正在喧闹着春暮，吸引着蜂蝶。我在船头上一口一口的喝着严东关的药酒，指东话西地问着船家，这是什么山，那是什么港，惊叹了半天，称颂了半天，人也觉得倦了，不晓得什么时候，身子却走上了一家水边的酒楼，在和数年不见的几位已经做了党官的朋友高谈阔论。谈论之余，还背诵了一首两三年前曾在同一的情形之下做成的歪诗：

不是尊前爱惜身，

佯狂难免假成真，

曾因酒醉鞭名马，

生怕情多累美人。

劫数东南天作孽，

鸡鸣风雨海扬尘，

悲歌痛哭终何补，

义士纷纷说帝泰。

直到盛筵将散，我酒也不想再喝了，和几位朋友闹得心里各自难堪，连对旁边坐着的两位陪酒的名花都不愿意开口。正在这上下不得的苦闷关头，船家却大声的叫了起来说：

"先生，罗芷过了，钓台就在前面，你醒醒罢，好上山去烧饭吃去。"

擦擦眼睛，整了一整衣服，抬起头来一看，四面的水光山色又忽而变了样子了。清清的一条浅水，比前又窄了几分，四围的山包得格外的紧了，仿佛是前无去路的样子。并且山容峻削，看去觉得格外的瘦格外的高。向天上地下四围看看，只寂寂的看不见一个人类。双桨的摇响，到此似乎也不敢放肆了，钩的一声过后，要好半天才来一个幽幽的回响，静，静，静，身边水上，山下岩头，只沉浸着太古的静，死灭的静，山峡里连飞鸟的影子也看不见半只。前面的所谓钓台山上，只看得见两大个石垒，一间歪斜的亭子，许多纵横芜杂的草木。山腰里的那座祠堂，也只露着些废垣残瓦，屋上面连炊烟都没有一丝半缕，像是好久好久没有人住了的样子。并且天气又来得阴森，早晨曾经露一露脸过的太阳，这时候早已深藏在云堆里了，余下来的只是时有时无从侧面吹来的阴飕飕的半箭儿山风。船靠了山脚，跟着前面背着酒菜鱼米的船夫走上严先生祠堂的时候，我心里真有点害怕，怕在这荒山里要遇见一个干枯苍老得同丝瓜筋似的严先生的鬼魂。

在祠堂西院的客厅里坐定，和严先生的不知第几代的裔孙谈了几句关于年岁水旱的话后，我的心跳也渐渐儿的镇静下去了，嘱托了他以煮饭烧菜的杂务，我和船家就从断碑乱石中间爬上了钓台。

东西两石垒，高各有二三百尺，离江面约两里来远，东西台相去只有一二百步，但其间却夹着一条深谷。立在东台，可以看得出罗芷的人家，回头展望来路，风景似乎散漫一点，而一上谢氏的西台，向西望去，则幽谷里的情景，却绝对的不像是在人间了。我虽则没有到过瑞士，但到了西台，朝西一看，立时就想起了曾在照片上看见过的威廉退儿的祠堂。这四山的幽静，这江水的青蓝，简直同在画片上的珂罗版色彩，一色也没有两样，所不同的就是在这儿的变化更多一点，周围的环境更芜杂不整齐一点而已，但这却是好处，这正是足以代表东方民族性的颓废荒凉的美。

从钓台下来，回到严先生的祠堂——记得这是洪杨以后严州知府戴槃重建的祠堂——西院里饱啖了一顿酒肉，我觉得有点酩酊微醉了。手拿着以火柴柄制成的牙签，走到东面供着严先生神像的龛前，向四面的破壁上一看，翠墨淋漓，题在那里的，竟多是些俗而不雅的过路高官的手笔。最后到了南面的一块白墙头上，在离屋檐不远的一角高处，却看到了我们的一位新近去世的同乡夏灵峰先生的四句似邵尧夫而又略带感慨的诗句。夏灵峰先生虽则只知崇古，不善处今，但是五十年来，像他那样的顽固内容的亡清遗老，也的确是没有第二个人。比较起现在的那些官迷的南满尚书和东洋宫婢来，他的经术言行，姑且不必去论它，就是以骨头来称称，我想也要比什么罗三郎郑太郎辈，重到好几百倍。慕贤的心一动，熏人臭技自然是难熬了，堆起了几张桌椅，借得了一枝破笔，我也向高墙上在夏灵峰先生的脚后放上了一个陈屁，就是在船舱的梦里，也曾微吟过的那一首歪诗。

从墙头上跳将下来，又向龛前天井去走了一圈，觉得酒后的干喉，有点渴痒了，所以就又走回到了西院，静坐着喝了两碗清茶。在这四大无声，只听见我自己的啾啾喝水的舌音冲击到那座破院的败壁上去的寂静中间，同惊雷似地一响，院后的竹园里却忽而飞出了一声闲长而又有节奏似的鸡啼的声来。同时在门外面歇着的船家，也走进了院门，高声的对我说：

"先生，我们回去罢，已经是吃点心的时候了，你不听见那只鸡在后山啼么？我们回去罢！"

一九三二年八月在上海写

徐志摩："他的诗是不自欺的生命换来的"

传略　徐志摩（1897—1931），现代诗人、散文家。浙江海宁市硖石镇人。名章垿，字志摩，小字幼申。曾经用过的笔名：南湖、诗哲、海谷、谷、大兵、云中鹤、仙鹤、删我、心手、黄狗、谔谔等。

1915 年毕业于杭州一中，先后就读于上海沪江大学、天津北洋大学和北京大学。1918 年赴美国学习银行学。1921 年赴英国留学，入剑桥大学当特别生，研究政治经济学。在剑桥两年深受西方教育的熏陶及欧美浪漫主义和唯美派诗人的影响。

徐志摩照

1921 年开始创作新诗。

1922 年返国后在报刊上发表大量诗文。

1923 年，参与发起成立新月社，加入文学研究会。

1924 年与胡适、陈西滢等创办《现代诗评》周刊，任北京大学教授。印度大诗人泰戈尔访华时任翻译。

1925 年赴欧洲，游历苏、德、意、法等国。

1926 年在北京主编《晨报》副刊《诗镌》，与闻一多、朱湘等人开展新诗格律化运动，影响到新诗艺术的发展。同年移居上海，任光华大学、大夏大学和南京中央大学教授。

1927 年参加创办新月书店。次年《新月》月刊创刊后任主编。并出国游历英、美、日、印等国。

1930 年任中华文化基金委员会委员，被选为英国诗社社员。同年冬到北京大学与北京女子大学任教。

1931 年初，与陈梦家、方玮德创办《诗刊》季刊，被推选为笔会中国分会理事。同年 11 月 19 日，由南京乘飞机到北平，因遇大雾，飞机在济南附近触山失事，因而遇难。更为巧合的是，失事飞机叫"济南号"。蔡元培为其写挽联：

谈话是诗，举动是诗，毕生行逕都是诗，诗的意味渗透了，随遇自有乐土；乘船可死，驱车可死，斗室生卧也可死，死于飞机偶然者，不必视为畏途。

著有诗集：《志摩的诗》、《翡冷翠的一夜》、《猛虎集》、《云游》；

散文集：《再别康桥》、《落叶》、《巴黎的鳞爪》、《自剖》、《秋》、《轮盘》；

小说：《春痕》；

戏剧：《卞昆冈》（与陆小曼合写）；

日记：《爱眉小札》、《志摩日记》；

译著：《曼殊斐尔小说集》等。

他的作品已编为《徐志摩文集》出版。

徐诗字句清新，韵律谐和，比喻新奇，想象丰富，意境优美，神思飘逸，富于变化，并追求艺术形式的整饬、华美，具有鲜明的艺术个性，为新月派的代表诗人。他的散文也自成一格，取得了不亚于诗歌的成就，其中《自剖》、《想飞》、《我所知道的康桥》、《翡冷翠山居闲话》等都是传世的名篇。

徐志摩："他的诗是不自欺的生命换来的"

183

情缘　　徐志摩的原配夫人张幼仪是国民党政要人物张君劢的妹妹，曾就读于江苏师范学校。经张君劢与徐志摩的父亲徐申如提亲，1915 年 10 月 29 日，徐志摩与他素昧平生的张幼仪举行了婚礼。这一年，徐志摩刚刚考入上海沪江大学。20 岁的徐志摩对于婚姻、爱情考虑不多，似乎也像常人一样接受了父母的安排。第二年他转学到北京大学就读。1918 年去美国，两年后又到英国剑桥大学研究政治经济。

陆小曼

结婚后，徐志摩到国外求学，他父亲担心有变，就提议张幼仪到伦敦与徐志摩团聚。1920 年秋，张幼仪来到英国的沙士顿，夫妻二人相安无事地生活着。不料，1920 年的冬天，徐志摩在伦敦邂逅了 16 岁的林徽因之后，立时为林徽因的婉约才情和高雅气质所征服。徐志摩与林徽因的父亲林长民在北大读书时就相识。那时梁启超任司法总长，林长民是教育总长，两人过从甚密。徐志摩是梁启超的入门弟子，常在梁府见到林长民，并与之结成忘年之交。1921 年春，林长民赴英游学，同时送爱女到英国读书。徐志摩对正值芳年的林徽因一见钟情，感到四年来与张幼仪的婚姻原来是那样的平庸和乏味！不过，他也清醒地认识到，妻子待他好，温存恭谨，体贴顺从，衣食照拂，都挑不出妻子的错处。还为他生了个儿子，满足了父母的心愿，更是无可挑剔。可是，他暗暗与林徽因相比较，觉得同床共衾的妻子竟不能成为心灵相通的知音，他与她似乎没有感情的吸引力，也没有交流的话题。于是他才意识到自己陷于婚姻的悲剧之中。

恰在此时，张幼仪又怀孕了，这本来是令人欣喜的事，可是徐志摩正狂热地被林徽因所吸引，对张幼仪的怀孕十分反感，就让她打掉。张幼仪说："听说有人打胎死掉的。"徐志摩则说："坐火车还有死掉的呢，难道就不坐火车了吗？"从此徐志摩与张幼仪的婚姻就出现了危机。接着，徐志摩提出与张幼仪离婚，张幼仪没有答应，徐志摩就独自离开沙士顿。眼看产期临近，张幼仪身边无人，只得给她的二哥张君劢写信求助。在二哥的帮助下，张幼仪来到德国柏林，生下孩子。在与徐志摩办理离婚手续时，徐志摩才到柏林来，与她发表了《徐志摩，张幼仪离婚通告》。

其实，张幼仪并不是个软弱的传统女性。婚变之后，她自强不息，进入裴斯塔洛齐学院专攻幼儿教育。回国后开办云裳公司，还主政上海女子储蓄银行，均大获成功。更为难能可贵的是，张幼仪回国后认作徐志摩的双亲为义父母，抚育她和徐志摩的儿子，就连徐志摩死后出版的《徐志摩全集》也是出于她的策划和出资。

徐志摩从德国回来之后，就去找林徽因。不料，林氏父女已经回国了！房东的守房人问清他就是徐志摩后，就将林徽因留给她的一封信交给他。信中林徽因写道："我走了，带着记忆如锦金，里面藏着我们的情，我们的谊，已经说出和还没有说出的所有的话走了。"又说："上次您和幼仪去德国，我、爸爸、西滢兄在送别你们时，火车启动的那一瞬间，您和幼仪把头伸出窗外，在您的面孔旁边，她张着一双哀怨、绝望、祈求和嫉意的眼睛定定地望着我。我颤抖了。那目光直进我心灵的底蕴，那里藏着我的无人知晓的秘密。她全看见了。其实，在您陪着她来向我们辞行时，听说她要单身离你去德国，我就明白你们两人的关系起了变故。起因是什么我不明白，但不会和我无关。"徐志摩读完信颓然地坐在沙发里，心里一片空白，从此他成了一个"鸡飞蛋打"的单身汉。

林徽因不久便与梁启超之子梁思成相爱，但秉承梁启超之意，没有立刻举行订婚仪式。梁启超知道徐志摩还在热恋着林徽因，生怕两人重拾旧欢，驳了梁家的面子，同时也怕梁林订婚给弟子以重击，因此他要儿子和林徽因双双赴美读书，学成之后再结婚。梁老的苦心徐志摩自然不晓，为了追求林徽因，他从英国回到国内，但愿望还是落空了。1928年梁林在加拿大结婚。

1924年泰戈尔访华，徐志摩侍奉左右。凌叔华是作为燕京大学学生代表去欢迎泰戈尔的，由此同时认识了徐志摩和后来成为其丈夫的陈西滢。据说泰戈尔曾对徐志摩说过，凌叔华比林徽因"有过之而无不及"，而据蒋复璁说，"泰戈尔为爱护志摩，曾暗中劝徽因嫁予志摩不果"。林徽因名花有主，徐志摩感到惘然。那时，北京欧美留学生及部分文教人士每月有一次聚餐会，蒋复璁也因志摩的关系参加了。后将聚餐会扩大为固定的新月社（非后来的新月社），由徐志摩主持，来客可带夫人。上世纪20年代社交公开已蔚然成风，林徽因、凌叔华和陆小曼夫妇都入盟成为新月社的常客。而陆小曼的夫君王赓是个敬业、勤勉之士，不大热衷于游乐，但有欧美风度，每遇志摩请邀游乐之事，王赓往往说："志摩，我忙，我不去，叫小曼陪你去玩吧！"徐志摩本是人见人爱的"大众朋友"。他双管齐下，与陆小曼、凌叔华同时交往并通信。徐志摩对凌叔华的才貌很欣赏，他为凌叔华的第一部小说《花之寺》作序，是一生中唯一一次为人作序。他的处女诗集《志摩的诗》出版扉页上的题词"献给爸爸"，就是出自凌叔华的手笔。徐志摩的父亲徐申对他们两人的通信是知道并认可的。徐志摩1925年3月赴欧前，将一只藏有记载他与林徽因、陆小曼关系的日记及文稿的"八宝箱"交给凌叔华保管，还戏言他出国若有不测，让凌资此为他写传，大有托后之诚，可见"交情非泛泛"可喻了。凌叔华也很豁达，在与徐志摩嘘寒问暖的同时，也与陈西滢音问不断。其间，当陆小曼活跃于徐志摩的视线后，徐志摩渐为陆小曼的艳丽、热情所融化。在那段时间内，徐志摩同时在两个女人中周旋，总给人以吃了碗里又惦着锅里的印象。喜剧，或曰悲剧也就缘此开场了。

1924年八九月间，志摩由印度回国，住在上海新新旅馆，同时迭接凌叔华、陆小曼两封信，某日"晨间申如七叔往看志摩，王受庆（王赓，陆小曼丈夫）亦同时往候。志摩深知其父喜欢凌叔华，希望他与叔华联姻，故见申如七叔到来，即说：叔华有信。在枕边将信交与父阅。王受庆跟着同看。志摩看受庆脸色大变，于是在枕边一看，叔华的信仍在，拿给父亲看的是小曼的信，他知闯了祸了，因为小曼写得情意绵绵，无怪王受庆脸色变了，赶快起来，将叔华的来信送与父亲，将小曼的信取回。王受庆信已看完，出门走了"。（蒋复璁：《徐志摩先生轶事》，台湾《传记文学》第四十五卷第六期）

序幕一拉开，以后的故事就逼得角色们将剧情发展下去，很快便进入了高潮。数日后，陆小曼应徐志摩前信私约到上海，先住在蒋百里家中。王受庆当众责询小曼给志摩写信一事。"双方各不相让，大吵一场，卒致离婚。"据蒋复璁说，他当时亲睹这一切，曾劝王受庆接走陆小曼，"用意在调虎离山，庶志摩与王太太减少往还"。大出所料，以离婚告结。陆小曼与王受庆离婚后回北京，某日打电话给徐志摩，恰蒋复璁在徐志摩处闲话。小曼邀大家去她寓所茶叙。徐志摩约蒋复璁一道去。蒋未去。自此，徐、陆的关系急转直上，"不久就结婚了"。谁也难否认，这封"阴错阳差"的信把徐、陆逼到墙角，他们不得不快刀斩乱麻做出唯一的抉择。后来，徐志摩亲口对蒋复璁说："看信这一件事是'阴错阳差'，他总认为王受庆与陆小曼离婚是因他而起，自有责任。"志摩也无愧男子汉，敢做敢当，他娶了陆小曼。王赓倒不愧是磊落的君子。"阴错阳差"事件后，徐志摩赴欧避风头。王赓到南京任职。陆小曼留居北京母家，王赓还托胡适、张歆海"更得招呼她点"。更有趣的是1926年10月，徐、陆结婚，给王赓发一喜帖，王赓竟还送一份礼品，不失君子之风。

王赓，字受庆，早年留学德国攻军事，是颇有造诣的军事学学者。他受西方新思想的熏陶，对立身处世、爱情婚姻，有自己独到的见解，认为真正的爱情应以对方的幸福为幸福，而决不能褊狭自私，因爱成仇。

王赓自与小曼协议离婚后，即深感"曾经沧海难为水"，打算从此不再另娶。

一直到他年近五旬时，才由朋友撮合，与一个比他年轻30岁的广东少女结合，定居昆明。那位后娶的夫人虽年轻貌美，但在文化程度、思想境界等方面，与王赓悬殊太大，因此两人貌合神离，并无爱情可言。王赓每和朋辈谈心，仍常常流露出故剑之思，也算是情有独钟了。

后王奉蒋介石派遣，以中将官阶任暹罗（今泰国）代表团团长，率代表团出访暹罗，飞至加尔各答，因旧疾猝发，死于途中。

陆小曼与徐志摩新婚后，两人曾有过一段神仙般的日子，但他们的合欢未能长久。徐志摩离婚再娶，触怒父亲，断了经济后援，而陆小曼生活挥霍无度，使志摩入不敷出，狼狈不堪。应老友胡适之邀，徐志摩兼教于北大，赚些外快贴补家用。他托朋友搞到了一张邮政飞机的免票，常在上海、南京、北京间飞来飞去。

1931 年 11 月 19 日，因林徽因要在北京协和礼堂为外国使节演讲中国建筑艺术，徐志摩欲前去捧场，结果飞机失事。死前给志摩沉重一击的是，小曼认识了一个名叫翁瑞午的越剧小生，两个人如胶似漆，整日在烟榻上浑浑噩噩地吸烟。徐志摩多次规劝，小曼非但不改，反而大吵大闹。

徐志摩的遇难敲醒了陆小曼的灵魂。她戒了烟瘾，青灯守节，闭门思过，并潜心编成《徐志摩全集》，其中的跋《编就遗文答君心》，可看出其悔恨之情。

挚交　　**与胡适**　徐志摩是在什么时候和胡适相识的？目前似乎已经很难确定。"徐志摩"这个名字第一次出现在胡适日记中，是在 1923 年的 9 月 28 日。这天，他应徐志摩之邀，赴浙江海宁观潮。之前，4 月份，胡适利用到上海开会的机会，顺道杭州游历，美其名曰"休假"，实则探望他的小表妹、隐藏在他心底的恋人"娟"。

"娟"的大名叫曹诚英，字佩声，是胡适三嫂同父异母的妹妹。胡适和发妻江冬秀举行婚礼时，曹诚英是伴娘，两人因此结识，之后一直保持书信往来。渐渐地，他俩的感情由兄妹而变得暧昧起来。6 月下旬，胡适住进杭州西湖的烟霞洞。不久，曹诚英也频繁出入烟霞洞。从 6 月到 9 月，胡适和曹诚英在烟霞洞度过了一段"神仙眷侣"般的生活。

这个时候，胡适是有妇之夫。但是此时，在友人面前，他似乎并不刻意隐瞒他和曹诚英的关系。当徐志摩邀胡适赴海宁观潮时，胡适大大方方地带着曹诚英一同去赴约。当然，除了他们几个，还有马君武、陶行知、汪精卫、朱经农、任叔永、陈衡哲等。混在人群中，反而显不出他俩关系的异样了。28日这天，一群人乘观潮专号来到海宁，又分乘两只小船前往盐官。途中休息时，大家挤在一条船上吃饭，挤得连膀子都伸不开。饭菜是大白肉、粉皮包头鱼、豆腐小白菜、芋艿。徐志摩特别为曹诚英蒸了一个芋头。大家吃得很高兴。回到杭州，徐志摩又和胡适、曹诚英等结伴出游了几次。以诗人特有的敏感和细腻，徐志摩看出了胡、曹关系的不寻常，但他忍而未发。返回上海后不久，两人坐而谈诗，胡适将他的《烟霞杂诗》拿给徐志摩看。诗中充盈着的浓浓情意使徐志摩阅后更加证实了自己的猜测，便直问胡适："尚有匿而不宣者否？"胡适也直言："有，但不宣。"很明显，胡适多少还是有所顾忌的。

也许是本就不想隐瞒徐志摩，也许是既然已被徐志摩看穿也就没有必要再遮掩，更重要的是，胡适深知徐志摩能够理解，很快就敞开了心扉。当天，徐志摩在日记里这样记道："与适之谈，无所不至。……适之是转老回童了。"

对于胡适的婚外情，徐志摩很能理解。就在不久之前，他也有过类似的经历。不过，他与胡适不同。胡适顾虑重重，而他果敢决绝；胡适始终让他和"娟"的感情在地下发展，而他大胆追求他的真爱。有一点，两人相似，那就是都为了不辜负自己的真情而向结发妻子提出离婚，只是结局有所不同：徐志摩不顾刚刚怀孕的妻子，坚持离婚，一意孤行得近乎绝情，而且还惊世骇俗地发布"离婚通告"，成功地挑战了一把旧式婚姻制度；胡适则刚刚战战兢兢地提及"离婚"二字，就被妻子挥舞的菜刀给吓住了。

有人说，"海宁观潮"既显示了徐志摩的组织交往能力，也奠定了他和胡适的情感基础。确切地说，这个基础，是基于对彼此情感的理解和尊重。如果用传统卫道士的话说，是纵容对方感情背叛。徐志摩对胡适如此，胡适对徐志摩，又何尝不是？徐志摩意外坠机死亡后，胡适在《追悼志摩》

一文中，重提徐志摩离婚一事时说："这完全是青年的志摩的单纯的理想主义，他觉得那没有爱又没有自由的家庭是可以摧毁他们的人格的，所以他下了决心，要把自由偿还自由，要从自由求得他们的真生命，真幸福，真恋爱。"理解了他俩友谊的基础，也就明白他俩何以能够在一起组织聚餐会，建立新月社了。

与蒋百里 2009年6月下旬，香港凤凰卫视制作《中国记忆》专题片，访问著名火箭专家钱学森的夫人、音乐家蒋英，请她讲述她的父亲、民国时期军事战略家、陆军上将蒋百里的故事。话语间，蒋英说，蒋百里被捕入狱，徐志摩竟然扛着铺盖卷到南京，要陪蒋百里坐牢，一时天下轰动。

蒋英是蒋百里的女儿，父亲坐牢时她随母亲去陪伴左右，所见所闻，真真切切。

蒋英说："徐志摩跟蒋百里是同乡，同为浙江海宁硖石镇人。早年间，他们一起创建新月社，交情莫逆。"蒋、徐两家都是海宁的望门大族，且有联姻之亲。蒋百里比徐志摩年长14岁，是他姑丈的族弟。1915年秋，徐志摩考入北京大学预科，住在蒋百里在东城锡拉胡同的家里。徐志摩十分敬爱蒋百里，开始时叫他"百里叔"，后来随表弟蒋复璁同呼"福叔"，亲如一家。在徐志摩经济最为拮据的时候，蒋百里将自己在北京的寓所交徐志摩出售，获取一份中介金，帮其渡过难关。

两人之间不仅有此同乡亲缘，还有一段同门之谊。蒋百里是当时政界、学界名流梁启超的弟子，他常常与徐志摩侃侃而谈，称道梁任公的学识和为人，这使从中学时代起就为梁先生文采、学识所倾倒的青年徐志摩越发敬佩仰慕他了。1918年6月，徐志摩由蒋百里推荐，正式拜梁启超为师。徐志摩寄寓蒋百里的家里，两人无话不谈，一次闲聊中，蒋百里鼓励志摩出洋留学，说当代有志青年，纷纷漂洋过海，学西洋之长为己所用，有了真才实学，才能展鸿鹄之志，救国救民。

徐志摩学成归国，恰逢五四新文化运动风起云涌，梁启超创办讲学社，邀请国际名人来华讲学，总部设在石虎胡同七号的松坡图书馆，由图书部主任蒋百里任总干事，徐志摩便搬到这儿居住，帮助蒋百里处理图书馆和讲学社的事务。1924年初春，为了迎接印度诗人泰戈尔访华，蒋百里和徐志摩在石虎胡同七号的院子里挂出了"新月社"的牌子。4月12日，泰戈尔到达上海，蒋百里负责接待，徐志摩充当英语翻译。次日下午聚会后，泰戈尔来到蒋百里家，一起合影留念。

不久，直奉战争爆发，蒋百里受吴佩孚聘请任总参谋长，去了汉口，新月社在徐志摩、胡适的主持下，很快成为一个以"性灵"为旗帜、以新格律诗为灵魂的著名文学社团。同年，蒋百里、左梅夫妇将家从北京搬迁到上海，次年，徐志摩和陆小曼结婚后也将小家庭安在了上海，走动多了，两家更加亲密。

1929年初冬，蒋（介石）冯（玉祥）战争爆发，唐生智起兵讨蒋，蒋百里为其出谋划策。于同年12月5日通电全国，劝蒋介石"下野"，同时出兵直指南京。次年1月，唐生智兵败逃往国外，3月，蒋百里被捕，先被禁于杭州西湖之蒋庄。

蒋英回忆，蒋百里后来被押解到南京，关押在三元巷军法处的看守所待审，与邓演达、居正等同关一处，结为难友。"蒋百里入狱，震动八方，但头一个跳出来的不是他的学生或部下，而是一个手无缚鸡之力的文人徐志摩。"

1930年1月下旬的一天，民国名记者陶菊隐去了三元巷，他与蒋是至交，来往频繁。话才说两三句，小门里闯进一个人来，肩头上扛着铺盖卷，往凳子上一丢，说："福叔，今天我就住这儿了，陪你一块坐牢！"陶与徐志摩也相识，知悉他在上海光华大学教书，和陆小曼笃爱情深。一问，知他在南京中央大学兼着课，铺盖是从中央大学卷过来的。

一见徐志摩，蒋百里苦笑着摇了摇头。一个月前，徐志摩曾经登门劝说蒋百里出国，避一避风头。不料，蒋百里却说："我为什么要亡命？我没有犯罪用不着逃亡！"几天后，徐志摩又从北京写信来劝告他："福叔，目前你处境险恶，我看你还是出国安全，早走为好。"不料，蒋百里拿着信怒目圆睁，拍着桌子："我没有刮地皮，没有钱出国！"然后对妻子说：

"你去对志摩说，我已经死过一次了，再死一次也无妨。"蒋百里31岁任保定陆军军官学校校长时，因不满袁世凯的专权而拔枪自杀，身负重伤后被学生救下。

此番，蒋百里若被军法会审，他的罪案成立，必判死刑无疑。幸亏时任军政部次长的陈仪将军为人正直、仗义，又与他在日本陆军士官学校同过学，志同道合，便在暗中相助，以"拖"的办法使军法会审得以延期。可是蒋百里不明陈仪的用心，以为来日无多，视死如归。他跟志摩说："你快回吧，下次看我，给我带些唐诗、佛经来。"后来，蒋百里在狱中，吟唐诗，读佛经，或写写《灵飞经》练书法，跟妻子女儿说《三国》《水浒》故事，倒也神情泰然。

当晚，徐志摩在小屋里搭了个地铺，陪蒋百里一宿。

第二天，上海《新闻报》报道了这桩事，自然是陶菊隐的杰作。"徐志摩陪蒋百里坐牢"的新闻一传播，朝野震动。新月社的名流纷纷效仿南下，当时，流行一句口号"陪百里先生坐牢去"，成了时髦的事情。

1931年11月19日，徐志摩不幸遇难。蒋百里闻讯感伤不已，在狱中写下一副挽联，云："口吟的手写的是志摩的文字，不是诗，他的诗是不自欺的生命换来的。"

"九·一八"事变发生，全国抗日民主运动高涨，蒋百里的学生、时任国民党行政院代院长兼京沪卫戍司令陈铭枢见时机已到，便进言蒋介石，以"共赴国难、将才奇缺"为由力保蒋百里。蒋介石也就顺水推舟，于1931年12月中旬释放了蒋百里。

说起当年陪父亲蒋百里坐牢一事，蒋英说："徐志摩登高一呼，文学青年应者无数。这是父辈间的友谊，更是五四青年的爱国举动。"

论战　徐悲鸿喜欢以画马言志，猫图则大半是他画来酬答友人的小品。他曾送给徐志摩一幅84厘米×46厘米纸本立轴的画。画中只有一只猫，情状以及左下那枝梅的姿态，精妙入味，想来送画给徐志摩这样深谙艺术的好友兼论战对手，徐悲鸿也不能不格外用心。除在落款后钤印"东海王孙"，徐悲鸿还在左、右下角加"独与天地精神往来"和"荒谬绝伦"印。

《猫》画徐悲鸿落款"庚午初冬"，当是1930年。那年年初，徐志摩发表了散文《猫》。4月，正在与徐志摩就重大美术理论问题进行论战的徐悲鸿很快就画了一幅《猫》送给他，并在题款中揶揄道："志摩多所恋爱，今乃及猫。鄙人写邻家黑白猫与之，而去其爪，自夸其于友道忠也。"自然，这些文字隐喻深刻。

中国美术史上著名的"二徐论争"发生在1929年，1930年徐悲鸿作画赠予徐志摩，从中可读出许多旧事。

1929年4月10日，国民政府举办的第一届全国美展在上海开幕。展览会总务常务委员有徐悲鸿、林风眠、刘海粟、徐志摩等。徐志摩负责出版编辑《美展汇刊》。4月22日，徐悲鸿的《惑——致徐志摩公开信》在《美展汇刊》上发表，文章提出西方现代主义艺术的"真伪"、"是非"问题，以"庸"、"俗"、"浮"、"劣"等字眼，分别否定了马奈、雷诺阿、塞尚、马蒂斯等四位西方现代派画家；在同期杂志上，徐志摩回写给徐悲鸿一篇《我也"惑"》的文章，指责徐悲鸿对现代派的谩骂过于"言重"，并认为现代派画风被中国画家所效仿"那是个必然的倾向"。针对徐志摩的批评，徐悲鸿固执己见，又在5月4日的《美展》第九期和中旬的增刊上发表两封反驳信，题为《惑之不解》。徐志摩也不饶人，连续刊登多篇文章，表明他完全不同的艺术立场，欲争辩出一条中国绘画艺术的出路。不过，他同时赞扬了徐悲鸿"你爱，你就热烈的爱，你恨，你也热烈的恨"的直率性格。

1930年4月，徐悲鸿画展在上海举行，徐志摩因与陆小曼的情事纷扰没有参加。不久，徐志摩发表了散文《猫》，文中说："我的猫，她是美丽与健壮的化身，今夜坐对着新生的发珠光的炉火，似乎在讶异这温暖的来处的神奇……我敢说，我不迟疑地替她说，她是在全神地看，在欣赏，在惊奇这室内新来的奇妙——火的光在她的眼里闪动，热在她的身上流布，如同一个诗人在静观一个秋林的晚照。我的猫，这一晌至少，是一个诗人，一个纯粹的诗人……"文章里"我的猫"，显然是在描摹和赞美他爱的女人，朋友们都认为所指应该是陆小曼。这天，徐悲鸿读着读着，突然想起这位诗人朋友的一些往事，便顺着文题画一幅《猫》，赠予徐志摩。

题跋中首句"志摩多所恋爱，今乃及猫"，字面上指的是物事，言外揶揄之意，朋友间都能一笑而解。徐悲鸿的幽默还体现在他画的是一只"无爪猫"，这也和"两徐"之间的文艺论战有关。徐悲鸿倡导写实主义，此处他以猫比喻西方绘画，"去其爪"就是指需要改良，他在这幅画中仍坚持自己的文艺观。末句"自夸其于友道忠也"，其中也有典故：徐志摩与军事学家蒋百里交好，两人和胡适一起组织过新月社。1929 年，受唐生智起兵事件牵连，蒋百里被捕入狱，徐志摩竟然扛着铺盖卷到南京，要陪蒋百里坐牢，一时天下轰动。这句话，似褒似贬，羡徐志摩"于友道忠"，顺便也善意地讽刺了一下这位诗人朋友的小虚荣。

两徐之间玩笑酬应的这幅《猫》，隔着这么多年好像还看得到两个人的小快乐：画家提笔时促狭得意，诗人受画后报之一笑。

师友　沈从文与徐志摩是通过投稿认识的。沈从文 1923 年闯北平本来是想进入大学深造，可是他只有高小毕业的学历，大学的门自然不会向他打开。当时北大是蔡元培当校长，允许不注册的旁听生旁听，于是沈从文参加旁听，开始自学。到 1925 年，沈从文的生活陷入困境，简直是无法继续维持下去了。他就用"休芸芸"的笔名投稿，只希望每个月能挣到二十块钱的稿费来维持生活。

为了多挣稿费，他拼命写稿，到处投稿。1925 年 10 月徐志摩担任了《晨报·副刊》的主编，他几乎隔三差五地收到署名"休芸芸"的稿件，而且有的写得相当不错，充满着浓郁的乡土气息，很是欣赏，就陆续编发了他的一些散文、诗歌、小说等作品。其中有一篇《市集》在《燕大周刊》上发表后，沈从文又投给了《晨报·副刊》。徐志摩很欣赏这篇散文，他写了篇《志摩的欣赏》附在文后，称赞沈从文这篇散文："这是多美丽多生动的一幅乡村画。作者的笔真像是梦里的一只小艇，在波纹瘦鳞的梦河里荡着，处处有着落，却又处处不留痕迹。这般作品不是写成的，是'想成'的。给这类的作者，批评是多余的，因为他自己的想象就是最不放松的不出声的批评者。奖励也是多余的，因为春草的发育，云雀的放歌，都是用不着人们的奖励的。"徐志摩的点评，无疑是提高了沈从文的文学地位，正式推出了一位文学新人。不过，有位读者发现这篇《市集》是作者的一稿两投，就对《晨报·副刊》提出批评。沈从文闻讯马上向徐志摩解释和道歉，并表示从此不再用"休芸芸"的笔名，开始用沈从文的名字发表作品，目的是"就让他永久是两个不同的人名吧"！可是，徐志摩并不在乎这些，他对沈从文说："不碍事，算是我们副刊转载的，也就罢了。"

这件一稿两投的事件，并没有影响徐志摩与沈从文的关系，他还多次带着沈从文参加诗歌朗诵会和各种文艺活动，让沈从文结识了朱湘、刘梦苇、饶孟侃等抒情诗人，使得沈从文进入了"新月派"作家群。

1928年，沈从文的生活又陷入困境，他给徐志摩写信表示，想到上海美专去跟刘海粟学画画，徐志摩却劝他说："还念什么书，去教书吧！"当时，胡适正在上海担任中国公学校长，徐志摩就给胡适写信荐举沈从文去教书。胡适同意聘用沈从文为中国公学讲师，主讲大学部一年级现代文学选修课。此时，沈从文在文坛上已经崭露头角，学生们听说沈从文给他们来上课，来听课的人特别多。上课的铃声响了，沈从文走上讲台，看到下面黑压压地坐满了学生，他的心立时就跳得很激烈，一着急，把要讲的话全忘了。在课堂上站了有十来分钟，才开始用他那湘西口音讲课。不料，他只讲了十几分钟，就把准备的一个课时的内容讲完了。以后就没有可说的内容，只好在黑板上写了几个字："我第一次登台，人很多，有些害怕。"课后，学生们纷纷议论他的讲课，校长胡适听到这种反映，说："学生不轰他，这就是他的成功。"

1931 年的暑假后，徐志摩又推荐沈从文到山东青岛大学任教。这一年的 11 月 19 日，徐志摩因飞机失事不幸罹难，沈从文悲恸万分。他撰文悼念师友徐志摩时写道："志摩先生的突然死亡，深一层次体验到生命的脆弱倏忽，自然使我感到分外沉重。觉得相熟不过五六年的志摩先生，对我工作的鼓励和赞赏所产生的深刻作用，再无别一个师友能够代替。"沈从文对徐志摩的奖掖、举荐之恩是难以忘怀的。可以说，没有徐志摩的扶助，沈从文在文坛恐怕不会获得较高的声誉；没有徐志摩的举荐，沈从文这个具有高等小学文凭的人，也很难登上高等学府的教坛。

趣事　昔年曾在上海光华大学从志摩读书，后来转学到暨南来的徐转蓬，曾讲过徐志摩的一件趣事。那时志摩执教光华大学。有一天，他独自坐在教授休息室里，看见某教授的皮包上，放着"诗经一册"，便顺手取过来。信手翻阅，兴兴所所，便将"出其车门，有女如云，虽则如云，匪我心存"这一段译成白话，随意写在一张教员缺席纸上：

出东门溜一次，

遇见许多标致的女郎；

虽然有那么多标致的女郎，

全不放在我的心上！

译毕，即在下端写上"志摩译"三字。事有凑巧，有位自命为诗人的法国留学生走了进来，一眼就看见这首"志摩译"的诗，连称好诗，便问志摩这是那国的作品。志摩是他如此兴奋，便随意说是一个法国作家的作品，其实那作家完全是子虚乌有的。谁知此公毫不思索，居然牵强附会地背了一大篇那位"作家"的生平。

有一次，光华大学有一个学生到徐志摩家请教，徐于指点后满腹牢骚地说："现在学生国文程度的低落，实在令人太伤心了。读白字，写白字，将来恐怕还要认不得汉字了。"这个学生回答说："这也不能全怪学生，因为汉字实在太难认了。不过有一个办法，即读半边字，譬如先生尊讳'徐志摩'三字，我起初就读成'余心麻'的。"志摩当然知道这是开他的玩笑，大呼"恶作剧"不止，但他也不以为怪。

志摩对小曼的爱并不讳言。那时他执教于上海光华大学，每当下课乘车回家，一进门就高呼"小鹿，小鹿"不止，陆小曼也曼声答应。关于这事，志摩非常坦率，常常对学生们说："教授唯一安慰，即下课回家抱太太作一长吻！"即使有学生到他家里去玩，他们也一不避讳。

友人给徐志摩陆小曼画了一只茶杯和一把茶壶，并题字：一个志摩，一个小曼。意为壶不离杯，杯不离壶。

陆小曼看后告诫徐志摩：你别拿辜鸿铭一把茶壶配几只茶杯的说法当借口，再给我罗列几只茶杯。记住：你不是我的茶壶，你是我的牙刷！茶壶可以和人共用，牙刷不能共用。

评誉

关 于 诗

茅盾在《徐志摩论》说："志摩是中国布尔乔亚'开山'的同时，又是'末代'的诗人。""圆熟的外形，配着淡到几乎没有的内容，而且这淡极了的内容，也不外乎感伤的情绪，——轻烟似的微哀，神秘的、象征的依恋感喟追求：这些都是发展到最后一阶段的、现代布尔乔亚诗人的特色。""我以为志摩的许多披着恋爱外衣的诗，不能够把来当做单纯的情诗看的；透过那恋爱的外衣，有他的那个对于人生的单纯信仰。"

朱自清在《中国新文学大系诗集·导言》中说："他没有闻（一多）氏那样精密，但也没有他那样冷静。他是跳着溅着不舍昼夜的一道生命水。""他的情诗，为爱情而咏爱情：不一定是实生活的表现，只是想象着自己保举自己作情人，如西方诗家一样。"

卞之琳在《徐志摩诗重读志感》说："尽管徐志摩在身体上、思想上、感情上，好动不好静，海内外奔波'云游'，但是一落到英国、英国的十九世纪浪漫派诗境，他的思想感情发而为诗，就从没有能超出这个笼子。""尽管听说徐志摩也译过美国民主诗人惠特曼的自由体诗，也译过法国象征派先驱波德莱的《死尸》，尽管他还对年轻人讲过未来派，他的诗思、诗艺几乎没有越出过十九世纪英国浪漫派雷池一步。"

艾青在《中国新诗六十年》中说徐志摩"擅长的是爱情诗"，"他在女性面前显得特别饶舌"。

陈梦家在《新月诗选·序言》中说："他的诗，永远是愉快的空气，不曾有一些儿伤感或颓废的调子，他的眼泪也闪耀着欢喜的圆光。这自我解放与空灵的飘忽，安放在他柔丽清爽的诗句中，给人总是那舒快的感悟。好像一只聪明玲珑的鸟，是欢喜，是怨，她唱的皆是美妙的歌。"

陈西滢评徐志摩的诗，"音调多近羯鼓铙钹，很少提琴洞箫等抑扬缠绵的风趣，那正是他老在跳着溅着的缘故。"

关 于 文

林语堂在《新丰折臂翁·跋》说："志摩，情才，亦一奇才也，以诗著，更以散文著，吾于白话诗念不下去，独于志摩诗念得下去。其散文尤奇，运句措辞，得力于传奇，而参西洋语句，了无痕迹。"

杨振声在《与志摩最后的一别》一文里，这样评价徐志摩的散文："他那'跑野马'的散文，自己老早就认为比他的诗还好。那用字，有多生动活泼！那颜色，真是'浓得化不开'！那联想的富丽，那生趣的充溢！尤其是他那态度与口吻，有多轻清，多顽皮，多伶俐！而那气力也真足，文章里永看不出懈怠，老那样像云的层涌，春泉的潺溪！他的文章确有它独创的风格，在散文里不能不让他占一席地。"

梁实秋在《谈志摩的散文》中说："他的文章是跑野马；但是跑得好。志摩的文章本来用不着题目，随他写去，永远有风趣。严格地讲，文章里多生枝节（Digression）原不是好处，但有时那枝节本身来得妙，读者便会全神贯注在那枝节上，不回到本题上也不要紧，志摩的散文几乎全是小品文的性质，不比是说理的论文，所以他的跑野马的文笔不但不算毛病，转觉得可爱了。"他说徐志摩散文的妙处，一是"永远保持着一个亲热的态度"；二是"他写起文章来任性"；三是"他的文章永远是用心写的"。

关 于 人

胡适在《追悼志摩》中说，志摩走后，他们的世界里被他带走了不少云彩。他在朋友之中是一片最可爱的云彩，永远是温暖的颜色，永远是美的花样，永远是可爱。他常说他不知道风灾哪一个方向吹，其实，胡适说他们没有几个人知道风在哪个方向吹。可是，不知从哪个方向吹来的狂风卷走了他，他的朋友们的天空顿时一片惨淡，一片寂寞，因为最可爱的云消散了。

叶公超说："他对于任何人，任何事，从未有过绝对的怨恨，甚至于无意中都没有表示过一些嫉妒的神气。"

陈伯通说："尤其朋友里缺不了他。他是我们的连索，他是粘着性的，发酵性的。在这七八年中，国内文艺界里起了不少的风波，吵了不少的架，许多很熟的朋友往往弄的不能见面。但我没有听见有人怨恨过志摩。谁也不能抵抗志摩的同情心，谁也不能避开他的粘着性。……他从没有疑心，他从不会妒忌。使这些多疑善妒的人们十分惭愧，又十分羡慕。"

妙语 如果看过月圆的美，你会有足够的耐心等候二十九个日子，只为等那一个月圆夜。即使到那天，不幸有云遮住她，闭上眼睛你还是能想见她在云背后的光华！

我承认"求不得苦"，但是"不求"更苦！

这个你不要的我，今后只远远的看着你，将不会再扰动你的生命。

千百年前我来过，是为了等你来的！你没来，我不肯走！我从黑发等到白头，从壮年等成一堆荒冢！可是我心不死呵！我痴等！我从荒冢等成了古墓，等到连碑文都风化难辨，——终于，你来了！——你来悼墓了！

走着走着，就散了，回忆都淡了；看着看着，就累了，星光也暗了；听着听着，就醒了，开始埋怨了；回头发现，你不见了，突然我乱了。

爱的出发点不一定是身体，但爱到了身体就到了顶点。

生命薄弱的时候，一封信都不易产出，愈是知心的朋友，信愈不易写。

我是极空洞的一个穷人，我也是一个极充实的富人——我有的只是爱。

我之甘冒世之不韪，竭全力以争取，非特求免凶残之痛苦，实求良善之安顿，求人格之确立，求灵魂之救度耳。我将于茫茫人海中，访我唯一灵魂之伴侣。得之，我幸；不得，我命。

你看我活着不能没有你，不单是身体，我要你的性灵，我要你身体完全的爱我，我也要你的性灵完全化入我的，我要的是你绝对的全部——因为我献给你的也是绝对的全部……

我没有别的方法，我就有爱；没有别的天才，就是爱；没有别的能力，只是爱；没有别的动力，只是爱。

即使命运叫您在得到最后胜利之前碰着了不可躲避的死，我的爱！那时您就死。因为死就是成功，就是胜利。一切有我在，一切有爱在。

我不敢说，我有办法救你，救你就是救我自己，力量是在爱里；再不容迟疑，爱，动手吧！

友情是愉快，是爱，是再不畏虑，是不再受孤寂的侵凌。
我不仅要你的肉眼认识我的肉身，我要你的灵眼认识我的灵魂。
聪明的人，喜欢猜心，也许猜对了别人的心，却也失去了自己的。
傻气的人，喜欢给心，也许会被人骗，却未必能得到别人的。

一生至少该有一次，为了某个人而忘了自己，
不求有结果，不求同行，不求曾经拥有，
甚至不求你爱我，只求在我最美的年华里，遇到你。
一生？再也不敢那么勇敢，为你

一个人的漠然加上另一个人的苦衷，
一个人的忠诚加上另一个人的欺骗，
一个人的付出加上另一个人的掠夺，
一个人的笃信加上另一个人的敷衍。

年少时，我们因谁因爱或是只因寂寞而同场起舞；
沧桑后，我们何因何故寂寞如初却宁愿形同陌路；

相爱时，我们明明两个人，却为何感觉只是独自一人？

分开后，明明只是独自一人，却为何依然解脱不了两个人？

感情的寂寞，大概在于：爱和解脱——都无法彻底。

让女人念念不忘的是感情，让男人念念不忘的是感觉。

感情随着时间沉淀，感觉随着时间消失。

终其是不同的物种，

所以——谁又能明白谁的深爱，谁又能理解谁的离开。

如果你忘了苏醒，那我宁愿先闭上双眼。

你说你不好的时候，我疼，疼的不知道该怎么安慰你，

你说你醉的时候，我疼，疼的不能自制，思绪混乱。

我的语言过于苍白，心却是因为你的每一句话而疼。

太多不能，不如愿，想离开，离开这个让我疼痛的你。

转而，移情别恋，却太难，只顾心疼，我忘记了离开，

一次一次，已经习惯，习惯有你，习惯心疼你的一切。

美诗

再 别 康 桥

轻轻的我走了，

正如我轻轻的来；

我轻轻的招手，

作别西天的云彩。

那河畔的金柳，

是夕阳中的新娘；

波光里的艳影，

在我的心头荡漾。

软泥上的青荇，

油油的在水底招摇；

在康河的柔波里，

我甘心做一条水草！

那榆荫下的一潭，

不是清泉，是天上的虹；

揉碎在浮藻间，

沉淀着彩虹似的梦。

寻梦？撑一支长篙，

向青草更青处漫溯；

满载一船星辉，

在星辉斑斓里放歌。

但我不能放歌，

悄悄是别离的笙箫；

夏虫也为我沉默，

沉默是今晚的康桥！

悄悄的我走了，

正如我悄悄的来；

我挥一挥衣袖，

不带走一片云彩。

美文

翡冷翠①山居闲话

在这里出门散步去，上山或是下山，在一个晴好的五月的向晚，正像是去赴一个美的宴会，比如去一果子园，那边每株树上都是满挂着诗情最秀逸的果实，假如你单是站着看还不满意时，只要你一伸手就可以采取，可以恣尝鲜味，足够你性灵的迷醉。阳光正好暖和，决不过暖；风息是温驯的，而且往往因为他是从繁花的山林里吹度过来，他带来一股幽远的淡香，连着一息滋润的水气，摩挲着你的颜面，轻绕着你的肩腰，就这单纯的呼吸已是无穷的愉快；空气总是明净的，近谷内不生烟，远山上不起霭，那美秀风景的全部正像画片似的展露在你的眼前，供你闲暇的鉴赏。

作客山中的妙处，尤在你永不须踌躇你的服色与体态；你不妨摇曳着一头的蓬草，不妨纵容你满腮的苔藓；你爱穿什么就穿什么；扮一个牧童，扮一个渔翁，装一个农夫，装一个走江湖的桀卜闪②，装一个猎户；你再不必提心整理你的领结，你尽可以不用领结，给你的颈根与胸膛一半日的自由，你可以拿一条这边颜色的长巾包在你的头上，学一个太平军的头目，或是拜伦那埃及装的姿态；但最要紧的是穿上你最旧的旧鞋，别管他模样不佳，他们是顶可爱的好友，他们承着你的体重却不叫你记起你还有一双脚在你的底下。

这样的玩顶好是不要约伴，我竟想严格的取缔，只许你独身；因为有了伴多少总得叫你分心，尤其是年轻的女伴，那是最危险最专制不过的旅伴，你应得躲避她像你躲避青草里一条美丽的花蛇！平常我们从自己家里走到朋友的家里，或是我们执事的地方，那无非是在同一个大牢里从一间狱室移到另一间狱室去，拘束永远跟着我们，自由永远寻不到我们；但在这春夏间美秀的山中或乡间你要是有机会独身闲逛时，那才是你福星高照的时候，那才是你实际领受，亲口尝味，自由与自在的时候，那才是你肉体与灵魂行动一致的时候；朋友们，我们多长一岁年纪往往只是加重我们头上的枷，加紧我们脚胫上的链，我们见小孩子在草里在沙堆里在浅水里打滚作乐，或是看见小猫追他自己的尾巴，何尝没有羡慕的时候，但我们的枷，我们的链永远是制定我们行动的上司！所以只有你单身奔赴大自然的怀抱时，像一个裸体的小孩扑入他母亲的怀抱时，你才知道灵魂的愉快是怎样的，单是活着的快乐是怎样的，单就呼吸单就走道单就张眼看耸耳听的幸福是怎样的。因此你得严格的为己，极端的自私，只许你，体魄与性灵，与自然同在一个脉搏里跳动，同在一个音波里起伏，同在一个神奇的宇宙里自得。我们浑朴的天真是像含羞草似的娇柔，一经同伴的抵触，他就卷了起来，但在澄静的日光下，和风中，他的姿态是自然的，他的生活是无阻碍的。

你一个人漫游的时候，你就会在青草里坐地仰卧，甚至有时打滚，因为草的和暖的颜色自然的唤起你童稚的活泼；在静僻的道上你就会不自主的狂舞，看着你自己的身影幻出种种诡异的变相，因为道旁树木的阴影在他们纤徐的婆娑里暗示你舞蹈的快乐；你也会得信口的歌唱，偶尔记起断片的音调，与你自己随口的小曲，因为树林中的莺燕告诉你春光是应得赞美的；更不必说你的胸襟自然会跟着曼长的山径开拓，你的心地会看着澄蓝的天空静定，你的思想和着山罅间的水声，山罅里的泉响，有时一澄到底的清澈，有时激起成章的波动，流，流，流入凉爽的橄榄林中，流入妩媚的阿诺河③去……

并且你不但不须应伴，每逢这样的游行，你也不必带书。书是理想的伴侣，但你应得带书，是在火车上，在你住处的客室里，不是在你独身漫步的时候。什么伟大的深沉的鼓舞的清明的优美的思想的根源不是可以在风籁中，云彩里，山势与地形的起伏里，花草的颜色与香息里寻得？自然是最伟大的一部书，葛德④说，在他每一页的字句里我们读得最深奥的消息。并且这书上的文字是人人懂得的；阿尔帕斯⑤与五老峰，雪西里⑥与普陀山，来因河⑦与扬子江，梨梦湖⑧与西子湖，建兰与琼花，杭州西溪的芦雪与威尼市⑨夕照的红潮，百灵与夜莺，更不提一般黄的黄麦，一般紫的紫藤，一般青的青草同在大地上生长，同在和风中波动——他们应用的符号是永远一致的，他们的意义是永远明显的，只要你自己心灵上不长疮瘢，眼不盲，耳不塞，这无形迹的最高等教育便永远是你的名分，这不取费的最珍贵的补剂便永远供你的受用；只要你认识了这一部书，你在这世界上寂寞时便不寂寞，穷困时不穷困，苦恼时有安慰，挫折时有鼓励，软弱时有督责，迷失时有南针⑩。

十四年七月

注：①翡冷翠：通译佛罗伦萨，意大利中部城市，文艺复兴时期欧洲最著名的艺术中心。

②桀卜闪：通译吉卜赛人，以过游荡生活为特点的一个民族。原居印度西北部，公元十世纪前后开始到处流浪，几乎遍布全球。

③阿诺河：流经佛罗伦萨的一条河流。

④葛德：通译歌德，德国诗人。

⑤阿尔帕斯：通译阿尔卑斯，欧洲南部的山脉，有多处景色迷人的山口，为著名旅游胜地。

⑥雪西里：通译西西里，地中海最大的岛屿，属意大利。

⑦来因河：通译莱茵河，欧洲的一条大河，源出瑞士境内的阿尔卑斯山，流经列支敦士登、奥地利、法国、德国、荷兰等国，注入北海。

⑧梨梦湖：通译莱蒙湖，也即日内瓦湖，在瑞士西南与法国东部边境，是著名的风景区和疗养地。

⑨威尼市：通译威尼斯，意大利东北部城市。

⑩南针：即指南针。

朱自清：一个诗人、学者、斗士的统一体

传略　朱自清（1898—1948），原名自华，号秋实，字佩弦。现代著名作家、学者、诗人、民主战士。原籍浙江绍兴，生于江苏海州（今连云港市），后随祖父、父亲定居扬州。朱自清祖父朱则余，号菊坡，本姓余，因承继朱氏，遂改姓。为人谨慎，清光绪年间在江苏海州任承审官10多年。父亲名鸿钧，字小坡，娶妻周氏，是个读书人。光绪二十七年（1901）朱鸿钧由海州赴扬州府属邵伯镇上任。两年后，全家迁移扬州城，

朱自清照

从此定居扬州。1916年中学毕业后，朱自清考入北京大学预科。1919年2月写的《睡罢，小小的人》是他的新诗处女作。他是五四爱国运动的参加者，受五四浪潮的影响走上文学道路。1920年北京大学哲学系毕业后，在江苏、浙江一带教中学，积极参加新文学运动。1922年和俞平伯等人创办《诗》月刊，是新诗诞生时期最早的诗刊。他是早期文学研究会会员。1923年发表长诗《毁灭》和《桨声灯影里的秦淮河》等优美散文。1925年8月到清华大学任教，开始研究中国古典文学；创作则以散文为主。1927年写的《背

影》、《荷塘月色》都是脍炙人口的名篇。1931年留学英国，漫游欧洲，回国后写成《欧游杂记》。1932年9月任清华大学中文系主任。1937年抗日战争爆发，随校南迁至昆明，任西南联大教授，讲授《宋诗》、《文辞研究》等课程。1946年由昆明返回北京，任清华大学中文系主任。

1947年，朱自清在《十三教授宣言》上签名。抗议当局任意逮捕群众。朱自清晚年身患严重的胃病，他每月的薪水仅够买3袋面粉，全家12口人吃都不够，更无钱治病。当时，国民党勾结美国，发动内战，美国又执行扶助日本的政策。一天，吴晗请朱自清在《抗议美国扶日政策并拒绝领美援面粉》的宣言书上签字，他毅然签了名并说："宁可贫病而死，也不接受这种侮辱性的施舍。"1948年8月12日，朱自清因贫困交加，在北京逝世。临终前，他嘱咐夫人："我是在拒绝美援面粉的文件上签过名的，我们家以后不买国民党配给的美国面粉。"朱自清一身重病，宁可饿死也不领美国的"救济粮"，表现了中国人的骨气。朱自清病逝后，安葬在香山附近的万安公墓，墓碑上镌刻着"清华大学教授朱自清先生之墓"。1990年，其夫人陈竹隐去世，与先生合葬在一起。

朱自清走上文学道路，最初以诗出名，发表过长诗《毁灭》和一些短诗，收入《雪朝》和《踪迹》。从20世纪20年代中期起，致力于散文创作，著有散文集《背影》、《欧游杂记》、《你我》、《伦敦杂记》和杂文集《标准与尺度》、《论雅俗共赏》等。他的散文，有写景文、旅行记、抒情文和杂文随笔诸类。先以缜密流利的《桨声灯影里的秦淮河》、《荷塘月色》等写景美文，显示了白话文学的实绩；继以《背影》、《儿女》、《给亡妇》等至情之作，树立了文情并茂、自然亲切的"谈话风"散文的典范；最后以谈言微中、理趣盎然的杂感文，实现了诗人、学者、斗士的统一。他对建设平易、抒情、本色的现代语体散文作出了贡献。作为学者，朱自清在诗歌理论、古典文学、新文学史和语文教育诸方面研究上都有实绩。论著有《新诗杂话》、《诗言志辨》、《经典常谈》、《国文教学》（与叶圣陶合著）和讲义《中国新文学研究纲要》等。朱自清一生勤奋，共有诗歌、散文、评论、学术研究著作 26 种，约二百多万言。遗著编入《朱自清集》、《朱自清诗文选集》等。

改名　朱自清，原名朱自华，号实秋。

朱自清在《诗多义一例》一文中说："又譬如我本名'自华'，家里给我起个号叫'实秋'，一面是'春华秋实'的意思，一面也因算命的说我五行缺火，所以取个半边'火'的'秋'字。"后来于 1917 年投考北京大学，录取进了哲学系，遂改名"自清"，字"佩弦"。

这次改名，乃为了策励自己在困境中不丧志，不灰心，保持清白，便取《楚辞·卜居》"宁廉洁正直以自清乎"中"自清"二字，改名朱自清。朱自清的儿子朱乔森对此作了解释："父亲本名自华，号实秋。1917 年跳班报考北京大学本科的时候，因为已经预感到即将降临的'败家的凶惨'和'两肩上人生的担子'，就改名自清，字佩弦。"这所谓"败家的凶惨"，我们只要重读名篇《背影》中这么一段："那年冬天，祖母死了，父亲的差使也交卸了，正是祸不单行的日子，我从北京到徐州，打算跟着父亲奔丧回家，到徐州见着父亲，看见满院狼藉的东西，又想起祖母，不禁簌簌地流下眼泪……回家变卖典质，父亲还了亏空，又借钱办了丧事，这些日子，家中光景很是惨淡……"读了这段文字，也就能够理解朱自清所预感的"两肩上人生的担子"的涵义了。

至于改字"佩弦"，朱乔森解释曰："佩弦，是借用了《韩非子·观行》中'西门豹之性急，故佩韦以自缓；董安于之性缓，故佩弦以自急'的典故，来警策自己。改名自清，同样是为了自警，警策自己在家境衰败、经济困难，乃至被生活的重担'压到不能喘气'的时候，也决不与社会上的各种腐败现象同流合污。"

说其"性缓"，孙伏园回忆在新潮社里与朱自清共同讨论《新潮》稿件和一般思想学术的时候，说："佩弦有一个和平中正的性格，他从来不用猛烈刺激的言词，也从来没有感情冲动的语调……"然而我们看到，晚期的自清先生却是爱憎分明，疾恶如仇：闻一多被刺，他义愤填膺，冒险参加追悼会，作演说，写挽诗；又签字于抗议北平当局任意逮捕人民的宣言，签名呼吁和平宣言；与学生一起扭秧歌，否定"中间路线"；宁可饿死也不领美国的救济粮；一直保持了改名的初衷。

为师 1924年2月下旬，朱自清去宁波的省立四中任教。到达宁波四中时，适值学制改革，中学与师范合并。学校将中学六年分为三段，前两年为初中，中两年为公开高中，后两年为分科高中，分文理两科。朱自清担任文科国文教员。他自编教材，备课充分，教学严谨，讲究方法，循循善诱，深受学生的欢迎。学生们常去他住处求教，他每问必答，绝不敷衍了事。因为来访的人多，朱自清索性在屋中放一张桌子，让学生们环桌而坐，不厌其烦地解答他们提出的问题。或释疑语义，或阐明语源，或传授方法，往往长达数小时之久，深得学生的欢迎。

朱自清在温州浙江第十中学教书时，教学认真，态度严肃，在课堂上极力向学生传授新知识，播种新文学种子，又讲究教育方法，注重教学效果。当时一个学生有生动的回忆：

朱先生来教国文，矮矮的，胖胖的，浓眉平额，白皙的四方脸。经常提一个黑皮包，装满了书，不迟到，不早退。管教严，分数紧，课外还另有作业，不能误期，不能敷衍。同学们开头都不习惯，感到这位老师特别啰唆多事，刻板严厉，因而对他没有好感。但日子一久，看法起了变化：说起教书的态度和方法，真是亲切而严格，别致而善诱。那个时候，我们读和写，都是文言文。朱先生一上来，就鼓励我们多读多作白话文。"窗外"、"书的自叙"……是他出的作文题目，并且要我们自由命题，这在做惯了"小楼听雨记"、"说菊"之类文言文后的我们，得了思想上和文笔上的解放。

朱自清还创造了特别的作文记分法，他要学生在作文本首页的一边，将本学期作文题目依次写下，并注明起讫页数，另一边由他记分，首格代表 90 分到 100 分，次格为 80 到 90 分，如此顺推下去。每批改一篇就在应得分数格里标上记号，学期结束时，只要把这些记号连接起来，就出现一个升降表，成绩的进退便一目了然了。这种记分法，大大诱发起学生对写作的兴趣，激励了他们学习的进取心。学生们都喜欢听他的课，中学部师范部各年级，都争着要求他上课，朱自清只得奔波于两部之间，尽量满足学生的要求。学生们也常到他家里拜访，向他请教问题，三三两两，络绎不绝，简直是门庭若市了。

清华大学中文系成立后，朱自清与杨振声一起拟定课程，开创了国内融汇中外文学、新旧文学的大学中文系课程体系。1930 年秋，他代理中文系主任，主张"科学化""现代化"的办系理念，以"批判地接受旧文化，创造并发展新的进步文学"为中文系的使命，主张"中外文合系"，沟通中西文化。1932 年 9 月，他出任中文系主任，亲自讲授《国文》《中国新文学研究》。他的学风和人格，杨振声描摹得恰如其分："那么诚恳，谦虚，温厚，朴素而并不缺乏风趣。对人对事对文章，他一切处理得那么公允，妥当，恰到好处。他文如其人，风华从朴素出来，幽默从忠厚出来，腴厚从平淡出来。"

在西南联大时，朱自清还是本着一贯的认真的精神，绝不因生活动乱而对教学有半点马虎。平日，他总是兢兢业业地工作，每天非要到夜里 12 点钟后才休息。他对学生要求严格，对自己也毫不放松。一天，他饮食不慎闹肚子，但他还是连夜批改作业。陈竹隐劝他休息，他不肯，说："我已答应明天发给学生作业"。陈竹隐没有办法，只好在他桌子边放个马桶，让他边拉边改，一夜之间竟拉了十多次，天亮后脸色蜡黄，眼窝也凹陷了，人都变了样，但他却脸都没洗，提起书包上课去了。他批改作业很仔细，从不吝啬心血，有错必改，看到精彩论点，则用红笔画上圈圈，还针对上面的缺点与错误，找出材料给同学参考，使他们对问题有较透彻的理解。小考大考时，他就趁机会为学生们校阅笔记，改正错误。他给学生改作业，都是字斟句酌的，一丝不苟，有一回他在一个学生的作业上改了一个字，过后他又把那个学生找来说："还是你原来那个字吧！我想还是原来那个字好。"

朱自清在西南联大教书时对学生热情鼓励，但并不轻易称许，往往会为一个问题与学生争得不可开交。他曾风趣地对学生说："你们不易说服我，我也不易说服你们，甚至我连我的太太也说不服，虽然民主的精神在于说服。"

婚恋　19岁时，朱自清与父母包办的女子武钟谦结婚。武钟谦内向沉静，与朱自清同岁。那时，朱自清在清华教书，讲扬州方言，说话很急，还脸红，与武钟谦感情却很好。婚后12年，生下3男3女。可惜武钟谦未能陪伴他很久，在一次肺病中永远离去。看着爱妻辞世，朱自清内心异常难过，发誓不再娶。其后的一年内，六个孩子让他劳心万分，他觉得一个人的力量真是不够，于是在思想摇摆一段时间后，还是去相了亲。对方就是小他7岁的陈竹隐，她毕业于北平艺术学校，是齐白石的弟子，工书画。她长相清秀，大眼睛，双眼皮，性格很活泼，与武钟谦是两种类型的女子。那天，朱自清穿一件米黄色的绸大褂，戴一副眼镜，看起来还不错。可偏偏脚上穿了一双老款的"双梁鞋"。就是这双梁鞋让陈竹隐的女同学笑了半天，说坚决不能嫁给这土包子。陈竹隐并没有为这双梁鞋去否定一个才华横溢的人，在朱自清再约她时，她欣然赴约。朱自清之子朱思俞回忆说，他们一个在清华，一个住城里，来往不是特别方便。那个时候清华有校车，每天从清华发到城里头再回来，要来往的话就靠校车这么交往，没有来往的时候，就靠信件，所以那个时候写信写得比较多。保存下来的朱自清写给陈竹隐的情书有71封。

1931年6月12日朱自清的情书中写道："一见你的眼睛，我便清醒起来，我更喜欢看你那晕红的双腮，黄昏时的霞彩似的，谢谢你给我力量。"然而，陈竹隐却想到一结婚她就将成为 6 个孩子的母亲，这对未婚的她来说，该有多大的压力呀。她在犹豫中，疏远了朱自清。这不得不让朱自清的情书变得伤感："竹隐，这个名字几乎费了我这个假期中所有独处的时间。我不能念出，整个看报也迷迷糊糊的！我相信自己是个能镇定的人，但是天知道我现在是怎样的烦乱啊。"

在朱自清情书的轰炸下，陈竹隐终于抑制不住内心强烈的感情，接受了他和他的孩子。不久之后，朱自清在情书中写："隐，谢谢你。想送你一个戒指，下星期六可以一同去看。"随后，他们去看了戒指。在朱自清欧洲访学结束后，两人在上海结婚，一直共度到朱自清去世。

情忆

给 亡 妇
——朱自清追忆亡妻武钟谦

谦，日子真快，一眨眼你已经死了三个年头了。这三年里世事不知变化了多少回，但你未必注意这些个，我知道。你第一惦记的是你几个孩子，第二便轮着我。孩子和我平分你的世界，你在日如此；你死后若还有知，想来还如此的。告诉你，我夏天回家来着：迈儿长得结实极了，比我高一个头。闰儿父亲说是最乖，可是没有先前胖了。采芷和转子都好。五儿全家夸她长得好看，却在腿上生了湿疮，整天坐在竹床上不能下来，看了怪可怜的。六儿，我怎么说好，你明白，你临终时也和母亲谈过，这孩子是只可以养着玩儿的，他左挨右挨，去年春天，到底没有挨过去。这孩子生了几个月，你的肺病就重起来了。我劝你少亲近他，只监督着老妈子照管就行。你总是忍不住，一会儿提，一会儿抱的。可是你病中为他操的那一份儿心也够瞧的。那一个夏天他病的时候多，你成天儿忙着，汤呀，药呀，冷呀，暖呀，连觉也没有好好儿睡过。那里有一分一毫想着你自己。瞧着他硬朗点儿你就乐，干枯的笑容在黄蜡般的脸上，我只有暗中叹气而已。

从来想不到做母亲的要像你这样。从迈儿起，你总是自己喂乳，一连四个都这样。你起初不知道按钟点儿喂，后来知道了，却又弄不惯；孩子们每夜里几次将你哭醒了，特别是闷热的夏季。我瞧你的觉老没睡足。白天里还得做菜，照料孩子，很少得空儿。你的身子本来坏，四个孩子就累你七八年。到了第五个，你自己实在不成了，又没乳，只好自己喂奶粉，另雇老妈子专管她。但孩子跟老妈子睡，你就没有放过心；夜里一听见哭，就竖起耳朵听，工夫一大就得过去看。十六年初，和你到北京来，将迈儿，转子留在家里；三年多还不能去接他们，可真把你惦记苦了。你并不常提，我却明白。你后来说你的病就是惦记出来的；那个自然也有份儿，不过大半还是养育孩子累的。你的短短的十二年结婚生活，有十一年耗费在孩子们身上；而你一点不厌倦，有多少力量用多少，一直到自己毁灭为止。你对孩子一般儿爱，不问男的女的，大的小的。也不想到什么"养儿防老，积谷防饥"，只拚命的爱去。你对于教育老实说有些外行，孩子们只要吃得好玩得好就成了。这也难怪你，你自己便是这样长大的。况且孩子们原都还小，吃和玩本来也要紧的。你病重的时候最放不下的还是孩子。病的只剩皮包着骨头了，总不信自己不会好；老说："我死了，这一大群孩子可苦了。"后来说送你回家，你想着可以看见迈儿和转子，也愿意；你万不想到会一走不返的。我送车的时候，你忍不住哭了，说："还不知能不能再见？"可怜，你的心我知道，你满想着好好儿带着六个孩子回来见我的。谦，你那时一定这样想，一定的。

除了孩子，你心里只有我。不错，那时你父亲还在；可是你母亲死了，他另有个女人，你老早就觉得隔了一层似的。出嫁后第一年你虽还一心一意依恋着他老人家，到第二年上我和孩子可就将你的心占住，你再没有多少工夫惦记他了。你还记得第一年我在北京，你在家里。家里来信说你待不住，常回娘家去。我动气了，马上写信责备你。你教人写了一封覆信，说家里有事，不能不回去。这是你第一次也可以说第末次的抗议，我从此就没给你写信。暑假时带了一肚子主意回去，但见了面，看你一脸笑，也就拉倒了。打这时候起，你渐渐从你父亲的怀里跑到我这儿。你换了金镯子帮助我的学费，叫我以后还你；但直到你死，我没有还你。你在我家受了许多气，又因为我家的缘故受你家里的气，你都忍着。这全为的是我，我知道。那回我从家乡一个中学半途辞职出走。家里人讽你也走。哪里走！只得硬着头皮往你家去。那时你家像个冰窖子，你们在窖里足足住了三个月。好容易我才将你们领出来了，一同上外省去。小家庭这样组织起来了。你虽不是什么阔小姐，可也是自小娇生惯养的，做起主妇来，什么都得干一两手；你居然做下去了，而且高高兴兴地做下去了。菜照例满是你做，可是吃的都是我们；你至多夹上两三筷子就算了。你的菜做得不坏，有一位老在行大大地夸奖过你。你洗衣服也不错，夏天我的绸大褂大概总是你亲自动手。你在家老不乐意闲着；坐前几个"月子"，老是四五天就起床，说是躺着家里事没条没理的。其实你起来也还不是没条理；咱们家那么多孩子，哪儿来条理？在浙江住的时候，逃过两回兵难，我都在北平。真亏你领着母亲和一群孩子东藏西躲的；末一回还要走多少里路，翻一道大岭。这两回差不多只靠你一个人。你不但带了母亲和孩子们，还带了我一箱箱的书；你知道我是最爱书的。在短短的十二年里，你操的心比人家一辈子还多；谦，你那样身子怎么经得住！你将我的责任一股脑儿担负了去，压死了你；我如何对得起你！

你为我的捞什子书也费了不少神；第一回让你父亲的男佣人从家乡捎到上海去。他说了几句闲话，你气得在你父亲面前哭了。第二回是带着逃难，别人都说你傻子。你有你的想头："没有书怎么教书？况且他又爱这个玩意儿。"其实你没有晓得，那些书丢了也并不可惜；不过教你怎么晓得，我平常从来没和你谈过这些个！总而言之，你的心是可感谢的。这十二年里你为我吃的苦真不少，可是没有过几天好日子。我们在一起住，算来也还不到五个年头。无论日子怎么坏，无论是离是合，你从来没对我发过脾气，连一句怨言也没有。——别说怨我，就是怨命也没有过。老实说，我的脾气可不大好，迁怒的事儿有的是。那些时候你往往抽噎着流眼泪，从不回嘴，也不号啕。不过我也只信得过你一个人，有些话我只和你一个人说，因为世界上只你一个人真关心我，真同情我。你不但为我吃苦，更为我分苦；我之有我现在的精神，大半是你给我培养着的。这些年来我很少生病。但我最不耐烦生病，生了病就呻吟不绝，闹那伺候病的人。你是领教过一回的，那回只一两点钟，可是也够麻烦了。你常生病，却总不开口，挣扎着起来；一来怕搅我，二来怕没人做你那份儿事。我有一个坏脾气，怕听人生病，也是真的。后来你天天发烧，自己还以为南方带来的疟疾，一直瞒着我。明明躺着，听见我的脚步，一骨碌就坐起来。我渐渐有些奇怪，让大夫一瞧，这可糟了，你的一个肺已烂了一个大窟窿了！大夫劝你到西山去静养，你丢不下孩子，又舍不得钱；劝你在家里躺着，你也丢不下那份儿家务。越看越不行了，这才送你回去。明知凶多吉少，想不到只一个月工夫你就完了！本来盼望还见得着你，这一来可拉倒了。你也何尝想到这个？父亲告诉我，你回家独住着一所小住宅，还嫌没有客厅，怕我回去不便哪。

前年夏天回家，上你坟上去了。你睡在祖父母的下首，想来还不孤单的。只是当年祖父母的坟太小了，你正睡在圹底下。这叫做"抗圹"，在生人看来是不安心的；等着想办法哪。那时圹上圹下密密地长着青草，朝露浸湿了我的布鞋。你刚埋了半年多，只有圹下多出一块土，别的全然看不出新坟的样子。我和隐今夏回去，本想到你的坟上来；因为她病了没来成。我们想告诉你，五个孩子都好，我们一定尽心教养他们，让他们对得起死了的母亲——你！谦，好好儿放心安睡吧，你。

1932 年 10 月 11 日作

病患　　1941 年 3 月 8 日，朱自清在日记中写道："本来诸事顺遂的，然而因为饥饿影响了效率。过去从来没有感到饿过，并常夸耀不知饥饿为何物。但是现在一到十二点腿也软了，手也颤了，眼睛发花，吃一点东西就行。这恐怕是吃两顿饭的原因。也是过多地使用储存的精力的缘故。"饥一餐，饱一顿，朱自清习惯地多食，导致胃病发作，在他的日记中常常看到"胃病发作"、"胃痛，抽搐"、"每日呕水"等文字。我们能想象到朱自清先生清冷而孤寂的身影：胃部感到寒冷不适，夜间坐在那里，不能入睡，令人心酸。长期的粗劣伙食使他的胃病加重，状况恶化，最终导致了朱自清英年早逝。

朱自清熬过了抗战最艰难的时刻，但也付出了沉重的代价，严重的胃病使得健康状况急遽下降。1945 年夏天，抗战临近胜利，47 岁的朱自清已经衰老得令老友感到吃惊。吴组缃见到他的时候，这样写道："等到朱先生从屋里走出来，霎时间我可愣住了。他忽然变得那样憔悴和萎弱，皮肤苍白松弛，眼睛也失去了光彩，穿着白色的西裤和衬衫，格外显出瘦削劳倦之态。……他的眼睛可怜地眨动着，黑珠作晦暗色，白珠黄黝黝的，眼角的红肉球凸露出来；他在凳上正襟危坐着，一言一动都使人觉得他很吃力。"

1948 年 8 月 1 日，朱自清在给朋友的信中说："半年来胃病发作三次，骨瘦如柴……"

1948 年 8 月 10 日，弥留之际的朱自清对妻子陈竹隐断断续续地说："我……已……拒绝……美援，不要……去……买……配售……的……美国……面粉。"这成为他的遗言。

清华大学邓以蛰教授对朱自清的悲惨遭遇发出抗议：举目伤心，此去焉知非幸事。一寒澈骨，再来不作教书人。冯友兰的挽联是：人间哀中国，破碎山河，又损伤《背影》作者；地下逢一多，心酸论语，应惆怅清华文坛。

朱自清以生命的代价维护了那个时代知识分子的尊严。朱自清的胃病也是经历八年抗战之后中国学者的后遗症。

朱自清在胃病日趋严重的状态下工作，奉献出大量的研究成果和学术著作，最后的悲惨命运，让人慨叹。"青灯黄卷，焚膏继晷，吃的是草，挤的是奶，生命不息，工作不止，中国知识分子的命运大抵如此。"

挚交　1921年秋天，朱自清经好友刘延陵介绍到上海中国公学中学部教书。刘延陵江苏泰兴人，和朱自清自幼相识，这时正在那里执教。中国公学在吴淞炮台湾，朱自清一到那里，刘延陵就告诉他一个新鲜消息："叶圣陶也在这儿！"

叶圣陶，江苏苏州人，五四以后写有不少新诗和小说，在文学界颇有名气，他的作品朱自清都看过，对他很是景慕。"怎样一个人？"朱自清好奇地问。

"一位老先生哩。"刘延陵回答。

朱自清感到很意外。一个阴天，刘延陵带他去拜访叶圣陶，一见面朱自清就觉得叶圣陶年纪并不老，"只那朴实的眼色和沉默的风度与我们平日所想象的苏州少年文人叶圣陶不甚符合罢了"。朱自清见了生人照例说不出话，叶圣陶似乎也是如此，所以两人只是泛泛交换了几句对创作的意见。随着交往慢慢密切，两人的友谊才与日俱增，朱自清喜欢叶圣陶的寡言，喜看他有味地倾听他人说话的神情，喜欢他的和易，因为这和易乃"出于天性，并非阅历世故，矫揉造作而成。"更喜他厌恶妥协的率直精神。两人亲与相处，"

同年11月，朱自清到杭州第一师范任教，他的好友俞平伯也在那里执教。学校要朱自清邀请叶圣陶也去杭州。叶圣陶接信后欣然允诺，并在回信中说："我们要痛痛快快游西湖，不管这是冬天。"不久叶圣陶成行去杭州。学校本来安排他们各住一间房间，可是叶圣陶嫌寂寞，于是两人合住一屋。他们时常做伴去西湖，或游湖，或饮酒。圣陶除备课外，勤奋地写小说与童话；朱自清则写诗。一天清晨，他们听见窗外传来工厂汽笛的声音，叶圣陶忽然高兴地说："今天又有一篇了。"这就是童话集《稻草人》中的《大喉咙》。叶圣陶在杭州只待了两个月，但却写了不少作品。《火灾》中的《饭》、《风潮》等七篇小说和《稻草人》中的一部分童话都是这段时间写的。他每写完一篇，总是先给朱自清看，征询他的意见。叶圣陶、朱自清、俞平伯等还创办了《诗》

朱自清与好友俞平伯、叶圣陶等

月刊。冯雪峰、赵平复、魏金枝等组织晨光文学社，叶圣陶、朱自清被聘为顾问。

后来，叶圣陶应邀到北京大学中文系任教，不久回上海进商务印书馆编译部，家也搬到了上海。这一段时间，朱自清先后在浙江台州、温州、宁波、白马湖等地任教，有时他到上海就住在叶圣陶家中。1924 年 7 月，叶圣陶、朱自清、俞平伯合编出版了丛刊《我们的六月》。同年 10 月，朱自清写出了著名散文《背影》，就刊登在叶圣陶主编的《文学周报》上。

朱自清 1925 年任清华大学国文系教授，1927 年正式携眷去北京，路过上海时，叶圣陶等挚友为他饯行。那天晚上他们痛快地饮酒、交谈，席散后又结伴上街散步。他们走过爱多亚路时，已近夜半，叶圣陶对朱自清吟诵起北宋大词人周邦彦的词："酒已都醒如何消夜永"，不无惆怅之慨。第二天，朱自清便登船北上。

1931 年至 1932 年，朱自清去英国留学，回国后仍在清华大学任教授并兼任中文系主任。其后一段时间叶圣陶蛰居上海，朱自清则在北平，一南一北，但鱼雁不绝。1937 年 2 月叶圣陶在开明书店出版的《文章例话》

中把朱自清的《背影》与鲁迅的《社戏》、茅盾的《浴池速写》等佳作并列，热情称赞《背影》是篇好文章："这篇文章通体干净，没有多余的话，没有多余的字眼。即使一个'的'字，一个'了'字，也是必须用才用。"抗战爆发后，叶圣陶从上海移居四川，从事教育和编辑工作，曾先后到过重庆、乐山、成都、桂林等地。而朱自清先是到长沙主持由清华、北大、南开联合组成的临时大学中文系的工作，后临时大学改为西南联合大学，他随同迁往昆明。1940年，叶圣陶赴成都四川省教育厅任教育科学馆专门委员，而朱自清正携眷在成都休假，住在东门外宋公桥。两人在成都重逢，并合编了《文史教学》杂志。1942年，二人又合编了《精读指导举隅》、《略读指导举隅》等书，由商务印书馆出版。1945年又合著了《国文教学》一书。抗战胜利后，叶圣陶回到上海，朱自清则回北平，复任清华大学中文系主任。1948年8月12日，朱自清因病不幸逝世。8月30日，叶圣陶、陈望道等与清华同学会联合举行了朱自清追悼会，并在会上致词，对失去一位文坛干将和诚挚知友而痛惜不已。

悲愤　1926年1月，东北的张作霖和湖北的吴佩孚取得"谅解"。奉系和直系的重新握手言和，意味着他们背后的日、英帝国主义企图联合干涉中国人民的革命。果然，2月22日，上海《字林西报》公开扬言要用十万兵力，北攻天津，中攻沪汉，南攻广州，两年内征服中国。2月27日，北京群众四万余人，在天安门前召开了反英讨吴的国民大会，揭露了英帝国主义侵略中国的阴谋，高喊"打倒吴佩孚"、"反对张吴联合"、"反对英国封锁广州"、"要求国民政府北伐"等口号。3月初，奉系渤海舰队企图在大沽口登陆被国民军击败，3月12日下午，日本军舰驶入大沽口，并有奉舰尾随，驻守炮台的国民军发出警告，日舰公然开炮轰击，国民军死伤十余名。事后，日本帝国主义不仅不接受国民军抗议，反而借口辛丑条约，无理要求国民军撤离，并纠合英、美、法等八国公使于16日向中国政府发出最后通牒，并限定 48 小时内答复。

朱自清一直密切地注视着时局风云的变幻，他和北京广大民众一样，为帝国主义的蛮横挑衅，感到无比愤怒。3 月 18 日，北京 200 多个社会团体，十多万群众在天安门举行反对八国最后通牒示威大会。朱自清跟随清华学校队伍前往参加。李大钊是大会主席之一，他在会上发表讲话，号召大家"要用五四精神，五卅热血"，"反对军阀卖国行为"。大会通过决议后开始了示威游行。队伍来到执政府门前空场上，这时府门前两边站着 200 余个卫队士兵，都背着枪。不一会，队势忽然散动了，清华学校的领队高呼："清华的同学不要走，没有事！"朱自清发现大家纷纷在逃避，赶忙向前跑了几步，向一堆人旁边倒下，这时他听到了噼噼啪啪的枪声。过了一会，觉得有鲜血流到他的手臂上和马褂上，心里明白屠杀已在进行了。只听见警笛一鸣，便是一排枪声，接连放了好几排。枪声稍歇，朱自清茫茫然跟着众人奔逃出去，这时他身旁的两个同伴又中弹倒下，便不由自主地跟随着一些人向北躲入马厩里，藏卧在东墙角的马粪堆上。不到两分钟，他忽然看见对面马厩里有一个兵手拿着枪，正装好子弹，似乎要向他们放，于是大家便立即起来，弯着腰逃出去，走出马路到了东门口。

枪声仍在噼噼啪啪的响，东门口拥塞不堪，他看见地上躺着许多人，他们推推搡搡，拥挤着从人身上踏过去。他看见前面一个人，脑后被打伤，在汩汩地流着血。他终于从人堆上滚了下来，后来才知道，那人堆里有不少是死尸。朱自清和两个女学生出东门沿着墙往南行，枪声又响了，他们想进入一个胡同躲避，刚要拐进去，一个立在墙角穿短衣的男人对他们轻轻地说："别进这个胡同"！他们听从他的话，走到第二个胡同进去，这才真的脱了险。事后得知街上还有抢劫的事，大兵们用枪柄、大刀、木棍，打人砍人，而且还剥死人的衣服，无论男女，往往剥得只剩一条短裤。据统计，这一天当场被杀死 47 人，受伤 200 多人。这就是震惊中外的"三·一八"惨案，为鲁迅所指责的"民国以来最黑暗的一天"。在这一天，朱自清算是历尽艰险，死里逃生了。

段祺瑞政府为了掩饰血腥罪行，在 21 日《申报》上发表了一个"指令"，污指共产党人"假借共产学说，啸聚群众，屡肇事端"，并说此次惨案系李大钊等"率领暴徒数百人，手持枪棍，闯袭国务院，泼火油，抛炸弹，以手枪木棍袭击军警，各军警因正当防卫，致互有死伤。"

既屠杀于前，复污蔑于后，人间竟有如此卑鄙之事。朱自清看了报纸，勃然大怒，觉得"除一二家报纸外，各报记载多有与事实不符之处"。他在房间里踱着，心想："这究竟是访闻失实，还是安着别的心眼儿呢？"考虑了一会，他乃决意写一篇自己"当场眼见和后来可闻的情形，请大家看看这阴惨惨的 20 世纪 26 年 3 月 18 日的中国！"

23 日，朱自清怀着满腔义愤，开始写《执政府大屠杀记》，强烈抗议段祺瑞政府屠杀爱国群众的滔天罪行。夜是异样的宁静，心血却激烈地搏腾。他点燃一支香烟，略一吟思，便提笔写道：3 月 18 日是一个怎样可怕的日子！我们永远不应该忘记这个日子！

这一日，执政府的卫队，大举屠杀北京市民——十分之九是学生！死者 40 余人，伤者约 200 人！这在北京是第一回大屠杀！

思路顺势而下，他迅笔疾书，细致地描写了当时群众请愿游行的情景，然后，以自己在这次大屠杀中所见所闻为线索，紧扣反动当局的种种污蔑，一环紧一环，一层深一层地揭露事实的真相。他把见闻与感想紧紧地联结在一起，使作品具有扣人心弦的叙事揭理的特色。他绝不就事论事，也不抒发空洞的言论，只是抓住大屠杀是反动政府策划已久的大阴谋这一要害，择选最有说服力的典型事例进行描写，以血的事实，批驳墨写的谎言。他寓理于事，于事揭理，文章叙事过程就是对军阀政府的暴露和控诉的过程，无情地揭露了段祺瑞的狰狞面目。在结尾处，他写道：

这回的屠杀，死伤之多，过于五卅事件，而且是"同胞的枪弹"，我们将何以间执别人之口！而且在首都的堂堂执政府之前，光天化日之下，屠杀之不足，继之以抢劫、剥尸，这种种兽行，段祺瑞等固可行之而不卹，但我们国民有此无脸的政府，又何以自容于世界！——这正是世界的耻辱呀!

朱自清万万没有想到，他到北平刚刚半年，就历经了这么一场黑色风暴，而且成为目击者，以亲身经历为这黑暗的一天，写下了血的纪实。

最令他感到伤心的是，清华学校一个叫韦杰三的学生当场被枪击倒地，是同学们冒死把他抬出来的。韦杰三他是认识的。有一天，他正坐在房里看书，忽然有人敲门，进来的是一个温雅的少年，这就是韦杰三。他是由朱自清的同学苏甲荣介绍来的，说是前晚来过，因先生不在，所以这回又特地来的。闲谈了一会，就很有礼貌地告辞了。后来，韦杰三的国文课被分配在别的老师班里，他很想转到朱自清的班上，没有成功。韦杰三家境并不宽裕，父老弟幼，因家贫弟弟失学，他自己的学费，一小半是靠休学做教员赚来的，一大半是靠向人告贷的。他虽穷，但绝不愿平白接受人家的钱，年纪虽轻，却极有骨气，朱自清对他很有好感，觉得他很可爱。3月18日早上，朱自清还碰到他，和平常一样，他微笑着向老师点头问好。游行回来的晚上，朱自清得到消息，说他已经很危险，第二天早上，传闻已死了。朱自清很是痛惜，不料无意中在学生会布告栏上得知他还活着，不禁大为高兴。翌日，便进城往协和医院看望，谁知迟了一个钟点，医院不让进。朱自清怅惘地在医院门口徘徊了一会，问门房道："你知道清华学校有个韦杰三，死了没有？"

"不知道！"门房回答道。

朱自清呆到傍晚，无法可想，只好怏怏而归。21日，得到消息，韦杰三不幸于当天早上1时48分去世。朱自清十分后悔，那天若是早去一个钟点，还可见着一面！

23日，清华同学入城迎灵，朱自清12点才知道，已来不及去了。下午，在旧礼堂入殓，朱自清走到棺旁，只见韦杰三的脸已变了样子，两颧突出，颊肉瘪下，掀唇露齿，完全不是平日见到的温雅模样了。仪式之后，棺盖合上，礼堂里一片唏嘘声，他对着棺柩默念道："唉，韦君，这真是最后一面了！我们从此真无再见面之期了！死生之理，我不能懂得，但不能再见是事实，韦君，我们失掉了你，更将何处觅你呢？" 4月2日，他怀着无限悲痛的心情，写了《哀韦杰三君》一文，以志自己的哀伤之情。

1948年5月间，上海学生发起了反对美帝国主义扶植日本侵略势力的签名运动，这一反帝爱国风暴立即波及全国。6月9日，北平学生集会举行反美扶日示威大游行。当时，国民党政府滥发纸币，通货膨胀，一包香烟要数万元。为了欺骗收买知识分子，他们发了一种配购证，可用低价购到"美援面粉"。这一香甜的诱饵，对贫困的知识分子无疑是一个严峻的考验。

6月18日，朱自清正坐在藤椅上闭目养神，吴晗来到他的家里，给他看一份《抗议美国扶日政策并拒绝领取美援面粉宣言》。上面写道：为反对美国之扶日政策，为抗议上海美国总领事卡德和美大使司徒雷登对中国人之污蔑侮辱，为表示中国人民之尊严和气节，我们断然拒绝美国具有收买灵魂之一切施舍之物资，无论购买的或给与的。下列同人同意拒绝购买美援平价面粉，一致退还配给证，特此声明。

朱自清看毕默不作声，伸出颤动的手，拿起笔来，一丝不苟地在宣言上签上自己的名字。

他知道，这一举动对自己家庭的生活将有很大的影响。晚上，他在《日记》上写道：在拒绝美援和美国面粉的宣言上签名。这意味着每月的生活费用要减少六百万法币。下午认真思索了一阵子，坚信我的签名之举是正确的。因为我们反对美国扶植日本的政策，要采取直接的行动，就不应逃避个人的责任。

美文

桨声灯影里的秦淮河

一九二三年八月的一晚，我和平伯同游秦淮河；平伯是初泛，我是重来了。我们雇了一只"七板子"，在夕阳已去，皎月方来的时候，便下了船。于是桨声汩——汩，我们开始领略那晃荡着蔷薇色的历史的秦淮河的滋味了。

秦淮河里的船，比北京万牲园，颐和园的船好，比西湖的船好，比扬州瘦西湖的船也好。这几处的船不是觉着笨，就是觉着简陋、局促；都不能引起乘客们的情韵，如秦淮河的船一样。秦淮河的船约略可分为两种：一是大船；一是小船，就是所谓"七板子"。大船舱口阔大，可容二三十人。里面陈设着字画和光洁的红木家具，桌上一律嵌着冰凉的大理石面。窗格雕镂颇细，使人起柔腻之感。窗格里映着红色蓝色的玻璃；玻璃上有精致的花纹，也颇悦人目。"七板子"规模虽不及大船，但那淡蓝色的栏干，空敞的舱，也足系人情思。而最出色处却在它的舱前。舱前是甲板上的一部。上面有弧形的顶，两边用疏疏的栏干支着。里面通常放着两张藤的躺椅。躺下，可以谈天，可以望远，可以顾盼两岸的河房。大船上也有这个，便在小船上更觉清隽罢了。舱前的顶下，一律悬着灯彩；灯的多少，明暗，彩苏的精粗，艳晦，是不一的。但好歹总还你一个灯彩。这灯彩实在是最能钩人的东西。夜幕垂垂地下来时，大小船上都点起灯火。从两重玻璃里映出那辐射着的黄黄的散光，反晕出一片朦胧的烟霭；透过这烟霭，在黯黯的水波里，又逗起缕缕的明漪。在这薄霭和微漪里，听着那悠然的间歇的桨声，谁能不被引入他的美梦去呢？只愁梦太多了，这些大小船儿如何载得起呀？我们这时模模糊糊的谈着明末的秦淮河的艳迹，如《桃花扇》及《板桥杂记》里所载的。我们真神往了。我们仿佛亲见那时华灯映水，画舫凌波的光景了。于是我们的船便成了历史的重载了。我们终于恍然秦淮河的船所以雅丽过于他处，而又有奇异的吸引力的，实在是许多历史的影像使然了。

秦淮河的水是碧阴阴的；看起来厚而不腻，或者是六朝金粉所凝么？我们初上船的时候，天色还未断黑，那漾漾的柔波是这样的恬静，委婉，使我们一面有水阔天空之想，一面又憧憬着纸醉金迷之境了。等到灯火明时，阴阴的变为沉沉了：黯淡的水光，像梦一般；那偶然闪烁着的光芒，就是梦的眼睛了。我们坐在舱前，因了那隆起的顶棚，仿佛总是昂着首向前走着似的；于是飘飘然如御风而行的我们，看着那些自在的湾泊着的船，船里走马灯般的人物，便像是下界一般，迢迢的远了，又像在雾里看花，尽朦朦胧胧的。这时我们已过了利涉桥，望见东关头了。沿路听见断续的歌声：有从沿河的妓楼飘来的，有从河上船里度来的。我们明知那些歌声，只是些因袭的言词，从生涩的歌喉里机械的发出来的；但它们经了夏夜的微风的吹漾和水波的摇拂，裊娜着到我们耳边的时候，已经不单是她们的歌声，而是混着微风和河水的密语了。于是我们不得不被牵惹着，震撼着，相与浮沉于这歌声里了。从东关头转弯，不久就到大中桥。大中桥共有三个桥拱，都很阔大，俨然是三座门儿；使我们觉得我们的船和船里的我们，在桥下过去时，真是太无颜色了。桥砖是深褐色，表明它的历史的长久；但都完好无缺，令人太息于古昔工程的坚美。桥上两旁都是木壁的房子，中间应该有街路？这些房子都破旧了，多年烟熏的迹，遮没了当年的美丽。我想象秦淮河的极盛时，在这样宏阔的桥上，特地盖了房子，必然是髹漆得富富丽丽的；晚间必然是灯火通明的。现在却只剩下一片黑沉沉！但是桥上造着房子，毕竟使我们多少可以想见往日的繁华；这也慰情聊胜无了。过了大中桥，便到了灯月交辉，笙歌彻夜的秦淮河；这才是秦淮河的真面目哩。

大中桥外，顿然空阔，和桥内两岸排着密密的人家的大异了。一眼望去，疏疏的林，淡淡的月，衬着蓝蔚的天，颇像荒江野渡光景；那边呢，郁丛丛的，阴森森的，又似乎藏着无边的黑暗：令人几乎不信那是繁华的秦淮河了。

但是河中眩晕着的灯光，纵横着的画舫，悠扬着的笛韵，夹着那吱吱的胡琴声，终于使我们认识绿如茵陈酒的秦淮水了。此地天裸露着的多些，故觉夜来的独迟些；从清清的水影里，我们感到的只是薄薄的夜——这正是秦淮河的夜。大中桥外，本来还有一座复成桥，是船夫口中的我们的游踪尽处，或也是秦淮河繁华的尽处了。我的脚曾踏过复成桥的脊，在十三四岁的时候。但是两次游秦淮河，却都不曾见着复成桥的面；明知总在前途的，却常觉得有些虚无缥缈似的。我想，不见倒也好。这时正是盛夏。我们下船后，借着新生的晚凉和河上的微风，暑气已渐渐消散；到了此地，豁然开朗，身子顿然轻了——习习的清风荏苒在面上，手上，衣上，这便又感到了一缕新凉了。南京的日光，大概没有杭州猛烈；西湖的夏夜老是热蓬蓬的，水像沸着一般，秦淮河的水却尽是这样冷冷地绿着。任你人影的憧憧，歌声的扰扰，总像隔着一层薄薄的绿纱面幕似的；它尽是这样静静的，冷冷的绿着。我们出了大中桥，走不上半里路，船夫便将船划到一旁，停了桨由它宕着。他以为那里正是繁华的极点，再过去就是荒凉了；所以让我们多多赏鉴一会儿。他自己却静静的蹲着。他是看惯这光景的了，大约只是一个无可无不可。这无可无不可，无论是升的沉的，总之，都比我们高了。

那时河里闹热极了；船大半泊着，小半在水上穿梭似的来往。停泊着的都在近市的那一边，我们的船自然也夹在其中。因为这边略略的挤，便觉得那边十分的疏了。在每一只船从那边过去时，我们能画出它的轻轻的影和曲曲的波，在我们的心上；这显着是空，且显着是静了。那时处处都是歌声和凄厉的胡琴声，圆润的喉咙，确乎是很少的。但那生涩的，尖脆的调子能使人有少年的，粗率不拘的感觉，也正可快我们的意。况且多少隔开些儿听着，因为想象与渴慕的做美，总觉更有滋味；而竞发的喧嚣，抑扬的不齐，远近的杂沓，和乐器的嘈嘈切切，合成另一意味的谐音，也使我们无所适从，如随着大风而走。这实在因为我们的心枯涩久了，变为脆弱；故偶然润泽一下，便疯狂似的不能自主了。但秦淮河确也腻人。即如船里的人面，无论是和我们一堆儿泊着的，无论是从我们眼前过去的，总是模模糊糊的，甚至渺渺茫茫的；任你张圆了眼睛，揩净了眦垢，也是枉然。这真够人想呢。在我们停泊的地方，灯光原是纷然的；不过这些灯光都是黄而有晕的。黄已经不能明了，再加上了晕，便更不成了。灯愈多，晕就愈甚；在繁星般的黄的交错里，秦淮河仿佛笼上了一团光雾。光芒与雾气腾腾的晕着，什么都只剩了轮廓了；所以人面的详细的曲线，便消失于我们的眼底了。但灯光究竟夺不了那边的月色；灯光是浑的，月色是清的，在浑沌的灯光里，渗入了一派清辉，却真是奇迹！那晚月儿已瘦削了两三分。她晚妆才罢，盈盈的上了柳梢头。天是蓝得可爱，仿佛一汪水似的；月儿便更出落得精神了。岸上原有三株两株的垂杨树，淡淡的影子，在水里摇曳着。它们那柔细的枝条浴着月光，就像一支支美人的臂膊，交互的缠着，挽着；又像是月儿披着的发。而月儿偶然也从它们的交叉处偷偷窥看我们，大有小姑娘怕羞的样子。岸上另有几株不知名的老树，光光的立着；在月光里照起来，却又俨然是精神矍铄的老人。远处——快到天际线了，才有一两片白云，亮得现出异彩，像美丽的贝壳一般。白云下便是黑黑的一带轮廓；是一条随意画的不规则的曲线。这一段光景，和河中的风味大异了。但灯与月竟能并存着，交融着，使月成了缠绵的月，灯射着渺渺的灵辉；这正是天之所以厚秦淮河，也正是天之所以厚我们了。

这时却遇着了难解的纠纷。秦淮河上原有一种歌妓，是以歌为业的。从前都在茶舫上，唱些大曲之类。每日午后一时起；什么时候止，却忘记了。晚上照样也有一回。也在黄晕的灯光里。我从前过南京时，曾随着朋友去听过两次。因为茶舫里的人脸太多了，觉得不大适意，终于听不出所以然。前年听说歌妓被取缔了，不知怎的，颇涉想了几次——却想不出什么。这次到南京，先到茶舫上去看看，觉得颇是寂寥，令我无端的怅怅了。不料她们却仍在秦淮河里挣扎着，不料她们竟会纠缠到我们，我于是很张皇了。她们也乘着"七板子"，她们总是坐在舱前的。舱前点着石油汽灯，光亮眩人眼目：坐在下面的，自然是纤毫毕见了——引诱客人们的力量，也便在此了。舱里躲着乐工等人，映着汽灯的余辉蠕动着；他们是永远不被注意的。每船的歌妓大约都是二人；天色一黑。她们的船就在大中桥外往来不息的兜生意。无论行着的船，泊着的船，都要来兜揽的。这都是我后来推想出来的。那晚不知怎样，忽然轮着我们的船了。我们的船好好的停着，一只歌舫划向我们来的；渐渐和我们的船并着了。铄铄的灯光逼得我们皱起了眉头；我们的风尘色全给它托出来了，这使我跼蹐不安了。那时一个伙计跨过船来，拿着摊开的歌折，就近塞向我的手里，说，"点几出吧！"他跨过来的时候，我们船上似乎有许多眼光跟着。同时相近的别的船上也似乎有许多眼睛炯炯的向我们船上看着。我真窘了！我也装出大方的样子，向歌妓们瞥了一眼，但究竟是不成的！我勉强将那歌折翻了一翻，却不曾看清了几个字；便赶紧递还那伙计，一面不好意思地说，"不要，我们……不要。"他便塞给平伯。平伯掉转头去，摇手说，"不要！"那人还腻着不走。平伯又回过脸来，摇着头道，"不要！"于是那人重到我处。我窘着再拒绝了他。他这才有所不屑似的走了。我的心立刻放下，如释了重负一般。我们就开始自白了。

我说我受了道德律的压迫，拒绝了她们；心里似乎很抱歉的。这所谓抱歉，一面对于她们，一面对于我自己。她们于我们虽然没有很奢的希望；但总有些希望的。我们拒绝了她们，无论理由如何充足，却使她们的希望受了伤；这总有几分不做美了。这是我觉得很怅怅的。至于我自己，更有一种不足之感。我这时被四面的歌声诱惑了，降服了；但是远远的，远远的歌声总仿佛隔着重衣搔痒似的，越搔越搔不着痒处。我于是憧憬着贴耳的妙音了。在歌舫划来时，我的憧憬，变为盼望；我固执的盼望着，有如饥渴。虽然从浅薄的经验里，也能够推知，那贴耳的歌声，将剥去了一切的美妙；但一个平常的人像我的，谁愿凭了理性之力去丑化未来呢？我宁愿自己骗着了。不过我的社会感性是很敏锐的；我的思力能拆穿道德律的西洋镜，而我的感情却终于被它压服着，我于是有所顾忌了，尤其是在众目昭彰的时候。道德律的力，本来是民众赋予的；在民众的面前，自然更显出它的威严了。我这时一面盼望，一面却感到了两重的禁制：一，在通俗的意义上，接近妓者总算一种不正当的行为；二，妓是一种不健全的职业，我们对于她们，应有哀矜勿喜之心，不应赏玩的去听她们的歌。在众目睽睽之下，这两种思想在我心里最为旺盛。她们暂时压倒了我的听歌的盼望，这便成就了我的灰色的拒绝。那时的心实在异常状态中，觉得颇是昏乱。歌舫去了，暂时宁静之后，我的思绪又如潮涌了。两个相反的意思在我心头往复：卖歌和卖淫不同，听歌和狎妓不同，又干道德甚事？——但是，但是，她们既被逼的以歌为业，她们的歌必无艺术味的；况她们的身世，我们究竟该同情的。所以拒绝倒也是正办。但这些意思终于不曾撇开我的听歌的盼望。它力量异常坚强；它总想将别的思绪踏在脚下。从这重重的争斗里，我感到了浓厚的不足之感。这不足之感使我的心盘旋不安，起坐都不安宁了。唉！我承认我是一个自私的人！平伯呢，却与我不同。他引周启明先生的诗，"因为我有妻子，所以我爱一切的女人，因为我有子女，所以我爱一切的孩子。"①

他的意思可以见了。他因为推及的同情，爱着那些歌妓，并且尊重着她们，所以拒绝了她们。在这种情形下，他自然以为听歌是对于她们的一种侮辱。但他也是想听歌的，虽然不和我一样，所以在他的心中，当然也有一番小小的争斗；争斗的结果，是同情胜了。至于道德律，在他是没有什么的；因为他很有蔑视一切的倾向，民众的力量在他是不大觉着的。这时他的心意的活动比较简单，又比较松弱，故事后还怡然自若；我却不能了。这里平伯又比我高了。

在我们谈话中间，又来了两只歌舫。伙计照前一样的请我们点戏，我们照前一样的拒绝了。我受了三次窘，心里的不安更甚了。清艳的夜景也为之减色。船夫大约因为要赶第二趟生意，催着我们回去；我们无可无不可的答应了。我们渐渐和那些晕黄的灯光远了，只有些月色冷清清的随着我们的归舟。我们的船竟没个伴儿，秦淮河的夜正长哩！到大中桥近处，才遇着一只来船。这是一只载妓的板船，黑漆漆的没有一点光。船头上坐着一个妓女；暗里看出，白地小花的衫子，黑的下衣。她手里拉着胡琴，口里唱着青衫的调子。她唱得响亮而圆转；当她的船箭一般驶过去时，余音还袅袅的在我们耳际，使我们倾听而向往。想不到在弩末的游踪里，还能领略到这样的清歌！这时船过大中桥了，森森的水影，如黑暗张着巨口，要将我们的船吞了下去，我们回顾那渺渺的黄光，不胜依恋之情；我们感到了寂寞了！

　　这一段地方夜色甚浓，又有两头的灯火招邀着；桥外的灯火不用说了，过了桥另有东关头疏疏的灯火。我们忽然仰头看见依人的素月，不觉深悔归来之早了！走过东关头，有一两只大船湾泊着，又有几只船向我们来着。嚣嚣的一阵歌声人语，仿佛笑我们无伴的孤舟哩。东关头转弯，河上的夜色更浓了；临水的妓楼上，时时从帘缝里射出一线一线的灯光；仿佛黑暗从酣睡里眨了一眨眼。我们默然的对着，静听那汩——汩的桨声，几乎要入睡了；朦胧里却温寻着适才的繁华的余味。我那不安的心在静里愈显活跃了！这时我们都有了不足之感，而我的更其浓厚。我们却只不愿回去，于是只能由懊悔而怅惘了。船里便满载着怅惘了。直到利涉桥下，微微嘈杂的人声，才使我豁然一惊；那光景却又不同。右岸的河房里，都大开了窗户，里面亮着晃晃的电灯，电灯的光射到水上，蜿蜒曲折，闪闪不息，正如跳舞着的仙女的臂膊。我们的船已在她的臂膊里了；如睡在摇篮里一样，倦了的我们便又入梦了。那电灯下的人物，只觉像蚂蚁一般，更不去萦念。这是最后的梦；可惜是最短的梦！黑暗重复落在我们面前，我们看见傍岸的空船上一星两星的，枯燥无力又摇摇不定的灯光。我们的梦醒了，我们知道就要上岸了；我们心里充满了幻灭的情思。

1923 年 10 月 11 日作完，于温州

　　注：①原诗是，"我为了自己的儿女才爱小孩子，为了自己的妻才爱女人"。

闻一多：诗如火，"烧沸世人血"

传略　闻一多（1899—1946），原名亦多，字友三，亦字友山，家族排行叫家骅。后改名多，"五四"以后又改名一多。著名诗人、学者，中国现代伟大的爱国民主战士，中国民主同盟早期领导人。

生于湖北省黄冈市蕲水县（今浠水县）下巴河镇的一个书香门第。家学渊源，自幼爱好古典诗词和美术。五岁入私塾启蒙，十岁到武昌就读于两湖师范附属高等小学。

十三岁时以复试鄂籍第一名的成绩考入

闻一多照

北京清华留美预备学校（清华大学前身），在清华度过了十年学子生涯。其间，他学习刻苦，成绩优异，兴趣广泛，喜读中国古代诗集、诗话、史书、笔记等。1916年开始在《清华周刊》上发表系列读书笔记，总称《二月庐漫记》，同时创作旧体诗，并任《清华周刊》、《新华学报》的编辑和校内编辑部的负责人。

1919年五四运动的爆发，把闻一多推入校园运动的潮流。他激情难耐，手书岳飞《满江红》，贴于学校饭厅门前，之后，毅然投身于这一伟大斗争中，

发表演说，创作新诗，成为"五四"新文艺园中的拓荒者之一。并作为清华学生代表赴上海参加全国学生联合会成立大会。

1920 年 4 月，发表第一篇白话文《旅客式的学生》。同年 9 月，发表第一首新诗《西岸》。

1921 年 11 月与梁实秋等人发起成立清华文学社，次年 3 月，写成《律诗底研究》，开始系统地研究新诗格律化理论。

1922 年 7 月，赴美国留学，先后在芝加哥美术学院、珂泉科罗拉多大学和纽约艺术学院进行学习，在专攻美术且成绩突出时，他更表现出对文学的极大兴趣，特别是对诗歌的酷爱。年底出版与梁实秋合著的《冬夜草儿评论》，代表了他早期对新诗的看法。1923 年 9 月出版第一部诗集《红烛》，把反帝爱国的主题和唯美主义的形式典范地结合在一起。

1925 年 5 月回国后，任北京艺术专科学校教务长，并从事《晨报》副刊《诗镌》的编辑工作。后又历任国立第四中山大学（1928 年更名为中央大学，1949 年更名为南京大学）、武汉大学（任文学院首任院长并设计校徽）、青岛大学、北京艺术专科学校、政治大学、清华大学、西南联合大学教授，曾任北京艺术专科学校教务长、南京第四中山大学外文系主任、武汉大学文学院长、青岛大学文学院长。

1928 年 1 月出版第二部诗集《死水》，在颓废中表现出深沉的爱国主义激情，标志着他在新诗方面所取得的进步和成就。

1932 年秋，他回到母校清华大学任中国文学系教授，从事中国古典文学的研究。1937 年抗战爆发后，清华、北大、南开三所大学迁往湖南组成国立长沙临时大学，他到临大任教。1938 年 2 月，他参加临大学生"湘黔滇旅行团"，一路跋山涉水步行 3500 华里，采集民谣、民歌，创造出许多描绘祖国壮丽山河风景画。临大迁到昆明后改为西南联合大学，闻一多继续在联大任教。抗战八年中，他留了一把胡子，发誓不取得抗战的胜利不剃去，表示了抗战到底的决心。

抗战后期，昆明的民主运动在中国共产党的领导下日益高涨。1943 年以后，他在中国共产党的影响和领导下，积极投身于反对国民党政权独裁统治、争取人民民主斗争的洪流。

1944 年他加入中国民主同盟，被选为民盟云南省支部执行委员，积极参加由中共地下党和民盟同志所组织的"西南文化研究会"，谈学术、议时政、研究斗争策略；并认真阅读马列主义和毛泽东著作，以及《新华日报》和《群众》杂志等革命书刊，使自己的政治思想发生了深刻的变化。

1945 年，在中国民主同盟第一次全国代表大会上被选为民盟中央执行委员，后又担任云南支部宣传委员兼《民主周刊》社社长。

同年 12 月 1 日，国民党特务制造了镇压进步学生的"一二·一"惨案，闻一多满怀悲愤，撰文揭露真相，抨击黑暗，呼唤民主，亲自为死难烈士出殡。他同广大进步学生一起，组织了众多的争自由、反独裁、反内战的活动，起草和修改了大量的杂文、宣言、通电、抗议书等文稿，言辞激烈，旗帜鲜明，因而被国民党特务列入暗杀黑名单，悬赏 40 万元买其人头。但他无所畏惧，继续从事各种进步活动。

1946 年西南联大开始分批北上，为了工作需要，他坚决留在昆明。在白色恐怖下，1946 年 7 月 11 日，民盟中央委员李公朴惨遭暗杀，他的处境十分危险，但他置生死于度外。7 月 15 日，他义无反顾地前往参加李公朴先生的追悼会，面对国民党特务，他拍案而起，慷慨激昂地发表了著名的《最后一次的讲演》，悲愤地表示为了民族"要像李先生一样，前足跨出大门，后脚就不准备再跨进大门"的坚定决心。追悼会后，又出席了民盟在《民主周刊》社为李公朴被暗杀事件举行的记者招待会。当天下午在回家途中即遭到国民党特务杀害，时年不满 48 周岁。

闻一多是近现代中西文化大交汇、大碰撞中成长起来的一位学贯中西、博古通今的大家，他首先以独具特色的诗人闻名于世。闻一多诗作的数量并不算多，但却以感情深厚、艺术精美见长。他的诗在内容上的突出特点，就是具有极强烈的民族意识和民族气质，表现出深沉、热烈的爱国主义精神，并从爱国爱民的真情出发，表现出对黑暗现实的厌恶，对人民疾苦的同情和美好未来的憧憬。爱国主义精神贯穿于他的全部诗作，成为他诗歌创作的基调。

闻一多的成就并不限于新诗创作与提倡新格律诗理论，他在中国古代文学研究和古代文化研究方面所取得的创造性的重大成就，引起了学术思想界更为强烈而普遍的震动。应该说，闻一多在中国现代学术思想史上的重要地位，在很大程度上取决于他在中国古代文学及古代文化研究领域的开拓性贡献。后来他走出书斋，投身民主运动，能够具有那样大的影响力和号召力，同样是和他在新诗创作及古代文学研究方面的卓越成就分不开的。

师道　闻一多是一位浪漫的诗人，他会把讲课变成一个充满诗意的过程。所以他把上午的课换到了晚上。七点多钟，电灯已经亮了，闻一多穿着深色长衫，抱着几年来钻研所得的大叠大叠的手稿抄本，昂然走进教室。学生们起立致敬又坐下之后，闻一多也坐下了；但并不马上开讲，却慢条斯理地掏出纸烟匣，打开来对着学生和蔼地一笑：哪位吸？学生们笑了，自然不会有谁真的接受这绅士风味的礼让。于是，闻一多自己点了一支，长长地吐出一口烟雾后，用非常舒缓的声腔念道："痛饮酒，熟读离骚，方得为真名士！"

陈梦家是闻一多的学生，同样不修边幅，两人相处颇为相得。而闻曾写一短简给陈，称之为"梦家吾弟"，陈回称他为"一多吾兄"，闻一多大怒，把他大训了一顿，在这种礼节方面，闻是不肯稍予假借的。

闻一多在西南联大开设了"诗经"、"楚辞"、"周易"、"尔雅"等近10门课。"诗经"和"唐诗"最受学生欢迎。他讲课极为生动，介绍诗歌的时代背景如述自己的亲身经历，介绍诗人生平如讲自己熟识朋友的趣事逸闻，分析内容形式又如诗人在谈自己的创作体会。

闻一多讲唐诗是联大叫座的课。如果说朱自清沉静似水，闻一多则热烈如火。他原来就是诗人，对唐诗的理解，其见解和感受有别于其他学者。闻一多最赞赏五言绝句，认为五言绝句是唐诗中的精品，二十个字就是二十个仙人，容不得一个滥竽充数。汪曾祺说："能够像闻一多先生那样讲唐诗的，并世无第二人。因为闻先生既是诗人，又是画家，而且对西方美术十分了解，因此能将诗与画联系起来讲解，给学生开辟了一个新境界。"闻一多讲唐诗，不蹈袭前人一语。将晚唐诗和后期印象派的画一起讲，特别讲到"点画派"。中国用比较文学的方法讲唐诗的，闻一多当为第一人。

闻一多西南联大的学生李凌后来回忆，闻一多讲《楚辞》有一个特点，他往往等天黑下来的黄昏，在教室之外，点个香炉，拿个烟斗，然后开始念《楚辞》的名句。《楚辞》很复杂，但句子很优雅。每逢讲一些悲痛的词句时，学过戏剧的闻一多总能朗诵得特别感人。而且因为闻一多每次讲课都有新的内容，所以很多人赶着来旁听，尽管这样没有学分。

闻一多在西南联大为学生开《唐诗》课，某女生考试时，按照闻一多所讲的笔记答题，但考分却很低，遂疑惑不解。闻一多对她说："你只会背我讲的笔记，难道你没有自己的看法吗？""做学问不能食前人的余唾，要敢于创新，敢于提出自己的看法，哪怕失败了，也可以得到一次教训……科学就是在不怕失败、不断创新中向前发展的。"

1944年，闻一多曾在昆明昆华中学兼课，教两个班语文，每周还要改100多本作文。实在忙不过来，有时就请研究生帮助他改一个班的作文。但是，他对别人改的作文，每一本都要重新看。一次，有个中学生在作文中议论时事骂国民党。代闻一多改作文的研究生看后，写了"少发牢骚多读书"的批语。闻一多见了，立即为他朗诵艾青的《大堰河》。学生请他题词，他就在纪念册上写了"后生可畏，焉知来者不若今也"几个字，写得十分工整。这个班的语文老师，要求闻一多为班上的作文比赛写了个横幅，作为奖品。闻一多用篆书写了"如日之升"，题上"书赠联大附中的小朋友"，还郑重地盖了自己的图章。

研学　　闻一多酷爱读书，并且读起来就会"成瘾"，一看就"醉"。就在他结婚的那天，洞房里张灯结彩，热闹非凡。大清早亲朋好友都来登门贺喜，直到迎娶的花轿快到家时，人们才发现闻一多不见了。大家只得分头东寻西找，结果在书房里找到了他，而当时的闻一多仍穿着旧袍，手里捧着一本书正看得入迷，竟然忘记了举行婚礼的事。

从到武汉大学开始，闻一多开始致力于中国古代文学研究。他从唐诗开始，继而上溯，由汉魏六朝诗到《楚辞》、《诗经》，由《庄子》而《周易》，由古代神话而史前文学，同时对古文字学、音韵学、民俗学也下了惊人的功夫，涉猎之广，研究之深，成果之丰，郭沫若叹为"不仅前无古人，恐怕还要后无来者。"

闻一多的夫人说，闻一多有时候半夜里头睡着觉忽然一下子坐起来，夫人醒了忙问"干什么干什么？"他说我想起来了，我想起来那一个字，那个字应该怎么考证怎么考证。

自从来到蒙自后，闻一多就一直埋头于古代文化典籍的研究，"除了吃饭上课之外，难得下楼一次"。郑天挺回忆说："我和闻先生是邻屋，闻先生十分用功，除上课外轻易不出门。饭后大家去散步，闻先生总不去，我劝他说何妨一下楼呢，大家笑了起来，于是成了闻先生一个典故，一个雅号——'何妨一下楼主人'，犹之古人不窥园一样，是形容他的读书专精。"后来文学院迁回到昆明，罗庸在一次学术讲演会上讲起这件事，结果"何妨一下楼主人"这个雅号传遍整个校园。

气节　　1930年秋，闻一多受聘于国立青岛大学，任文学院院长兼国文系主任。当时的青岛是一个殖民统治影响相当严重的海滨名城，日本人在此气焰嚣张，为非作歹。曾有青岛大学学生在海滩上无端被日本浪人打得遍体鳞伤，日本浪人反把学生送到警察局扣押。警察一面向日本人谄笑，一面打电话指责校方放纵学生。闻一多闻而大怒，一面大声疾呼："中国！中国！你难道亡国了吗？"一面找校长评理。在闻一多和学生们的强烈抗议下，警方不得不释放学生。

1945 年 5 月 4 日，昆明大中学生举行大游行时，忽见下起雨来，有些学生正要散开。闻一多却走上高台，大声说道："武王伐纣誓师时也下了大雨，武王说这是天洗兵，是上天给我们洗兵器，今天，我们也是天洗兵。"于是游行照常举行。

日寇南侵，清华、北大、南开合成临时大学，在长沙少驻，后改为西南联合大学，

闻一多木刻像

迁往云南。一部分师生组成步行团，闻先生参加步行，万里长征，他把胡子留了起来，声言：抗战不胜，誓不剃须。他的胡子只有下巴上有，是所谓"山羊胡子"，而上髭浓墨，近似一字。他的嘴唇稍薄微扁，目光灼灼。有一张闻先生的木刻像，回头侧身，口衔烟斗，用炽热而又严冷的目光审视着现实，很能表达闻先生的内心世界。

闻一多治印操守极严。1945 年"一二·一"惨案以后，镇压昆明学生运动的祸首李宗黄，表面上附庸风雅，居然送了一方玉石来，请闻一多刻印，限两天刻好，答应润例优厚。对此，闻一多不屑一顾，将玉石原样退回。特务对闻一多恨之入骨，公然把大街上商店中的代闻一多收件的吊牌砸烂。

抗日战争胜利后，昆明的民主运动使国民党当局惊恐不安，他们派出大批特务四处活动，并用武力镇压民主运动。1945 年 12 月 1 日，国民党特务公然闯进几所大学，用枪弹镇压手无寸铁的爱国学生，制造了震惊中外的"一二·一"惨案。闻一多挥笔写下"民不畏死，奈何以死惧之"的挽联，悬挂在"一二·一"四烈士的灵堂上。

国民党特务把他列为黑名单的第二名，有人劝他尽快离开昆明，都被他婉言谢绝。在李公朴治丧委员会举行的李先生殉难报告会上，李公朴夫

人讲得泣不成声，被扶下讲台。原来没有准备发言的闻一多突然拍案而起，慷慨激昂地发表了著名的《最后一次的讲演》。

婚事 　　闻一多先生的婚姻完全是由父母包办的。早在 1912 年，14 岁的闻一多刚考上清华大学时，父母就为他订下了娃娃亲。对象叫高孝贞，黄冈路口人，比闻一多小 4 岁，出生在一个官宦之家，和闻家还是姨表亲。闻一多考上清华大学后，高孝贞的父亲就认为他是一个很有出息的孩子，便主动来到闻家，提出要将女儿嫁给闻一多。闻一多的父母一想，如果闻、高两家能对亲，那就是大好事，既是门当户对，又是亲上加亲。

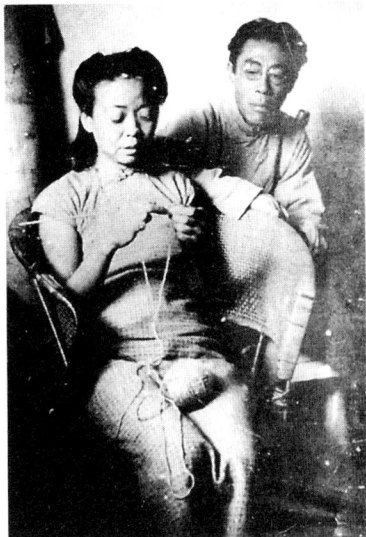

闻一多与夫人

　　1922 年初，就在闻一多赴美留学前夕，他接到父亲催他回家结婚的信。对于这门婚事闻一多很不满意。但是，闻一多是个大孝子，还是回到了家乡，答应与高孝贞结婚。不过他向父亲提出了几点要求：一是不向长辈行跪拜礼；二是不拜祖宗；三是婚后让高孝贞入学读书。父亲本来认为儿子的这三条提得不合理，但为了这门亲事，也就答应了儿子的要求。

　　婚后的高孝贞为人贤惠，也很能干，善解人意。因此，夫妻之间彼此也十分恩爱。不久，高孝贞女士进入武昌女子职业学校读书。进校后由于接受了新知识、新思想，加之有闻一多的熏陶和感染，高孝贞也从一个生活伴侣，逐渐成为了闻一多先生事业上的有力支持者。

教化　闻一多在"诗化教子"中不仅让孩子们了解了诗歌，而且通过对诗的评析，向孩子们进行了爱国思想和道德品质的教育，陶冶性情，培养情操。在给孩子们讲诗时，闻一多一般半靠在床头上，手握诗卷，逐字逐句逐段地讲解。有时引经据典地详细解释某一单字或单词，有时介绍历史背景，有时趣味盎然地讲解某个典故，或剖析诗文的意义。闻一多最重视历代那些走在时代前列的开新诗人，像对"初唐四杰"、张若虚、陈子昂、孟浩然等人的诗，都大讲特讲，赞扬他们为盛唐诗歌扫清道路、开辟新局面的不朽功绩，赞扬中国"人品重于诗品"的优良文学批评传统。闻一多往往先从艺术欣赏的角度，对所要讲的诗进行评论，凭着对诗歌的特有理解，在讲清诗的含义后，他还常常会情不自禁地拍案叫绝："呃，真好呀！你们看，还能比这句写得更好吗？"分析作品时，他就像成了诗人的化身，在叙述这篇作品的创作过程。讲到精彩动人之处，连他自己也融化到诗情诗景里去了，眉飞色舞，神采飞扬，使得孩子们产生如临其境、如见其人的感受。闻立雕在闻一多百年诞辰时著文说："这一年，听父亲讲诗讲文，收获极大，提高了古汉语的知识水平和欣赏能力；增长了对古代社会与历史的了解；陶冶了情操，特别是开始懂得人间既有真善美，也有黑暗与邪恶，启发和培育了我们对受苦受难人民的同情和对黑暗与邪恶势力的憎恨。"

闻一多特别注重培养孩子们的品行。一天，闻立雕在家里玩得忘乎所以，把做作业的事丢在了脑后。闻一多问他怎么不做作业，他怕挨批评，就顺口撒了一个谎，说老师没留作业。但闻一多从他脸上的表情看出，他是在撒谎，就非常果断而严厉地批评了他。难能可贵的是，重视"诗化教子"的闻一多，在家教中还能勇于向孩子道歉。有一次，他因一时气极而责罚了小女儿，事后主动道歉。此事使其在孩子们心目中的形象显得特别高大！

知己　臧克家与闻一多的相识是在青岛，那是 1930 年的夏天。臧克家是青岛大学英文系的新生。开学之后，臧想转到中文系，就去国文系主任办公室找闻先生。当时有几个学生都想转，问到臧时，先生问："你叫什么名字？""臧瑗望"（臧是借臧瑗望的文凭考入青大的）。"好，你转过来吧，我记得你的《杂感》。"就这样，臧以《杂感》中"人生永远追逐着幻光，但谁把幻光看做幻光，谁便沉入了无底的苦海"的诗句见之于闻一多先生了。

此后，臧克家读了闻一多的《死水》，便放弃了以前读过的许多诗，也放弃了以前对诗的看法；觉得如今才找到适合自己创作诗歌的途径。

对《死水》，臧克家几乎全能背诵，从中汲取了丰富的营养。对臧的诗，闻是第一个读者。一次暑假，臧克家把自己的《神女》寄给老师，寄回来时，闻一多在自己喜欢的一个句子上打了红的双圈，让臧克家高兴得跳了起来！

1932年夏天，学校里因为考试制度定得太严发生了学潮，同学们把责任全推到闻先生身上，有些人写打油诗骂他，他泰然处之。暑假之后，他便转到清华大学去了。他在给臧的信中说："学校要我做国文系主任，我不就，以后决不再做这一类的事了，得一知己，可以无憾，在青岛得到你一个人已经够了。"

以后，臧一直在战地上跑，偶尔在画报上看见闻先生的照片，胡须半尺长，成了清华有名的四大胡子之一。臧每隔一年半载就给先生写封信，以表怀念之情。后来，闻终于回了一信。臧自是十分惊喜。劈头第一句："如果再不给你回信，那简直是铁石心肠了。"

当报纸上刊出了教育部解聘闻一多的消息后，臧写了《擂鼓的诗人》，以示抗议。闻在回信中写道："你在诗文里夸我的话，我只当是策励我的。从此我定不辜负朋友们的期望。此身别无长处，既然有一颗心，有一张嘴，讲话定要讲个痛快。"

雅好　闻一多先生在写作大量振聋发聩的新诗之余，对篆刻艺术也钟情有加。1927年夏，在致饶孟侃的信中，他以幽默风趣、轻松活泼的比喻，表达了自己对篆刻艺术的热爱之情。信文如下："绘画本是我的原配夫人，海外归来，逡巡两载，发妻背世，诗升正室。最近又置了一个妙龄的姬人——篆刻是也。似玉精神，如花面貌，谅能宠擅专房，遂使诗夫人顿兴弃扇之悲。"

1944 年，闻一多给华罗庚刻印一方，边款为："顽石一方，一多所凿。奉贻教授，领薪立约。不算寒伧，也不阔绰。陋于牙章，雅于木戳。若在战前，不值两角。"

昆明接近象牙产区，欣赏和收藏牙章当时颇为盛行。有几位老朋友知道闻一多擅长篆刻，出了个主意，鼓励他公开治印，既是自食其力的雅事，又可业余从事，不致影响教研工作，也可借此改善一下生活。浦江清教授特撰了一篇《闻一多教授金石润例》，文曰：

秦钵汉印，攻金切玉之流长；殷契周铭，古文奇字之源远。是非博雅君子，难率尔以操觚；倘有稽古宏才，偶点画而成趣。

浠水闻一多教授，文坛先进，经学名家，辨文字于毫芒，几人知己；谈风雅之原始，海内推崇。斲轮老手，积习未除，占毕余闲，游心佳冻。惟是温麐古泽，仅激赏于知交；何当琬琰名章，共榷扬于艺苑。黄济叔之长髯飘洒，今见其人；程瑶田之铁笔恬愉，世尊其学。爰缀短言为引，公定薄润于后。

闻一多治印的润资，明码标出，刚开始石章每字 200 元，牙章每字 400 元。他治印不直接收件，委托青云街、正义路几家笔店收转。昆明街头的几家店铺和杂志社纷纷挂起"闻一多治印"的牌子。名教授治印，这在昆明是新鲜事，于是，慕名求印的接踵而来。闻一多本来课务很忙，这时时间更加紧张。深夜，孩子们睡了，他听着孩子们均匀的鼾声，奋力刻印。白天，朋友们来谈话，他往往也得手拿着牙章刻几个字。每逢这时刻，他常常风趣地说："我是一个手工业劳动者。"

西南联大复员前夕，民盟云南支部组织有了发展。为了进一步开展工作，防止国民党特务的破坏，各种文件都不用组织的名义，而改用个人的化名。一天晚上，议定用"田省三印"代表民盟云南支部、用"刘宓之印"代表秘书处、用"祖范之印"代表组织部、用"杨亦萱印"代表宣传部。刻印的事，闻一多就主动担当起来了。第二天清晨，他拿了这四方印章交给楚图南。楚图南接到这精美的印章之后，"望着一多布满血丝的眼睛，接过了四枚图章，深深地为一多的忘我精神所感动。"

名言　书要读懂，先求不懂。

友间固不妨诚实地发表自己的意见，但也要避开标榜的嫌疑。

尽可能多创造快乐去填满时间，哪可活活缚着时间来陪着快乐。

我爱中国固因他是我的祖国，而尤因他是有那种可敬爱的文化的国家。

尽可多多创造快乐去填满时间，那可活活缚着时间来陪着快乐？

个人之于社会等于身体的细胞，要一个人身体健全，不用说必须每个细胞都健全。

对奴隶，我们只当同情，对有反抗性的奴隶，尤当尊敬。

人家说了再做，我是做了再说，人家说了也不一定做，我是做了也不一定说。

名诗

红　烛

"蜡炬成灰泪始干"

——李商隐

红烛啊！

这样红的烛！

诗人啊!

吐出你的心来比比,

可是一般颜色?

红烛啊!

是谁制的蜡——给你躯体?

是谁点的火——点着灵魂?

为何更须烧蜡成灰,

然后才放光出?

一误再误;

矛盾!冲突!

红烛啊!

不误,不误!

原是要"烧"出你的光来——

这正是自然的方法。

红烛啊!

既制了,便烧着!

烧吧!烧吧!

烧破世人的梦,

烧沸世人的血——

也救出他们的灵魂,

也捣破他们的监狱!

红烛啊!

你心火发光之期,

正是泪流开始之日。

红烛啊!

匠人造了你,

原是为烧的。

既已烧着，

又何苦伤心流泪？

哦！我知道了！

是残风来侵你的光芒，

你烧得不稳时，

才着急得流泪！

红烛啊！

流罢！你怎能不流呢？

请将你的脂膏，

不息地流向人间，

培出慰藉的花儿，

结成快乐的果子！

红烛啊！

你流一滴泪，灰一分心。

灰心流泪你的果，

创造光明你的因。

红烛啊！

"莫问收获，但问耕耘。"

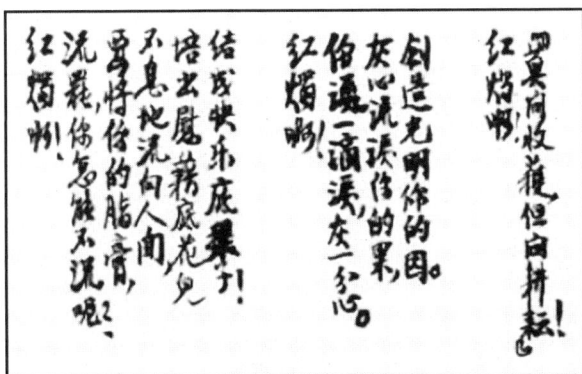

红烛手迹

闻一多：诗如火，『烧沸世人血』

檄文

最后一次的讲演

这几天，大家晓得，在昆明出现了历史上最卑劣最无耻的事情！李先生究竟犯了什么罪，竟遭此毒手？他只不过用笔写写文章，用嘴说说话，而他所写的，所说的，都无非是一个没有失掉良心的中国人的话！大家都有一支笔，有一张嘴，有什么理由拿出来讲啊！有事实拿出来说啊！为什么要打要杀，而且又不敢光明正大的来打来杀，而偷偷摸摸的来暗杀！这成什么话？

今天，这里有没有特务？你站出来！是好汉的站出来！你出来讲！凭什么要杀死李先生？杀死了人，又不敢承认，还要诬蔑人，说什么"桃色事件"，说什么共产党杀共产党，无耻啊！无耻啊！这是某集团的无耻，恰是李先生的光荣！李先生在昆明被暗杀是李先生留给昆明的光荣！也是昆明人的光荣！

去年"一二·一"昆明青年学生为了反对内战，遭受屠杀，那算是青年的一代献出了他们最宝贵的生命！现在李先生为了争取民主和平而遭受了反动派的暗杀，我们骄傲一点说，这算是像我这样大年纪的一代，我们的老战友，献出了最宝贵的生命！这两桩事发生在昆明，这算是昆明无限的光荣！

反动派暗杀李先生的消息传出以后，大家听了都悲愤痛恨。我心里想，这些无耻的东西，不知他们是怎么想法，他们的心理是什么状态，他们的心是怎样长的！其实很简单，他们这样疯狂的来制造恐怖，正是他们自己在慌啊！在害怕啊！所以他们制造恐怖，其实是他们自己在恐怖啊！特务们，你们想想，你们还有几天？你们完了，快完了！你们以为打伤几个，杀死几个，就可以了事，就可以把人民吓倒了吗？其实广大的人民是打不尽的，杀不完的！要是这样可以的话，世界上早没有人了。

你们杀死一个李公朴，会有千百万个李公朴站起来！你们将失去千百万的人民！你们看着我们人少，没有力量？告诉你们，我们的力量大得很，强得很！看今天来的这些人，都是我们的人，都是我们的力量！此外还有广大的市民！我们有这个信心：人民的力量是要胜利的，真理是永远存在的。历史上没有一个反人民的势力不被人民毁灭的！希特勒，墨索里尼，不都在人民面前倒下去了吗？翻开历史看看，你们还站得住几天！你们完了，快完了！我们的光明就要出现了。我们看，光明就在我们眼前，而现在正是黎明之前那个最黑暗的时候。我们有力量打破这个黑暗，争到光明！我们的光明，就是反动派的末日！

李先生的血不会白流的！李先生赔上了这条性命，我们要换来一个代价。"一二·一"四烈士倒下了，年轻的战士们的血换来了政治协商会议的召开；现在李先生倒下了，他的血要换取政协会议的重开！我们有这个信心！

"一二·一"是昆明的光荣，是云南人民的光荣。云南有光荣的历史，远的如护国，这不用说了，近的如"一二·一"，都是属于云南人民的。我们要发扬云南光荣的历史！

反动派挑拨离间，卑鄙无耻，你们看见联大走了，学生放暑假了，便以为我们没有力量了吗？特务们！你们错了！你们看见今天到会的一千多青年，又握起手来了，我们昆明的青年决不会让你们这样蛮横下去的！

反动派，你看见一个倒下去，可也看得见千百个继起的！

正义是杀不完的，因为真理永远存在！历史赋予昆明的任务是争取民主和平，我们昆明的青年必须完成这任务！

我们不怕死，我们有牺牲的精神！我们随时像李先生一样，前脚跨出大门，后脚就不准备再跨进大门！

老舍："我愿自己的儿女能以血汗挣饭吃"

老舍照

传略　老舍（1899—1966），小说家、剧作家。满族，祖籍北京。原名舒庆春，字舍予。

1918 年毕业于北京师范学校，担任过小学校长、郊外北区劝学员等职。五四新文化运动掀起的民主、科学、个性解放的思潮，把他从"兢兢业业地办小学，恭恭顺顺地侍奉老母，规规矩矩地结婚生子"的人生信条中惊醒；文学革命的勃兴，又使他"醉心新文艺"，由此开始生命和事业的新起点。

1924 年，老舍赴英国伦敦大学东方学院讲授汉语和中国文学。自 1925 年起，陆续写了 3 部长篇小说：《老张的哲学》、《赵子曰》、《二马》。3 部作品陆续在《小说月报》上连载后，引起文坛的注目。1926 年老舍加入文学研究会。1929 年夏，绕道欧、亚回国。在新加坡逗留期间，为当地高涨的民族解放要求所鼓舞，创作反映被压迫民族觉醒的中篇童话《小坡的生日》。1930 年 7 月起，到济南齐鲁大学任教。1934 年秋，改任青岛山东大学教授。在这两所大学，相继开设文学概论、外国文学史、欧洲文艺思潮、小说作法等课程。课余继续从事创作。沿袭原来的艺术取向，创作了长篇小说《离婚》和《牛天赐传》等，都写得富有生活情趣和喜剧效果。比之早期作品，描写从浅露趋向含蓄，相当圆熟地形成他作为幽默作家、北京人情世态的风俗画师、市民社会的表现者和批判者独特的艺术风格。面对愈来愈严酷的社会现实，创作出现两种新的趋势：一是日益关切国家大事，由此触发写作的灵感，如受到日本侵略者制造的"五卅"惨案的刺激，写了《大明湖》，"九·一八"事变引起他"对国事的失望"，遂有寓言小说《猫城记》的问世；一是更加关怀城市贫民的苦难，以此作为主要描写对象，《月牙儿》叙述母女两代沦为暗娼，《我这一辈子》诉说下级警察的坎坷经历。在《骆驼祥子》中，以农村来到城市拉车的祥子个人的毁灭，写出一场沉痛的社会悲剧。把城市底层暗无天日的生活引进现代文学的艺术世界，是老舍的一大建树。

从30年代初起，老舍开始写作短篇小说，作品收入《赶集》、《樱海集》、《蛤藻集》等。其中如《柳家大院》、《上任》、《老字号》、《断魂枪》诸篇，绰约多姿，精致完整，是不可多得的佳作。

抗日战争爆发后，1937年11月济南沦陷前夕，老舍只身奔赴武汉。于1938年3月，参加中华全国文艺界抗敌协会，出任总务部主任。他写于抗战时期的作品，也多以直接为民族解放服务为题旨。自1944年开始，进入长篇小说《四世同堂》的创作，回到所熟悉的北京市民社会和所擅长的幽默讽刺艺术。小说刻画深受传统观念束缚的市井平民，在民族生死存亡关头的内心冲突，于苦难中升腾起来的觉醒和抗争，自然也有消极逃匿和无耻堕落，是他抗战时期的力作，也是抗战文艺的重要收获。

1946年3月，应美国国务院邀请赴美讲学。一年期满后，继续旅居美国，从事创作和将自己的作品译成英文。

得知中华人民共和国建立，老舍立即启程回国。新社会的新气象使他极为振奋，不久就发表以艺人生活为题材的剧作《方珍珠》。1951年初创作的话剧《龙须沟》上演，剧本通过大杂院几户人家的悲欢离合，写出了历尽沧桑的北京和备尝艰辛的城市贫民正在发生的天翻地覆的变化，是其创作新的里程碑，他因此获得人民艺术家的荣誉称号。50—60 年代，他在文艺、政治、社会、对外文化交流等方面担任多种职务，但仍然勤奋创作。作品以话剧为主，有《春华秋实》、《西望长安》、《红大院》、《女店员》等，以刻画北京市民告别旧生活、迎接新时代的精神历程的作品较为成功。

自 50 年代后半期起，老舍在话剧《茶馆》、《义和团》（又名《神拳》）和小说《正红旗下》（未完成）等作品中，转而描绘近代北京的历史风云。《茶馆》以一座茶馆作为舞台，展开了清末戊戌维新失败、民国初年北洋军阀盘踞时期、国民党政权崩溃前夕 3 个时代的生活场景和历史动向，写出旧中国的日趋衰微，揭示必须寻找别的出路的真理。老舍的话剧艺术在这个剧本中有重大突破。《茶馆》是当代中国话剧舞台最享盛名的保留剧目，继《骆驼祥子》之后，再次为老舍赢得国际声誉。

老舍在 40 多年的创作生涯中，思想上艺术上不断取得重要进展和突破。他写作勤奋，孜孜不倦地涉猎文学创作的各个领域，是位多产作家，一生写作了 1000 多篇（部）作品。"文化大革命"初期遭受迫害，于 1966 年 8 月 24 日自溺于北京太平湖。

婚恋　1929 年的冬天，老舍从英国回到北京后的一天，在与他的好友白涤洲叙旧时，白涤洲问起他的婚姻大事，老舍支支吾吾地说："父母做主的那段婚姻，虽说退掉了，至今想起来也让人伤心。我刚 31 岁，还不着急呢。"可是白涤洲却说："怎么不着急？男大当婚，遇到合适的机会就该张罗了。"白涤洲这样说，事出有因。原来他的朋友有个妹妹叫胡絜青，已经 26 岁了，她母亲常为女儿的终身大事着急，就让胡絜青的二哥找他的朋友罗常培、白涤洲留心物色。恰巧此时老舍回到北京，罗常培与白涤洲都相中了老舍。

怎么先让他们见见面呢？白涤洲与罗常培就请北京师大音乐系的一位朋友出面，带着他的学生胡絜青拜访老舍。胡絜青自幼爱好文学，与几位女同学组织了一个文学社——真社。她们读过老舍的《老张的哲学》、《赵子曰》等长篇小说。如今听说老舍回到北京，很希望能见到这位心仪已久的著名作家。于是胡絜青就代表"真社"社员，来请老舍给她们辅导创作。老舍一向平易近人，对青年学生的要求很爽快地答应下来。事后胡絜青和老舍才得知这是白涤洲、罗常培他们有意安排的。后来，白涤洲、罗常培先后三次轮流做东，宴请老舍和胡絜青，而胡絜青没有拒绝，也没有明显地表示出什么。

第二年的夏天，老舍应山东齐鲁大学之邀担任中文系副教授，要离开北京。尽管在与胡絜青的三次接触中，她没有明确表态，但是老舍已察觉到胡絜青的默许。不过老舍也有所顾虑：虽说他俩都出身于满族正红旗，可是两家的家境相差悬殊。胡絜青出身于正三品的参将，老舍却出身于正红旗的护军。他担心门不当、户不对，容易产生意见分歧，影响婚姻关系。他左思右想，觉得还是应该事先摊牌，把丑话说在前头。终于老舍给胡絜青写出了第一封信："我们不能总靠吃人家饭的办法会面说话，你和我手中都有一支笔，为什么不能利用它——这完全是属于自己的小东西，把心里想说的话都写出来。""你给我的第一印象，像个日本少女，你不爱吭声……你我都是满族人，生活习惯一样。你很好学，我对外国名著、外国地理、历史、文学史也很了解，彼此有共同语言，能生活到一起。"老舍还在信中提出"约法三章"：第一，要能受苦，能吃窝头，如果天天想坐汽车就别找我；第二，要能刻苦，学一门专长；第三，不许吵架，夫妻和和睦睦过日子。胡絜青读了老舍的信，不但没有反感，反而觉得与老舍的心贴得更近了。她当即给老舍回了信，很婉转地表示了她非常钦慕老舍一心向上，互敬互爱和积德行善的行为。老舍得到胡絜青的回应之后，异常兴奋和激动，就每天给她写一封信，谈爱情、谈婚姻、谈家庭、谈人生、谈文学，几乎无所不谈，连续写了一百多封信。几个月的鱼雁往还，越来越拉近了他们的思想感情，成为不能须臾离开的情侣了。

姑娘时代的胡絜青手巧爱做衣裳。朋友们告诉老舍：你看胡絜青，每天准换一身衣裳。老舍赶忙去信说："……我可没钱供你，看来，你跟我好，就得牺牲这衣裳。我不能像外国人似的，在外面把老婆捧得老高，回家就一顿打。我不会欺负你，更不会打你，可我也不会像有些外国男人那样，给你提着小伞，让你挺神气地在前头走，我在后头伺候你。"

1931年夏天，老舍回北京度假时，与胡絜青举行了结婚典礼。结婚后的第二天，老舍对胡絜青说："我有一句话必须说清，平日，如果你看到我坐在那儿不言语，抽着烟，千万别理我，我是在构思，绝不是跟你闹别扭，希望你别打扰我。"他又说："咱们要和睦相处，决不能吵架拌嘴。"在他们相伴相依的35年中，胡絜青很好地履行了老舍的"约法三章"，他们共同生活了35年，从没有红过脸。

教子　　1942年8月，老舍写过一篇叫做《艺术与木匠》的文章，其中有这么一段："我有三个小孩，除非他们自己愿意，而且极肯努力，做文艺写家，我绝不鼓励他们，因为我看他们做木匠、瓦匠或做写家，是同样有意义的，没有高低贵贱之别。"

老舍在给妻子的一封信里谈到对孩子们的希望时写道："我想，他们不必非入大学不可。我愿自己的儿女能以血汗挣饭吃，一个诚实的车夫或工人一定强于一个贪官污吏，你说是不是？"

老舍特别珍视儿童的

老舍与子女

天真，认为这是天下最可贵的，万万不可扼杀。他主张儿童"宜多玩耍"，最害怕看见"小大人"、"小老头"和"少年老成"。

老舍说："摩登夫妇，教三四岁小孩识字，客来则表演一番，是以儿童为玩物，而忘了儿童的身心教育甚慢，不可助长也。"

老舍提倡对待儿童必须有平等的态度，主张尊重儿童，像对待好朋友一样，并身体力行。他爱给儿童写信，在信中常用幽默的话开玩笑，甚至悄悄地向儿童宣布自己的写作计划。在他面前，孩子可以自由说话，他希望普天下的父母都有这样的态度和胸怀。

老舍喜欢看儿童写大字，认为是一大乐趣。"倒画逆推，信意创作，兴之所至，加减笔来画，前无古人，自成一家，至指黑眉重，墨点满身，亦且淋漓之致。"从这段他对孩子们的描述中，可以看出他十分推崇孩子们的独特创造性。

情谊　　赵清阁，1914年生，河南信阳人。5岁丧母，7岁时在外祖母家家塾里开始读书。初中快毕业时，因父亲和继母商量，要让她与当地一个有功名的人家订婚，恰被她听见，性格孤傲的她不想中断课业，便离家出走，考入开封艺术高中。1931年她第一次向报社投稿就得到发表。1933年考入上海美术专科学校，成为《女子月刊》的基本撰稿人。1934年春，她曾经给鲁迅先生寄诗文求教，得到鲁迅的关怀和亲切帮助。在左翼作家洪深等人的鼓励和帮助下，她又转向写剧本，从事创作。

老舍与赵清阁的最初交往，是从抗战爆发后的武汉开始。1937年11月20日，老舍抛妻别子，只身奔赴武汉，投入到抗日的洪流中。同年年底，赵清阁也从河南辗转来到武汉，成为作家流亡大军中的一员。

恰逢中华全国文艺界抗敌协会成立，老舍做了协会总负责。在"文协"的日常工作中，赵清阁与老舍有了更多的接触和交往。周恩来还想让赵清阁做老舍的秘书。

当时赵清阁还身兼主编宣传抗战的文艺月刊《弹花》的重任，而老舍则成为《弹花》的主要撰稿人，并为《弹花》创刊号写了《我们携起手来》。

在抗战时期的重庆，赵清阁的名字常与老舍联在一起。赵清阁刚强豪爽，也许是这种略带阳刚的性格，使"见着女人也老觉得拘束"的老舍有勇气跟她合作。他们合写了剧本《虎啸》、《桃李春风》以及《万世师表》。

赵清阁写戏剧先于老舍，所以在剧本创作技巧及操作方面曾影响过老舍。其中四幕话剧《桃李春风》最为引人关注。赵清阁说："当初老舍叫我同他合作剧本的时候，我不大赞成，因为他的意思，是希望发挥两个人的长处！他善于写对话，我比较懂得戏的表现。而我却担心这样会失败。合作的经过是如此：故事由我们两个人共同商定后，他把故事写出来，我从事分幕。好像盖房子，我把架子搭好以后，他执笔第一二幕。那时候我正住医院，他带着一二幕的原稿来看我的病，于是我躺在床上接着草写第三四幕。但文字上还是他偏劳整理起来的。老舍的对话很幽默，如第一二幕情节虽嫌平静，对话却调和了空气，演出博得不少喝彩声。"

日后老舍工作在北京，赵清阁定居于上海，再加上双方工作的繁忙，相互见面的机会很少。不过空间的相隔并未阻断二人的友谊，他们更多的是采用通信方式来进行交流。赵清阁生前，曾有人读到由她提供的老舍给她的 10 多封信，据说她当时收有老舍的信达 100 多封，去世前却烧毁大半。由于赵清阁一生抱定独身主义，始终没有组建家庭，如此密集的书信来往，使她与老舍的关系蒙上了一层神秘色彩。

趣文　1934 年 12 月，《论语》半月刊连载老舍的长篇小说《牛天赐传》第九节，校样打出后，文尾尚余空白一处，老舍见状，逐提笔在空白处为自己的作品撰写广告一则，以为补白。主编人林语堂过目，莞尔一笑，签字付印。老舍自撰的作品广告妙趣盎然，抄录如下：

《牛天赐传》是本小说，正在《论语》登载。

《老舍幽默诗文集》不是本小说，什么也不是。

《赶集》是本短篇小说集，并不去赶集。

《猫城记》是本小说，没有真事。

《离婚》是本小说，不提倡离婚。

《小坡的生日》是本童话，又不大像童话。

《二马》又是本小说，而且没有马。

《赵子曰》也是本小说。

《老张的哲学》是本小说，不是哲学。

1935 年老舍又为其《樱海集》写了广告：

《上任》写山大王拜访侦探长。

《牺牲》写美国式的牺牲法。

《柳屯的》写一种女权的膨胀。

《末一块钱》写都市的晚间，少年的末路。

《老年的浪漫》写为儿子娶还是为自己娶。

《毛毛虫》写新时代的一种咒诅。

《善人》从私生活上看一位女善人。

《邻居们》写不打不成相识。

《月牙儿》写一个穷女子的生活。

《阳光》写一个阔女子的生活。

中国文人为自家的作品撰写广告，老舍先生恐为第一人。

抗战期间，北新书局出版的《青年界》，曾向老舍催过稿。老舍在寄稿的同时，幽默地寄去了一封带戏曲味的答催稿信：

元帅发来紧急令：内无粮草外无兵！小将提枪上了马，《青年界》上走一程。

呔！马来！

老舍：『我愿自己的儿女能以血汗挣饭吃』

参见元帅。带来多少人马？2000来个字！还都是老弱残兵！后账休息！

得令！正是：旌旗明明，杀气满山头！

一次老舍家里来了许多青年人，请教怎样写诗。老舍说："我不会写诗，只是瞎凑而已。"

有人提议，请老舍当场"瞎凑"一首。

> 大雨洗星海，
>
> 长虹万籁天；
>
> 冰莹成舍我，
>
> 碧野林风眠。

老舍随口吟了这首别致的五言绝句。寥寥20字把8位人们熟悉并称道的文艺家的名字，"瞎凑"在一起，形象鲜明，意境开阔，余味无穷。青年们听了，无不赞叹叫绝。

诗中提到的大雨即孙大雨，现代诗人、文学翻译家。洗星海即洗星海，人民音乐家。高长虹是现代名人。万籁天是戏剧、电影工作者。冰莹，现代女作家，湖南人。成舍我曾任重庆《新蜀报》总编辑。碧野是当代作家。林风眠是画家。

新中国成立前，老舍曾写过一篇自传，质朴自谦，妙趣横生。这篇自传全文如下：

舒舍予，字老舍，现年40岁，面黄无须。生于北平。3岁失怙，可谓无父；志学之年，帝王不存，可谓无君。无父无君，特别孝爱老母，布尔乔亚之仁未能一扫空也。幼读三百篇，不求甚解。继学师范，遂奠教书匠之基。及壮，糊口四方，教书为业，甚难发财，每购奖券，以得末彩为荣，示甘于寒贱也。27 岁发愤著书，科学哲学无所懂，故写小说，博大家一笑没什么了不得。34 岁结婚，今已有一男一女，均狡猾可喜。闲时喜养花，不得其法，每每有叶无花，亦不忍弃。书无所不读，全无所获并不着急，教书作事均甚认真，往往吃亏，亦不后悔。如此而已，再活 40 年也许能有点出息。

趣闻　1935 年的一天，老舍在青岛与萧涤非教授下馆子小酌。萧教授自带一只聊城熏鸡当下酒菜，老舍品尝后赞道："别有风味，生平未曾尝过。"当得知这个聊城特产尚未命名时，老舍便说："这鸡的皮色黑里泛紫，还有点铁骨铮铮的样子，不是挺像戏里那个铁面无私的黑包公吗？干脆就叫铁公鸡。"此事传开后，聊城的熏鸡也就得了"铁公鸡"的绰号。

1942 年 11 月 16 日，郭沫若在重庆天官府举办 50 寿辰宴会，实为文化名人大聚餐。参加者需缴 10 元钱。每次菜未落桌，盘底已空空如也，美之名曰"闪击"，对付闪击的办法就是"游击战"，所以老舍到处游击，但不能白食，故每桌去猜拳，而猜拳又妨了吃菜，所以等到老舍伸出手去吃鸭子时，只剩骨架了。有个文友捉弄他："舒先生请吃鸭吧！"老舍近视眼在鸭架上打转后，一本正经地说："怎么，今天厨子的火功太好了，我在研究解剖学呢！"次日清晨快报载道：老舍先生以其"对鸭骨头的解剖，表演了老舍式的豪放与幽默，胜刘伶、赛李白"。

老舍的老朋友，著名的文学家和文物家郑振铎先生有一回仔细地看了老舍陈列在自己客厅里的小摆设：青花瓷碗、陶俑、变窑瓶等等，一边看一边摇头，最后轻轻地说了一句："全该扔。"老舍不为所动，他也轻轻地回答了一句："我看着舒服。"两人对笑了半天。

有一次"文协"开理事会，国民党中央宣传部的头头也列席了。会上，任"文协"总务组长的老舍向与会者报告"文协"经费困难情况时，不无幽默地说："本来，我们在银行存有一万块钱，那是四五年前存下来的，后来物价狂涨，钱没有了。如果三年前将这一万元钱买阿斯匹林囤积下来，到今天我们早发财了。"老舍话音一落，博得哄堂大笑，列席会议的那个国民党中央宣传部的头头则如坐针毡，浑身不自在了。

1926年秋，老舍到英国伦敦大学东方学院任教。因吃不惯英国的饭食，加上工作与写作太劳累，落下了胃疼的毛病。回国后，他常对朋友们说，他的胃病应由英国人负责，并介绍他在英国发明了一种"胃病特效药"。一些平时也闹胃疼的朋友一听，连忙拉长耳朵，想听老舍发明的那种"特效药"。老舍眨了眨眼睛后笑眯眯地说："那时，我一闹胃疼，就赶到中国餐馆吃一碗热汤面，说也奇怪，一吃就不疼了。一碗热汤面只要一先令。你说这是不是物美价廉的'特效药'啊？"朋友们听后开心地大笑。

美文

北京的春节

按照北京的老规矩，过农历的新年（春节），差不多在腊月的初旬就开头了。"腊七腊八，冻死寒鸦"，这是一年里最冷的时候。可是，到了严冬，不久便是春天，所以人们并不因为寒冷而减少过年与迎春的热情。在腊八那天，人家里，寺观里，都熬腊八粥。这种特制的粥是祭祖祭神的，可是细一想，它倒是农业社会的一种自傲的表现——这种粥是用所有的各种的米，各种的豆，与各种的干果（杏仁、核桃仁、瓜子、荔枝肉、莲子、花生米、葡萄干、菱角米……）熬成的。这不是粥，而是小型的农业展览会。

腊八这天还要泡腊八蒜。把蒜瓣在这天放到高醋里，封起来，为过年吃饺子用的。到年底，蒜泡得色如翡翠，而醋也有了些辣味，色味双美，使人要多吃几个饺子。在北京，过年时，家家吃饺子。

从腊八起，铺户中就加紧地上年货，街上加多了货摊子——卖春联的、卖年画的、卖蜜供的、卖水仙花的等等都是只在这一季节才会出现的。这些赶年的摊子都教儿童们的心跳得特别快一些。在胡同里，吆喝的声音也比平时更多更复杂起来，其中也有仅在腊月才出现的，像卖宪书的、松枝的、薏仁米的、年糕的等等。

在有皇帝的时候，学童们到腊月十九就不上学了，放年假一月。儿童们准备过年，差不多第一件事是买杂拌儿。这是用各种干果（花生、胶枣、榛子、栗子等）与蜜饯搅和成的，普通的带皮，高级的没有皮——例如：普通的用带皮的榛子，高级的用榛瓤儿。儿童们喜吃这些零七八碎儿，即使没有饺子吃，也必须买杂拌儿。他们的第二件大事是买爆竹，特别是男孩子们。恐怕第三件事才是买玩艺儿——风筝、空竹、口琴等——和年画儿。

儿童们忙乱，大人们也紧张。他们须预备过年吃的使的喝的一切。他们也必须给儿童赶做新鞋新衣，好在新年时显出万象更新的气象。

二十三过小年，差不多就是过新年的"彩排"。在旧社会里，这天晚上家家祭灶王，从一擦黑儿鞭炮就响起来，随着炮声把灶王的纸像焚化，美其名叫送灶王上天。在前几天，街上就有多少卖麦芽糖与江米糖的，糖形或为长方块或为大小瓜形。按旧日的说法：有糖粘住灶王的嘴，他到了天上就不会向玉皇报告家庭中的坏事了。现在，还有卖糖的，但是只由大家享用，并不再粘灶王的嘴了。

过了二十三，大家就更忙起来，新年眨眼就到了啊。在除夕以前，家家必须把春联贴好，必须大扫除一次，名曰扫房。必须把肉、鸡、鱼、青菜、年糕什么的都预备充足，至少足够吃用一个星期的——按老习惯，铺户多数关五天门，到正月初六才开张。假若不预备下几天的吃食，临时不容易补充。还有，旧社会里的老妈妈们，讲究在除夕把一切该切出来的东西都切出来，省得在正月初一到初五再动刀，动刀剪是不吉利的。这含有迷信的意思，不过它也表现了我们确是爱和平的人，在一岁之首连切菜刀都不愿动一动。

除夕真热闹。家家赶做年菜，到处是酒肉的香味。老少男女都穿起新衣，门外贴好红红的对联，屋里贴好各色的年画，哪一家都灯火通宵，不许间断，炮声日夜不绝。在外边做事的人，除非万不得已，必定赶回家来，吃团圆饭，祭祖。这一夜，除了很小的孩子，没有什么人睡觉，而都要守岁。

元旦的光景与除夕截然不同：除夕，街上挤满了人；元旦，铺户都上着板子，门前堆着昨夜燃放的爆竹纸皮，全城都在休息。

男人们在午前就出动，到亲戚家，朋友家去拜年。女人们在家中接待客人。同时，城内城外有许多寺院开放，任人游览，小贩们在庙外摆摊，卖茶、食品和各种玩具。北城外的大钟寺，西城外的白云观，南城的火神庙（厂甸）是最有名的。可是，开庙最初的两三天，并不十分热闹，因为人们还正忙着彼此贺年，无暇及此。到了初五六，庙会开始风光起来，小孩们特别热心去逛，为的是到城外看看野景，可以骑毛驴，还能买到那些新年特有的玩具。白云观外的广场上有赛轿车赛马的；在老年间，据说还有赛骆驼的。这些比赛并不争取谁第一谁第二，而是在观众面前表演骡马与骑者的美好姿态与技能。

多数的铺户在初六开张，又放鞭炮，从天亮到清早，全城的炮声不绝。虽然开了张，可是除了卖吃食与其他重要日用品的铺子，大家并不很忙，铺中的伙计们还可以轮流着去逛庙、逛天桥，和听戏。

元宵（汤圆）上市，新年的高潮到了——元宵节（从正月十三到十七）。除夕是热闹的，可是没有月光；元宵节呢，恰好是明月当空。元旦是体面的，家家门前贴着鲜红的春联，人们穿着新衣裳，可是它还不够美。元宵节，处处悬灯结彩，整条的大街像是办喜事，火炽而美丽。有名的老铺都要挂出几百盏灯来，有的一律是玻璃的，有的清一色是牛角的，有的都是纱灯；有的各形各色，有的通通彩绘全部《红楼梦》或《水浒传》故事。这，在当年，也就是一种广告；灯一悬起，任何人都可以进到铺中参观；

晚间灯中都点上烛，观者就更多。这广告可不庸俗。干果店在灯节还要做一批杂拌儿生意，所以每每独出心裁的，制成各样的冰灯，或用麦苗做成一两条碧绿的长龙，把顾客招来。

除了悬灯，广场上还放花合。在城隍庙里并且燃起火判，火舌由判官的泥像的口、耳、鼻、眼中伸吐出来。公园里放起天灯，像巨星似的飞到天空。

男男女女都出来踏月、看灯、看焰火；街上的人拥挤不动。在旧社会里，女人们轻易不出门，她们可以在灯节里得到些自由。

小孩子们买各种花炮燃放，即使不跑到街上去淘气，在家中照样能有声有光地玩耍。家中也有灯：走马灯——原始的电影——宫灯、各形各色的纸灯，还有纱灯，里面有小铃，到时候就叮叮地响。大家还必须吃汤圆呀。这的确是美好快乐的日子。

一眨眼，到了残灯末庙，学生该去上学，大人又去照常做事，新年在正月十九结束了。腊月和正月，在农村社会里正是大家最闲在的时候，而猪牛羊等也正长成，所以大家要杀猪宰羊，酬劳一年的辛苦。过了灯节，天气转暖，大家就又去忙着干活了。北京虽是城市，可是它也跟着农村社会一齐过年，而且过得分外热闹。

在旧社会里，过年是与迷信分不开的。腊八粥，关东糖，除夕的饺子，都须先去供佛，而后人们再享用。除夕要接神；大年初二要祭财神，吃元宝汤（馄饨），而且有的人要到财神庙去借纸元宝，抢烧头股香。正月初八要给老人们顺星、祈寿。因此那时候最大的一笔浪费是买香蜡纸马的钱。现在，大家都不迷信了，也就省下这笔开销，用到有用的地方去。特别值得提到的是现在的儿童只快活地过年，而不受那迷信的熏染，他们只有快乐，而没有恐惧——怕神怕鬼。也许，现在过年没有以前那么热闹了，可是多么清醒健康呢。以前，人们过年是托神鬼的庇佑，现在是大家劳动终岁，大家也应当快乐地过年。

俞平伯：为人为文皆 "奇峭而有情趣"

传略　　俞平伯（1900—1990），原名俞铭衡，以字行，字平伯，浙江湖州德清东郊南埭村（今城关镇金星村）人。生于典型的书香世家。曾祖俞曲园，进士及第，著有《春在堂全集》，为清代有名的经学大师。父亲俞陛云，探花出身，著述颇多。母亲乃知府之女，俞平伯从小便跟母亲学经书诗文，13岁读《红楼梦》，15岁便考入北京大学，师从国学大师黄侃。曾参加五四新文化运动，为新潮社、文学研究会、语丝社成员。1919

俞平伯像

年大学毕业后，曾赴日本考察教育。曾在杭州第一师范学校执教。后历任上海大学、燕京大学、北京大学、清华大学教授。1947年加入九三学社。建国后，历任北京大学教授，中国社会科学院文学研究所研究员，九三学社中央委员、顾问，中国文联第一至四届委员，中国作协第一、二届理事。是第一、二、三届全国人大代表，第五、六届全国政协委员。

俞平伯最初以创作新诗为主。1918年，以白话诗《春水》崭露头角。次年，与朱自清等人创办我国最早的新诗月刊《诗》。1922年以新诗集《冬夜》名动文坛，至抗战前夕，先后结集的有《西还》、《忆》等。亦擅词学，曾有《读词偶得》、《古槐书屋词》等。在散文方面，先后结集出版有《杂拌儿》、《燕知草》、《杂拌儿之二》、《古槐梦遇》、《燕郊集》等。其中《桨声灯影里的秦淮河》等名篇曾传诵一时。

1921 年，俞平伯开始研究《红楼梦》。两年后，由亚东图书馆出版专著《红楼梦辨》。1952 年，又由棠棣出版社出版《红楼梦研究》。1954 年 3 月，复于《新建设》杂志发表《红楼梦简论》。同年 9 月，遭受非学术的政治批判，长期受到不公正待遇，然仍不放弃对《红楼梦》的研究。1987 年，应邀赴香港，发表了《红楼梦》研究中的新成果。1988 年，上海古籍出版社出版论著合集。还著有《论诗词曲杂著》、《红楼梦八十回校本》，有《俞平伯散文选集》等。

1990 年 10 月 15 日逝世，终年 91 岁。葬于北京福田公墓。

才情　俞平伯长于作文，也善于讲课，先后做过北大、清华的教授。他的弟子张中行晚年回忆说，他的文章"确是杂，或说博；可是都深入，说得上能成一家之言"，是"五四后的著名散文家"，与周作人比较，"苦雨斋平实冲淡，他曲折跳动，像是有意求奇求文。"文笔"奇峭而有情趣"。然而张中行最佩服的还是他的"才"，"但我总是觉得，俞先生，放在古今的人群中，是其学可及，其才难及。"

闻一多说："俞君能熔铸词曲音节于其诗中，关于这一点，当代诸作家没有能同俞君比的。这也是俞君对新诗的一个贡献。"朱自清说："平伯这种音律艺术，大概从旧诗和词中得来。他在北京大学时看旧诗、词、曲很多，后来便把他们的腔调去短取长，重以己意熔铸一番，便成了他自己的独特的音律。"

俞平伯的散文具有一种独特的风格，他用漂亮缜密的写法，创作了不少十分精彩的抒情散文。这些作品的素材都取于他自己的亲身经历和感受。

正是这些散文名篇，奠定了他在中国现代散文史上的地位。郁达夫曾经说过："俞平伯的散文作品里所表现的个性，不仅比一些古典作家来得强，并且在同时代的散文作家中也是出类拔萃的。"

风采　　一次俞平伯讲古诗——蔡邕所作《饮马长城窟行》，其中有"枯桑知天风，海水知天寒"两句，俞说："知就是不知。"一个同学站起来说："俞先生，你这样讲有根据吗？"俞说："古书这种反训不少。"接着拿起粉笔，在黑板上写出六七种。提问的同学说："对。"坐下。

俞平伯在清华讲诗词，很有吸引力。在课堂上他选出一些诗词，自己摇头晃脑而朗诵之。有时候他闭上了眼睛，仿佛完全沉浸在诗词的境界之中，片刻，只见他蓦地睁大了眼睛，连声说："好！好！好！就是好！"学生正巴巴地等他解释好在何处，他却已朗诵起第二首诗词来。

有一天，俞平伯忽然剃光了脑袋。众目睽睽之下，他怡然自得，泰然处之，光着个脑袋，仍然在课堂上高喊："好！好！好！就是好！"

俞先生有一次给学生讲一首杜甫写的赞扬诸葛亮的七言诗，其中有一句是"万古云霄一羽毛"，他讲解的时候说："万古云霄一羽毛就是万古云霄一羽毛。"

这不等于没有讲解么？其实，诗的意境有时是只能意会不能言传的，熟读背诵之后自能领会它的丰富内涵：洁白的羽毛在万里晴空中随风曼舞，呈现在眼前的是一幅多么美丽高洁的画面啊！

旷达　　俞平伯自上世纪初三十年代便在北京老君堂胡同居住。据诗人邵燕祥说："当年胡适还在旁边的竹竿巷住过"，胡适有诗云"我住竹竿尖"。当时新文化运动的领袖胡适和他的嫡传弟子俞平伯，给寂寥的胡同带来了浓郁的文化气息，常常到此造访的有社会各界名流和北大学子，如朱自清、顾颉刚、启功等常常结伴而来。俞平伯素爱昆曲，能字正腔圆悠悠地唱上几句，因而还结交了不少名角和票友，他的宅第是当时京城有名的昆曲票友沙龙。俞平伯家是胡同路北的一座四合院，虽不富贵堂皇，却也十分规整典雅。有正院和跨院，房舍不少，院子也大。老街坊们说，俞平伯当时三十几岁，圆脸，个头不高，戴一副眼镜，文质彬彬，常见他在门口微笑着迎接和恭送客人。上个世纪五十年代中，开展批判胡适的政治运动后，不识时务的俞平伯，没有像有些人那样，大批胡适而自我救赎。时为俞平伯领导的郑振铎、何其芳虽然尽力保护，俞平伯最终还是不可避免地成为批判对象。老君堂俞家的门前随即归于寂静冷落。只有老友王伯祥，不识相地常去看他，并结伴步行去游什刹海。书生气十足的俞平伯，居然赋诗记游："借得临湖楼小坐，悠然樽酒慰平生"。大难临头却超然物外，不泯文人本色。"文革"时，俞平伯被赶进跨院存放刻书雕版的阴暗小屋。他仍不怨不怒，不改温柔敦厚的本性，又即兴赋诗曰，"屋角斜晖（一作阳）应似旧，隔墙犹见马缨花"。随遇而安，不改其乐。

门生　　周作人1917年进入北大教书时，俞平伯正在北大文科读书，和周作人是师生，1919年他毕业后曾留校教书，与周作人又成了同事。这种师生加同事的关系自然使他们更加容易亲近起来。周作人始终是将俞平伯视为他的得意门生之一的。

俞平伯在北京大学任教时，曾加入"新潮社"。在社团活动中与周作人有着较多的接触。但是他们的文学观却有所差异。这主要表现在"诗的平民化"的问题上。1922年1月，俞平伯与朱自清、郑振铎、叶圣陶等人创办了"五四"以来最早出现的诗刊《诗》月刊。在创刊号上俞平伯发表了《诗底进化的还原论》，强调"诗底主要质素"是"平民性"，"诗的效用"是能够使"多数人向善"。对这种诗歌观，周作人不能认同。他在2月26日出版的《晨报·副刊》上，发表了《诗的效用》一文，提出了截然相反的诗歌观。他指出，诗歌是要"个人将所感受的表现出来"，就达到了目的，就"有了他的效用"，"倘若舍己从人，去求大多数的了解"，就"不是他真的自己的表现了"。这篇文章发表之后，周作人还觉得意犹未尽，于3月27日他又给俞平伯写信，循循善诱地告诫俞平伯说："文学的感化力并不是极大无限的，所以无论善之华恶之华都未必有什么大影响于后人的行为"。年轻而思想激进的俞平伯接受了他的观点。两年后，俞平伯发表《西湖的六月十八夜》，这篇写得空灵超脱、虚无缥缈的散文，很得周作人的喜欢。他将这篇文章选入国文课教材，给予很高的评价。这对年轻的讲师俞平伯来说，是莫大的鼓舞。

1924年孙伏园邀请了鲁迅、周作人等十六位志同道合的撰稿人创办了《语丝》周刊。同年底，俞平伯加入"语丝社"，开始在《语丝》上发表作品。1926年后周作人接替孙伏园编辑《语丝》。俞平伯更是如鱼得水，相继在《语丝》上发表了十几篇作品。特别是在"语丝社"每月的集会中，他与周作人经常见面，彼此的思想感情更加接近。

大革命失败以后，周作人"闭户读书"，很少与外界联系，但与俞平伯、废名等得意的弟子，却交往很密切。他们不仅经常会面闲聊，还时常有书信往来。俞平伯曾将周作人自1924年到1932年写给他的190余封信，装裱成三册《春在堂所藏苦雨斋尺牍》。每六七十封信函，装裱成一册，用木板加封，还附有周作人写的跋。

"七七"事变后，周作人附逆，许多文人学者逃往西南联大，俞平伯没有来得及逃出北京。朱自清担心他步周作人后尘，给他写信，希望他洁身自好，不要写诗。俞平伯从此真的不再写诗了，以此向友明志，自己没有跟随他的老师随俗浮沉。不过在抗战胜利后，俞平伯却为当年自己没有劝谏老师而感到歉疚和悔恨。

挚友　俞平伯与朱自清的友情始于"五四"后不久。当时，杭州第一师范学校校长致函北大校长蒋梦麟，请他代为物色教员，蒋梦麟便推荐了本校的高材生朱自清和俞平伯。后来，俞平伯在杭州一师任教不到半年，就辞职去了北京。1923 年 6 月，朱自清邀请俞平伯游览西湖，期间两人切磋文学创作理论、探讨人生。同年 8 月，朱自清与俞平伯又结伴来到南京，共游秦淮。散文名篇《桨声灯影里的秦淮河》便是他们在同游秦淮河之后问世的。两篇同名散文同时在《东方杂志》21 卷 2 号上发表了。两篇作品题材相同，所感所思却不一样，各有独自的风格特点，成为现代散文史上的一桩佳话。王统照说："文笔的别致，细腻，字句的讲究，妥帖，与平伯的文字各见所长。总之，在那个时期的白话散文中，这两篇都颇动人，流传甚速。"

五卅惨案后，朱自清一度十分苦闷，后经俞平伯介绍，朱自清赴清华大学任国文系教授，最初他住在清华园南院单身宿舍，与陈寅恪、浦江清、杨振声等教授为邻。俞平伯之子俞润民回忆："朱自清先生曾住在南院的单身宿舍，距我家很近，因系单身一人，饭食不方便，父亲就请朱自清先生每天来我家共餐。朱先生一定要付伙食费，父亲当然不肯收，见朱先生一定要付，最后只好收下，而暗中却又把这钱全部用在给朱先生添加伙食上。朱先生后来渐渐地察觉了丰盛的饭菜是专门为他做的。"后来在西南联大，朱自清以"西郭移居邻有德，南国共食不相忘"的诗句，表达对这段共餐经历的怀念。

抗战爆发后，朱自清随清华大学迁往内地，俞平伯则仍留在北平。一天，朱自清在翻阅北平出版的刊物时，发现有俞平伯的文章，就立即给俞平伯寄写了一首长诗，指出在这"烽火漫天开"的时代里，知识分子应是"朔风"中的"劲草"，不应在沦陷区刊物上发表文章。由于俞平伯在回信中对此含糊其辞，朱自清便又寄写了一信，郑重指出："前函述兄为杂志作稿事，弟意仍以搁笔为佳。率直之言，千乞谅鉴。"俞平伯接到信十分感动。后来他每每谈及此事，总是感慨地说："非见爱之深，相知之切，能如此乎。"

表达了他对友人关爱的感激之情。

红学　俞平伯开始对小说《红楼梦》感兴趣是在 1920 年，那时他正赴英国留学，在欧行海轮上与他的同学傅斯年同船，为了解决漫长的海天途中之寂寞，他们两人就读《红楼梦》，谈论《红楼梦》，遂对此书有深一层的了解，但还没有系统研究的兴味。

1921 年，俞平伯由欧洲回到北京，那时胡适发表了他的《红楼梦考证》，顾颉刚亦致力于《红楼梦》研究。因此，引起俞平伯对《红楼梦》研究的兴趣。

顾颉刚那时常去京师图书馆查找有关《红楼梦》的资料，俞平伯就常到顾寓探询找到的材料，他们以此进行讨论和研究。后来顾颉刚回南方去了，他们二人就以通信的方法研究《红楼梦》。

后来俞平伯拟在通信的基础上整理撰写一本辨证《红楼梦》的书，希望能与顾颉刚合作，但是顾颉刚太忙，而俞平伯那时正准备去美国考察教育，在出国之前他可以有些空闲。因此，顾颉刚就劝俞平伯将这事独自担任起来。于是俞平伯就开始起草。他觉得在《红楼梦》问世以来，程伟元、高鹗的一百二十回本流传了一百多年，人们大都以为《红楼梦》的原貌就是如此。他的曾祖俞曲园先生早在《曲园杂纂》第三十八卷《小浮梅闲语》中就曾提出怀疑说："《红楼梦》八十回以后俱兰墅（高鹗）所补。"但他只提出了一个例证，即在后四十回中提到科举试题有五言八韵诗，这应是在曹雪芹之后的事。俞平伯就从《红楼梦》书中进行考证。在 1922 年夏初，他就完成了全稿，共三卷，十七篇，名曰《红楼梦辨》。顾颉刚为之写序，于 1923 年由上海亚东图书馆出版。由此，奠定了他的红学学术地位。

1952 年，俞平伯将《红楼梦辨》修订改题为《红楼梦研究》出版。1954 年出版《脂砚斋红楼梦辑评》，1958 年出版《红楼梦八十回校本》，1954 年 1 月至 4 月发表读《红楼梦》随笔三十八篇，后结集为《读〈红楼梦〉随笔》，直到晚年，他还不时发表有关红学的文字。他对于《红楼梦》，一生都保持着当年与顾颉刚讨论时的热情和诚实。

俞平伯研究《红楼梦》，照他自己的说法，一是要还《红楼梦》的本来面目。用文怀沙的话来说，则是"辨伪"和"存真"，断定《红楼梦》是曹雪芹的自叙传；二是从版本上考定《红楼梦》是未完之作，后四十回为高鹗补缀。三、俞平伯认为《红楼梦》是一部小说，考证的方法不能完全解决文学的问题。

奇喻 1978年秋，俞平伯开始写一组关于《红楼梦》的随笔《乐知儿语说〈红楼〉》，第一篇《漫谈红学》里，他有一个新奇的比喻：

《红楼梦》好像断纹琴，却有两种黑漆：一索隐，二考证，自传说是也。

《红楼》妙在一"意"字，不仅如本书第五回所云也。每意到而笔不到，一如蜻蜓点水稍纵即逝，因之不免有罅漏矛盾处，或动人疑或妙处不传。故曰有似断纹琴也。若夫两派，或以某人某事实之，或以曹氏家世比附之，虽偶有触着，而引申之便成障碍，说既不能自圆，舆评亦多不惬。夫断纹古琴，以黑色退光漆漆之，已属大煞风景，而况其膏沐又不能一清似水乎。纵非求深反惑，总为无益之事。"好读书，不求甚解"，窃愿为爱读《红楼》者诵之。

概言之，《红楼梦》是断纹琴，"红学"之索隐与考证是黑漆。《红楼》文意如古琴断纹，其形成也无迹可求，其现身也造化天工。拿《红楼》去索隐与考证，就好比给断纹琴再上两道漆，可谓暴殄天物，大煞风景。此处最妙的是将《红楼》的"不免有罅漏矛盾处"，联系到"有似断纹琴"：古琴断纹产生于漆的长年受到风化与震动，纵横交错极不规则，虽然这正是它珍贵的地方，但在外行看来不免像是有了损伤，《红楼》里"罅漏矛盾"的情形不也近乎此吗？——颇疑心这一新奇比喻的发端就在这里。

知音　俞平伯一生爱好昆曲,而这爱好又与他的爱情相关。1917年,俞先生与杭州闺秀许宝驯结成秦晋之好。许家都是昆曲爱好者,俞先生的岳父许引之是名副其实的业余昆曲家,妻子的姐弟也喜爱昆曲。尤其是许夫人,嗓音又好,唱起来字正腔圆,并且能填词谱曲。

1919年,在北大上学时,俞先生就向擅长昆曲的吴梅先生问学,跟他学唱曲,学会了《南吕宫》、《绣带儿》两支曲子。俞先生的音色不美,发音很特别,常常引得妻子发笑,但这不影响俞先生对昆曲的热爱。

1924年冬,俞先生认识了昆曲艺术家陈延甫。陈是嘉兴人,精通昆曲三百多折,还能吹笛。俞先生就聘请他到老君堂拍曲,每周两次,这样就有了更多学习昆曲的机会。

1930年10月,俞先生搬家到了清华园南院七号,把自己的书房取名为“秋荔亭”,“秋荔亭”成了清华昆曲爱好者的活动场所。1933年上半年,他又邀请笛师何金海到“秋荔亭”吹笛,相约校内外昆曲同好来度曲清唱。许宝驯能唱整出的戏,俞平伯虽歌喉不亮,但拍曲的功夫日益老练。

1934年初,俞平伯邀请陈延甫二次北上,俞平伯牵头,陈延甫拍曲,清华园汇聚了不少昆曲爱好者,“秋荔亭”内雅音不绝。那年的一个仲夏夜,在水木清华的工字厅水轩,他们举行了第一次公开的曲集。第二年正月,他们在那里再次集会,俞平伯演唱了《紫钗记》、《单刀会》和《玉簪记》中的曲子各一折。这一次,虽然还没有正式结社,但他们已经确定“谷音社”的名称,希望昆曲“空谷传声,其音不绝”。

1935年3月17日,谷音社在清华园俞平伯的寓所正式召开成立会,俞先生被推为社长,他亲自撰写了《谷音社社约》和《周期细则》。在社约引言里,俞平伯历述了歌诗曲乐在陶冶人们性情和操守方面的功绩,以及昆曲的发展史,明确了谷音社成立的目的就是为了“涵咏风情,陶写性情”,“发豪情于宫徵、飞逸兴于管弦”,也是要承担起拯救昆曲的责任。

1956年8月,在当时文化部副部长丁西林和北京市副市长王昆仑等的帮助下,俞平伯第二次发起昆曲结社,这就是北京昆曲研习社。北京昆曲研习社的成立大会在俞平伯的家——老君堂召开，他又亲自拟订《章程》和《同期公约》。曲社最有影响的是对《牡丹亭》的改编与排演。俞平伯与弟子精心整理校订，使这部名著摆脱了冗长的结构，以全剧的形式恢复了她的舞台生命。全体社员通力合作把《牡丹亭》推上舞台，1958年10月2日在北京试演了一场，纪念汤显祖逝世340周年，周恩来总理亲临观看了演出。

1959年10月，作为向共和国建国10周年献礼，《牡丹亭》在长安戏院演出了两场。研习社成为当年唯一参加国庆献礼演出的业余社团。

1971年1月，作为特殊照顾的老知识分子，俞平伯夫妇从干校回到北京，他们的生活恢复了相对平静，俞家又可以听到优雅的昆曲唱腔了。1975年，俞平伯新创作了《鹧鸪天·八十自嘲》词，曲友们在俞家雅集清唱。

在昆曲的活动中，俞平伯更多的时候是充当配角：夫人唱，他拍曲；别人唱，他打鼓。他敲击檀板，神情严肃，一丝不苟。上世纪五十年代，中国唱片公司曾为欧阳予倩灌制了几张昆曲唱片，唱片上特地表明"俞平伯司鼓"，足见俞平伯为昆曲司鼓的水平之高。

1981年4月，他为京昆名家俞振飞著的《振飞曲谱》作序，精辟定义了"水磨调"及其源流。

1982年，夫人的去世对俞平伯打击很大，"人去楼空，六十四年夫妻付之南柯一梦。"他更加寂寞了。他们妇唱夫随了64年，一旦那个主唱去了，另一个的配唱和伴奏也失去了意义。从此，古槐书屋再也听不到昆曲的唱和声了。

妙论

读书的意义

古人云，"读万卷书，行万里路"，这不仅有关联，是一桩事情的两种看法而已。游历者，活动的书本。读书则曰卧游，山川如指掌，古今如对面，乃广义的游览。现在，因交通工具的方便，走几万里路不算什么，读万卷书的日见其少了。当有种种的原因，最浅显的看法，是读书的动机环境空气无不缺乏。

讲到读书的真意义，于扩充知识以外兼可涵咏性情，修持道德，原不仅为功名富贵做敲门砖。即位功名富贵，依目下的情形，似乎不必定要读书，更无须借光圣经贤传，甚至于愈读书会愈穷，这无怪喜欢读书，懂得怎样读的人一天一天的减少了。读书空气的稀薄，读书种子的稀少，互为因果循环。

现在有一些人，你对他说身心性命则以为迂阔，对他说因果报应则以为荒谬，对他说风花雪月则以为无聊。不错，是迂阔，荒谬，无聊。你试问他，不迂阔，不荒谬，不无聊的是啥？他会有种种漂亮的说法。但你不可过于信他，他只是要钱而已。文言谓之好利。有一个故事，不见得靠得住，只可以算笑话。乾隆帝下江南，在金山寺登高，望见江中大大小小多多少少的船，戏问随銮的纪晓岚，共有几只。这原是难题，拿来开玩笑的，若回答说不知道，那未免煞风景。纪回答得很好，臣只见两条船，一条为名，一条为利。在那时，这故事讽刺世情已觉刻露，但现在

俞平伯书法

看来，不免古色古香。意存忠厚，应该对答皇帝道，只有一条船。

好利之心压倒一切，非一朝一夕之故。古人说："不以利为利，以义为利也。"以义为利是遥远的古话。退一步说，以名为利。然名利双收，话虽好听，利必不大。唯有不恤声名的干，以利为利，始专而且厚。道德名誉的观念本多半从书本中来，不恤声名与不好读书亦有相互的关联。

在这一味好利的空气中寻求读书乐，岂不难于上青天，除非我们把两者混合。假如我们能够立一种制度，使天下之俊秀求官位利禄之途必出于读书，近乎从前科举的办法，这或者还有人肯下十载寒窗的苦工。严格说来，这已失却读书的真意义，何况这制度的确立还遥遥无期。

现在有一种情形，这十年以来，说得远一点，二三十年以来都如此，就是国文程度显著地低落，别字广泛地流行着，在各级学校任教的，人人皆知，人人皱眉头痛，认为是不大好办的事情。这严重的光景，不仅象征着读书阶级的崩溃，并直接或间接影响到民族的前途，国家的发展。

文字教育好像不算得什么。文字原不过白纸上画黑道，一种形迹而已，但文化却寄托在这形迹上。我们常夸说神州立国几千年，华夏提封数万里，这种时空的超卓并不必由于天赋，实半出于人为，皆先民积久辛勤努力所致，我们应如何欢喜惭愧，却不可有恃无恐。方块字的完整，艰深，固定，虽似妨碍文化知识的普及，亦正于无形之中维护国家的统一与永久。从时间说，我们读古书如《论语》，觉得孔子孟子似乎不太远，而杜工部苏东坡的诗文呢，他们两位活像我们的老前辈，这是方块文字不易变动之力。假如当初完全用音标文字，那不必提周秦两汉，就是唐宋，也就很遥远而隔膜，我们通解先民的情思比较困难，而华夏国本亦因而动摇不安。再从空间说，北自满洲，南迄岭海，虽分南北中三部，细分还有更多的区域，然而中国始终只是一个，譬如说广东话与北京话完全两样，而纸上文字完全一致。我国屡经外夷侵略，或暂被征服，而于风雨飘摇中始终屹立不失者，上面已表过是先民血汗的成绩，而在民族的团结上，文字确也帮忙不少。历史事实俱在，不容易否认的。

所以文字教育的失败，表面上看只是读书种子稀少，一般国文水准低落而已，骨子里已损害民族国家的前途，自非好作危言耸人听闻，废书不读可谓今日之流行病。用功的人难道没有？即有少数的人好学潜修也不足挽回这颓风。即以学校教育而论，听讲的时间每多于自修，而自修课业，有如太史公所谓好学深思心知其意者能有几人？我不敢轻量天下之士，武断地说或者不多罢。如何使人安心向学，对读书感到兴味，似是小事，却是牵连社会生计问题，譬如饿着肚子读书当然不成的，更有关于教育考试铨叙各制度的改革。我们从事教育写作文字的固责无旁贷，但已不仅是个人努力的事，而成为民族复兴国运重光的大业之一了。

美诗

春 水 船

太阳当顶，向午的时分，
春光寻遍了海滨。
微风吹来，
聒碎零乱，又清又脆的一阵，
呀！原来是鸟——小鸟底歌声。
我独自闲步沿着河边，
看丝丝缕缕层层叠叠浪纹如织。
反荡着阳光闪烁，
辨不出高低和远近，
只觉得一片黄金般的颜色。
对岸的店铺人家，来往的帆樯，
和那看不尽的树林房舍，——

摆列着一线——

都浸在暖洋洋的空气里面。

我只管朝前走，

想在心头，看在眼里，

细尝那春天底好滋味。

对面来个纤人，

拉着个单桅的船徐徐移去。

双橹插在舷唇，

皱面开纹，活活水流不住。

船头晒着破网，

渔人坐在板上，

把刀劈竹拍拍的响。

船口立个小孩，又憨又蠢，

不知为甚么，

笑迷迷痴看那黄波浪。

破旧的船，

褴褛的他俩，

但这种"浮家泛宅"的生涯，

偏是新鲜、干净、自由，

和可爱的春光一样。

归途望——

远近的高楼，

密重重的帘幕，

尽低着头呆呆的想！

美文

中　年

什么是中年？不容易说得清楚，只说我暂时见到的罢。当遥指青山是我们的归路，不免感到轻微的战栗。（或者不很轻微更是人情。）可是走得近了，空翠渐减，终于到了某一点，不见遥青，只见平淡无奇的道路树石，憧憬既已消释了，我们遂坦然长往。所谓某一点原是很难确定的，假如有，那就是中年。

我也是关怀生死颇切的人，直到近年方才渐渐淡漠起来，看看从前的文章，有些觉得已颇渺茫，有隔世之感。莫非就是中年到了的缘故么？仿佛真有这么一回事。

我感谢造化的主宰，他老人家是有的话。他使我们生于自然，死于自然，这是何等的气度呢！不能名言，唯有赞叹；赞叹不出，唯有欢喜。

万想不到当年穷思极想之余，认为了解不能解决的"谜"，的"障"，直至身临切近，早已不知不觉的走过去，什么也没有看见。今是而昨非呢？昨是而今非呢？二者之间似乎必有一个是非。无奈这个解答，还看你站的地位如何，这岂不是"白搭"。以今视昨则昨非；以昨视今，今也有何是处呢？不信么？我自己确还留得依微的忆念。再不信么？青年人也许会来麻烦您，他听不懂我讲些什么。这就是再好没有的印证了。

再以山作比。上去时兴致蓬勃，唯恐山径虽长不敌脚步之健。事实上呢，好一座大山，且有得走哩。因此凡来游的都快乐地努力地向前走。及走上山顶，四顾空阔，面前蜿蜒着一条下山的路，若论初心，那时应当感到何等的颓唐呢。但是，不。我们起先认为过健的脚力，与山径相形而见绌，兴致呢，于山尖一望之余随烟云而俱远；现在只剩得一个意念，逐渐的迫切起来，这就是想回家。下山的路去得疾啊，可是，对于归人，你得知道，却别有一般滋味的。

试问下山的与上山的偶然擦肩而过，他们之间有何连属？点点头，说几句话，他们之间又有何理解呢？我们大可不必抱此等期望，这原是不容易的事。至于这两种各别的情味，在一人心中是否有融会的俄顷，惭愧我不大知道。依我猜，许是在山顶上徘徊这一刹那罢。这或者也就是所谓中年了，依我猜。

"表独立兮山之上，"可曾留得几许的徘徊呢。真正的中年只是一点，而一般的说法却是一段；所以它的另一解释也就是暮年，至少可以说是倾向于暮年的。

中国文人有"叹老嗟卑"之癖，的确是很俗气，无怪青年人看不上眼。以区区之见，因怕被人说"俗"并不敢言"老"，这也未免雅得可以了。所以倚老卖老果然不好，自己嘴里永远是"年方二八"也未见得妙。甚矣说之难也，愈检点愈闹笑话。

究竟什么是中年，姑置不论，话可又说回来了，当时的问题何以不见了呢？当真会跑吗？未必。找来找去，居然被我找着了：

原来我对于生的趣味渐渐在那边减少了。这自然不是说马上想去死，只是说万一死了也不这么顶要紧而已。泛言之，渐渐觉得人生也不过如此。这"不过如此"四个字，我觉得醰醰有余味。变来变去，看来看去，总不出这几个花头。男的爱女的，女的爱小的，小的爱糖，这是一种了。吃窝窝头的直想吃大米饭洋白面，而吃饱大米饭洋白面的人偏有时非吃窝窝头不行，这又是一种了。冬天生炉子，夏天扇扇子，春天困斯梦东，秋天惨惨戚戚，这又是一种了。你用机关枪打过来，我便用机关枪还敬，没有，只该先你而乌乎。……这也尽够了。总而言之，统而言之，不新鲜。不新鲜原不是讨厌，所以这种把戏未始不可以看下去；但是在另一方面，说非看不可，或者没有得看，就要跳脚拍手，以至于投河觅井。这个，我真觉得不必。一不是幽默，二不是吹，识者鉴之。

看戏法不过如此，同时又感觉疲乏，想回家休息，这又是一要点。老是想回家大约就是没落之兆。（又是它来了，讨厌！）"劳我以生，息我以死"，我很喜欢这两句话。死的确是一种强迫的休息，不愧长眠这个雅号。人人都怕死，我也怕，其实仔细一想，果真天从人愿，谁都不死，怎么得了呢？至少争夺机变，是非口舌要多到恒河沙数。这真怎么得了！我总是保留这最后的自由才好。——既然如此说，眼前的夕阳西下，岂不是正好的韶光，绝妙的诗情画意，而又何叹惋之有。

他安排得这么妥当，咱们有得活的时候，他使咱们乐意多活；咱们不大有得活的时候，他使咱们甘心少活。生于自然里，死于自然里，咱们的生活，咱们的心情，永久是平静的。

叫呀跳呀，他果然不怕，赞啊美啊，他也是不懂。"天地不仁""大慈大悲……"善哉善哉。

好像有一些宗教的心情了，其实并不是。我的中年之感，是不值一笑的平淡呢。——有得活不妨多活几天，还愿意好好的活着；不幸活不下去，算了。

"这用得你说吗？"

"是，是，就此不说。"

废名：将人物"都沉没在作者的自我里面"

废名照

传略　　废名（1901—1967），生在湖北黄梅，原名冯文炳，曾为语丝社成员，师从周作人的风格，在文学史上被视为京派代表作家。

1917 年考入国立湖北第一师范学校，接触新文学，被新诗迷住，立志"想把毕生的精力放在文学事业上面"。毕业后留在武昌一所小学任教，期间开始与周作人交往。

1922 年，考入北京大学预科英文班，开始发表诗和小说。在北大读书期间，广泛接触新文学人物，参加"浅草社"，投稿《语丝》。

1925 年 10 月，出版第一本短篇小说集《竹林的故事》。

1927 年，张作霖下令解散北大，改组京师大学堂，废名愤而退学，卜居西山，后任教成达中学。

1929 年，在重新改组的北平大学北大学院英国文学系毕业，受聘于国立北京大学中国文学系任讲师。次年和冯至等创办《骆驼草》文学周刊并主持编务，共出刊 26 期。此后教书，写作，研究学问，抗日战争期间回黄梅县教小学，写就《阿赖耶识论》。

1946 年由俞平伯推荐受聘北大国文系副教授。

1949 年任北大国文系教授。

1952 年调往长春东北人民大学（后更名为吉林大学）中文系任教授。

1956 年任中文系主任，先后被选为吉林省文联副主席，吉林第四届人民代表大会代表，吉林省政协常委。

1967 年 10 月 7 日，因癌症病逝于长春。

废名的代表作有长篇《桥》及《莫须有先生传》、《莫须有先生坐飞机以后》等，后两部更在诗化的追求中透露出对现实荒诞的讽刺。废名的小说以"散文化"闻名，他将周作人的文艺观念引至小说领域加以实践，融西方现代小说技法和中国古典诗文笔调于一炉，文辞简约幽深，兼具平淡朴讷和生辣奇僻之美。

师者

从 1929 年开始，废名有长达 35 年的教师经历。

废名的第一部讲义是《新诗讲义》，也是建国前唯一一部存留的讲义。1934 年，废名在北大讲教"新文艺试作·散文习作"，次年开讲"现代文艺"。"现代文艺"课废名决定从新诗讲起，这是我国第一部新诗讲义，废名由此成为第一个在大学课堂上以新诗史的角度讲解新诗的人。

1939 年秋天，废名举家迁回老家黄梅金家寨，被邀任设在金家寨的第二小学教员，教国语和自然。他以此为"试验田"，主张反旧教育。他要学生"限读白话文，限写白话文"，"作文重写实际，写自己最熟悉的生活实际材料，不主张要小学生写议论文"。废名的写实主张在这里得到了一定的实践。废名还自编新诗教材，选取郭沫若、冰心、鲁迅、泰戈尔等人和他自己的诗作。他还教小学生写童诗，启人性灵。

1940 年 2 月，黄梅县长陈宗猷亲自调任废名至黄梅县中，任英语教师。废名花费大部分时间忙于课蒙，自编不少乡土教材。当时废名很受一些学生欢迎，"平时学者风度，平易近人，他很喜欢跟学生聊天。傍晚，他每一出来散步，总有许多学生围着他，喜欢听他讲当代文学界文人逸事，学生心里对他怀有无限崇敬！"他还喜同学生讲《论语》、《庄子》、泰戈尔、鲁迅、叶圣陶、朱自清、陈学昭等人的作品。废名的得意门生翟一民在《永不消逝的"声音"》中回忆废名讲课神态，惟妙惟肖："虽然他的嗓音沙哑，但朗诵起诗来却是充满深情，抑扬顿挫，轻重缓急，刚直迂回，尽能绘声绘色地表达出来，真是耐人寻味，让人陶醉，使我们就像是观赏风景秀丽的山水画和倾听一曲清新的田园之歌一样，在潜移默化中感悟高尚的情操"，"同学们常凑在一起风趣地称道先生讲国语课真可谓'精美至极，妙不可言'，或有幽默者背后称之为'妙善先生'"。当时新文学在黄梅近乎荒地，是废名培养起许多学生对新文学的兴趣。

废名从事教育还不拘于地，"冯师（废名原名冯文炳）经常把野外当做教学的大课堂，带领学生们就树阴下席地围坐讲授，不拘形式，使教育生活化、趣味化，超凡脱俗。他说自然万物皆学问，青山绿水随处即文章，学生们陶醉于大自然的怀抱里，真是如沐春风、如浴瀚海。"

废名和学生们同甘共苦，以自己的人格、文格感染了一批有志学生。废名在县中任教达 5 年之久，七、八、九三班毕业请他作"同学录序"，他大都乐意为之，"以作别后相思之资"。

抗战胜利后，在俞平伯、朱光潜、汤用彤的力荐下，废名应胡适之聘回到北京大学担任副教授，不久升任教授。这一期间，废名留下的讲稿主要是《新诗讲义》的续四章。此前，他的《新诗讲义》十二章已经结集命名为《谈新诗》出版。这续四章和前十二章后合集成一书于 1984 年出版。这部《谈新诗》成为《废名讲诗》的"废名讲新诗"的主干部分。1952 年全国院系调整，废名调任东北人民大学教授。1956 年任中文系主任。这一期间废名留下的讲义、讲稿有：《古代的人民文艺——〈诗经〉讲稿》、《杜诗讲稿》（包括《杜诗稿续》）、《杜甫论》、《杜甫诗论（未完）》、《新民歌讲稿》、《跟青年谈鲁迅》、《鲁迅研究》、《美学讲义》等 8 部之多。

1947 年北京大学的大一国文课，是每月要求每个学生写一篇作文，交给老师，由老师批改，在批改后要在课堂上发回给每位同学，并且要讲评。废名有次发文，在发到一个学生的文章时，他说："你的文章像下雨的雨点，东一点西一点乱七八糟。"当他发到一位女同学的文章时说："你的文章写得很好，真像我的文章。"

关于废名在东北人民大学（吉林大学）治学和讲课情况，从他学生的回忆文字中可以略见一二：

"后来，我们陆续聆听到他的专题课'鲁迅小说'、'杜诗'、'中国古典美学'。一次，班长让我和另一位同学去他家取讲义稿，再送学校印刷。进了他家，看到眼前的情景我俩怔住了：冯老师戴着墨镜，正低头坐在椅子上，一手在胸前托块木板，一手在木板夹的稿纸上吃力地写字。原来，他的视力已很微弱，必须透过那特制墨镜中间的小孔，才能勉强看东西、写字。我俩站在那里无言地注视着冯老师，心里又感动又难过，冯老师发给我们的一摞摞讲义，竟是这样一字一字写出来的啊！"

——郑启幕：《遥远的钟声——记冯文炳老师》

"冯老师被聘为系主任，现代文学教研室唯一的教授，一开学便给我们讲鲁迅专题。虽然印了讲义，他并不照本宣科，而是讲自己的心得，开门见山就分析鲁迅代表作品《阿Q正传》。论点新颖、颇富魅力。如说未庄不是农村，阿Q这个典型也不只是农民，当时引起了一阵争论。但是，冯老师依旧坚持自己的论点，并且从作品形象分析入手，条分缕析，周密论证。他说，学术研究，贵在有独到见解，切忌人云亦云。大学里要发扬学术民主，可以各抒己见。这不多的几句话语，冯老师说得很中肯，给我留下了极为深刻的印象。也许这是他几十年来治学生涯的心得吧，也许是他带来的最高学府近百年来形成的民主校风吧。"

——萧善因：《废名：治学贵有创见》

狂狷　　废名讲课的风格全然不同，他不大在意学生是在听还是不在听，也不管学生听得懂听不懂，常常兀自沉浸在自己的遐想中。

废名一次讲鲁迅的《狂人日记》，一开头他就说："对《狂人日记》的理解，我比鲁迅先生自己了解得更深刻。"学生们一时愕然。有一次，废名讲写作要炼句，他举出他的小说《桥》中的一段描写炎热的夏日，两个女孩在烈日下走了很长的路，忽然"走近柳荫，仿佛再也不能往前一步。而且，四海八荒同一云！世上难有凉意了。当然，大树不过一把伞，画影为地，日头争不入"。他说："你们看，这'日头争不入'真是神来之笔，真是世上唯有凉意了。写文章就要能写出这样的句子才叫大手笔。"

1948年，熊十力和废名都住在原沙滩北大校办松公府的后院，门对门。熊十力写《新唯识论》批评了佛教，而废名信仰佛教，两人常常因此辩论。他们的每次辩论都是声音越辩越高，前院的人员都可以听到，有时甚至动手动脚。这日两人均穿单衣裤，又大辩起来，声音也是越来越大，可忽然万籁俱静，一点声音都没有了，前院人感到奇怪，忙去后院看。一看，原来熊冯二人互相卡住对方的脖子，都发不出声音了。这真是"此时无声胜有声"。

同仁　　胡适在北大三次任职期间，废名恰好在北大读书和教书。他们既是师生，也称得上是北大同仁。废名进入北大预科读书时，就对胡适主编的《努力周报》产生了兴趣。他将自己创作的一些新诗和短篇小说，投给《努力周报》。胡适很重视培养青年人，为废名提供了发表作品的园地，由此，他们开始了书信往来，建立了师生之谊。1924年1月胡适在《读书杂志》上刊登筹办《努力月刊》的预告，废名见到这个"预告"，马上给胡适写信表示祝贺，并寄上一篇小说。遗憾的是，这份《努力月刊》没有办成，但胡适还是将废名的小说推荐给陈源主编的《现代评论》发表了。

1931年年初，废名得知胡适将被聘为北大文学院院长时，便于2月

14日给胡适写信，告诉胡适这几年北大人事关系很复杂，不要接任此职。虽说胡适并没有接受他的建议，但对废名的赤诚相劝，还是心存感激的。

尽管他们的个人关系很好，但是废名在教学和学术见解上，却与胡适保持着一定的距离。废名在担任北大国文系讲师，讲新诗课之初，曾经向胡适请教这门课怎么讲？胡适告诉他按着他主编的《中国新文学大系》的诗歌卷来讲。可是废名却独辟蹊径，与老师针锋相对地提出了自己的见解。特别是对于胡适很钟爱的徐志摩，他却弃之不讲。但这并没有因此而影响他们的关系。

异同　废名是在1922年考入北京大学预科后，与鲁迅相识的。1924年《语丝》创刊，鲁迅、周作人、林语堂都被邀请为撰稿人。后经周作人举荐，废名也被吸收为撰稿人。废名在接触新文学作品之初，在思想上更接近周作人，文学上受周作人影响较深，但对鲁迅的文章也很喜欢。他于1924年发表了《"呐喊"》一文，是文坛上较早出现的一篇评论鲁迅这部小说集的文章。此文对鲁迅的《孔乙己》评价很高，称这篇小说是他最为推崇的佳作。

1925年三四月间，废名曾两次拜会鲁迅先生，第一次，他怀着十分崇敬的心情单独拜会鲁迅，谨小慎微，甚至连自己晚到了些许时间，也感到内疚。到第二次会见鲁迅时，交谈中鲁迅流露出忧国伤时的苦闷心情，这加深了他对鲁迅为人的理解。他开始意识到鲁迅文章里讲的一些"不干净"的话，实际上是映现着"他干净的心"。鲁迅对废名的文学才华也很重视，希望他能写出关注人生的作品。

1927年废名读了鲁迅发表在《语丝》上的《马上支日记》之后，写了篇《忘记了的日记》，文章坦诚地说出了他与鲁迅的思想差别："我日来所写的都是太平天下的故事，而他玩笑似的赤着脚在这荆棘道上踏。"虽然与鲁迅的志趣并不怎么相同，但鲁迅对新文学的贡献，还是让他很景仰，并且"时常念他"。不久，鲁迅的杂文集《坟》出版时，特意赠给了废名一本。1929年鲁迅回京省亲时，废名还专程去鲁家看望了他。

　　1930年由鲁迅、郁达夫、冯雪峰等51人发起组织"中国自由运动大同盟"之后，废名对鲁迅的态度发生了180度大转弯。他在同年5月出版的《骆驼草》周刊上化名"丁武"发表文章，称组织这个"大同盟"是"文士立功"的表现，言外之意他们有政治野心。两人也就彻底地分道扬镳了。

　　1935年鲁迅编《中国新文学大系·小说二集》时，选录了废名的《浣衣母》、《竹林的故事》、《河上柳》等三篇，这都是废名早期的作品。并在"导言"中对他后期作品"……不欲像先前一般的闪露，于是从率直的读者看来，就只见其有意低徊，顾影自怜之态了"表示惋惜，这也表明了他们思想上的分歧。不过鲁迅并没有因此而贬抑废名在文学画廊上的地位。

　　在周作人的心目中，他在北大教书时最得意的门生是俞平伯、废名、冰心等三四个人。其中联系最为长久，关系也最为密切的就是废名。

恩师　　周作人与废名的交往始于1921年。当时，废名在五四新文化浪潮的影响下，对文学发生了兴趣，很喜欢读周作人、胡适和鲁迅的作品。尤其是对周作人的新诗《小河》更是奉为杰作。出于景仰与崇拜，他贸然给周作人写了封信，表达了他的敬意。收到周作人的回信后，他受宠若惊，遂将自己的习作装订成册寄给周作人审阅。从此书信往还，成为未曾谋面的师友。

　　1922年废名考入北大预科后，第一件事就是拜会恩师周作人，亲聆了周作人的教导。在周作人的指导下，废名的文学创作大有长进。1925年他出版第一本小说集《竹林的故事》时，由周作人为其作序。后来在周作人的举荐下，废名加入"语丝社"，在《语丝》上发表了他的诗化小说《桥》。这部小说带有学习周作人创作风格的痕迹，周作人也很欣赏这部小说，称它标志着废名创作的蜕变和升华。废名自己也察觉到自己的变化，他在日记中写道："我在这四年内，真是蜕了不少的壳，最近一年尤其蜕得古怪"，自此他发表文章时废去原名"冯文炳"，改用笔名"废名"。

1927年7月，奉系军阀张作霖进驻北平后，下令将北京大学与北京师范大学等校合并为京师大学校。周作人被辞退，废名愤而中断了学业。周作人便让废名在自己家里住了大约半年之久。一年后，北大复校，周作人复职，废名复学。毕业时在周作人推荐下，留校任中国文学系教员。

1930年5月，周作人创办散文期刊《骆驼草》，倡导"自我性灵的自由表现"，废名成为主要操刀者。

抗战全面爆发后，废名因奔母丧回到湖北，在家乡黄梅的中学教书。而周作人在文人们纷纷南下之际却留在北平。第二年废名从卞之琳的来信中得知周作人附逆，还尽力为他开脱罪责。但是后来周作人担任了伪北大校长兼文学院院长，给废名写信，希望他回母校任教，废名却没有答应。

1946年9月，废名回到北大任职，途经南京时，特意找到在国民政府外交部担任外交次长的叶公超，在他的帮助下探监，看望了周作人。废名到北京后见到周作人的儿子周一丰生活窘迫，给予多次金钱上的援助。南京解放后，周作人被释放，回到北京。废名不辞辛劳地走访老朋友，为周作人募捐，以解决周作人的生活困难。在一个冬日他去看望周作人时，见到周家冷得伸不出手，走后就为周家买来一车煤。

1952年院校调整时，废名被调到东北人民大学任教，师生从此失去联系。周作人是在五年后的一个冬日，在逛书店时，看到新出版的《废名小说选》，算是有了一点关于这个得意门生的消息。

评誉　周氏二兄弟对废名都很喜欢。鲁迅说废名的作品，一是"冲淡中有哀怨"；一是不大"闪露"，"才见以冲淡为衣"，常见其"有意低徊，顾影自怜"。

周作人说废名是讲究"文章之美"的作家，说他的作品："好像是一道流水，大约总是向东去朝宗于海，它流过的地方，总有什么汊港弯曲，总得灌注潆洄一番，有什么岩石水草，总要披拂抚弄一下子才再往前去，这都不是他的行程的主脑，但除去了这些也就别无行程了。"

朱光潜评废名的作品：

废名印章

"废名先生不能成为一个循规蹈矩的小说家，因为他在心境原型上是一个极端的内倾者。小说家须得把眼睛朝外看，而废名的眼睛却老是朝里看；小说家须把自我沉没到人物性格里面去，让作者过人物的生活；而废名的人物却都沉没在作者的自我里面，处处都是过作者的生活。"

"废名的诗不容易懂，但是懂得之后，你也许要惊叹它真好。"

严家炎形容废名文字是江南的青橄榄。"初入口不免苦涩，慢慢渐有一股清香……久而久之竟连它的硬核也舍不得吐掉。"

名诗

十二月十九夜

深夜一盏灯，
若高山流水，
有身外之海。
星之空是鸟林，
是花，是鱼，

287

是天上的梦，

海是夜的镜子。

思想是一个美人，

是家，

是日，

是月，

是灯，

是炉火，

炉火是墙上的树影，

是冬夜的声音。

名文

竹林的故事

出城一条河，过河西走，坝脚下有一簇竹林，竹林里露出一重茅屋，茅屋两边都是菜园：十二年前，它们的主人是一个很和气的汉子，大家呼他老程。

那时我们是专门请一位先生在祠堂里讲《了凡纲鉴》，为得拣到这菜园来割菜，因而结识了老程，老程有一个小姑娘，非常的害羞而又爱笑，我们以后就借了割菜来逗她玩笑。我们起初不知道她的名字，问她，她笑而不答，有一回见了老程呼"阿三"，我才挽住她的手："哈哈，三姑娘！"我们从此就呼她三姑娘。从名字看来，三姑娘应该还有姊妹或兄弟，然而我们除掉她的爸爸同妈妈，实在没有看见别的谁。

一天我们的先生不在家，我们大家聚在门口掷瓦片，老程家的捏着香纸走我们的面前过去，不一刻又望见她转来，不笔直的循走原路，勉强带笑的弯近我们："先生！替我看看这签。"我们围着念菩萨的绝句，问道："你求的是什么呢？"她对我们诉一大串，我们才知道她的阿三头上本来还有两个姑娘，而现在只要让她有这一个，不再三朝两病的就好了。

老程除了种菜，也还打鱼卖。四五月间，霪雨之后，河里满河山水，他照例拿着摇网走到河边的一个草墩上——这墩也就是老程家的洗衣裳的地方，因为太阳射不到这来，一边一棵树交荫着成一座天然的凉棚。水涨了，搓衣的石头沉在河底，呈现绿团团的坡，刚刚高过水面，老程老像乘着划船一般站在上面把摇网朝水里兜来兜去；倘若兜着了，那就不移地的转过身倒在挖就了的荡里，——三姑娘的小小的手掌，这时跟着她的欢跃的叫声热闹起来，一直等到蹦跳蹦跳好容易给捉住了，才又坐下草地望着爸爸。

流水潺潺，摇网从水里探起，一滴滴的水点打在水上，浸在水当中的枝条也冲击着嚓嚓作响。三姑娘渐渐把爸爸站在那里都忘掉了，只是不住的抠土，嘴里还低声的歌唱；头毛低到眼边，才把脑壳一扬，不觉也就瞥到那滔滔水流上的一堆白沫，顿时兴奋起来，然而立刻不见了，偏头又给树叶子遮住了——使得眼光回复到爸爸的身上，是突然一声"啊呀"！这回是一尾大鱼！而妈妈也沿坝走来，说盐钵里的盐怕还够不了一飨饭。

老程由街转头，茅屋顶上正在冒烟，叱咤一声，躲在园里吃菜的猪飞奔的跑，——三姑娘也就出来了，老程从荷包里掏出一把大红头绳："阿三，这个打辫好吗？"三姑娘抢在手上，一面还接下酒壶，奔向灶角里去。"留到端午扎艾蒿，别糟蹋了！"妈妈这样答应着，随即把酒壶伸到灶孔烫。三姑娘到房里去了一会又出来，见了妈妈抽筷子，便赶快拿出杯子——家里只有这一个，老是归三姑娘照管——跪着脚送在桌上；然而老程终于还是要亲自朝中间挪一挪，然后又取出壶来。"爸爸喝酒，我吃豆腐干！"老程实在用不着下酒的菜，对着三姑娘慢慢的喝了。

三姑娘八岁的时候，就能够代替妈妈洗衣。然而绿团团的坡上，从此也不见老程的踪迹了——这只要看竹林的那边河坝倾斜成一块平坦的上面，高耸着一个不毛的同教书先生（自然不是我们的先生）用的戒方一般模样的土堆，堆前竖着三四根只有抄梢还没有斩去的枝桠吊着被雨粘住的纸幡残片的竹竿，就可以知道是什么意义。

老程家的已经是四十岁的婆婆，就在平常，穿的衣服也都是青蓝大布，现在不过系鞋的带子也不用那水红颜色的罢了，所以并不现得十分异样。独有三姑娘的黑地绿花鞋的尖头蒙上一层白布，虽然更显得好看，却叫人见了也同三姑娘自己一样懒懒的没有话可说了。

然而那也并非是长久的情形。母女都是那样勤敏，家事的兴旺，正如这块小天地，春天来了，林里的竹子，园里的菜，都一天一天的绿得可爱。老程的死却正相反，一天比一天淡漠起来，只有鹞鹰在屋头上打圈子，妈妈呼喊女儿道，"去，去看但里放的鸡娃。"三姑娘才走到竹林那边，知道这里睡的是爸爸了。到后来，青草铺平了一切，连曾经有个爸爸这件事实几乎也没有了。

正二月间城里赛龙灯，大街小巷，真是人山人海。最多的还要算邻近各村上的女人，她们像一阵旋风，大大小小牵成一串从这街冲到那街，街上的汉子也借这个机会撞一撞她们的奶。然而能够看得见三姑娘同三姑娘的妈妈吗？不，一回也没有看见！锣鼓喧天，惊不了她母女两个，正如惊不了栖在竹林的雀子。鸡上埘的时候，比这里更西也是住在坝下的堂嫂子们，顺便也邀请一声"三姐"，三姑娘总是微笑的推辞。妈妈则极力鼓励着一路去，三姑娘送客到坝上，也跟着出来，看到底攀缠着走了不；然而别人的渐渐走得远了，自己的不还是影子一般的依在身边吗？

三姑娘的拒绝，本是很自然的，妈妈的神情反而有点莫名其妙了！用询问的眼光朝妈妈脸上一瞧，——却也正在瞧过来，于是又掉头望着嫂子们走去的方向：

"有什么可看？成群打阵，好像是发了疯的！"

这话本来想使妈妈热闹起来，而妈妈依然是无精打采沉着面孔。河里没有水，平沙一片，现得这坝从远远看来是蜿蜒着一条蛇，站在上面的人，更小到同一颗黑子了。由这里望过去，半圆形的城门，也低斜得快要同地面合成了一起；木桥俨然是画中见过的，而往来蠕动都在沙滩；在坝上分明数得清楚，及至到了沙滩，一转眼就失了心目中的标记，只觉得一簇簇的仿佛是远山上的树林罢了。至于聒聒的喧声，却比站在近旁更能入耳，虽然听不着说的是什么，听者的心早被他牵引了去了。竹林里也同平常一样，雀子在奏他们的晚歌，然而对于听惯了的人只能够增加静寂。

打破这静寂的终于还是妈妈：

"阿三！我就是死了也不怕猫跳！你老这样守着我，到底……"

妈妈不作声，三姑娘抱歉似的不安，突然来了这埋怨，刚才的事倒好像给一阵风赶跑了，增长了一番力气娇恼着：

"到底！这也什么到底不到底！我不欢喜玩！"

三姑娘同妈妈间的争吵，其原因都出在自己的过于乖巧，比如每天清早起来，把房里的家具抹得干净，妈妈却说，"乡户人家呵，要这样？"偶然一出门做客，只对着镜子把散在额上的头毛梳理一梳理，妈妈却硬从盒子里拿出一枝花来。现在站在坝上，眶子里的眼泪快要迸出来了，妈妈才不作声。这时节难为的是妈妈了，皱着眉头不转眼的望，而三姑娘老不抬头！待到点燃了案上的灯，才知道已经走进了茅屋，这期间的时刻竟是在梦中过去了。

灯光下也立刻照见了三姑娘，拿一束稻草，一菜篮适才饭后同妈妈在园里割回的白菜，坐下板凳三棵捆成一把。

"妈妈，这比以前大得多了！两棵怕就有一斤。"

妈妈哪想到屋里还放着明天早晨要卖的菜呢？三姑娘本不依恃妈妈的帮忙，妈妈终于不出声的叹一口气伴着三姑娘捆了。

三姑娘不上街看灯，然而当年背在爸爸的背上是看过了多少次的，所以听了敲在城里响在城外的锣鼓，都能够在记忆中画出是怎样的情境来。"再是上东门，再是在衙门口领赏……"付着声音所来的地方自言自语的这样猜。妈妈正在做嫂子的时候，也是一样的欢喜赶热闹，那情境也许比三姑娘更记得清白，然而对于三姑娘的仿佛亲临一般的高兴，只是无意的吐出来几声"是"——这几乎要使得三姑娘稀奇得伸起腰来了："刚才还催我去玩哩！"

三姑娘实在是站起来了，一二三四的点着把数，然后又一把把的摆在菜篮，以便于明天一大早挑上街去卖。

见了三姑娘活泼泼的肩上一担菜，一定要奇怪，昨夜晚为什么那样没出息，不在火烛之下现一现那黑然而美的瓜子模样的面庞的呢？不——倘若奇怪，只有自己的妈妈。人一见了三姑娘挑菜，就只有三姑娘同三姑娘的菜，其余的什么也不记得，因为耽误了一刻，三姑娘的菜就买不到手；三姑娘的白菜原是这样好，隔夜没有浸水，煮起来比别人的多，吃起来比别人的甜了。

我在祠堂里足足住了六年之久，三姑娘最后留给我的印象，也就在卖菜这一件事。

三姑娘这时已经是十二三岁的姑娘，因为是暑天，穿的是竹布单衣，颜色淡得同月色一般——这自然是旧的了，然而倘若是新的，怕没有这样合式，不过这也不能够说定，因为我们从没有看见三姑娘穿过新衣：总之三姑娘是好看罢了。三姑娘在我们的眼睛里同我们的先生一样熟，所不同的，我们一望见先生就往里跑，望见三姑娘都不知不觉的站在那里笑。然而三姑娘是这样淑静，愈走近我们，我们的热闹便愈是消灭下去，等到我们从她的篮里拣起菜来，又从自己的荷包里掏出了铜子，简直是犯了罪孽似的觉得这太对不起三姑娘了。而三姑娘始终是很习惯的，接下铜子又把菜篮放在肩上。

一天三姑娘是卖青椒。这时青椒出世还不久，我们大家商议买四两来煮鱼吃——鲜青椒煮鲜鱼，是再好吃没有的。三姑娘在用秤称，我们都高兴的了不得，有的说买鲫鱼，有的说鲫鱼还不及鳊鱼。其中有一位是最会说笑的，向着三姑娘道：

"三姑娘，你多称一两，回头我们的饭熟了，你也来吃，好不好呢？"

三姑娘笑了：

"吃先生们的一餐饭使不得？难道就要我出东西？"

我们大家也都笑了；不提防三姑娘果然从篮子里抓起一把掷在原来称就了的堆里。

"三姑娘是不吃我们的饭的，妈妈在家里等吃饭。我们没有什么谢三姑娘，只望三姑娘将来碰一个好姑爷。"

我这样说。然而三姑娘也就赶跑了。

从此我没有见到三姑娘。到今年，我远道回家过清明，阴雾天气，打算去郊外看烧香，走到坝上，远远望见竹林，我的记忆又好像一塘春水，被微风吹起波皱了。正在徘徊，从竹林上坝的小径，走来两个妇人，一个站住了，前面的一个且走且回应，而我即刻认定了是三姑娘！

"我的三姐，就有这样忙，端午中秋接不来，为得先人来了饭也不吃！"

那妇人的话也分明听到。

再没有别的声息：三姑娘的鞋踏着沙土。我急于要走过竹林看看，然而也暂时面对流水，让三姑娘低头过去。

1924 年 10 月

沈从文：不折不从，星斗其文，亦慈亦让，赤子其人

沈从文照

传略　沈从文（1902—1988），原名沈岳焕，苗族湖南凤凰县人。1917年到1922年漂游在湘西沅水流域；1923年至1928年在北京以写作谋生；1928年至1930年，在上海中国公学任讲师，兼《大公报》、《益世报》等文艺副刊主编；1931年至1933年在青岛大学任讲师；1934年至1939年在北京主编全国中小学国文教科书；1939年至1947年在昆明西南联合大学任教授；1947年至1949年在北京大学任教授；1950年至1978年在北京中国历史博物馆任文物研究员；1978年至1988年在中国社会科学院研究所任研究员。

他的文学作品《边城》、《湘西》、《从文自传》等，在国内外有重大的影响。被译成日本、美国、英国、前苏联等四十多个国家的文字出版，并被美国、日本、韩国、英国等十多个国家或地区选进大学课本，两度被提名为诺贝尔文学奖评选候选人。他不仅是著名的作家，还是著名的历史学家、考古学家，他撰写出版了《中国丝绸图案》、《唐宋铜镜》、《龙

风艺术》、《战国漆器》、《中国古代服饰研究》等学术专著，特别是巨著《中国古代服饰研究》影响很大，填补了我国文化史上的一项空白。

沈从文一生共出版了《石子船》《从文子集》等30多种短集小说集和《边城》、《长河》等6部中长篇小说，他的创作风格趋向浪漫主义，充满浓郁的乡土气息。他要求小说的诗意效果，融写实、纪梦、象征于一体，语言格调古朴，句式简峭，主干凸出，单纯而又厚实，朴讷而又传神，具有浓郁的地方色彩，凸现出乡村人性特有的风韵与神采。整个作品充满了对人生的隐忧和对生命的哲学思考，给人教益和启示。

沈从文创作的小说主要有两类，一种是以湘西生活为题材，一种是以都市生活为题材，前者通过描写湘西人原始、自然的生命形式，赞美人性美；后者通过都市生活的腐化堕落，揭示都市自然人性的丧失。其笔下的乡村世界是在与都市社会对立互参的总体格局中获得表现的，而都市题材下的上流社会"人性的扭曲"在他的"人与自然契合"的人生理想的烛照下获得显现，这种独特的价值尺度和内涵的哲学思辨，构起了沈从文笔下的都市人生与乡村世界的桥梁，也正由于这种对以金钱为核心的"现代文学"的批判，以及对理想浪漫主义的追求，使得沈从文写出了以《边城》为代表的一系列优秀作品。

1988年5月10日，沈从文因心脏病猝发，在家中病逝，走完了他86年的生命历程。沈从文临终前，家人问他有什么要说。他回答道："我对这个世界没有什么好说的。"

1992年，沈从文的骨灰在家人的护送下魂归故里凤凰，他的骨灰一半撒入沱江之中，一半安葬在听清山的五彩石下。墓旁的大青石上，刻着沈从文的一句名言："一个士兵要不战死沙场，便是回到故乡。"

墓碑上写着：照我思索，能理解我；照我思索，可认识人。石后是张允和的撰联：不折不从，星斗其文，亦慈亦让，赤子其人。每句后一字组成了："从文让人"，这是他一生的写照。

姻缘　苏州一个名叫张吉友的富商，除了拥有万顷良田，热心于结交蔡元培这样的教育界名流、投资教育事业，还因四个才貌双全的女儿而尽人皆知。后来，这个大户人家的二女儿张允和嫁给了颇有建树的语言学家周有光，三女儿张兆和则嫁给了赫赫有名的大作家沈从文。

就在张允和与周有光喜结良缘后不久，她的妹妹张兆和也在名作家沈从文的长时间进攻下举手投降，成为这个情书圣手的俘虏。

青年时代的沈从文就因写过一些新潮的白话小说而在文坛崭露头角，由于诗人徐志摩的介绍，他被中国公学校长胡适聘为教师。然而木讷的沈从文第一堂课就洋相百出，他万万没有想到在那些目睹他出洋相的女学生中，就有以后成为他夫人的张兆和。

18岁的张兆和在中国公学曾夺得女子全能第一名，她聪明可爱，单纯任性。兆和身后有许多追求者，她把他们编成了"青蛙一号"、"青蛙二号"、"青蛙三号"。二姐张允和取笑说沈从文大约只能排为"癞蛤蟆第十三号"。自卑木讷的沈从文不敢当面向张兆和表白爱情，他悄悄地给兆和写了第一封情书。

老师的情书一封封寄了出去，点点滴滴滋润着对方的心。女学生张兆和把它们一一作了编号，却始终保持着沉默。后来学校里起了风言风语，说沈从文因追求不到张兆和要自杀。张兆和情急之下，拿着沈从文的全部情书去找校长理论，那个校长就是胡适。

兆和把信拿给胡适看，说：老师老对我这样子。胡校长答：他非常顽固地爱你。兆和马上回他一句：我很顽固地不爱他。胡适说：我也是安徽人，我跟你爸爸说说，做个媒。兆和连忙说：不要去讲，这个老师好像不应该这样。没有得到校长胡适的支持，张兆和只好听任沈老师继续对她进行感情文字的马拉松式的狂轰滥炸。

1932年夏天，张兆和大学毕业回到了苏州的老家。沈从文带着巴金建议他买的礼物——一大包西方文学名著敲响了张家的大门，二姐允和出来招呼了这位不速之客。弄堂很窄，允和对站在太阳底下的沈从文说：你进来吧，有太阳。沈从文不进来，允和就告诉他三妹上图书馆去了，不在家，让他进来等。沈从文听完说了声"我走吧"回头就走了。沈从文回到了旅馆，一个人躺在床上胡思乱想，满脑子尽是张兆和的音容笑貌。

三妹回来后，允和把她骂了一顿：你假装用功，明明晓得他今天要来。兆和说：我就是用功，哪晓得他这个时候来啊。允和让妹妹大大方方地把老师请到家里来，兆和终于鼓起勇气回请了沈从文。心潮澎湃的沈从文回到青岛后，立即给二姐允和写信，托她询问张父对婚事的态度。

他在信里写道：如爸爸同意，就早点让我知道，让我这个乡下人喝杯甜酒吧。张兆和的父亲开明地答：儿女婚事，他们自理。

带着这份喜悦，两姐妹便一同去了邮局，给沈从文发电报。允和拟好的电报是：山东青岛大学沈从文允。很简单。兆和的则是：沈从文乡下人喝杯甜酒吧。这也许是中国最早的一个白话文电报了，但邮局没有收，而收下了允和的。

与沈从文订婚之后，张兆和为了和心爱的人靠得更紧，只身来到青岛，在青岛大学图书馆工作。专心于写作的沈从文在生活上一塌糊涂，一次洗衣服时，兆和发现了一张揉碎了的当票。原来沈从文把兆和的一枚戒指当了，却忘了取回。1933 年 9 月 9 日，沈从文与张兆和在当时的北平中央公园宣布结婚，但并没有举行任何仪式。新居是北平西城达子营的一个小院子，这个媒人是允和做的，所以沈从文一看见二姐允和就叫她"媒婆"。

新婚不久，因母亲病危，沈从文回故乡凤凰探望。他在船舱里给远在北平的张兆和写信说：我离开北平时还计划每天用半个日子写信，用半个日子写文章，谁知到了这小船上却只想为你写信，别的事全不能做。

不幸的是，上个世纪五六十年代的历次政治运动都没有放过沈从文。一次又一次来势汹涌的打击，使忧郁过度的沈从文陷入了病态的迷狂状态，他不断念叨着"回湘西去，我要回湘西去"，张兆和无言地面对此情此景，眼泪禁不住滚滚而下。后来，在妻子悉心的照料和药物治疗下，沈从文渐渐恢复了健康，这些难忘的经历使他的心灵产生了对苦难的免疫力，使他和妻子坚强地度过了艰辛清贫的岁月。1988 年 5 月 10 日，饱经沧桑的沈从文安详地离开了人世，把无限的眷恋留给了白发苍苍的妻子，就如同留给了人间无限柔美的湘西。

情书（张兆和相貌清秀，肤色微黑，在张家姊妹中排行第三。沈从文写给张兆和的情书中经常亲昵地称她为"三三"。）

沈从文与张兆和

我行过许多地方的桥，看过许多次数的云，喝过许多种类的酒，却只爱过一个正当最好年龄的人。

我先以为我是个受得了寂寞的人，现在方明白我们自从在一起后，我就变成了一个不能同你离开的人了。三三，想起你我就忍受不了目前的一切了。我真像从前等你回信，不得回信就生气。我想打东西，骂粗话，让冷风吹冻自己的全身。我明白我同你离开越远反而越相近。但不成，我得同你在一起，这心才能安静，事才能做好！

我就这样一面看水一面想你。我快乐，就想要同你快乐，我闷，就想要你在我必可不闷。我同船老板吃饭，我盼望你也在一角吃饭。我至少还得在船上过七个日子。你说，这七个日子我怎么办？我不能写文章就写信。这只手既然离开了你，也只能这么来折磨它了。为了只想同你说话，我便钻进被盖中去，闭着眼睛。你听船轧轧的响着，它说：两个人尽管说笑，不必担心那掌舵人，他的职务在看水，他忙着，船真轧轧的响着，可是我如今同谁去说？

我不高兴!

梦里来赶我吧,我的船是黄的,尽管从梦里赶来,沿我画的小堤一直向西走。我想你一同来坐在舱里,从船口望那点紫色的小山。我想让一个木筏使你惊讶,因为那木筏上面还种菜!我想要你来使我的手暖和一些。我相信你从这纸上可以听到一种摇橹人歌声的,因为这张纸差不多浸透了好听的歌声!

一切声音皆像冷的凝固了,只有船底的水声,轻轻的轻轻的流过去。这声音使你感觉到它。几乎不是耳朵而是想象。这时真静。这时心里透明的,想一切皆深入无间。我在温习你的一切。我称量我的幸运,且计算他,但这无法使我弄清一点点,为了这点幸福的自觉,我叹息了。倘若你这时见到我,你就会明白我如何温柔!一切过去的种种,他的结局皆在把我推到你身边。你的一切过去也皆把我拉近你身边心边。我还要说的话不想让烛光听到,我将吹熄了这只蜡烛,在暗中向空虚去说。

注:在沈从文写给张兆和的情书中,《湘行书简》是最有代表性的。这些信件,写作于1934年冬,是沈从文从北平回湘西老家,船行湘西的见闻。孤独的旅程中,沈从文每天不停给张兆和写信,有时一天要写三四封。船儿到了一个城市停靠,他就上岸,让这些信件飞到北平,飞到他的三三手中。每一封信,像湘西的河水一样清新、清澈,字里行间充满对张兆和的爱和思念,与其说是情书,不如说是一篇篇精美散文。

反目　　丁玲和沈从文都是湘西人,前者的家乡是临澧县,后者的家乡是凤凰县。在1925年的春天,他们邂逅于北京时,自然显得很亲近,更何况他们都是热烈地沉迷于文学的青年呢!

沈从文初次与丁玲会面就留下了很好的印象。当时,丁玲与胡也频生活在一起，沈从文虽然内心里有些失落感，但还是很乐意与他们交往。他们谈话很投缘，几乎无所不谈，很快他们三人就成了好朋友。他们经常在一起谈论文学，谈论国事，谈论办刊物，也经常在一起吃饭、游玩。

1928 年他们一同到上海，一起住进萨波赛路的一座公寓。丁玲与胡也频住二楼，沈从文住三楼。他们共同创办"红黑书店"，出版《红黑》周刊。1930 年"红黑书店"因债务问题倒闭。为了筹集资金偿还债务，胡也频去济南教书。第二年，因胡也频宣传革命思想被国民党反动派杀害于上海龙华。当时，丁玲带着刚出生的孩子，处境很艰难。沈从文陪同她将孩子送到湖南常德的母亲处，由母亲抚养。此间，沈从文对丁玲热情相助，关怀备至。不料这年的秋天，丁玲却与冯达同居了，沈从文心中非常恼火。此后他与丁玲就失去了联系。尽管如此，在丁玲 1933 年被国民党特务绑架后，沈从文连续发表了《丁玲女士被捕》、《丁玲女士失踪》的文章，谴责了国民党政府绑架、陷害作家的不法行径。还曾托请胡适通过当年的上海市市长吴铁城营救丁玲，但未能奏效。

1933 年社会上传闻丁玲被害后，沈从文写了《记丁玲》及《记丁玲续集》。此书于 1939 年 9 月在上海出版时，丁玲已经在党组织的营救下，于 1936 年 9 月来到延安。在陕北的丁玲对沈从文的这两本书一无所知。直到 1978 年的冬季，一位日本友人将这两本书拿给丁玲看，丁玲觉得沈从文在书里对胡也频等左翼作家的评价有失公允，违背了历史的真实；她还对沈从文以低级趣味描绘他们的生活非常恼怒，沈从文在他的文章里说，他和丁玲、胡也频曾经同住一处，朝夕相伴，给人一种混淆的概念。丁玲认为用含混的语言混淆视听，这无异于往她的身上泼污水。后来丁玲还听说她被捕后，沈从文胆小怕事，不敢出面营救她的传闻。从而得出沈从文是"贪生怕死的胆小鬼，斤斤计较个人得失的市侩，站在高岸上品评在汹涌波涛中奋战的英雄们的高贵绅士"的结论。这种伤害沈从文的感情之言，挫伤了她与沈从文几十年的情谊，由误解而反目，导致两位老友在晚年分道扬镳。

亲情　　沈从文是画家黄永玉的表叔，年龄比黄永玉大 21 岁。他们被称作是湘西飞出的两只"金凤凰"。

黄永玉是常德人，他的父亲黄玉书毕业于常德师范，在男小学当校长，曾以通草作画捧回巴拿马赛会铜奖；母亲杨光蕙毕业于桃源省立二师，在女小学当校长。父母在读书时学的都是音乐和美术，对黄永玉的未来发展留下了遗传基因。在黄永玉 1924 年 8 月出生后不久，他家就搬到凤凰县居住，从此黄永玉与他的表叔沈从文成了名副其实的乡党。

黄永玉第一次见到沈从文是在他读小学时。有一天他正与几个伙伴疯跑，忽然有个伙伴告诉他，他家从北平来了客人。祖母告诉他这是他的二表叔沈从文。沈从文摸摸他的头，将他揽在怀里，很喜欢这个小表侄。少不更事的黄永玉听说这位表叔在北平当教授，写文章，并没有怎么在意，过一会儿，便跑去与小伙伴玩耍去了。

黄永玉从 16 岁开始以绘画与木刻为生，到处漂泊。在福建德化山区做小工时，老板见他头发太长了，给他一块钱让他去理发，可是他在书摊上见到一本表叔写的《昆明冬景》，便花了七角钱买了下来。他读着表叔写的书，对表叔的才华滋生了无限仰慕的感情。

1946 年他才开始与表叔沈从文通信。这些信有谈艺术知识的，有谈艺术欣赏的，对黄永玉的未来发展大有补益。本来黄永玉名字中的"玉"是"裕"，是沈从文说他的名像个卖布的，建议他改为现在用的"玉"字的，意思是永远继承父亲黄玉书的艺术才华。沈从文曾在一封信中向黄永玉介绍了自己的人生体验：一是充满着爱去对待人民和土地。二是摔倒了，不要停下来哀叹，要赶快爬起来往前走。三是永远地拥抱自己的工作不放。这样的教诲成了黄永玉的座右铭，也成了指导他前进的一盏明灯。

1950 年沈从文动员在香港的黄永玉回北京参加工作。1953 年黄永玉回到北京到中央美院任教。叔侄都住在北京，彼此的联系多，也经常走动。"文革"开始后，他们叔侄俩都成了审查对象。有一次在大街上他们邂逅了。沈从文怕连累表侄，装作没有看见，便走了过去。毕竟黄永玉年轻些，胆子大些，他借擦身而过的瞬间对表叔低声说："要从容对付呀！"这句话表达了亲属间的惦念与安慰，对沈从文也是个很大的鼓励。

情谊　**与巴金**　巴金在《怀念从文》中写道："在朋友中待人最好、最热心帮忙的人只有你，至少你是第一个。这是真话。"这句质朴无华、发自心底的话，反映出巴金与沈从文五十多年的真挚友谊和无限情深。

巴金与沈从文相识于1932年的冬天。当时正在青岛大学教书的沈从文，收到张允和、张兆和姐妹发来的电报，告诉他婚事已获父母的应允。她们的父母当时住在上海，想见一见这个未来的乘龙快婿，于是沈从文乘船到了上海。在上海逗留期间，沈从文遇见了在南京主编《创作月刊》的陈曼铎。陈曼铎是来上海找巴金约稿的，他就约巴金和沈从文一起，到一家俄国人开的西餐馆聚餐。素昧平生的巴金和沈从文都是青年作家，彼此又都读过对方的作品，因此一见如故。交谈中巴金得知沈从文有本短篇小说集，想找个出版社出版。饭后，巴金带着沈从文到闸北的新中国书局，将沈从文的小说集交给这个书局的老板，并且预支了部分稿酬。

在上海期间，巴金还帮助沈从文挑选了拜见未来的岳父母的礼物。沈从文想买几套外文书作为见面礼，可是又担心自己买不好，就请巴金帮忙。巴金不负所望，带着沈从文到书店精心挑选了几套俄罗斯的文学名著，其中有一套英文版的《契诃夫小说集》，印制精美，又是权威译本，沈从文的未婚妻张兆和非常喜欢，这对成全沈从文的婚事起到推波助澜的作用。

1933年9月9日，沈从文与张兆和在北平中央公园水榭举行了一次宴会，宣布他们结婚。前来赴宴的除了张家姐妹外，就是沈从文的文学界的朋友们。巴金得知他们结婚的消息，马上给他们发了贺电，祝福他们"幸福无量"。不久，巴金来到北平时，住在达子营沈从文家里。尽管沈从文新婚燕尔刚刚一个多月，但他们夫妇对巴金这个好朋友却是相敬如宾。他俩都在酝酿着新的作品，舍不得花时间闲聊，就分头搞起了创作。北方的秋天气候宜人，沈从文将书房让给巴金创作《雾·雨·电》中的插曲《雷》，而自己却在院子里的树阴下写自己的《边城》。不久，沈从文的大姐前来看望他们新婚夫妇，巴金才搬离沈家。

抗战结束以后，伴随着两种命运的决战，沈从文的灵魂出现了迷乱。他"游离"于国共两党政治之外的"中间路线"，倡导自由主义的文艺追求。他写了大量的政论杂文，其观点出现了一些"极端"倾向。巴金为他的前途担忧，就通过朋友传话，劝导沈从文应该将主要精力用在小说创作上。遗憾的是沈从文没能够听从老朋友的劝告。1949年北平解放后，他感到了巨大的精神压力。于是在3月28日这一天，他拿起一把水果刀，割破了血管，以便寻求解脱。幸好他的妻弟及时发现，挽救了他的生命。从此以后沈从文家门庭冷落，很少与朋友往来。

1949年7月，巴金应邀到北平出席首届文代会，他多次在会议的休息时间到沈从文家拜访。同年9月，巴金出席第一次政协会议时，也到沈家去看望他。在沈从文最为消沉与寂寞的时候，巴金的友谊给了他极大的安慰与支持。即使是在"文革"时期，巴金和沈从文都自身难保时，仍然惦念着对方。"文革"结束后，他们的往来就更多了。可见他们的友谊是经得起挫折考验的。

与胡适 沈从文一向以"乡下人"自称。1923年他刚刚闯北平时，的确是个"乡下人"，可是，自从1929年经徐志摩推荐，被中国公学聘为讲师之后，他在胡适的直接或间接的影响下，逐渐成为现代绅士派的自由主义文人。

本来，沈从文不会教书，可是在他与好友胡也频和丁玲到上海办刊物《红黑》时，因资金周转难以为继，经营一年不仅没有盈利，反倒将本金也赔了进去。为了谋生和偿还债务，他们三人只有分头找工作赚钱。于是沈从文经徐志摩举荐，认识了担任中国公学校长的胡适，被聘为大学一年级现代文学课讲师。接到胡适的聘书后，沈从文接连给胡适写了两封信，谈到自己不会教书，并表示，如果学生们不满意随时可以撤换。胡适对他极为重视，尽管第一堂课沈从文被"挂"在了课堂上，可是胡适并没有怪罪他。

在中国公学期间，胡适成了沈从文的知心朋友，事无巨细，沈从文都乐意与胡适请教和商议。当时，他花钱没有计划，经济拮据了，就写信给胡适要求预支工薪，还要求帮助他的妹妹暂缓交纳学费，胡适都给予满足。在教课时，有一个女学生引起了沈从文的注意。这个女生就是年仅18岁的张兆和。在沈从文与张兆和有了个别接触之后，他觉得口头表达不出他心底的感情，就给张兆和写了封表示爱意的信。张兆和没有回应，沈从文痛苦万分，便找到胡适，提出几个离开公学的理由，其中一个就是他陷于爱情的漩涡，爱上一个女生。胡适劝他不要走，他会为他"做一切可做的事。"

不久，校园里沸沸扬扬地传说沈从文求爱不成想自杀。这个传言传到张兆和的耳朵里，她很害怕，便拿着沈从文写给她的情书，去找校长胡适。胡适仔细地听了张兆和的叙说之后，首先表示沈从文是个天才，是中国最有希望的小说家。当胡适得知张兆和并不爱沈从文时，胡适希望她能与沈从文做个朋友，还劝说给沈从文写封婉转的回信。最后胡适答应劝劝沈从文。由于胡适的协调，张兆和给沈从文写了回信，从此他们开始了通信。经过三年多的爱情拉练，沈从文终于赢得了张兆和的爱情。

1930年5月，胡适联合罗隆基、梁实秋等人在《新月》上发表文章，批评国民党政府，引起了当局的不满，胡适被迫辞去中国公学校长的职务。胡适离开后，沈从文也觉得失去了靠山，同年秋天也辞职离开中国公学。此后的十几年间，胡适与沈从文虽然不在一起工作，但他们的通信联系一直未断，直到1948年12月胡适离开北平，不久又去美国，他们天各一方，再也没有机会通信和会面了。

慈师 1939年至1947年沈从文在昆明西南联合大学任教授，沈从文在联大开过三门课，"各体文习作"、"创作实习"、"中国小说史"，他上课"不用手势，没有任何舞台道白式的腔调，没有一点哗众取宠的江湖气。他讲得很诚恳，甚至很天真"。

西南联大的教室很简陋，土墙土地铁皮屋顶（后来连铁皮屋顶也卖了，换成茅草屋顶），教室里只有一张讲桌和几把扶手椅。有一次上课时，先到的男同学占据了扶手椅，后到的三位女同学没有座位，只能站着听课。沈从文看不过去，把讲台上的讲桌扛下来，放倒在地，请这三位女同学坐下听课。

每次上课，沈从文总是夹着一大摞书走进教室，学生们从他手中接过仔细批改后的习作和特意为他们找的书，他们的心中就只能充满了感动。为让学生省点事，沈先生总是不怕自己多费神，多麻烦。他讲《中国小说史》，有些资料不易找到，完全可以让学生自己去找，作为老师，指明方向也就算尽职了。而沈从文却自己用夺金标毛笔，筷子头大的小行书抄在云南竹纸上，这种竹纸高一尺，长四尺，并不裁断。抄成了，卷成卷，上课时发给学生。他上创作课是夹一摞书，上小说史时就夹了好些纸卷。学生们接过沈从文费心找来、精心抄写的资料，内心感动之余，又平添了几分震动。

沈从文不善辞令，他的课，学生多因其浓重的湘西口音听不懂，兴趣渐无。对此，沈从文有个很好的补救法，就是任由学生去写作文，爱写什么就写什么。然后，他逐一认真阅读学生们的作文，并在后面附上大段的读后感。很多读后感，甚至比学生的原作还要长。

日寇轰炸昆明时，沈从文全家疏散到呈贡桃园新村，每星期进城上课两天，文林街二十号联大教职员宿舍有他的一间屋子。访客来，大都是来借书、求字，看沈从文收藏的宝贝，谈天。进进出出向他请教的学生非常多，有的学生向他借书，他总是慷慨应允。联大文学院的同学，多数手里都有一两本沈先生的书，扉页上用淡墨签了"上官碧"的名字（上官碧是沈从文的笔名）。谁借了什么书，什么时候借的，沈先生是从来不记得的。直到联大复校，有些同学的行装里还带着沈先生的书，这些书也就随之漂流到四面八方。

沈从文在教学中，发现学生好的文章，就推荐给报刊发表。据他当年的学生林蒲回忆："沈从文的路子是寂寞的！他是默默地固执地走着他的寂寞的路子……只要你愿意学习写作，无时无刻不可以和沈先生接近。我当时在国内发表的文章，十之八九，都经过沈先生润色，全篇发回来重写也是常有的事情。"

慈心　　在著名作家中，沈从文先生的书法是很有名的，尤其是他写的章草，深为书法爱好者喜爱。他一向视书法于自己只是件好玩的事情，从没想到卖字牟利，哪怕是在西南联大极为艰苦的条件下，他宁愿为生活东奔西走也没卖过一幅字。只是有一次例外。

1947年，沈从文从云南回到北平，其时，他在当教授之余，利用一点时间为天津《益世报》编辑副刊。在来稿的作者中，有一个就读于河北高等工业学校的16岁学生，名叫章恒寿，当时笔名芦荻。

因爱好文学，芦荻便向自己经常阅读的《益世报》投稿，他的第一次诗歌投稿也很快被《益世报》副刊刊用。接下来，芦荻同沈从文书信联系不断，在沈从文的指导下，芦荻在那段时期创作和发表了二百多首诗作。

这年的秋天，芦荻的父亲患了急性肺炎，使用了盘尼西林等药物。盘尼西林当时十分昂贵，需十几万法币一支。芦荻家里因此欠了一大笔债。当时芦荻家只有姐姐一人当小学教员，微薄的薪水根本不足撑起这个家庭。看到母亲和姐姐的愁苦状，芦荻便试着向沈从文写了一封信，说明家境情况，并提出想预支一些稿费的请求。

接到芦荻的求助信后，沈从文万分焦急。他知道，以当时芦荻的知名度和文章，是很难获得报纸预支稿酬的。而自己又实在拿不出钱支持这位未曾谋面的青年作家。于是，他就在1947年9月20日的《益世报》副刊上登了一则卖字启事：

"有个未谋面的青年作家，家中因丧事情形困难，我想作个'秘醮'

之举，凡乐意从友谊上给这个有希望的青年作家解决一点困难，又有余力作这件事的，我可以为这位作家卖20张条幅字，作为于这种善意的答谢。这种字暂定最少为10万元一张……这个社会太不合理了，让我们各尽所能，打破惯例作点小事，尽尽人的义务，为国家留点生机吧。"

同时，他还想推而广之，"你们若觉得这个办法还合理，有人赞助，此后我还想为几个死去了的作家家属卖半年字。"

不久，芦苇就收到来自全国各地的20余份寄款，有人还寄来信对他表示问候。每一笔汇款，都使他心里温热，他知道这是沈先生凝着心血的一幅幅字换来的。1949年芦苇随解放军南下，成为一名军旅诗人。这就是新中国成立后名震诗坛的诗人柯原。因种种原因，以后的30多年，柯原与沈从文失去联系，直到1980年，他去北京出席一次授奖大会，才第一次见到自己思念了30多年的沈先生。柯原叙说当年沈先生如何如何帮了自己大忙，可是沈从文自己却早忘了此事

1982年沈从文第二次回到凤凰，有天晚上下雨，大家坐在堂屋讲凤凰的典故，这时来了几位不速之客，都是贵州铜仁人。为主的那位是特地来感谢沈从文的，他说"文革"时到北京上访，因没钱回家去找过沈从文，得他资助45块钱，才于动乱中回到铜仁。沈从文说："有这种事吗？我好像记不起了。"

真言　　1930年，沈从文发表《论郭沫若》一文，一再指出郭沫若的"创作是失败了"，写小说不是他的长处，而且空话太多，直言："在文字上我们得不到什么东西。"指出郭的文章只适合于檄文、宣言、通电，一点不适宜于小说。"让我们把郭沫若的名字置在英雄上、诗人上、煽动者或任何名分上，加以尊敬和同情。小说方面他应该放弃了他那地位，因为那不是他发展天才的处所。"

沈从文对自己的作品颇为自信，1934年，他在给张兆和的家书中说："我

实在是比某些时下所谓的作家高一筹的。我的工作行将超越一切而上。我的作品会比这些人的作品更传得久，播得远。"1947年，他在《八骏图》自存本上题道："从这个集子所涉及的问题、社会、人事、以及其他方面看来，应当得到比《呐喊》成就高的评语。事实上也如此。这个小书必永生。"

上世纪50年代，全国大批武训，处于政治漩涡中心的沈从文觉得这场批判有些可笑，他在给友人的信中说："费力多而见功少，似乎不大经济。即把一个导演，一个演员，并一个在坟墓中的武训，完全骂倒，新的优秀作品还是不会产生！"

黄永玉回忆，沈从文在一次谈话结束时说："我一生，从不相信权力，只相信智慧。"

沈从文手迹

沈从文说："一个具有独立思想的作家，能够追求这个民族一切症结的所在。"

晚年，沈从文出国访问，一位专门研究西南联大的汉学家问他："为什么当时条件那么苦，环境那么差，联大8年出的人才，却超过了战前北大、清华、南开30年出的人才总和？"沈从文的回答只有两个字："自由。"

轶事　　1929年，沈从文第一次以教师身份来到中国公学。第一次讲课时，这位已经小有名气的作家在讲台上竟然紧张得连自己的名字都记不起来。为了这第一堂课，他准备了良久，可上讲台后，他足足站了十几分钟，一句话也说不出来。后来，终于说话了，可是十来分钟就把整堂课的内容讲完了。这时，离下课尚早，他拿起粉笔写道："今天是我第一次上课，人很多，我害怕了。"有人把这事反映给校长胡适，胡适说："上课讲不出话来，学生不轰他，这就是成功。"

沈从文初到昆明时，常和当时在云南大学执教的施蛰存逛夜市，淘古董，有时还动员他的妻妹张充和一起去。当时张充和的工作是专职编教科书，这项工作由杨振声负责，沈从文是总编辑并选小说，朱自清选散文，张充和选散曲，兼做注解。张充和对古董不大感兴趣，她知道"沈二哥"拉她一起去的目的，一是回家合谋谎报古董的价格，以免姐姐张兆和生气；二是张充和逛的高兴了，可以大方地掏钱代他买下。张充和还回忆联大复校回北平后，沈从文和朱光潜相约一起去买古董，回来后，还是谎报价格"骗"老婆。

1953 年，波兰东方博物馆的一个主任来北京考察，在历史博物馆时，她提出要看铜镜，沈从文不查账本，直接列出 300 个铜镜的目录，摆出来后当场给她讲解，这位波兰专家大表惊异和钦佩。

一次，沈从文带人到历史博物馆看一幅社会生活图《大驾卤簿图》，这幅残卷上还有两千多个人物。回来后，沈问大家："你们看第七方队，前排人腰间的物件是什么？"大家都答不上来。于是沈将第几方队头戴什么、手执什么、身上佩戴什么，一连说了很多。有人一一记下，抽空去核对，发现竟然全部正确。

沈从文的助手王亚蓉回忆，晚年，考古学家夏鼐常来拜访沈从文，夏一口温州方言，沈则讲湘西话，二人你说你的，我说我的，哈哈笑着，快乐无比。夏走后，王问沈："你听懂夏先生说的什么吗？"沈回答："听不懂。"

1973 年，解放军某部一位姓肖的副主任带领政治部几位干事参观历史博物馆，因为有历史系毕业的科班背景，他就充当了义务讲解员。讲解时，后边跟着一位身材瘦削的老者。他讲完，在一边休息时，那位老先生走近说，解放军同志，你的学问很好，讲得也很精彩，只是有一两处地方有问题，朝代不对。然后一一道来。肖副主任脑袋直冒汗：这岂止是小差错，简直是失之千里。他诚恳地感谢后，请教老先生的大名，对方答曰："鄙人沈从文……"

"文革"中有段时间，沈从文每天在历史博物馆扫女厕所。他当时这么对黄永玉说"这是造反派领导、革命小将对我的信任。虽然我政治上不可靠，但是道德上可靠。"

"文革"后，某次沈从文随团赴美访问，其言谈风采大异于其他刚经历十年浩劫的人，有人用"此老耐寒"形容他。此行中，沈遇上旧时学生林蒲，林好奇先生如何挨过动乱年代的风雨？沈只以低到像是自语的声音回答："投岩麝退香，你懂吗？"

麝香是雄麝脐部的分泌物，是贵重的中药材。传说雄麝在被人迫到无路可逃时，会自行举爪撕裂腹下麝香，抽身投岩而死。"投岩麝退香"即是宁可玉碎舍命也要保全"自己最珍贵"的精神。

"文革"中，有一次开斗争会的时候，有人把一张标语用糊糊刷在沈从文的背上，斗争会完了，他揭下那张写着"打倒反共文人沈从文"的标语看看，然后说："那书法太不像话了，在我的背上贴这么蹩脚的书法，真难为情！他原应该好好练一练的！"

评誉　　瑞典文学院院士、诺贝尔文学奖评委马悦然在《中国时报》发表文章说："他的价值是，包括鲁迅在内，没有一个中国作家比得上他，沈从文是 20 世纪中国最伟大的作家。越是知道他的伟大，我越为他一生的寂寞伤心。"

汪曾祺说："沈先生对文学的社会功能有他自己的看法，认为好的作品除了使人获得'真美感觉之外，还有一种引人向善的力量……从作品中接触另外一种人生，从这种人生景象中有所启发，对人生或生命能作更深一层的理解'。沈先生的看法'太深太远'。照我看，这是文学功能的最正确的看法。"

季羡林说："我觉得，在所有并世的作家中，文章有独立风格的人并不多见。除鲁迅先生之外，就是从文先生。他的作品，只要读上几行，立刻就能辨认出来，决不含糊。他出身湘西的一个破落小官僚家庭，年轻时当过兵，没有受过多少正规的教育。他完全自学成家。湘西那一片有点神秘的土地，其怪异的风土人情，通过沈先生的笔而大白于天下。"

沈从文去世，巴金发来唁电说："文艺界失去一位杰出的作家，我失去一位正直善良的朋友，他留下的精神财富不会消失。"

夏衍说："沈从文没有得到他应该得到的文学地位，他不单是一位乡土文学大师，应该是更高一层的作家。"

邵燕祥说："沈从文这个又温文又野性，属于湘西又属于整个中国以至世界的作家，他的生命就寄寓在他这些既清新且斑斓的作品之中。所有这些，可以不舍昼夜地流下去，润泽当代的直到后代的无数焦渴的灵魂。"

马悦然曾将沈从文的作品拿给诺贝尔文学奖获得者高行健阅读，高读后大惊：30年代的中国就有这样的文学？！

钟开莱说："法国一位著名的汉学家，在他学生的四本必读书中，三本是中国古代经典作品，一本是沈先生的小说集。法国……有的大学把沈先生的书列为必修课。"

文学史家司马长风说：沈从文的作品"雄浑苍凉，物我古今兼忘于刹那"。

黄永玉说沈从文："如果硬要在他头上加一个非常的形容词的话，他是非常非常的'平常'。他的人格、生活、情感、欲望、工作和与人相处的方式，都在平常的状态运行。老子曰：'上善若水'，他就像水那么平常。永远向下，向人民流动，滋养生灵，长年累月生发出水滴石穿的力量。"

名作

街

有个小小的城镇，有一条寂寞的长街。

那里住下许多人家，却没有一个成年的男子。因为那里出了一个土匪，所有男子便都被人带到一个很远很远的地方去，永远不再回来了。他们是五个十个用绳子编成一连，背后一个人用白木梃子敲打他们的腿，赶到别处去作军队上搬运军火的伕子的。他们为了"国家"应当忘了"妻子"。

大清早，各个人家从梦里醒转来了。各个人家开了门，各个人家的门里，皆飞出一群鸡，跑出一些小猪，随后男女小孩子出来站在门限上撒尿，或蹲到门前撒尿，随后便是一个妇人，提了小小的木桶，到街市尽头去提水。有狗的人家，狗皆跟着主人身前身后摇着尾巴，也时时刻刻照规矩在人家墙基上抬起一只腿撒尿，又赶忙追到主人前面去。这长街早上并不寂寞。

当白日照到这长街时，这一条街静静的像在午睡，什么地方柳树桐树上有新蝉单纯而又倦人的声音，许多小小的屋里，湿而发霉的土地上，头发干枯脸儿瘦弱的孩子们，皆蹲在土地上或伏在母亲身边睡着了。作母亲的全按照一个地方的风气，当街坐下，织男子们束腰用的板带过日子。用小小的木制手机，固定在房角一柱上，伸出憔悴的手来，敏捷地把手中犬骨线板压着手机的一端，退着粗粗的棉线，一面用一个棕叶刷子为孩子们拂着蚊蚋。带子成了，便用剪子修理那些边沿，等候每五天来一次的行贩，照行贩所定的价钱，把已成的带子收去。

许多人家门对着门，白日里，日头的影子正正的照到街心不动时，街上半天还无一个人过身。每一个低低的屋檐下人家里的妇人，各低下头来赶着自己的工作，做倦了，抬起头来，用疲倦忧愁的眼睛，张望到对街的一个铺子，或见到一条悬挂到屋檐下的带样，换了新的一条，便仿佛奇异的神气，轻轻的叹着气，用犬骨板击打自己的下颌，因为她一定想起一些事情，记忆到由另一个大城里来的收货人的买卖了。

她一定还想到另外一些事情。

有时这些妇人把工作停顿下来，遥遥的谈着一切。最小的孩子饿哭了，就拉开衣的前襟，抓出枯瘪的乳头，塞到那些小小的口里去。她们谈着手边的工作，谈着带子的价钱和棉纱的价钱，谈到麦子和盐，谈到鸡的发瘟，猪的发瘟。

街上也常常有穿了红绸子大裤过身的女人，脸上抹胭脂擦粉，小小的髻子，光光的头发，都说明这是一个新娘子。到这时，小孩子便大声喊着看新娘子，大家完全把工作放下，站到门前望着，望到看不见这新娘子的背影时才重重的换了一次呼吸，回到自己的工作凳子上去。

街上有时有一只狗追一只鸡，便可以看见到一个妇人持了一长长的竹子打狗的事情，使所有的孩子们都觉得好笑。长街在日里也仍然不寂寞。

街上有时什么人来信了；许多妇人皆争着跑出去，看看是什么人从什么地方寄来的。她们将听那些识字的人，念信内说到的一切。小孩子们同狗，也常常凑热闹，追随到那个人的家里去，那个人家便不同了。但信中有时却说到一个人死了的这类事，于是主人便哭了。于是一切不相干的人，围聚在门前，过一会，又即刻走散了。这妇人，伏在堂屋里哭泣，另外一些妇人便代为照料孩子，买豆腐，买酒，买纸钱，于是不久大家都知道那家男人已死掉了。

街上到黄昏时节，常常有妇人手中拿了小小的筐箩，放了一些米，一个蛋，低低地喊出了一个人的名字，慢慢的从街这端走到另一端去。这是为不让小孩子夜哭发热，使他在家中安静的一种方法，这方法，同时也就娱乐到一切坐到门边的小孩子。长街上这时节也不寂寞的。

黄昏里，街上各处飞着小小的蝙蝠。望到天上的云，同归巢还家的老鸹，背了小孩子们到门前站定了的女人们，一面摇动背上的孩子，一面总轻轻的唱着忧郁凄凉的歌，娱悦到心上的寂寞。

"爸爸晚上回来了，回来了，因为老鸹一到晚上也回来了！"

远处山上全紫了，土城擂鼓起更了，低低的屋里，有小小油灯的光，为画出屋中的一切轮廓，听到筷子的声音，听到碗盏磕碰的声音……但忽然间小孩子又哇的哭了。

爸爸没有回来。有些爸爸早已不在这世界上了，但并没有信来。有些临死时还忘不了家中的一切，便托便人带了信回来。得到信息哭了一整夜的妇人，到晚上便把纸钱放在门前焚烧。红红的火光照到街上下人家的屋檐，照到各个人家的大门。见到这火光的孩子们，也照例十分欢喜。长街这时节也并不寂寞的。

阴雨天的夜里，天上漆黑，街头无一个街灯，狼在土城外山嘴上嗥着，用鼻子贴近地面，如一个人的哭泣，地面仿佛浮动在这奇怪的声音里。什么人家的孩子在梦里醒来，吓哭了，母亲便说："莫哭，狼来了，谁哭谁就被狼吃掉。"

卧在土城上高处木棚里老而残废的人，打着梆子。这里的人不须明白一个夜里有多少更次，且不必明白半夜里醒来是什么时候。那梆子声音，只是告给长街上人家，狼已爬进土城到长街，要他们小心一点门户。

一到阴雨的夜里，这长街更不寂寞，因为狼的争斗，使全街热闹了许多。冬天若夜里落了雪，则早早的起身的人，开了门，便可看到狼的脚迹，同糍粑一样印在雪里。

一九三一年五月十日作

梁实秋："人在爱中即是成仙成佛成圣贤"

梁实秋照

传 略　　梁实秋（1903—1987），号均默，原名梁治华，字实秋，笔名子佳、秋郎，程淑等。著名散文家、学者、文学批评家、翻译家，国内第一个研究莎士比亚的权威，祖籍浙江杭州，出生于北京。

1915 年秋考入清华学校。在该校高等科求学期间开始写作。第一篇翻译小说《药商的妻》1920 年 9 月发表于《清华周刊》增刊第 6 期。第一篇散文诗《荷水池畔》发表于 1921 年 5 月 28 日《晨报》第 7 版。

1923 年 8 月毕业后赴美留学。1926 年回国任教于南京东南大学。1930年，杨振声邀请他到山东大学任外文系主任兼图书馆长。

1932 年到天津编《益世报》副刊《文学周刊》。

1934 年应聘任北京大学研究教授兼外文系主任。

1935 年秋创办《自由评论》，先后主编过《世界日报》副刊《学文》和《北平晨报》副刊《文艺》。

"七七"事变后，离家独身到后方。1938 年抗战开始，梁实秋在重庆主持《中央日报·平明副刊》。任国民参政会参政员，国民政府教育部小学教科书组主任，国立编译馆翻译委员会主任委员。

抗战后回任北平师大教授。1949 年到台湾，任台湾师范学院（后改师范大学）英语系教授，后兼系主任，再后又兼文学院长。1961 年起专任师大英语研究所教授。1966 年退休。曾偕妻子游美，在美台两地轮流居住，其妻辞世后重返台湾。

1975 年同韩菁清结婚。

1987 年 11 月 3 日病逝于台北。

梁实秋 40 岁以后着力较多的是散文和翻译。散文代表作《雅舍小品》从 1949 年起 20 多年共出 4 辑。30 年代开始翻译莎士比亚作品，持续 40 载，到 1970 年完成《莎士比亚全集》的翻译，计剧本 37 册，诗 3 册。晚年用 7 年时间完成百万言著作《英国文学史》。

文华　　1927 年，梁实秋在上海主编《时事新报》副刊《青光》。当时一家小报连载《乡下人到上海》，对外地人极尽挖苦之能事。梁看到后，用化名写了《上海人到纽约》，以彼之道反制彼身，每日在《青光》上连载，直至《乡下人到上海》偃旗息鼓为止。

梁实秋一生坚持文学应反映最基本的人性，他的《雅舍小品》便是如此。当《雅舍小品》最初发表在报刊上时，朱光潜便致函祝贺说："大作《雅舍小品》对于文学的贡献在翻译莎士比亚的工作之上。"

最初，梁实秋以笔名"子佳"发表《雅舍小品》。刘士英告诉梁，他在重庆沙坪坝的一家餐馆吃饭，听见邻桌几位教授在讨论梁的《雅舍小品》，其中一位叫徐仲年的教授大声说："你们说子佳是梁实秋，这如何可能？看他译的莎士比亚，文字总嫌有点别扭，他怎能写得出《雅舍小品》那样的文章？"

《雅舍小品》是梁实秋作为散文家的奠基之作，也是其圆熟之作。作品写自 1940 年上半年，时国难连天，身居后方的梁实秋也置身其中。自幼家境优渥的梁实秋，此时贫病交加，过着一种苦日子。原本深受生活款待的梁实秋，此时才体会到生活的真味。他在重庆山城，偶得《闲暇》，便要蛰居《雅舍》，怀抱《孩子》，谈《女人》论《男人》，还请了《客》人看《脸谱》，偶谈《幽默》，乃总结出《骂人的艺术》。信笔写来，别是一番风味。其中的殿军之作《雅舍》最能见出作者的名士风度和性情。此文文字颇美，饶有知堂精髓。梁实秋饱受众家激赏，几乎所有论及梁实秋的文章均要从中引上三两句，似乎舍此难尽梁氏风采。

　　自 1949 年梁实秋的《雅舍小品》在台湾出版后，一版再版，到 1975 年，已经达到三十二版，至今已经有五六十版次，创造了散文出版的神话。

忧国　　1937 年 7 月 28 日，北京城陷入日军的铁蹄之下。面对江山易帜，作为一个最具中国性的文人，梁实秋的内心无疑非常沉痛，亡国之恨如刀刻般留在他心头。"国破山河在"，北京的土地依旧那般炽热，故宫还是那样辉煌，天空还是那样湛蓝，但这所有的一切都不再属于中国。此时，梁实秋内心的情绪又岂是屈辱或悲愤等词语所能表达的，在强烈的情感面前，语言是贫乏的，更是无力的。北京沦陷之日，梁实秋涕泣着对大女儿梁文茜说："孩子，明天你吃的烧饼就是亡国奴的烧饼了。"

　　北京沦陷之后，梁实秋首先面临着的一个难题就是走或留的两难选择，走亦难，留亦难。走，意味着要抛妻别子，远离年迈的父母，任由他们在日军的铁蹄下浮沉；留，则又意味着要忍受亡国奴的耻辱，甘当日军铁蹄下的顺民。考虑再三，梁实秋最终还是决定只身逃离北京，为抗战效力。梁实秋后来百感交集地回忆说："烽火连天，割离父母妻子远走高飞，前途渺渺，后顾茫茫。这时候我联想到'出家真非易事，确是将相所不能为'。然而我毕竟这样做了。"离家前夕，梁实秋匆忙告别父母，简单交代了一下家事，念及前途渺茫，梁实秋还立下了一份遗嘱。对于为什么要离开北京以及此后自己的打算，后来梁实秋回忆说："我们（梁实秋、罗隆基等人）愿意共赴国难。离开北平的时候我是写下遗嘱才走的，因为我不知道我此后的命运如何。我将尽我一份力量为国家做一点事。"

平津火车开通后，梁实秋和叶公超等人乘第一班火车逃离北平前往天津。

到达天津后，梁实秋寓居在时任《益世报》总编辑的清华同学罗隆基家中。两人时刻关注着中日战争的形势，梁实秋日后回忆两个"书呆子"在那些日子里的表现说："努生（即罗隆基）有一幅详细的大地图，他用大头针和纸片制作好多面小旗，白的代表日寇，红的代表我军，我们每天晚上一面听无线电广播，一面按照当时战况将红旗白旗插在地图上面。令人丧气的是津浦线上白旗咄咄逼人，红旗步步后退。我们紧张极了，干着急。"战争形势严峻，两个"书呆子"面对"图战"，唯有相与扼腕，低首叹息。

寓居天津不久，外面传来消息，《益世报》经理在赴意大利租界途中被日军捕杀。梁实秋等意识到天津也极其危险，不可久留，于是决定转道济南奔赴南京。在济南车站，梁实秋遇到数以千计从青岛徒步而来的青年学生，其中就有梁实秋从前的一位女学生。两人之间的一番对话很生动地描绘出了梁实秋此时的心理状态："老师到哪里去？""到南京去。""去做什么？""赴国难，投效政府，能做什么就做什么。""师母呢？""我顾不得她，留在北平家里。"

辗转抵达南京之后，情况并不像梁实秋所预期的那样乐观，战争中的南京一切都显得是那么的混乱，梁实秋回忆说："到南京我很失望"，"南京在敌机轰炸之下，人心浮动"。"各方面的情形很乱"。混乱中，南京政府对于梁实秋等知识分子如何安置迟迟没有着落，他和罗隆基都油然产生出"报国有心投效无门之感"。在南京周旋了两天，终于有了结果。梁实秋接到的命令是要他"急速离开南京，在长沙待命"。教育部还发给他二百元钱的旅费和"岳阳丸"头等船票一张。在船上梁实秋邂逅叶公超、张彭春等人，他在船上看到的景象是"伤兵难民挤得船上甲板水泄不通"，面对此情此景，梁实秋的"精神陷入极度痛苦"。虽然梁实秋坐的是头等舱，船上每日"开出三餐大菜"，但他却难以下咽，因为"国难日殷，再看着船上满坑满谷的难民，如何能够下咽"。此时梁实秋的痛苦应该包括两方面的内容，既有国破之痛，也有报国无门之慨。三天后，"岳阳丸"到达岳阳，洞庭湖烟波浩渺，岳阳楼巍然高耸。于此地，梁实秋想起了漂泊一生，有家难归的杜甫，感慨万端，心头自然涌起杜甫的诗句："留滞才难尽，艰危气益增。图南未可料，变化有鲲鹏。"乱世羁旅，千古同嗟，想必梁实秋此时对杜甫这首诗的理解更有一份身世之慨吧。

笔战　　1927 年 11 月，梁实秋应《复旦旬刊》之请，在该刊发表《卢梭论女子教育》一文，对法国启蒙思想家卢梭的观点进行了批评。梁实秋认为，文学所要求的只是真实，忠于人性。当时，景仰卢梭的鲁迅刚从广州来到上海，对梁文极为不满。一个月后，他在《语丝》发表《卢梭与胃口》一文，对梁的观点进行驳斥。

梁实秋与鲁迅曾有一面之缘，在清华读书时的梁到八道湾周家找周作人时，遇到过鲁迅。在鲁迅发文驳斥其观点后，作为文学界后辈的梁毅然提笔应战。他说："有一种人，只是一味的'不满于现状'，今天说这里有毛病，明天说那里有毛病，于是也有无穷无尽的杂感，等到有些个人开了药方，他格外的不满；这一服药太冷，那一服药太热，这一服药太猛，那一服药太慢。把所有药方都褒贬得一文不值，都挖苦得不留余地，好像惟恐一旦现状令他满意起来，他就没有杂感所作的样子。"

使得他们矛盾向纵深化发展的，是二人对翻译的不同看法。1929 年秋，鲁迅编译的《文艺批评》一书出版后，梁实秋很快就在《新月》上发表文章《论鲁迅先生的"硬译"》，批评鲁迅的翻译文风。尔后，鲁迅以《"硬译"与"文此时，左翼作家开始出来帮忙，创造社的冯乃超著文称："然而，梁实秋却来说教……对于这样的说教人，我们要送'资本家的走狗'这样的称号的。"梁实秋还击道："文学是有阶级性的吗？我不知道是谁家的走狗？"

有人回忆，鲁迅读到梁文后，先是冷冷一笑，随后道："乃超还嫩一些，这回还得我来。"于是，写下著名的《"丧家的""资本家的乏走狗"》一文，说："凡走狗，虽或为一个资本家所豢养，其实是属于所有的资本家的，所以它遇见所有的阔人都驯良，遇见所有的穷人都狂吠。不知道谁是它的主子，正是它遇见所有阔人都驯良的原因，也就是属于所有的资本家的证据。即使无人豢养，饿的精瘦，变成野狗了，但还是遇见所有的阔人都驯良，遇见所有的穷人都狂吠的，不过这时它就愈不明白谁是主子了。"

梁实秋诘问鲁迅："你骂倒一切人，你反对一切主张，你把一切主义都贬得一文不值，你到底打算怎样呢？请你说出你的正面主张。"

在这场论争中，梁实秋常常受到骚扰。他回忆："有人写文章说亲眼看见我坐自用汽车到大学去授课，也有人捏造小说描写我锒铛入狱向杜某乞援才得开释"，"有人三更半夜打电话到我寓所，说有急事对我谈话，于问清我的身份之后便破口大骂一声儿把电话挂断。"

梁实秋说："鲁迅死后，马上有人替他印全集，因为他们原是有组织的、有人、有钱、有机构，一切方便。猩红的封面的全集出版了，有多少册我记不得了，大概有十几册到二十册的光景。这不能算是空头文学家了。然而呢，按其内容则所有的翻译小说之类一齐包括在内，打破了古今中外的通例。鲁迅生前是否有此主张，我当然不知道，不过把成本大套的翻译作品也列入全集，除了显着伟大之外，实在没有任何意义。幸亏鲁迅翻译了果戈里的《死魂灵》而未及其他，否则果戈里的全集势必也要附设在鲁迅全集里面了。"

1964 年，在台湾的梁实秋在《关于鲁迅》一文中提及这段旧事，他回忆说，他在青岛大学图书馆曾注销过数十册"从前遗留下来的低级的黄色书刊"，"鲁迅的若干册作品并不在内；但是这件事立刻有人传报到上海，以讹传讹，硬说是我把鲁迅及其他左倾作品一律焚毁了，鲁迅自己也很高兴地利用这一虚假情报，派做为我的罪状之一。其实完全没有这样的一回事。"

梁实秋坦然地说："我个人并不赞成把他的作品列为禁书。我生平最服膺伏尔泰的一句话：'我不赞成你说的话，但我拼死命拥护你说你的话的自由。'我对鲁迅亦复如是。"

梁实秋生前不大向女儿梁文蔷提起他与鲁迅的是是非非，加上台湾将鲁迅的书列为禁书，所以梁文蔷并不知道他们有什么"过节"。直到后来梁文蔷到了美国，才陆陆续续读到他们当年的文章。有一次，梁文蔷问父亲："你当年和鲁迅都吵些什么？"梁实秋说，他们之间并没有什么仇恨，只不过两个人对一个问题的看法不同，其实他还是很欣赏鲁迅的文学的。

梁实秋对鲁迅的作品很是熟悉。70年代，年过古稀的梁与韩菁清热恋遭到台湾各界反对时，梁在给韩的信中几次重复了鲁迅小说《伤逝》中子君的话："我是我自己的，他们谁也没有干涉我的权利！"

释嫌　　梁实秋与周作人是在一次文艺论争中开始交往的。

五四运动爆发时，梁实秋正在清华学校读书。在五四运动的洗礼下，梁实秋和一些激进的同学一样，思想上产生了一种强烈的冲动，表现出对社会的参与意识。正是在这种心理冲动的驱使下，梁实秋选择了文学批评。他以青年人特有的激情，"喜欢和人辩驳问难"。从1922年到1923年，他先后三次开展论争。论争的对手，有同龄的青年才俊，也有年长的权威人士。在1922年5月27日到29日这段时间里，梁实秋在《晨报·副刊》上连续发表多篇文章，针对周作人的诗歌"须以真为主，美即在其中"的文艺观点而发难。

周作人怒而反击。他针对梁实秋提出了"美即是真，真即是善"的文艺观点，在6月2日《晨报·副刊》上发表了《"丑的字句"》一文，对梁实秋的观点进行了反驳。梁实秋旋即在1922年6月22日出版的《晨报·副刊》上发表《读仲密先生的〈丑的字句〉》一文，给予周作人（号仲密）予以反击。接着他们互不让步，又相继发表了几篇文章进行互相答辩。朱自清在30年代谈到这场论争时说："梁实秋氏主张有些诗不能入诗，周启明氏不以为然，引起一场有趣的争辩"，这场辩论被朱自清称作新诗"初期的诗论"。

可是，四个月后，冷静下来的梁实秋作为清华文学社的学生代表，到八道湾来请周作人给他们讲课。周作人并没有计较刚刚发生过那场争论，就一口答应下来。1923年3月3日周作人来到清华园，给文学社的同学们讲了《日本的小诗》这个专题。周作人讲课声音不大，几乎是照本宣科，但是梁实秋和他的同学们并没有慢待周作人，他们仍然怀着敬佩的心情认真听课，仔细地做笔记。即使周作人不善言辞也不妨事，依然受到梁实秋等同学的尊敬。

后来，梁实秋撰文对五四浪漫主义大张挞伐，周作人则很折服，引起了思想上的共鸣，从此也冰释了前嫌。

梁实秋从美国留学归来后，文艺观点有了较大的转变，对于周作人的文艺观不仅能够接受，而且几乎是殊途同归了。梁实秋主编《自由评论》时，周作人被邀请为重要撰稿人，先后发表了《谈策论》、《文学的未来》、《谈日本文化书（致梁实秋）》等文章。1934年梁实秋到北京大学任教，成为周作人的同事时，彼此的关系异乎寻常地密切起来。他经常到周作人家造访，相互间也常有书信往来。有一次周作人给他写信，要他帮助给卖数十册英文原版书。梁实秋找到有关部门给周作人办成了这件事，解决了周作人的燃眉之急。其实当时周作人作为一位"研究教授"，收入不菲，主要是他的日本妻子花钱大手大脚。以前与鲁迅住在一起时，鲁迅负担家庭的开支，后来与鲁迅反目后，鲁迅搬出八道湾，只凭周作人的个人收入就必然陷于经济窘境了。抗战爆发后，梁实秋到《中央日报》主编副刊，离开北京，从此他们就失去了联系。

到上世纪六十年代，周作人给香港朋友写信时提到梁实秋和林语堂，说"语堂与梁实秋皆系美材，亦同犯才子之毛病。盖才子到老辄有倚老卖老之病，亦即是才尽也。"而梁实秋得知周作人逝世的消息后，写了篇《忆岂明老人》。在文中对周作人的评价也是一分为二的："他一生淡泊，晚节不终，实在是至堪痛惜而无可原谅之事。但是除此一点之外，他的学养的风度仍令人怀思而不能自已。"

师者　梁实秋教学数十年，口操英语，却总是长袍马褂，千层底布鞋，迭裆裤子，还要绑上腿带子，常引得时髦男女窃笑，他却毫不在意。在师大授课时，一次讲英格兰诗人彭斯（Burns）的一首诗，某女生听到动情处，竟泪下如雨，伏案放声大哭起来。梁文骐问父亲："您是否觉得很抱歉？"他回答："不，彭斯才应该觉得抱歉。"

有人从小就使用梁实秋编的英文字典。一次问他，怎样才能把英文学好，梁回答说："起码要翻破我编的三本字典。"

梁实秋讲课，黑板上从不写一字，他说："我不愿吃粉笔灰。"

林斤澜回忆，抗战时期，梁实秋每天坐着滑竿到学校上课。他微胖，穿皮袍，戴绒帽，围可以绕三圈的长围巾，仰在竹躺椅上。竹竿一步一颤一悠，一颤是抬前头的一步，一悠是抬后头的步子。到学校，梁下得滑竿，直奔教室，脸上带着微笑，可见不把坐滑竿当做苦差使。他不看学生，从长袍兜里掏出一张长条小纸条，扫一眼便开讲。他讲的是西洋戏剧史、希腊悲剧、中世纪、文艺复兴。顺流而下，不假思索，只摆事实，不重观点，如一条没有滩、没有漩涡、平静且清楚的河流。一会儿法国，一会儿英国、德国，提到人名书名，便写板书，讲到法国写法文，讲到英国写英文，讲到德国写德文……抗战时期，学生中多半是"流亡学生"，学过点外语也耽误了。他全不管，从不提问，和学生不过话，更不交流。下课铃一响，揣纸条，戴帽子，围三绕围巾，立刻上滑竿走人。和别的老师，"进步"的和不见得"进步"的名流，都不招呼。

至交　　冰心与梁实秋是一生知己。1923 年，赴美留学的梁实秋和冰心在前往大洋彼岸的轮船上相遇。梁颇为尴尬，因为之前他曾撰文批评冰心说："我从《繁星》与《春水》里认识的冰心女士是一位冰冷到零度以下的女作家"，并说《繁星》、《春水》此类诗作"终归不能登大雅之堂的"。许地山为二人介绍后，梁问冰心："您修习什么？"冰心答："文学。你呢？"梁回答："文学批评。"然后两人再无话，幸好有许地山在一旁缓和，才避免了窘境。

冰心给梁实秋的第一印象是"一个不容易亲近的人，冷冷的好像要拒人于千里之外的感觉"。接触多了，梁发现，冰心只是表面上对人有几分矜持，实则与人为善，宽厚待人。他赞扬冰心："她的胸襟之高超，感觉之敏锐，性情之细腻，均非一般人所可企及。"

为了打发旅途中的无聊，梁实秋与顾一樵等人办了一份名为《海啸》的文艺刊物，向冰心和许地山等人约稿。冰心在此发表了《乡愁》《惆怅》《纸船》等。一次编辑会后，梁忽然对冰心说："我在上海上船以前，同我的女朋友话别时，曾大哭了一场。"这个女朋友就是他后来的夫人程季淑。闻此语，冰心大为诧异。

梁实秋到哈佛读研究生时，冰心在威尔斯莱女子学院就读，每到假期，或梁去拜访冰心，一起"泛舟于脑伦璧迦湖"；或冰心来访梁，"做杏花楼的座上客"。

哈佛中国学生会曾演出英语版中国话剧《琵琶记》，剧本由顾毓秀改编，梁实秋翻译。冰心演丞相之女，其同学谢文秋扮演女主角赵五娘。男同学们纷纷争抢男主角蔡中郎，最终由梁实秋出演。他们请来波士顿音乐学院的一位教授担任导演。导演很是认真，每次排练到蔡伯喈和赵五娘的团圆戏时，导演便大叫："走过去，亲吻她，亲吻她！"梁很是窘迫，告诉导演，中国自古以来没有这样的习惯，导演摇头不已。演出结束后，导演将梁拉到一旁，对他说："你下次演戏最好选一出喜剧，因为据我看你不适于演悲剧。"

后来，谢文秋与朱世明订婚，冰心打趣梁实秋说："朱门一入深似海，从此秋郎是路人。"梁此后写文章就以"秋郎"署名，晚年又自号"秋翁"。

一次，梁实秋给冰心画了一幅梅花，冰心回信说："画梅花有什么了不起，狗也会画。"

抗战期间，冰心偶尔到梁实秋住的雅舍拜访。时值寒冬，他们围着火炉促膝长谈到深夜，冰心兴致颇高，还唱了一段福建戏词，是夜，冰心留宿雅舍，与龚业雅挤在一张床上睡了一夜。

冰心住在歌乐山，梁实秋到歌乐山看望冰心，冰心一定要让梁试试她和丈夫吴文藻睡的那张弹簧床，梁躺上去，感觉软得像棉花团。

梁实秋某次进城办事路过歌乐山，却未拜访冰心，冰心知道后很不高兴，埋怨道："山上梨花都开过了，想雅舍门口那一大棵一定也是绿肥白瘦，光阴过得何等的快！你近来如何？听说曾进城一次，歌乐山竟不曾停车，似乎有点对不起朋友。"

抗战期间，梁实秋的一次生日聚会上，梁要求好友冰心为他题字。冰心那天喝了点酒，略一思索便挥笔而成："一个人应当像一朵花，不论男人或女人。花有色、香、味，人有才、情、趣，三者缺一，便不能做人家的一个好朋友。我的朋友之中，男人中只有实秋最像一朵花。"

围在书桌旁边的其他男士看后大为不满，叫道："实秋最像一朵花，那我们都不够朋友了？"冰心说："少安毋躁。我还没有写完。"接着笔锋急转，继续写道："虽然是一朵鸡冠花。培植尚未成功，实秋仍需努力！"

"文革"初期，在台湾的梁实秋听谣传说冰心与丈夫吴文藻双双服毒自杀，信以为真，悲痛之余写了《忆冰心》一文，文末附上冰心历年给他的信。

此文几经辗转，到了冰心手里，她极为感动，立刻写信托人从美国转给梁实秋。两年后，梁才知道冰心夫妇自杀之说是误传，又著文更正，欣喜之余，又伤感于他们在"文革"中的种种磨难。

上世纪八十年代初，梁实秋次女文蔷回北京探亲，替父亲去看望冰心。梁让女儿给冰心带的口信是："我没有变。"冰心听后对梁文蔷说："你告诉他，我也没有变。"

1985 年，梁实秋散文集《雅舍怀旧忆故知》由中国友谊出版公司出版，冰心欣然作序。她深情地说："我感激故人对我们的眷恋，我没有去过台湾，无从想象台湾的生活情况，但是北京的情况呢，纸上真是说不完，我希望实秋回来看看……"

梁实秋去世时，时已 87 岁高龄的冰心在短短的一个月时间连续写了两篇悼念文字《悼念梁实秋先生》和《忆实秋》，她说："实秋是我一生知己，一生知己哪！"

同道　梁实秋与闻一多一生中有过三次相处较多的机会。

第一次是在北平清华学校。闻一多比梁实秋年长三岁，早于梁实秋进清华读书，可是轰轰烈烈的五四运动却将他们连接在一起。在五四运动中他们都是积极分子，虽说梁实秋不像他的学友闻一多那样埋头苦干，拟宣言，写通电，刷标语，但是他也相当活跃，参加游行，街头演讲，还参加了"三赶校长"的活动。在五四运动期间，闻一多被选为出席全国学联的清华学校代表，而梁实秋则被推举为学生参与学校管理的评议会的评议员。他们在学生运动中建立了联系，但是他们个人的友谊，还是从"小说研究社"开始的。

五四运动落潮后，这伙青年学子产生了一种对社会发言的冲动。在这种冲动的驱使下，梁实秋对文学发生了兴趣，就与顾一樵、翟毅夫、齐学启等六个同学，在 1920 年创办了"小说研究社"。他们找了间没人住的学生宿舍，定期开展活动。闻一多得知这个社团的消息，就申请加入。随后又吸收朱湘、孙大雨、饶孟侃等人参加，壮大了力量。第二年，"小说研究社"接受闻一多的建议更名为"清华文学社"，并推举闻一多为书记，梁实秋任干事。使他们成为好朋友的因素，还有一个是他们对新文学的观点一致。对于当时出现的新诗，他们认为既然是"诗"，就应该讲究"诗的艺术、诗的想象、诗的情感"，而不能写得俗如白话。为了阐明自己的观点，闻一多写了《冬夜评论》，梁实秋写了《草儿评论》。可是这两篇长文投寄出去，却一直没有回音。这两个火气方刚的大学生耿耿于怀，激愤于没有对社会发言的机会。不久梁实秋的父亲梁咸熙知道了他们的苦衷，就赞助100元钱，将这两篇评论长文出版了。随后，他们分头开始了诗歌创作，旨在用诗的实践来体现自己的诗的美学观。闻一多将自己的新诗编为《红烛》，梁实秋将自己的新诗编为《荷花池畔》，还请闻一多为这本诗集设计了封面。闻一多本想将这两本新诗集一并推出，不料梁实秋中途变卦，被闻一多誉为"东方之义山，西方之济兹"的梁实秋，也就没有在现代新诗画廊上留下自己的芳名。

第二次是在美国。闻一多是1922年到美国芝加哥大学学习西洋绘画的，而在第二年梁实秋则到了美国的科罗拉多泉大学。闻一多得知梁实秋到科罗拉多泉大学读书的消息，就马上办理了转学手续，来到"科泉"与梁实秋一起开始了同窗生涯。梁实秋攻读英文和文学理论，选修美术；闻一多学习西方绘画，选修文学。共同的爱好和兴趣，将他们连接得更为亲密。他们从学校附近租了两间房，在房东家包伙食，朝夕相伴，形影不离，共同钻研诗文和艺术，度过了近两年的"西窗剪烛、杯酒论文"的惬意生活。1924年暑假，闻一多要去纽约继续深造绘画，梁实秋要去波士顿哈佛大学研究院学习西方文化和文学理论。他们结伴东行，在芝加哥依依惜别。

第三次是在青岛。闻一多和梁实秋先后于1925年和1926年回国后分别在南京的大学教书。1927年由于国内形势动荡，他们都来到上海，参与了与徐志摩一起创办新月书店和《新月》期刊的工作。此间，梁实秋作为新月派的批评家，与鲁迅展开了一场论争。在论争中，他独立作战，徐志摩隔岸观火，梁实秋感到烦恼不堪。恰在此时，杨振声受命筹建青岛大学，前来上海邀请闻一多和梁实秋到青岛大学分别主持国文系和外文系，他们就一同来到青岛。

在青岛他们住得相距不远，闻一多去学校时，要经过梁实秋的住处。每次闻一多到了梁家门口，就唤他一起走。平时也结伴观沧海，游崂山，虽说他们的兴致不同，但能和谐相处，相约而行。青岛大学的校长杨振声喜欢饮酒，经常与闻一多、梁实秋、赵太侔、陈季超、刘康甫、邓仲存和方令孺，在一起饮酒，被称作"酒中八仙"。他们每逢周末，就到学校附近的顺兴楼饭庄一起饮酒，往往是 30 斤一坛的绍兴花雕，不喝得见底决不罢休。有一次胡适到青岛，杨振声做东，邀请其他"酒仙"作陪。胡适见他们划拳豪饮的架势，连忙将他太太给他的刻有"戒酒"二字的戒指戴上，宣布内人有嘱，要求免战。

"九·一八事变"事变后，青岛大学学生纷纷要求赴南京请愿，要求国民党政府出兵抗日。当时学校一片混乱。闻一多在校务会议上提出开除闹事的学生，以便"杀一儆百"。不料，学生们闻讯，将矛头指向闻一多。在校园里出现了一条"驱逐不学无术的闻一多"的标语。还有一次闻一多和梁实秋在一个教室里看到一幅漫画，画的是龟兔赛跑，题为《闻一多与梁实秋》。闻一多问梁实秋说："你是哪一个？"梁实秋说："你选剩下的就是我。"此后，杨振声被迫辞职后，闻一多也离开了青岛大学。梁实秋是在 1934 年 7 月才离开青岛，回到北平的。

挚爱　1921 年，父母为梁实秋物色了一位妻子人选，程季淑，安徽绩溪人，年二十岁。陪母亲去过程家的大姐对梁说："我看她人挺好，满斯文的，双眼皮大眼睛，身材不高，腰身很细，好一头乌发，挽成一个髻堆在脑后，一个大篷覆着前额，我怕那篷下面遮掩着疤痕什么的，特地搭讪着走过去，一面说'你的头发梳得真好'，一面掀起那发篷看看，什么也没有。"

梁实秋对这门亲事很满意，他先写信给程，问她是否愿意和他交往。但信寄出后，如石沉大海。于是他又打电话给程，程的声音柔和清脆，一下子就把他震住了。他直

梁实秋与程季淑

接要求见面，程虽支支吾吾，但还是答应了。第一次约会，素面朝天却有如清水芙蓉的程给梁留下了美好的印象。

之后，二人在中央公园、太庙、北海、电影院开始了一次又一次约会，当时青年男女自由交往还未成风气，二人在公园里引得众人频频侧目，甚至有人还大吹口哨。梁实秋常去程季淑工作的小学等她，每次女学生们都聚集在会客室窗外窥视。由于两人经常约会，程季淑遭人非议，最后被学校解聘。卢沟桥事变后梁到天津，住在同学罗隆基家里，罗的妻子王右家就是当年窥视的学生之一。

在清华的毕业典礼上，梁实秋和吴文藻反串女角，参演了一出舞台剧。梁请程季淑前来观看，结束后，他问程有何感受，程答："我不敢仰视。"原来她因为害羞，根本没敢看台上，她说："我看你在台上演戏，我心里喜欢，但我不知为什么就低下了头，我怕别人看我！"

1923 年，梁实秋准备赴美留学。三年后，梁没等奖学金用完就着急回国了。1927 年 2 月 11 日，梁、程在北京南河沿欧美同学会举行了中西合璧的婚礼。婚后十几天，北伐战争打响，两人仓促南下，逃到上海。

在上海，梁实秋主编《青光》副刊，每晚发稿后匆匆登楼，恨不得一步跨回家。程季淑问他："你上楼的时候，是不是一步跨上两级楼梯？""是的，你怎么知道？""我听着你'咚咚'的脚步声，我数着那响声的次数，和楼梯的节数不相符。"

1934 年，梁实秋回到北平，在北大任教。时梁家三代上下十几口，另有男女佣工六七个，时间久了，难免会有矛盾，梁有时颇为烦恼，程季淑总劝他："唐张公艺九世同居，得力于百忍，我们只有三世，何事不可忍？"为了丈夫安心工作，程季淑承担了所有的家务，伺候公婆，教育孩子，日夜操劳。

程季淑全力支持丈夫的翻译工作，每日下午，她总定点给丈夫送茶。这时梁实秋停笔拉她小坐，她总推开梁说："别闹，别闹，喝完茶赶快继续工作。"然后便转身离开。到晚上，当梁告诉他一天进展顺利，译了三千字，她便默默对着丈夫竖起大拇指。

1937 年，北平陷落后，梁实秋决定南下。由于岳母年老体衰，不堪奔波之苦。他和程季淑商量后，决定他一人先走，待局势稍缓，再作打算。不曾想，他们这一别竟长达六年。1944 年，程季淑只身一人，带着三个孩子和大堆行李站在梁实秋面前时，两人均泪流不止。程时年 43 岁，眼角已见皱纹，耳旁已有白发。梁文蔷至今还记得那天父亲紧盯着他们三个孩子，用手指着他们激动地说："这就是我的孩子，这也是我的孩子，这也是我的孩子！"正因为这一次的分别，自那以后的三十余年，无论天涯海角，两人始终相偕相行。

1973 年，梁实秋与程季淑卖掉台湾的房子，迁居美国西雅图，与女儿梁文蔷一起生活，安度晚年。他们恩爱如昔，常手拉手一起出门散步。程季淑年纪大了，连上楼都感到吃力，她穿一件宽大的黑毛衣，手脚并用地爬上楼去，每当此时，梁戏言："黑熊，爬上去！"程回头对梁吼一声，作咬人状。进入室内，程季淑倒在梁实秋怀中，梁能听见她心脏扑通扑通跳的声音。

1974 年 4 月 30 日，梁氏夫妇携手到附近市场去买东西，市场门前一个梯子突然倒下，正好砸中程季淑。梁忙将她送往医院急救，但手术后，她却未能醒来。

妻子去世后，梁实秋写下了《槐园梦忆》一书，寄托对亡妻的悼念之情。他在《槐园梦忆》最后写道："诗人感木瓜，乃欲答琼瑶。愧彼赠我厚，惭此往物轻。虽知未足报，贵用叙我情。"

北京的中山公园四宜轩是梁实秋和程季淑的定情之处。1987 年，梁实秋次女回北京，特地去四宜轩拍了很多照片给梁寄去。但梁仍不满意，想要一张带匾额的照片。可惜四宜轩的匾额早已不复存在。后来，长女梁文茜又去拍了许多照片，托人带给父亲。梁一见到照片，就忍不住落泪。

因《槐园梦忆》，梁实秋遇到了他的第二位妻子——韩菁清。韩菁清比梁实秋小 28 岁，7 岁时便在上海的儿童歌唱比赛中一举夺魁，14 岁获得"歌星皇后"称号。1949年，韩随父到香港，进入演艺圈。她自编、自演、自唱、并担任制片人的影片《我的爱人就是你》让她获得了金马奖优秀女演员奖。30 岁时，韩退出影坛。

梁实秋与韩菁清

1974 年 11 月 27 日，韩菁清和义父谢仁钊到远东图书公司拜访该公司老板，老板当即奉送一本崭新的《远东英汉大辞典》，并带着二人见到了该辞典的主编梁实秋。二人一见如故，不几日，梁便对韩心生爱慕。当韩菁清告诉梁，准备给他当红娘时，梁直截了当说："我爱红娘！"听梁实秋如是说，韩菁清的内心很是矛盾，她于二人相识的第五日写信给梁，希望他打退堂鼓。不料第二天早晨，韩菁清一拉开房门，便看见了门口的梁实秋，他交给韩一封信，说是楼下捡到的，信封上写着"呈菁清小姐"。韩菁清打开一看，写信人正是梁实秋。

从这天开始，梁实秋每天都带着情书来到韩菁清家中，梁在情书中写道："不要说悬崖，就是火山口，我们也只好拥抱着跳下去。"梁炽热的爱情火焰，终于融化了韩菁清，二人开始热恋，并准备共度余生。

梁韩之恋引起了轩然大波。报纸首先发难，矛头直指韩菁清。多数文章都认为韩菁清嫁梁实秋，是对梁的亵渎；有人更是说，她和那些专门嫁一个行将就木的人并等着继承遗产的女人是一样的。

与此同时，梁实秋也遇到了阻力。一些朋友出面为他物色老伴，梁门下一些有相当高社会地位的弟子们，更是打着"护师团"的旗号，反对梁韩之恋。对于朋友们的劝阻，梁说："好些人自命为我的朋友，……对我说些过分的劝告，这些人是自绝于我，我不得不把他们一笔勾销，不再算是朋友之列。""那些陈腐的心术不正的东西，让他们一起滚开！"

1975 年，梁韩之恋修成正果。婚礼那天，梁实秋自兼司仪，站在大红喜字前宣布婚礼开始，然后又自读结婚证书，在宾客们的欢笑声中，献上新郎致词。这天晚上，两个人先是大笑大闹，后来却在床上相拥而泣。

梁实秋称韩菁清为"清清"，韩菁清则称呼梁为"秋秋"。梁戏称这是韩菁清的"一大发明"。

与韩菁清的结合，让梁实秋找回远离的青春：恋爱时，两人一块儿吃宵夜，梁说，那是他"生平第一次"深更半夜在外面吃清粥；婚后，七十四岁的他开始学跳舞，在家里的饭厅翩翩起舞；尽管饮食习惯不同，但因韩菁清烧得一手好菜，梁婚后心宽体胖，八个月体重上升五公斤；外界也注意到，原本搁笔已久的梁又开始了创作。他每天上午专心读书、写作，一天写五千余字。1979 年 6 月，梁实秋完成了《英国文学史》和《英国文学选》，前者约一百万字，后者约一百二十万字，历时七年，获得台湾"国家文艺贡献奖"。

闲暇时，梁实秋和韩菁清玩文字游戏，比如，5 分钟内，写"氵"旁或"言"旁的字，看谁写得多。但获胜的常常是韩菁清，因为她脑子反应快，写得快，而梁总是先写笔画很多的生僻字，到后来才写笔画简单的常用字。不过，韩菁清说她不敢跟梁实秋打"持久战"，因为梁能写出许许多多同旁的字来，远远胜过她，于是她坚持限定比赛在 5 分钟内结束。

胡宗南的女儿胡小美曾这样写道："梁实秋与韩菁清结婚近两年了。

他们的婚姻生活就像一条源远流长的小溪，任凭多少颗顽皮的小石子，最多也只能激起一些泡沫、一阵涟漪，随着缓缓流过，却似乎是永无止境的水波，消失得无影无踪。"

梁实秋和韩菁清携手走过12年，直至梁实秋辞世。面对死亡，梁实秋在给韩菁清的信中说："我依然爱你。我故后，你不必悲伤，因为我先你而去，是我们早就预料到的事。"

梁实秋去世后，韩菁清每月去扫墓两次，给梁实秋带去烟花，拔去墓上的杂草。她在自己的衣襟上绣着一个红色的"雅"字，纪念梁实秋。

对于晚年的这次爱情，梁实秋说："我只是一个凡人——我有的是感情，除了感情以外我一无所有。我不想成佛！我不想成圣贤！我只想能永久永久和我的小娃相爱。人在爱中即是成仙成佛成圣贤！"

食者　晚年，梁实秋因患糖尿病，不能食甜，但他常私下偷吃解馋。一次和刘墉同桌吃饭，冷盘端上来，梁说，他有糖尿病，不能吃带甜味的熏鱼；冰糖肘子端上来，他又说不能碰，因为里面加了冰糖；什锦炒饭端上来，他还是说不能吃，因为淀粉会转化成糖。最后，端上八宝饭，刘墉猜他一定不会吃，没想到梁居然大笑道："这个我要。"朋友提醒他："里面既有糖又有饭"。他笑着说，就因为早知道有自己最爱吃的八宝饭，所以前面特别节制。"我前面不吃，是为了后面吃啊；因为我血糖高，得忌口，所以必须计划着，把那'配额'留给最爱。"

梁实秋最爱吃北京致美斋的爆羊肚。1926年，梁留美三年归国，甫下车，将行李寄存在车站，直奔致美斋，将不勾芡粉、稍加芫荽梗、葱花的盐爆，勾大量芡粉、黏糊的油爆和清汤氽煮，以及完全本味的汤爆，都吃了个遍，才回家。梁说他在海外想吃的家乡菜以爆肚为第一，而这次一口气吃三种，是"生平快意之餐，隔五十年犹不能忘"。

儿时夏天，梁实秋喝豆汁，总是先脱光上衣，然后喝下豆汁，等到汗落再穿上衣服。他常说："能喝豆汁的人才算是真正的北平人。"他坦陈："自从离开北平，想念豆汁儿不能自已。"晚年他与在北京的长女梁文茜取得联系后，在一封信中说："给我带点豆汁来！"女儿回信道："豆汁没法带，你到北京来喝吧！"他才知道自己糊涂了，不禁哑然失笑。

趣行　在哈佛大学时，梁实秋和顾毓琇等人租住在一所公寓中，他们轮流负责做饭、洗碗、采购等工作，而这里也成为中国学生的活动中心，来往过客随时下榻，帆布床随时供应。一次，梁实秋在厨房做炸酱面，锅里的酱正扑哧扑哧地冒泡，潘光旦带着三个人闯了进来，一闻到炸酱的香味，便嚷着要吃面。梁慷慨应允，却有意往小碗炸酱里加了4勺盐，咸得他们皱眉瞪眼，拼命找水喝。

王敬义每次从梁实秋家离开时，总要偷偷在梁家门口小便。梁实秋一直装做不知。有一天，王自己憋不住了，不无得意地问梁道："每次我都撒泡尿才走，梁先生知道吗？"梁微笑道："我早知道，因为你不撒尿，下次就找不到我家啦！"

梁实秋论女人："假如女人所有杜撰的故事都能抽取版税，那很容易致富。"

老舍在山东大学教书时，在一次演讲中说，文艺作品中的坏人形象大都是脑满肠肥、一脸横肉的大胖子。一周后，青岛大学外文系主任梁实秋上台演讲，说着说着，话锋一转："就我个人所知，中外文学作品中的坏人都是些瘦子，脖子细得像猴子一样……"梁白白胖胖，而老舍正是个脖子很细的瘦子。老舍听罢，一笑了之。

抗战时期，在一次募款劳军晚会上，老舍和梁实秋准备搭档说相声。其中有一段需要老舍用折扇打梁的头，老舍建议删去，但梁坚持保留，最后二人商定打的时候比划一下，并不真打。到演出的这天，二人走上台来，绷着脸肃立片刻，如同泥雕木塑一般，观众看了已是笑声一片。二人只能在阵阵笑声的间歇表演。到该用折扇敲头的时候，老舍不知是一时激动还是有意为之，抡起大折扇狠狠地向梁打来，梁向后一闪，折扇正好打落了他的眼镜。梁迅即反应，手掌向上，正好托住了落下来的眼镜，然后保持那个姿势半天，喝彩声历久不绝。有人以为这是梁实秋的一手绝活，高呼："再来一回！"

梁实秋在师大任教期间，校长刘真常请名人到校讲演。一次，主讲人迟迟未到，在座的师生都等得很不耐烦。刘真只好请在座的梁救急，上台给同学们讲几句话。梁慢吞吞地说："过去演京戏，往往在正戏上演之前，找一个二、三流的角色，上台来跳跳加官，以便让后台的主角有充分的时间准备。我现在就是奉命出来跳加官的。"一番话引得全场哄笑，驱散了师生们的不快。

梁实秋与韩菁清的新房设在韩家。洞房花烛夜，梁因高度近视，又不熟悉环境，没留心撞到了墙上。新娘立即上前将新郎抱起。梁笑道："这下你成'举人'了。"新娘也风趣地回答说："你比我强，既是'进士'（谐音近视），又是'状元'（谐音撞垣）。"两人相视大笑。

梁实秋喜欢玩麻将。抗战时期，在四川北碚，常在家中邀人围桌酣战。但他从不出去打牌。文人之耽于麻将者，恐怕当推他为第一人。他为其主编的报纸写的许多社论即是他在牌桌上口授笔录而来。他喜欢的另一种博弈是围棋。每有棋客入室，不遑寒暄，即狂杀起来。他们落子如飞，如骤雨，如爆豆，速度既快，盘数遂多。输的红了眼，赢的吃开了胃。在桐油灯的黯弱光线下，不知东方之既白。他的兴趣不限于亲炙，对壁上观也同样盎然不倦。

梁实秋爱看体育竞技。但体育运动却是他的短项。在清华读书时，马约翰先生主管体育，督导甚严。梁实秋的游泳课不及格。补考，横渡游泳池即可。他砰然一声落水，头几下是扑腾，紧跟着就喝水，最后是在池底爬，几乎淹死。老师把他捞起来，只好给他及格。他打乒乓球时，手握横拍立定不动，专等球来找他。他对棒球情有独钟。每逢电视有棒球赛，他必是热心观众。

妙语　外国的风俗永远是有趣的，因为异国情调总是新奇的居多。新奇就有趣。不过若把异国情调生吞活剥地搬到自己家里来，身体力行，则新奇往往变成为桎梏，有趣往往变成为肉麻。基于这种道理，很有些人至今喝茶并不加白糖与牛奶。

鲁迅死前遗言"不饶恕人，也不求人饶恕。"那种态度当然也可备一格。不似鲁迅那般伟大的人，便在体力不济时和人类容易妥协。我僵卧了许多天之后，看着每个人都有人性，觉得这世界还是可留恋的。不过我在体温脉搏都快恢复正常时，又故态复萌，眼睛里揉不进沙子了。

莎士比亚有一名句："'脆弱'呀，你的名字叫做'女人！'"但这脆弱，并不永远使女人吃亏。越是柔韧的东西越不易摧折。

譬如登临，人到中年像是攀跻到了最高峰。回头看看，一串串的小伙子正在"头也不回呀汗也不揩"地往上爬。再仔细看看，路上有好多块绊脚石，曾把自己磕碰得鼻青脸肿，有好多处陷阱，使自己做了若干年的井底蛙。……这种种景象的观察，只有站在最高峰上才有可能。向前看，前面是下坡路，好走得多。

我看见过一些得天独厚的男男女女，年轻的时候愣头愣脑的，浓眉大眼，生僵挺硬，像是一些又青又涩的毛桃子，上面还带着挺长的一层毛。他们是未经琢磨过的璞石。可是到了中年，他们变得润泽了，容光焕发，脚底下像是有了弹簧，一看就知道是内容充实的。他们的生活像是在饮窖藏多年的陈酿，浓而芳冽！对于他们，中年没有悲哀。

理想的退休生活就是真正的退休，完全摆脱赖以糊口的职务，做自己衷心所愿意作的事。有人八十岁才开始学画，也有人五十岁才开始写小说，都有惊人的成就。"狗永远不会老得到了不能学新把戏的地步。"何以人而不如狗乎？

　　希腊哲学家哀皮克蒂特斯说："计算一下你有多少天不曾生气。在从前，我每天生气；有时每隔一天生气一次；后来每隔三四天生气一次；如果你一连三十天没有生气，就应该向上帝献祭表示感谢。"减少生气的次数便是修养的结果。

　　有道之士，对于尘劳烦恼早已不放在心上，自然更能欣赏沉默的境界。这种沉默，不是话到嘴边再咽下去，是根本没话可说，所谓"知者不言，言者不知"。世尊在灵山会上，拈华示众，众皆寂然，惟迦叶破颜微笑，这会心向笑胜似千言万语。

　　"蒙娜丽莎"的微笑，即是微笑，笑得美，笑得甜，笑得有味道，但是我们无法追问她为什么笑，她笑的是什么。……会心的微笑，只能心领神会，非文章词句所能表达。

　　我曾面对着树生出许多非非之想，觉得树虽不能言，不解语，可是它也有生老病死，它也有荣枯，它也晓得传宗接代，它也应该算是"有情"。……总之，树是活的，只是不会走路，根扎在哪里便住在哪里，永远没有颠沛流离之苦。

　　有人只看见和尚吃馒头，没看见和尚受戒，遂生羡慕别人之心，以为自己这一行只有苦没有乐，不但自己唉声叹气，恨自己选错了行，还会谆谆告诫他的子弟千万别再做这一行。这叫做"吃一行，恨一行"。

古圣先贤，无不劝孝。其实孝也是人性的一部分，也是自然的，否则劝亦无大效。父母女间的相互的情爱都是天生的。不但人类如此，一切有情莫不皆然。我不大敢信禽兽之中会有枭獍。

自从人有老少之分，老一代与少一代之间就有一道沟，可能是难以飞渡深沟天堑，也可能是一步迈过的小渎阴沟，总之是其间有个界限。沟这边的人看沟那边的人不顺眼，沟那边的人看沟这边的人不像话，也许吹胡子瞪眼，也许拍桌子卷袖子，也许口出恶声，也许真个的闹出命案，看双方的气质和修养而定。

人，诚如波斯诗人莪谟伽耶玛所说，来不知从何处来，去不知向何处去，来时并非本愿，去时亦未征得同意，糊里糊涂地在世间逗留一段时间。在此期间内，我们是以心为形役呢？还是立德立功立言以求不朽呢？还是参究生死直超三界呢？这大主意需要自己拿。——

只有神仙与野兽才喜欢孤独，人是要朋友的。

富兰克林说："有三个朋友是忠实可靠的——老妻，老狗与现款。"妙的是这三个朋友都不是朋友。倒是亚里士多德的一句话最干脆："我的朋友啊！世界上根本没有朋友。"这些话近于愤世嫉俗，事实上世界里还是有朋友的，不过虽然无需打着灯笼去找，却是像沙里淘金而且还需要长时间地洗炼。一旦真铸成了友谊，便会金石同坚，永不退转。

其实哪一个人在人生的坎坷的路途上不有过颠踬？哪一个不再憧憬那神圣的自由的快乐的境界？不过人生的路途就是这个样子，抱怨没有用，逃避不可能，想飞也只是一个梦想。人作画是现实的，现实的人生还需要现实的方法去处理。偶然作个白昼梦，想入非非，任想象去驰骋，获得一进的慰安，当然亦无不可，但是这究竟只是一时有效的镇定剂，可以暂止痛，但不根本治疗。

人生的路途，多少年来就这样地践踏出来了，人人都循着这路途走，你说它是蔷薇之路也好，你说它是荆棘之路也好，反正你得乖乖地把它走完。

人从小到老都是一直在玩，不过玩具不同。小时候玩假刀假枪，长大了服兵役便真刀真枪；小时候一角一角地放进猪形储蓄器，长大了便一张一张支票送进银行；小时候玩"过家家"，"搀新娘子"，长大了便真个的娶妻生子成家立业。有人玩笔杆，有人玩钞票，有人玩古董，有人玩政治，都是玩。"可以无需让的时候，则无妨谦让一番，于人无利，于己无损；在该让的时候，则不谦让，以免损己；在应该不让的时候，则必定谦让，于己有利，于人无损。"

美文

雅　舍

到四川来，觉得此地人建造房屋最是经济。火烧过的砖，常常用来做柱子，孤零零的砌起四根砖柱，上面盖上一个木头架子，看上去瘦骨嶙嶙，单薄得可怜；但是顶上铺了瓦，四面编了竹篦墙，墙上敷了泥灰，远远的看过去，没有人能说不像是座房子。我现在住的"雅舍"正是这样一座典型的房子。不消说，这房子有砖柱，有竹篦墙，一切特点都应有尽有。讲到住房，我的经验不算少，什么"上支下摘"，"前廊后厦"，"一楼一底"，"三上三下"，"亭子间"，"茅草棚"，"琼楼玉宇"和"摩天大厦"

各式各样，我都尝试过。我不论住在哪里，只要住得稍久，对那房子便发生感情，非不得已我还舍不得搬。这"雅舍"，我初来时仅求其能蔽风雨，并不敢存奢望，现在住了两个多月，我的好感油然而生。虽然我已渐渐感觉它是并不能蔽风雨，因为有窗而无玻璃，风来则洞若凉亭，有瓦而空隙不少，雨来则渗如滴漏。纵然不能蔽风雨，"雅舍"还是自有它的个性。有个性就可爱。"雅舍"的位置在半山腰，下距马路约有七八十层的土阶。前面是阡陌螺旋的稻田。再远望过去是几抹葱翠的远山，旁边有高粱地，有竹林，有水池，有粪坑，后面是荒僻的榛莽未除的土山坡。若说地点荒凉，则月明之夕，或风雨之日，亦常有客到，大抵好友不嫌路远，路远乃见情谊。客来则先爬几十级的土阶，进得屋来仍须上坡，因为屋内地板乃依山势而铺，一面高，一面低，坡度甚大，客来无不惊叹，我则久而安之，每日由书房走到饭厅是上坡，饭后鼓腹而出是下坡，亦不觉有大不便处。

　　"雅舍"共是六间，我居其二。篦墙不固，门窗不严，故我与邻人彼此均可互通声息。邻人轰饮作乐，咿唔诗章，喁喁细语，以及鼾声、喷嚏声、吮汤声、撕纸声、脱皮鞋声，均随时由门窗户壁的隙处荡漾而来，破我岑寂。入夜则鼠子瞰灯，才一合眼，鼠子便自由行动，或搬核桃在地板上顺坡而下，或吸灯油而推翻烛台，或攀援而上账顶，或在门框桌脚上磨牙，使得人不得安枕。但是对于鼠子，我很惭愧的承认，我"没有法子"。"没有法子"一语是被外国人常常引用着的，以为这话最足代表中国人的懒惰隐忍的态度。其实我的对付鼠子并不懒惰。窗上糊纸，纸一戳就破；门户关紧，而相鼠有牙，一阵咬便是一个洞洞。试问还有什么法子？洋鬼子住到"雅舍"里，不也是"没有法子"？比鼠子更骚扰的是蚊子。"雅舍"的蚊虱之盛，是我前所未见的。"聚蚊成雷"真有其事！每当黄昏时候，满屋里磕头碰脑的全是蚊子，又黑又大，骨骼都像是硬的。在别处蚊子早已肃清的时候，在"雅舍"则格外猖獗，来客偶不留心，则两腿伤处累累隆起如玉蜀黍，但是我仍安之。冬天一到，蚊子自然绝迹，明年夏天——谁知道我还是住在"雅舍"！

"雅舍"最宜月夜——地势较高，得月较先。看山头吐月，红盘乍涌，一霎间，清光四射，天空皎洁，四野无声，微闻犬吠，坐客无不悄然！舍前有两株梨树，等到月升中天，清光从树间筛洒而下，地上阴影斑斓，此时尤为幽绝。直到兴阑人散，归房就寝，月光仍然逼进窗来，助我凄凉。细雨蒙蒙之际，"雅舍"亦复有趣。推窗展望，俨然米氏章法，若云若雾，一片弥漫。但若大雨滂沱，我就又惶悚不安了，屋顶湿印到处都有，起初如碗大，俄而扩大如盆，继则滴水乃不绝，终乃屋顶灰泥突然崩裂，如奇葩初绽，素然一声而泥水下注，此刻满室狼藉，抢救无及。此种经验，已数见不鲜。"雅舍"之陈设，只当得简朴二字，但洒扫拂拭，不使有纤尘。我非显要，故名公巨卿之照片不得入我室；我非牙医，故无博士文凭张挂壁间；我不业理发，故丝织西湖十景以及电影明星之照片亦均不能张我四壁。我有一几一椅一榻，酣睡写读，均已有着，我亦不复他求。但是陈设虽简，我却喜欢翻新布置。西人常常讥笑妇人喜欢变更桌椅位置，以为这是妇人天性喜变之一征。诬否且不论，我是喜欢改变的。中国旧式家庭，陈设千篇一律，正厅上是一条案，前面一张八仙桌，一旁一把靠椅，两旁是两把靠椅夹一只茶几。我以为陈设宜求疏落参差之致，最忌排偶。"雅舍"所有，毫无新奇，但一物一事之安排布置俱不从俗。人入我室，即知此是我室。

笠翁《闲情偶寄》之所论，正合我意。

"雅舍"非我所有，我仅是房客之一。但思"天地者万物之逆旅"，人生本来如寄，我住"雅舍"一日，"雅舍"即一日为我所有。即使此一日亦不能算是我有，至少此一日"雅舍"所能给予之苦辣酸甜我实躬受亲尝。刘克庄词："客里似家家似寄。"我此时此刻卜居"雅舍"，"雅舍"即似我家。其实似家似寄，我亦分辨不清。

长日无俚，写作自遣，随想随写，不拘篇章，冠以"雅舍小品"四字，以示写作所在，且志因缘。

朱湘：他始终在"向失望宣战"

朱湘照

传略　朱湘（1904—1933），现代诗人，字子沅，安徽太湖县人，出生于湖南省沅陵县，当时父亲在湖南沅陵做官。自幼天资聪颖，6 岁开始读书，7 岁学作文，11 岁入小学，13 岁就读于南京第四师范附属小学。1919 年入南京工业学校预科学习一年，受《新青年》的影响，开始赞同新文化运动。1920 年入清华大学，参加清华文学社活动。1922 年开始在《小说月报》上发表新诗，并加入文学研究会。此后专心于诗歌创作和翻译。1927 年 9 月赴美国留学，先后在威斯康星州劳伦斯大学、芝加哥大学、俄亥俄大学学习英国文学等课程。那里的民族歧视激发了他的民族自尊心和爱国热情；他幻想回国后开"作者书店"，使一班文人可以"更丰富更快乐的创作"。为家庭生活计，他学业未完，便于 1929 年 8 月回国，应聘到安庆安徽大学任英国文学系主任。1932 年夏天去职，漂泊辗转于北平、上海、长沙等地，以写诗卖文为生。终因生活窘困，愤懑失望，于 1933 年 12 月 5 日晨在上海开往南京的船上投江自杀。据目击者说，自杀前还朗诵过德国诗人海涅的诗。

1921 年，朱湘在清华学习期间开始新诗创作。初期作品多收在诗集《夏天》（1925）中。作品《小河》等风格纤细清丽，技巧还较为幼稚。

1925 年以后，自觉追求新诗音韵格律的整饬，曾于 1926 年参与闻一多，徐志摩创办的《晨报副刊. 诗镌》的工作，提倡格律诗的运动，并发表"我的读诗会"广告，努力实践诗歌音乐美的主张。他的第二部诗集《草莽集》（1927）形式工整，音调柔婉，风格清丽，《摇篮歌》、《采莲曲》节奏清缓、动听，他的著名长诗《王娇》，注意融汇中国古代词曲及民间鼓书弹词的长处。这个诗集标志他诗歌创作的日趋成熟。朱湘出国前后的创作较多接受外国诗歌的影响，对西方多种诗体进行了尝试。其中《石门集》（1934）所收的 70 余首十四行体诗，被柳无忌在《朱湘的十四行诗》中称为是他诗集中"最有价值的一部分"。

朱湘还写过不少散文随笔、诗歌批评，翻译介绍了不少外国名诗。他曾用"天用"的笔名在 1924 年《文学周报》上开辟"桌话栏"，发表了关于《呐喊》、《红烛》等书评。他的著作还有：诗集《永言集》（1936），散文和评论《中书集》（1934）、《文学闲谈》（1934），书信《海外寄霓君》（1934）、《朱湘书信集》（1936），译作《路曼尼亚民歌一斑》（1924）、《英国近代小说集》（1929），《番石榴集》（1936）。

朱湘的诗"重格律形式，诗句精炼有力，庄肃严峻，富有人生哲学的观念，字少意远"。

其中，他的代表作《有忆》更是做到了闻一多所提出的"三美"主张 —— 音乐美，绘画美，建筑美。

孤高 朱湘是一个性格独特、对艺术充满执著的诗人，他在清华六年学生生活并不顺利，曾因记满三次大过而受到勒令退学的处分，1926 年复学后又读了一年才毕业。但这并不意味着朱湘的学习成绩不好，他"中英文永远是超等上等，一切客观的道德藩篱如嫖赌烟酒向来没有犯越过，只因喜读文学书籍时常跷课以至只差半年即可游美的时候被学校开除掉了。"他在给清华文学社的顾一樵的信中说，他离校的原因是"向失望宣战。这种失望是多方面的"，但他又对清华园无限留恋："清华又有许多令我不舍之处。这种两面为难的心情是最难堪的了。反不如清华一点令人留恋的地方也无倒好些。"他之不满意清华在于："人生是奋斗的，而清华只有钻分数；人生是变换的，而清华只有单调；人生是热辣辣的，而清华只是隔靴搔痒。"严格的校园生活，对一个浪漫主义的诗人来说，不免感到拘囿；但清华的自然人文环境，毕竟给过他熏染和陶冶，使他后来的创作道路走得更为扎实。

尊严　　朱湘也许并无意去中伤别人，然而，他却时时在意自己的尊严。这强烈的自尊支持了他崇高的爱国节操。1927 年朱湘在美留学，只因教授读一篇有把中国人比作猴子的文章而愤然离开劳伦斯大学。后朱湘转入芝加哥大学。然而又不长，1929 年春，朱湘却又因教授怀疑他借书未还，加之一美女不愿与其同桌而再次愤然离去，于 1929 年底匆匆回国了。

从美国回来以后，朱湘于 1930 年春即受聘到安徽大学任教，而且被任命为英文文学系主任。当时的安徽大学设在安庆，校内聚集着陆侃如、冯沅君、饶孟侃、苏雪林等名士。朱湘早就在文学界享有盛誉，他到安大当教授，并非只得益于他的诗名。早在留美之前，他就发表过《李笠翁十种曲》、《三百篇中的私情诗》、《古代的民歌》、《五绝中的女子》、《郭君沫若的诗》、《评闻君一多的诗》、《评徐志摩的诗》，以及评论鲁迅《呐喊》、宗白华《流云》等一系列研究论文，在学界颇有影响。所以，他在安大很深受学生爱戴。

曹聚仁说过，"一位诗人，他住在历史上，他是个仙人；他若住在你的楼上，他便是个疯子。（《也谈郁达夫》）"朱湘到安大不久，苏雪林就领教了他的"疯劲"。一次，学校想派四个人到省政府去催拨积欠的薪水，请教职员推荐合适人选，有人提到苏雪林和冯沅君。朱湘立即插话，说："请女同事去当代表，我极赞成。这样经费一定下来得快些。"当时就把苏、冯二人气得面面相觑，冯沅君说，这人是个疯子，犯不着跟他怄气。后来经过两年的相处，苏雪林更加认定："听说一切诗人的性情总是奇奇怪怪，不可捉摸的，诗人朱湘所给予我的印象也始终是神秘两个字。天才是疯癫，我想这话并不是完全没有理由。"

朱湘写诗一丝不苟，做人也是如此，绝不与任何人敷衍，绝不在任何事情上敷衍。他孤高不与众合，太不懂得人情世故，从不去理会生活中的各种复杂变化，天生成一幅诗人的头脑和孤高的性格，这在常人的眼里就极不正常了。有些事，懂得人情世故之人往往忽略不计，而朱湘则认真得非此即彼，时常因此跟校方发生冲突，结果总是弄得不可收拾。最终因更改系名一事，朱湘与学校分道扬镳。校方嫌英文文学系名字太长，改为英文学系，朱湘不能接受，向校方提出异议，要求恢复原名。本来，这事不是不可商量，作为系主任的意见也应当考虑，由于他处理得生硬，当局认为有强加于校方之嫌，意见遂被否决。朱湘为此非常气愤，一怒之下，辞去所任之职，校方也没再挽留。朱湘连学校所欠的四个月薪水也没要，便带着妻小离开了安徽大学，离开了安庆，一去不复返。

朱湘不是一个不求上进的人，"而是一个最有天才又肯努力向上的诗人。"（谢冰莹语）他在美国放弃学位提前回国，乃事出有因。在劳伦斯大学时，朱湘一次去看纽约戏剧协会演员演出的《银索》，演出前他先读剧本，看到剧中人有几句侮辱华人的台词，于是愤恨地撕碎了戏票，没看演出就走了，对他来说很不容易的一点五美元票钱算是白扔了。还有一次，朱湘在法文班上看到法文教科书里把中国人叫做"猴子"，气得连课也不上了，法文教授不好意思地赶到宿舍向他道歉。朱湘不仅再也不去上法文课，而且放弃了还有半年就可到手的文凭与学位，离开劳伦斯大学，转到了芝加哥大学求学深造。想不到，在这里他又遇到一件改变他命运的事情。

他发现日本人在翻译李白的诗歌，感情便又一次受到了伤害。他在给同学的信中说："我们诗人如李白的诗，已有日人在替我们代劳，我们应当愧死。"所以，他再也不去争取学位，开始埋头翻译中文诗。

离开安大后，朱湘和他的妻小陷入难以为继的生活困境，一时谋不到职，他实指望能靠卖文为生，然而，这只能又是一个梦想。当时，靠卖文养家活口是一件不可思议的事情，许多名望很高的诗人作家都望而生畏，像闻一多、徐志摩这样的名人，都有着可靠的职业，文学创作只是一种副业。现实很快就让朱湘明明白白地尝够了卖文的苦头。

诗是卖不上价的。有家杂志向朱湘索稿，他答应了，但要求四元一行。结果，那位索稿的编辑就不要他的诗了。有的杂志发表了他的文章，长期不寄稿费，他也不催，更别说上门去讨了，倒头来只能是自己吃亏生闷气。失业的生活很不安定，心境也因此很差，为了生计又不得不写，写了又无处发表，积下了数种诗稿，放在妻子的身边，找不到出处，只能被束之高阁。

在失业的一年多时间里，朱湘一直在京沪两地间奔波，希望能谋到一份固定的职业，杭州、天津、武汉等地有他的同学和同事，他也去了。

1932年的秋天，朱湘来到武汉谋职，住在汉口码头旁边一家三等小客栈里，已是身无分文。他每天除了吃两碗面，便只拥着一床薄薄的毡子蒙头睡觉。饭吃不饱，又付不掉房钱，走不成，住不得，真比死还难受。走投无路之际，朱湘想到了他在安徽大学的同事苏雪林，她已从安大调到武汉大学，他便向她伸出了求助之手。手心向上借钱，对任何爱面子的人来说，都是一件难以启齿的事情，尤其是对一向自视很高的诗人朱湘来说，更是令他感到羞耻的事。他在信中借口途中被窃，旅费无着，请求通融数十元。信发出后，朱湘仿佛盼救星似的，屡屡问茶房有没有武大的人来找他。苏雪林接信后到旅馆一看，朱湘的容貌憔悴，服饰邋遢，她真不敢相信这就是那个当年在安大趾高气扬的诗人。毕竟同事一场，苏雪林没有计较朱湘当初对她的不恭，如数付给他所需的路费。

第二年的10月，朱湘仍然没有找到工作，他再一次来到武汉，又去武汉大学拜访了苏雪林，以求能找到一点让他担任的功课。武汉大学的教授由教授委员会聘请，私人引荐没有多大用，再说当时也不是更换教授的时节，所以，朱湘的希望是无望的。

其实，朱湘有清华同学在武大任职，还有一个哥哥在武汉做官，若求他们，兴许可以解救他于危难之中。不知什么原因，他一直不去求他们帮忙，而只是去找帮不了他大忙的女士苏雪林。这可能是他不愿让官场上的得意之人看到他的落难而因此更加得意。他以为，求苏雪林这样的文人，有一个"文"字相通，可以获得同情和理解。朱湘的这种心境，在他给他的留美同学时在南开大学任教的柳无忌的信中，有过真实的坦露：

在这个各大学已经都开学了，上课了许久的时候，才来托你，不用你说，我还有不知道是太迟了之理么？……我能不能教书，我们也同学过两年，你无有不知道的。现在才来托你，自然是嫌迟；我不过是对于我自己尽一分的人事罢了。能否有位置，有钟点，学校方面肯否找我去教，这些，不用你说，我也毫无把握；不过，既然生了，又并不是一个不能做事的人，也就总得要试一试。若是一条路也没有，那时候，也便可以问心无愧了。

无故的，忽然向了你说出这一些感伤的话，未免太煞风景；你也是一个文人，想来或者不会嫌我饶舌。就此停下……倘若，不论有指望没有，你能给我一个回信，那是我所极为盼望的。

类似这样的信，朱湘连连地寄给他的同学和同事，但都无下文。

1933 年 10 月 6 日，朱湘由北平南下路过天津，特意到南开去看望柳无忌。两个老同学自从在美国芝加哥大学分别以后，五年没有见过面，虽有书来信往，略知各自的近况，但一见面，柳无忌仍然为朱湘的精神状态吃了一惊。柳无忌留朱湘吃了一顿午饭，下午在英文系为他安排了一场演讲，四十多位同学济济一堂，出于对文学的浓厚兴趣，大家对他的演讲报以极大的热情。朱湘讲的是中国新诗的派别、趋向及其成就，热情洋溢地朗诵了好几首个人的诗作，又当场回答了同学们诸多关于诗学问题的提问，产生了极好的效果，给南开英文系的学子们留下了深刻的印象。

在南开的这次演讲，是朱湘在失业之后过得最愉快的一个下午，也是他生前最后一次在公众场合发挥他的才华。他是多么渴望重返大学讲坛，把他的学识奉献于中国的教育，把他在诗歌艺术上探索多年的收获奉献于中国的文学，然而，偌大的中国，竟没有他的一席生存之地，失业的痛苦正在一步步地把他逼向绝境。

朱湘的求职心情之切，那是外人所难以体验到的。求不到职，饥饿每天都在威胁着朱湘。他穷得连饭都吃不饱，为了糊口，就接连地把妻子寄给他的棉袍、皮袍送进当铺，他已经连御寒的衣服也没有了。柳无忌找同事给朱湘凑了一点路费，朱湘由天津抵达南京，然后乘船去上海，钱又花光了。他搭上了船，却没有钱买船票，挨到上海以后，茶房不许他下船。他好说歹说，茶房才同意他把行李押在船上，跟他一齐上岸找钱来赎。朱湘带着茶房来到赵景深家里借钱，这才摆脱了一场无地自容的尴尬。天气实在太冷，走出赵家，朱湘冻得受不了，又折回头去向赵景深借了五元，买了一件棉袍。

一次次扑空，一次次失望，朱湘被失业的包袱压得透不出气来，他的精神渐渐接近崩溃的边缘。

情殇　朱湘三岁那年，母亲因病离开了他；十一岁那年，父亲也跟着离开人世。他是由哥哥养大的，却因为彼此年纪相差太大有些隔阂。可想而知，他的童年该是多么的孤寂，更别谈凡人享有的慈母父爱了。后来，他便开始写诗来表达自己的心情，并渐渐在当地文坛有了些名气。这时，一位女子的出现，搅乱了朱湘平静的读书生活。她便是两年后成了朱湘妻子的刘霓君。

其实，他俩是由双方家长指腹为婚的，按理没有感情基础可言。从懂事起，朱湘便极力想摆脱这场包办婚姻。父亲去世后，他才在去清华上学的空当躲过了这次"劫难"。在北京，大哥前来探望他。兄弟两人就一阵客套的寒暄起来，突然发现了站在角落里的刘霓君。刘霓君大胆地望着朱湘，叙说着她在报纸上读到的朱湘的诗歌，言语中流露出崇拜和爱意，但是朱湘打断了她的话。因为，她已惹怒了他。

朱湘断然离去，只留下旅馆里的刘霓君，独自伤心哭泣。回到学校后的朱湘把摆脱这桩包办婚姻的希望，寄托在了赴美留学上，他认为，离家远了，时间长了，刘家便会自行解约。但就在这个时候，清华学堂里贴出了开除朱湘的布告，而此时距离留美仅剩半年的时间。他因为抵制学校早点名制度长达 27 次，受到这一处分，也是当时轰动一时的新闻。

离开清华，朱湘来到上海，不久，在大哥的口中得知刘霓君也来到了上海。大哥告诉朱湘，刘霓君的父亲不久前去世，兄长独占了家产，她只能一个人跑到上海来找工作，希望自己能养活自己。这个信息激发了朱湘的同情心，他觉得不管婚事成与否，去看望一下刘霓君，也应该是情理之中的事情。

1923 年冬日的一天，整个浦东在外滩西式建筑群的映衬下，显得破旧衰败。朱湘穿过由几间旧房构成的厂区，来到了离厂房不远的一排工棚区，这是纱厂的洗衣房。一看刘霓君在这个洗衣房洗衣，还有低矮的厂房和各种气体冒出来，他的心理开始发生变化。两人见面，却是长久的沉默。最后，刘霓君冷淡地对朱湘说了声：谢谢你来看我。但朱湘却一个劲地摇头，她只好慢慢转过身去，低着头走回了洗衣房，消失在白腾腾的雾气里。

这一刻，朱湘在与刘霓君的婚姻问题上，开始动摇了。黄浦江的江水在寒风中静静地流淌，朱湘向刘霓君表示，愿意接受这份由旧式婚姻演变而来的爱情，他在安慰刘霓君后，快步拉着她离开纱厂宿舍，并决定与对方结婚。从厌恶到同情，从同情到相爱，朱湘的情感世界发生了彻底地逆转，以至于爱到至深。然而，这场戏剧式的婚姻，在若干年之后，因为生活的贫困而遭遇到了巨大的挫折。

结婚后第二年，朱湘留学美国，但因为无法忍受外国人对自己的歧视，频频转学，先后在威斯康星州劳伦斯大学、芝加哥大学和俄亥俄大学学习英国文学等课程。

在这期间，朱湘给妻子刘霓君写了 100 多封情意绵绵的书信，寄托自己的异国相思之苦。留学生活进入第三年后，因为经济拮据，他未能完成学业，在 1929 年 8 月回国，回国后担任安徽大学英国文学系主任，但不久后因为学校经费的问题被迫辞职。这时候，朱湘与刘霓君生下了两人的第三个孩子，取名再沅。由于失业，一家人的生活陷入了困境。

因为小儿子的夭折，刘霓君开始怨恨丈夫的无能，夫妻关系逐渐恶化。之后朱湘开始辗转漂泊于北平、上海、长沙等地，由于性情孤傲，得罪了不少人，谋职四处碰壁，只能依靠写诗卖文为生，可最后，连诗稿的发表都越来越困难。到了 1933 年的冬天，朱湘穷困到只剩一堆书籍和自己亲手写下的诗稿。

刘霓君见朱湘整日守着诗稿无事可做，便托朋友帮他找了一份工厂里的临时工作，但遭到了朱湘的拒绝。只会写诗作文的朱湘，因为把诗歌看得与生命一样重要，因而与曾经患难与共的妻子之间，矛盾越来越深。

从此，朱湘步入他生命中的最为凄惨的最后一段岁月。

从安庆到朱湘的老家太湖百草林只有百十公里路程，他的四哥朱文庚少时从湖南回老家，继承了全部家产祖业，拥有数千亩良田，靠雇工收租过着小康的日子，生活相当安逸。在安大辞职以后，朱湘完全可以把太太刘霓君和孩子送回老家，靠四哥的帮助暂时过渡一下。这样，他可以从容地再去谋职，即可减轻许多压力，也可省去很多烦恼。然而，虽是同胞兄弟，他也不肯回去吃"嗟来之食"，而是把太太送回了湖南长沙的娘家。

作为孩子的父亲和妻子的丈夫，朱湘很不称职，严格地说，他不配享用这两个名分。他最最钟爱的是诗，而诗给他带来的则是贫穷，从结婚到当教授，他都没有给太太和孩子创造任何幸福，并且很少想到他们的饥寒温饱。相反，太太和孩子却因他受尽了人间的磨难。

留美之前，朱湘和霓君有一次生气吵嘴，他失手打了她，她被逼无奈回了娘家。他还好，连忙赔礼，哀求她原谅，绝对是真诚的。到美国以后，他在信中向太太解释了他发脾气的原因："我受了外面的气，负了一屁股的债，又要筹款留学。"霓君原谅了他，带着孩子在国内，无依无靠，四处漂流，时而寄居在她妹妹的婆家，时而在尼姑庵中借宿，娘儿们忍饥受寒供朱湘读书。

其实，朱湘对霓君是怀着满腔的深情的，他曾很动情地写信向她表白："回国以后，我要作一个一百分好的丈夫，要做一个一百分好的父亲。"后来，他在美国写给霓君的情书编为《海外寄霓君》，书中充满了对家庭对朋友的爱，也充满了对国家对人类的爱。怎奈他无力摆脱经济的重压，因为经济，他提前回国了；回国以后，他在经济上并没有翻身，因而也就无法兑现他向霓君的承诺。

在安徽大学教书期间，霓君因事需回娘家几日，把儿女们托付给朱湘照管。他最小的儿子大病了一场刚好，又才断奶不几天，朱湘每日强迫他吃香蕉一枚，吃不下也要填鸭式地填下去，结果，这个婴儿因消化不良夭折了。这件事给霓君的心灵造成了极大的创伤。旧伤未愈又添新伤，朱湘因一时义气，自己砸掉了自己的饭碗，彻底断了经济来源。失业后，他为了尽快谋个职业，南北奔走，四处漂流，今儿北京，明儿上海，行踪不定。家里入不敷出，老债未清，又添新债，他沦落到穷愁潦倒的地步，对妻小更是无力无暇顾及。霓君有苦无处诉，寄居在娘家忍气吞声，靠帮人做粗活维持她和孩子的生活。

贫贱夫妻百事哀。生活的清苦导致了家庭的不幸，谋职无望，家境凄惨，朱湘和霓君的感情已面临严重的危机，离婚的话题无可避免地被提上了家庭的议事日程。

朱湘在求职的路上接连碰壁，及至绝望之时，他终于"明白"过来了：是诗歌和文章误了他的前程，害了他和他的太太孩子。

"以前我是每天二十四点钟之内都在想着作诗，生活里的各种复杂的变化，我简直是一点也没有去理会；如今，总算是已经结清了总账。"（《致柳无忌信》）

朱湘所要结清的"总账",就是要与写诗和作文彻底决裂。在与柳无忌分手之际,朱湘一再叮嘱他的老同学,叫他转告他们的另外两个同学罗念生和罗皑岚,劝他们不要专写文章。这不是一时的赌气,而是痛苦的醒悟,因为他坚信:做文章误了他的一生!

朱湘清醒地意识到,不能适应环境是他的致命弱点,他甚至对自己进行了彻底的否定。他认为他的生活只是一个失败,一个笑话,"我真是一个畸零的人,既不曾作成一个书呆子,又不能作为一个懂世故的人。(《我的童年》)"当诗人感到自己不能超越现实,而现实又令他痛苦不堪之时,他便认定,选择自杀这条路,是最好的解脱了。

1933 年 12 月 5 日,在由上海开往南京的吉和轮上,朱湘倚着船舷,取出随身携带的酒瓶,一边饮酒,一边吟诵着海涅的诗。轮船行至马鞍山李白投江的采石矶下,朱湘纵身一跳,跃入长江,只溅起一圈凌乱的浪花,便被汹涌的江流吞没……船主从朱湘遗在船上的一口皮箱和夹袍内发现了他的名片,还有他太太的地址,当即给他的家里写了一封信。于是,刘霓君在第三天接到了丈夫的噩耗,诗人投江自杀的新闻旋即登上了京沪等地的报纸……

情书

我爱的霓妹:

昨晚作了一个梦,梦到你,哭醒了。醒过来之后,大哭了一场。不过不能高声痛快的哭一场,只能抽抽噎噎的,让眼泪直流到枕衣上,鼻涕梗在鼻孔里面。今天是礼拜,我看书看得眼睛都痛了,半是因为昨夜哭过的原故,今天有太阳,这在芝加哥算是好天气了。天上虽然没有云,不过薄薄的好像蒙上了一层灰,看来凄惨的很。正对着我的这间房(在二层楼上)从窗子中间,看见一所灰色的房子,这是学校的,一点声音也听不见,好像死人一般。房子前面是一块空地基,上面乱堆着些陈旧的木板。我看着这所房，这片地，心里说不出的恨他们。我如今简直像住在监牢里面，役有一个人说一句知心的话，有时看见一双父母带着子女从窗下路上走过去：这是礼拜日，父亲母亲工厂内都放了工，所以他们带了儿子女儿出门散步。我看见他们，真是说不出的羡慕。我如今说起来很好听，是一个留学生，可是想像工人一样享一点家庭的福都不能够，这是多么可怜又多么可恨。我写到这里，就忽的想起你当时又黄又瘦的面貌来，眼眶里又酸了一下。只要在中国活得了命，我又

朱湘与刘霓君

何至于抛了妻子儿女来外国受这种活牢的罪呢。霓君，我的好妹妹，我从前的脾气实在不好，我知道有许多次是我得罪了你，你千忍万忍忍不住了，才同我吵闹的。不过我的情形你应该明白。我实在是在外面受了许多的气，并且那时一屁股的欠债，又要筹款出洋，我实在是不知怎样办法是好。我想你总可以饶恕我吧？这次回家之后，我想一定可以过的十分美满，比从前更好。写这行的时候，听到一个摇篮里的小孩在门外面哭，这是同居的一家新添的孩子，我不知何故，听到他的哭声，心中恨他，恨他不是小沅小东，让我听了。我又想到你的温柔，你对我的千情万意，分开了，不能见面，不能立刻见面，说一句知心话，彼此温存一下，像从前在京城旅馆内初见面时那样温存一下。你还记得当时你是怎样吗？我靠在你身旁坐下，你身上面的一股热气直扑到我的脸上。（我想我当时的热气也一定扑到了你的脸上）我当时心里说不出的痒痒。后来我要摸你的手，我偷偷的摸到握住，你羞怯怯的好像新娘子一样，我当时真是说不出的快活。天哪，天哪，但望两三年后，夫妻都好，再能尝尝那种爱情的美味吧。

师友　　朱湘是与闻一多、徐志摩齐名的中国现代诗人。徐霞村是我国著名的作家和翻译家。他是 1925 年在北京汇文中学读书时，结识朱湘的。1924 年，在清华读书的朱湘因带头抵制学校早餐点名制度，被学校开除。朱湘便依靠写作和翻译外国作品，赚取稿费为生。他出版了诗集《夏天》，还经常在《小说月报》和《晨报·副刊》发表作品，这在文学爱好者眼中是很令人景仰的。1925 年夏天的一天，爱好文学的徐霞村经一位黎姓同学的引荐，拜会了这位仅比他年长三岁的朱湘。

　　他们一见如故，觉得非常投缘。几天后，徐霞村将自己试译的两篇莫泊桑的短篇小说，拿给朱湘看，朱湘很仔细认真地、逐字逐句地加以校阅，给他提了很多指导性意见。从那时起，徐霞村就成了朱湘家的常客。他们在一起切磋文字，研究学问，在朱湘的帮助和指导下，徐霞村的外文翻译水平提高很快，到 1926 年就经常翻译一些欧美作家的作品投稿了。因此，徐霞村一直尊朱湘是他"从事文艺工作的第一个指路人和启蒙老师"。

　　1926 年底，徐霞村在上海的姑父病重，姑母来信要他来上海帮助照料一段时间，然后资助他到法国留学，他马上去征求朱湘的意见。朱湘听了很高兴，非常支持他到法国去。在徐霞村去上海前，朱湘主动给上海《小说月报》的主编郑振铎写了封举荐信。郑振铎十分热情地接待了他，并且约他给《小说月报》写稿，还被聘为欧洲通讯员，要他把一路见闻记录下来，陆续寄回国内发表。后来徐霞村的许多小说创作和翻译的长篇小说，都是在《小说月报》发表的。

　　1927 年 5 月，徐霞村赴法国留学，不久朱湘则去美国留学。他们先后于 1928 年和 1929 年回国。朱湘回国后，在安徽大学外文系任教，后因故辞职。从此失业，过着漂泊流浪的生活。1931 年 11 月的一天，面容憔悴的朱湘来到北平的徐霞村的家，提出借 150 块钱。徐霞村将这些钱交给他时，他却很严肃、认真地说了声"谢谢"，徐霞村为此十分同情他的处境，觉得很难过。送他到大门外，给他雇了辆人力车，一直目送他消失在夜幕里。不料，在 1933 年 12 月，他就从上海《新闻报》上看到朱湘于 12 月 5

日投水的消息。

裂痕　　新诗主要流派之一的新月派借以发端的《晨报副刊·诗镌》于 1926 年 4 月 1 日开始出版，《诗镌》出版后，朱湘连续刊发诗文：在创刊号上，他写了《评胡适的〈尝试集〉》；在第二期上，有他的诗《昭君出塞》和诗评《郭沫若君的诗》；在第三期上，他发表了著名的诗《采莲曲》和诗评《草儿》。但从第四期起，他却退出了《诗镌》。

那么，朱湘为何中途愤而退出《诗镌》一事。事件的表面原因，是由于他对《诗镌》第三号将自己最为得意的《采莲曲》排在第三篇而感到不满，一气之下退出了《诗镌》。

而内在的原因，在朱湘撰写的《刘梦苇与新诗形式运动》中，似乎可以找到答案，在文中，朱湘有这样一段话：我终于与《诗刊》决裂了。关于此事，我曾经同梦苇用函件往返讨论过多次。他有一封信写得极其诚恳，里面说他也知道徐志摩油滑，不过逼于形势，不得不继续下去——可怜的梦苇，他哪想得到那班知道《诗刊》内情的人不单不肯在他死后把《诗刊》真相公布出来并且还有人要否认他作诗人呢？

这段话暗示了几个事实：一，刘梦苇"也知道徐志摩油滑"的"也"字，表明朱湘是认为徐志摩油滑的。这为朱湘是因为讨厌徐志摩而退出《诗镌》的说法作了注脚。二，在退出之前，朱湘和刘梦苇信来信往多次。这说明，他早有退出之想。三，朱湘写这篇文章的目的其实是为刘梦苇鸣不平。他在文章开头说："我看了（赵）景深兄的《小说史中谈到诗人》一文，里面说有人讲刘梦苇不配算作诗人，这教我忍不住要插一句嘴。"这里的"有人"指的是谁？应该是朱湘说的"那班知道《诗刊》内情的人"。谁又是知道内情的人？徐志摩肯定是其中之一，闻一多也肯定是其中之一。这样说来，朱湘的退出，除了他自己和徐志摩、闻一多不和外，不排除还有为刘梦苇打抱不平的因素。

以徐志摩一向平和的心态和新月文人惯有的绅士风度，他没有直言朱湘的退出原因，更没有责怪、怨怼，甚至还满怀着期望，希冀双方重归于好。看得出来，他是大度的，不斤斤计较的。

从闻一多的角度，他完全不像徐志摩那样心平气和，他的反应激烈得多。1926 年 4 月底，他在给梁实秋和熊佛西的一封信中说"朱湘目下和我们大翻脸，说瞧徐志摩那张尖嘴，就不像是作诗的人，说闻一多妒忌他，作了七千言的大文章痛击我，声言要打倒饶杨等人的上帝。这位先生的确有神经病，我们都视他同疯狗一般……这个人只有猖狂的兽性，没有热烈的感情。至于他的为人，一言难尽！

可能是因为这是一封朋友之间的私人通信，而不是一篇公开的文章，所以闻一多毫无顾忌地痛斥朱湘，甚至连用了几个明显带有人身攻击的骂词，当然也反映了他对朱湘痛恨的程度。他不是说"和我大翻脸"，而是说"和我们大翻脸"，这表明，朱湘和闻一多，和徐志摩，甚至还有《诗镌》的其他同人，都翻脸了。

那么，"翻脸"的原因是什么呢？从闻一多的那段话中似乎可以找到一些，比如，他说朱湘说徐志摩"那张尖嘴"，不是"作诗的人"，说闻一多"妒忌他"。这其实明白无误地说出了这样一个事实，那就是朱湘讨厌徐志摩，对闻一多也很不满，所以，他"走"了。

朱湘对徐志摩的不满，由来已久，最早应该是在筹办《诗镌》时。他在《刘梦苇与新诗形式运动》一文中，说："《诗刊》之起是有一天我到梦苇那里去，他说他发起办一个诗的刊物，已经向《晨报·副刊》交涉好了。他约我帮忙，我当时已经看透了那副刊的主笔徐志摩是一个假诗人，不过凭借学阀的积势以及读众的浅陋在那里招摇。但是我看了梦苇的面子，答应了。"显然，朱湘对徐志摩早有偏见。

可朱湘为什么会对徐志摩有偏见呢？

首先，从生活作风上说，朱湘很厌恶以徐志摩为代表的一批新月文人的贵族生活作风。朱湘在清华时的同窗好友罗念生曾说："朱湘有一次告诉我，他在徐志摩家里吃过一回早点，单是水饺就有各式各样的花样。"
这样近于奢侈的生活，其实是很多人，特别是那些生活贫困却孤傲清高的
知识分子所看不惯的。

其次，从对新诗人和新诗的看法上说，朱湘对白话诗的首倡者和实践
者胡适是相当不屑的。在《诗镌》前三期上，连续刊登了朱湘三篇新诗评。
在第一篇新诗评中，他以胡适的《尝试集》作为靶子，毫不留情面地进行
了批评，直斥《尝试集》"内容粗浅，艺术幼稚"，又说"胡君的诗，没
有一首不是平庸的"，他甚至嘲笑胡适的主张是"浅薄可笑的"。在朱湘
眼里，胡适究竟哪些主张是浅薄可笑的呢？是"现代诗应当偏重抒情的一
面"。朱湘认为："抒情的偏重，使诗不能作多方面的发展。"而徐志摩
的诗，恰恰是"抒情的偏重"的。朱湘对胡适的不屑，连带对徐志摩也产
生了不满。

相对于朱湘对徐志摩一贯的不满，朱湘和闻一多的关系经历了一个从
亲密到决裂的过程。在朱湘加入清华文学社时，闻一多已经到美国去了。
他们的交往从通信开始。朱湘写过《为闻一多〈泪雨〉附识》一文，特别
对闻一多的《渔阳曲》极表佩服。闻一多回国后，他们经常聚谈。应该说，
在《诗镌》诞生前，他们的关系是亲密无间的。

朱湘是从什么时候开始对闻一多产生不满的？据推测，应该是在《诗
镌》创办后。一方面，朱湘也和闻一多、刘梦苇他们一样非常希望能创办
这样一个诗的专门刊物；一方面，他因为不喜欢徐志摩而很不情愿和徐志
摩合作。但是，徐志摩是《晨报副刊》主编，他们欲借"晨副"这块阵地，
又不得不依靠徐志摩。这可能让朱湘感到很不舒服。在《诗镌》终于如愿
创刊后，朱湘发现闻一多和徐志摩的合作是诚心的。他可能觉得，闻一多
越来越靠向他那么不喜欢的徐志摩，而离他则越来越远了。这让他感到更
不舒服。

1926 年 4 月 22 日，《诗镌》第四期如期刊行。在这期上，没有了朱
湘的诗文，倒有一篇《朱湘启事》：我的新诗集《草莽》已经付印，内有

一篇几百行的长诗《王娇》，两篇各长百行的叙事诗《月游》《还乡》与《猫诰》的二稿，以及许多没有发表过的诗和发表过的诗之二稿。我的《新诗评》决定和《新诗选》合出一册。这本《新诗评》分上下两编。上编是分评，除去已经发表过的几篇以外，还有《闻君一多所作诗的攻错》（先登《小说月报》）《湖畔社》《刘君梦苇的诗》等几篇。下编是总评《新诗的途径》。书出来的时候，会在《小说月报》和本京的各报纸杂志上面通知的。

有人将此"启事"视作朱湘退出《诗镌》的宣言，这是有道理的，因为从"启事"文面上看，它并无一字说"退出"。但在字里行间，隐晦地表露出他退出的原因。那就是，他和徐志摩、闻·多闹翻了。所以，他才会郑重其事地在这份"启事"中详细地说他将出新诗集《草莽》的信息透露给大家。

美诗

采　莲　曲

小船呀轻飘，
杨柳呀风里颠摇，
荷叶呀翠盖，
荷花呀人样妖娆。
日落，
微波，
金线闪动过小河，
左行，
右撑，
莲舟上扬起歌声。

菡萏呀半开，

蜂蝶呀不许轻来，

绿水呀相伴，

清净呀不染尘埃。

溪间，

采莲，

水珠滑走过荷钱。

拍紧，

拍轻，

桨声应答着歌声。

藕心呀丝长，

羞涩呀水底深藏，

不见呀蚕茧，

丝多呀蛹在中央？

溪头，

采藕，

女郎要采又夷犹。

波沉，

波生，

波上抑扬着歌声。

莲蓬呀子多，

两岸呀柳树婆娑，

喜鹊呀喧噪，

榴花呀落上新罗。

溪中，

采莲，
耳鬓边晕着微红。
风定，
风生，
风里荡漾着歌声。

升了呀月钩，
明了呀织女牵牛；
薄雾呀拂水，
凉风呀飘去莲舟。
花芳，
衣香，
消融入一片苍茫；
时静，
时闻，
虚空里袅着歌音。

葬　　我

葬我在荷花池内，
耳边有水蚓拖声，
在绿荷叶的灯上，
萤火虫时暗时明——

葬我在马樱花下，
永作着芬芳的梦——
葬我在泰山之巅，

风声呜咽过孤松——

不然，就烧我成灰，
投入泛滥的春江，
与落花一同漂去，
无人知道的地方。

美文

画　　虎

"画虎不成反类狗，刻鹄不成终类鹜"，自从这两句话一说出口，中国人便一天没有出息似一天了。

这两句话为后人奉作至宝。单就文学方面来讲，一班胆小如鼠的老前辈便是这样警劝后生：学老杜罢，学老杜罢，千万不要学李太白。因为老杜学不成，你至少还有个架子；学不成李的时候，你简直一无所有了。这学的风气一盛，李杜便从此不再出现于中国诗坛之上了。所有的只是一些杜的架子或一些李的架子。试问这些行尸走肉的架子，这些骷髅，它们有什么用？光天化日之下，与其让这些怪物来显形，倒不如一无所有反而好些。因为人真知道了无，才能创造有；拥着伪有的时候，决无创造真有之望。

狗，鹜。鹜真强似狗吗？试问它们两个当中，是谁怕谁？是狗怕鹜呢，还是鹜怕狗？是谁更聪明，能够永远警醒，无论小偷的脚步多么轻，它都能立刻扬起愤怒之呼声将鄙贱惊退？

画不成的老虎，真像狗，刻不成的鸿鹄，是像鹜吗？不然，不然。成功了便是虎同鹄，不成功时便都是怪物。

成功又分两种：一种是画匠的成功，一种是画家的成功。画匠只能模拟虎与鹊的形色，求到一个像罢了。画家他深深入创形的秘密，发见这形后面有一个什么神，发号施令，在陆地则赋形为劲悍的肢体、巨丽的皮革，在天空则赋形为剽疾的翻翼、润泽的羽毛；他然后以形与色为血肉毛骨，纳入那神，挎成他自己的虎鹊。

拿物质文明来比方：研究人类科学的人如若只能亦步亦趋，最多也不过贩进一些西洋的政治学、经济学，既不合时宜，又常多短缺。实用物质科学的人如若只知萧规曹随，最多也不过摹成一些欧式的工厂商店，重演出惨剧，肥寡不肥众。日本便是这样，它古代摹拟到一点中国的文化，有了它的文字、美术；近代摹拟到一点西方的文化，有了它的社会实业：它只是国家中的画匠。我们这有几千年特质文化的国家不该如此。我们应该贯注物质文明的内心，搜出各根柢原理，观察它们是怎样配合的，怎样变化的。再追求这些原理之中有哪些应当铲除，此外还有些什么原理应当加入，然后淘汰扩张，重新交配，重新演化，以造成东方的物质文化。

东方的画师呀！麒麟死了，狮子睡了，你还不应该拿起那支当时伏羲画八卦的笔来，在朝阳的丹凤声中，点了睛，让困在壁间的龙腾越上苍天吗？

邵洵美："我是个天生的诗人"

传略　邵洵美（1906—1968），原名邵云龙。浙江余姚人。民国时期著名作家、出版家、翻译家、诗人。"新月派"代表人物之一，狮吼社、中国笔会的成员。与作家刘呐鸥、穆时英同为"都市现代派"代表作家。

早年就读圣约翰中学，多用英文授课。后就读于南洋路矿学校。1924 年春留学剑桥大学经济系。不到两年，因经费不足，未拿学位即回国。留学期间，结识徐志摩、梁宗岱、张道藩、刘纪文等。

邵洵美照

1927 年曾任南京市政府秘书 3 个月。1928 年开始创办书店，出版书刊。先成立金屋书店，主编《狮吼》、《金屋》等杂志。1933 年创办上海时代图书公司，出版《新月》、《论语》、《时代画报》、《万象》等刊物，"新诗库丛书"、"自传丛书"等，影响很大。1930 年代曾援救胡也频、丁玲和潘梓年。

抗战期间，主编《自由谭》。1938—1939 年间出版毛泽东《论持久战》英文本（项美丽翻译，序文为邵自译）。

1949 年《论语》因讽刺政府被勒令停刊。1950 年迁居北京。不久,《人民日报》一连 7 天批判上海时代书局出版物中的错误,使出版社被迫停止经营。1958 年因一封英文信以"反革命罪"被捕入狱,1962 年 4 月释放。

1968 年 5 月 5 日病逝,留下许多债务。1985 年 2 月,"历史反革命案"正式平反。

著作目录

诗集:

《天堂与五月》

《花一般的罪恶》

《诗二十五首》

《一朵朵玫瑰》

理论著作集:

《火与肉》

散文集:

《一个人的谈话》

风度　　眉清目秀,长发高额,有"希腊式完美的鼻子"的美男子邵洵美,是有点"纨绔子弟"的味道。有人评价他年轻时的生活,几乎就是《红楼梦》里描述的"大观园"的翻版。他好酒好赌,经常在花木交荫的宅第里与人"一掷呼卢,输赢百万",赌的筹码,不是金钱而是道契。他讲究雅赌,认为赌博有"诗意",因此看不起那些世俗赌徒。据说,他越输钱,诗写得越好。他说:"一赢倒心慌,诗就做不成了。"因此自称"赌国诗人"。

邵洵美出生于名门望族,祖父邵友濂,同治年间举人,官至一品,曾以头等参赞身份出使俄国,后任湖南巡抚、台湾巡抚。外祖父盛宣怀(亦即邵妻盛佩玉的祖父)是著名的洋务运动中坚人物,中国近代的第一代大实业家，富甲一方。他继承了万贯家财。从剑桥回到上海后，他结交了上海滩除左翼作家外几乎所有的文学家和艺术家。当时邵洵美的私人书房里放着估价五千金以上的希腊女诗人沙弗像真迹，用20万金磅在伦敦拍来的史文朋的手稿，用羊皮纸装订的波德莱尔《恶之花》的第一版，和结拜大哥徐悲鸿送给他的描绘巴黎酒吧"红磨坊"即景的帆布油画。

他穿长衫，跳西式舞，像"公羊之鹤"。因为皮肤苍白，出门前要薄施胭脂，自称这是学唐朝人风度。

他爱画画，爱藏书，爱文学，在自家豪宅里办文学沙龙，来往的人川流不息。他爱写诗，而且要在没有格子的白纸上写，落笔字迹秀丽，行列清晰，匀称洁净，甚至可以直接付印。

唯美　　邵洵美中学就读于上海圣约翰中学，后转学南洋路矿学校（上海交通大学的前身），1923年毕业。1925年2月，乘船赴英留学。先在剑桥大学读预科，后来考进剑桥大学的伊曼纽尔学院（Emmanuel College of Cambridge University）经济系。据邵洵美的女儿邵绡红说："有一天，他在书堆里发现自己在罗马买的一张希腊女诗人莎弗(Sappho)像的印刷品。这画像为他造出许多离奇的幻想，于是，写满了诗句的草稿越积越多了。他对这位女诗人发生极大的兴趣，从此他最重要的工作就是用新诗的自由体裁去译她的《爱神颂》，新诗成了他的信仰和将来了。莎弗的诗被人发现的一共只有五六十个断片，洵美在正式课程之外，凭自己的想象把它们联系起来写成一出短剧。经穆尔先生的介绍交海法书店印刷发行。那册剧本印得特别讲究，纸张是剑桥大学出版部转买来的手造纸，封面的图样又是请英国木刻名家吉尔先生设计的。但是，这本小册子上柜，竟然一本也没有卖掉。不过，从此，洵美有了个'希腊文学专家'的称号。"

邵洵美是为诗而来到人世间的，他的英式诗风，追求唯美，有人评价是"柔美的迷人的春三月的天气，艳丽如一个应该赞美的艳丽的女人"。

早在 1936 年，他就在一首名为《你以为我是什么人》的诗里如此叹道：

> 你以为我是什么人？
> 是个浪子，是个财迷，是个书生，
> 是个想做官的，或是不怕死的英雄？
> 你错了，你全错了，我是个天生的诗人。

敬业　　自 1928 年到 1950 年的 22 年中，邵洵美的全部精力都用在了出版事业上。先成立"金屋书店"，后是"上海时代图书公司"，再是"第一出版社"。先后办了《狮吼》、《金屋》月刊、《时代画报》、《时代漫画》、《时代电影》、《文学时代》、《万象》月刊、《论语》半月刊、《十日谈》旬刊、《人言》周刊、《声色画报》，达 11 种之多。还和友人合作出版过《新月》月刊、《诗刊》。1934 年至 1935 年期间，他同时出版的刊物有 7 种，每隔 5 天便至少会有两种期刊面世。

邵洵美把开书店、出刊物作为终生事业去追求，娱人悦己，不以谋利为旨，常在亏损累赔的情况之下亦倾注全部心血和财力去经营。妻子盛佩玉晚年回忆说："洵美办出版无资本，要在银行透支，透支要付息的。我的一些钱也支了出去。抗战八年，洵美毫无收入，我的首饰陆续出笼，投入当店，总希望有朝一日赎回原物。"可是往往是一去不返。有人笑话他，说他做生意像作诗，目的在抒情，不在乎家产的流失。卞之琳说邵洵美办出版"赔完巨万家产""衣带渐宽终不悔"当算精当。

仗义　　"钞票用得光，交情用不光"，这是邵洵美的一句名言。

邵洵美为人热情、坦诚、仗义。在三四十年代上海滩文艺界多元格局并存的情况下，邵洵美拥有一大批左、中、右的朋友：胡适、叶公超，潘光旦、罗隆基、曹聚仁、林语堂、沈从文、方令孺，闻一多、夏衍、邹韬奋、徐悲鸿、刘海粟、张光宇、丁悚、鲁少飞，以及张道藩、谢寿康、刘纪文等等。真是高朋满座、好友如云。郁达夫说得有趣——邵洵美家里经常是"座上客常满，樽中酒不空。"

邵洵美刚到剑桥读书时，老祖母令账房按月汇款。那时邵洵美不吸烟（对未婚妻承诺过），不跳舞，手头宽裕，友人手头拮据时只要张口，他马上慷慨解囊，而且散金不骄人，从不要人还。那时徐悲鸿、蒋碧微夫妇两人合用一份留学经费，常闹经济危机，邵洵美总是适时施以援手。

一天大清早，有一青年敲邵洵美的门，先说了一番恭维话，然后表示想借钱，并说是大使馆介绍的。邵洵美也没多想，顺手送他200法郎。此后，留学生们风传他是"活银行"。

1927年邵洵美回国时与张道藩及另一同学同行，他特意将自己的头等舱船票退掉，换了三张三等舱的。回国后，他住在上海，徐悲鸿、谢寿康、滕固、唐槐秋等朋友一到沪上，必在他家落脚，他食宿全包。

邵洵美创办金屋书店时，有位朋友送来沈端先的一叠译稿，是日本厨川白村的《北美印象记》。朋友说译者刚从日本留学回来，生活无着，希望帮他出本书接济一下。邵洵美连稿子都没看，马上拿出500元。沈氏即夏衍，那时他还是文坛刚出道的新人。

"新月派"到上海开设"新月书店"，两年下来因亏空太多，要招新股。邵洵美关闭自己的金屋书店，加入"新月"，后来又不得不一人独资。《生活》杂志与"创造社"的善后事务，邵洵美都出过力。

邵洵美当年办出版的初衷是为自己出书，为朋友出书。他没有食言，他的金屋书店、时代图书公司及第一出版社，为徐志摩、郁达夫、胡适、沈从文、巴金、老舍、潘光旦、施蛰存、陶亢德、章克标、张若谷、滕固、朱维琪以及夏衍等一大批朋友出了书。当然也有遗憾，他的《自传丛书》和《新诗库》计划没有全部实现。

宽容　　鲁迅在《准风月谈》中，有一篇《登龙木拾遗》，是专门讽刺邵洵美的，文中说"术曰：要登文坛，须阔太太。遗产必需，官司莫怕。穷小子想爬上文坛去，有时虽然会侥幸，终究是很费力气的；做些随笔或茶话之类，或者也能够捞几文钱，但究竟随人俯仰。最好是有富岳家，有阔太太，用陪嫁钱，作文学资本，笑骂随他笑骂，恶作我自印之。'作品'一出，头衔自来，赘婿虽能被妇家所轻，但一登文坛，即声价十倍，太太也就高兴，不至于自打麻将，连眼梢也一动不动了，这就是'交相为用'。但其为文人也，又必须是唯美派……"、"书中自有黄金屋早成古话，现在是'金中自有文学家'当令了。"在文末注释曰：这是对邵洵美等人的讽刺。

鲁迅在《准风月谈》后记里说："邵洵美先生是所谓'诗人'，又是有名的巨富'盛宫保'的孙婿，将污秽泼在'这般东西'的头上，原也十分平常的。但我以为做文人究竟和'大出丧'有些不同，即使雇得一大群帮闲，开锣喝道，过后仍是一条空街，还不及'大出丧'的虽在数十年后，有时还有几个市侩传颂。穷极，文是不能工的，可是金银又并非文章的根苗，它最好还是买长江沿岸的田地。然而富家儿总不免常常误解，以为钱可使鬼，就也可以通文。使鬼，大概是确的，也许还可以通神，但通文却不成，诗人邵洵美先生本身的诗便是证据。我那两篇中的有一段，便是说明官可捐，文人不可捐，有裙带官儿，却没有裙带文人的。"

鲁迅之所以攻击邵洵美，表面上是因为他娶了贵族小姐，而且用妻财办书店，搞出版，交朋友。究其根本，还是因为邵洵美提倡诗歌唯美，是个唯美派，与鲁迅先生提倡的关注现实的文学思想相悖，再加上与新月派有宿怨，而邵洵美与新月派关系甚睦。

面对鲁迅的攻击，邵洵美显得非常大度，他没有去和鲁迅应战，去打一场无聊的笔墨官司，只是私下里表示："他说我有钱，有钱也不是罪过；他老说我的诗不行，又不具体指出在什么地方不行。"在《诗二十五首·自序》中，邵洵美写道："我写新诗已有十五年以上的历史，自信是十二分的认真；

十五年来虽然因了干着吉诃德先生式的工作，以致不能一心一意去侍奉诗神，可是龛前的供奉却从没有分秒的间断，这是我最诚恳最骄傲的自由。"

义举 1938年9月，邵洵美与项美丽一起创办了《自由谭》月刊（即 Candid Comment Chinese Edition（《直言评论》中文版），封面上"自由谭"三个大字，是邵洵美模仿颜体的手迹。画面是一幅木刻——日本的飞机在轰炸，大地在燃烧，一头牛被炸死在原野上，一个孩子手捂着脸在流泪，一位农民托着自己被日寇炸死的孩子，孩子的伤口还在滴血……这震撼心灵的血泪控诉，具有强烈的宣传效果，也是历史的真实记录。邵洵美以各种化名

自由谭封面

为《自由谭》写了许多富有战斗气息的短论，揭批日寇的暴行和汉奸的无耻。他在一篇文章中呐喊道："抵抗是唯一的出路……和平是出卖国家与民族……凭了汪精卫在'艳电'前后的种种言论与举动，可以相信他也一定做得出卖国卖民的勾当。"他还借《几个卖掉灵魂的律师》揭出自己弟弟"邵式军已就任伪苏淞皖统税局局长"一事，给世人以警示。同时，他又借《自由谭》向读者推荐毛泽东的《论持久战》，称它是一部"人人能了解，人人能欣赏，万人传颂，中外称赞"的作品。

1938年，毛泽东的《论持久战》在延安发表。中共地下党员、香港《大公报》记者杨刚当时隐蔽在上海霞飞路项美丽家中，使项得以见到《论持久战》。项美丽将该文译成英文后，邵洵美立即将其在《直言评论》（《自由谭》英文版）上连载，并加按语："近十年来，在中国的出版物中，没有别的书比这一本更能吸引大众的注意了。"在连载的同时，又出版了《论

持久战》单行本。1939 年 1 月 20 日，毛泽东专门为英文版《论持久战》写了名为《抗战与外援的关系》的序："上海的朋友在将我的《论持久战》翻成英文本，我听了当然是高兴的，因为伟大的中国抗战，不但是中国的事，东方的事，也是世界的事……"邵洵美又亲自将这篇序译成英文，列在单行本前面。《论持久战》英文版共印了 500 本，一部分由杨刚通过中共地下管道发行；另一部分由邵洵美在夜间开着汽车，与王永禄一道，将书塞到霞飞路、虹桥路一带洋人寓所的信箱里。

对待抗日，邵洵美是坚决的。他积极投身抗日的洪流，在复刊的《时代》上发表《容忍是罪恶》，呼吁"要抵抗，要革命。有革命才有进步。"他支持出版的《老舍幽默诗文集》中就有《救国难歌》、《长期抵抗》等经典作品。

他的五弟邵式军做汉奸，他恨之入骨。邵式军派人送来 5000 大洋，拉拢他为日本人做事，他严词拒绝。1944 年上海宪兵队长冈村适三通过投日的熊剑东多次游说邵洵美，企图利用他与他在重庆的中国政府部门的老友联系，谋求"中日议和"。"邵洵美依然故我，出淤泥而不染"，（《辛报》记者陈福愉文）坚决不与日本人合作，坚守着民族气节和做人的尊严。

左翼作家胡也频、丁玲是一对革命夫妻。1931 年共产党员胡也频突然被捕。丁玲、沈从文四方打听无果，于是沈从文来找邵洵美帮忙。邵当即给国民党上海市党部主任刘健群打电话，要求保释胡也频。刘不同意，两人争执了起来。刘是 C.C（即陈立夫、陈果夫）的人，邵洵美的拜把兄弟张道藩也是 C.C 的干将。况且邵毕竟是知名人士，是有影响的人物，刘不敢得罪，再三思考后向邵说出了真相：胡也频已于几天前被枪决。邵不信，刘便将处决胡的照片给邵看。邵又通知沈从文也来看照片。国民党秘密枪杀胡也频的消息由此公之于世。

当时胡、丁刚有小婴，丁玲的生活处于绝境。她想把孩子送回湖南老家，托给母亲照应，但身无分文。尽管沈从文筹到了一点款子，急公好义的徐志摩又帮丁玲把一部分书稿介绍给中华书局，但仍是杯水车薪。于是邵洵美慷慨解囊，送了 1000 元给丁玲，并声明不须还。沈从文这才得以陪丁玲回到湖南。

1933 年 5 月，国民党又秘密绑架了丁玲和潘梓年。邵洵美与蔡元培、杨杏佛、邹韬奋等二十几位上海文艺界知名人士联名致电当局以示抗议。6 月，邵洵美又和蔡元培、柳亚子、郁达夫、鲁迅等 19 人联名发表《为林惠元惨案呼冤宣言》。稍后，中国民权保障同盟总干事杨杏佛被特务暗杀，邵洵美把这则凶讯和追悼会照片刊在《时代画报》上，以示抗议……

在对外文化交流上，邵洵美也做出过不小的贡献。1933 年萧伯纳访问上海，由世界笔会中国分会接待。当时邵洵美是分会的会计。分会没有经济来源，平时的花销往往是邵洵美自掏腰包。那次在宋庆龄寓所设素宴招待萧伯纳（萧不吃荤），就是邵在功德林要的一桌素菜。席上有宋庆龄、蔡元培、鲁迅、杨杏佛、林语堂和邵洵美。所费 46 元大洋是邵洵美埋单的。

婚事　　邵洵美与夫人盛佩玉原是姑表姐弟。邵洵美的母亲是洋务派大官僚盛宣怀的四女儿。盛佩玉则是盛宣怀的孙女。他们这样的大家庭，子女很多，不在一起居住，平时很少见面。邵洵美与盛佩玉这对表姐弟是在陪送盛宣怀的灵柩到苏州安葬时才见面的。

盛佩玉

安葬好盛宣怀之后，亲戚们都到杭州散心，住在清泰第二旅馆。邵洵美自从见到比自己年长一岁的盛佩玉之后，就陷入单相思。他在旅馆的走廊上偷偷为盛佩玉拍了张照片，接着又写了首《偶然想到的遗忘了的事情》，表露了他对盛佩玉的恋情。不久，又将他的本名"云龙"改为"洵美"，意取《诗经·郑风·有女同车》中的"佩玉锵锵，洵美且都"。

这一举动更表明他对盛佩玉的钟情。

1923 年邵洵美赴英留学前，乞求母亲向盛家求婚。盛佩玉的母亲征得了她的同意，确定了这桩婚事。随后，他们拍了一张合影，作为订婚纪念。盛佩玉为邵洵美编织了一件白毛线背心。邵洵美为此写了一首《白绒线马甲》发表在《申报》上，作为对盛佩玉定情物的回报。在赴英途中，邵洵美每到一地，就选购精美的明信片，写上几句思念的短诗，寄给佩玉。回国后，又将这些短诗编成一本诗集《天堂与五月》出版，扉页上印有"赠给佩玉"几个字，使佩玉倍感爱的温馨。

1925 年初，邵洵美与盛佩玉订婚后赴英国剑桥大学留学。他在经济系就读，但课外自学英国文学，醉心于英诗。留学期间，他结识了徐志摩、徐悲鸿、张道藩等朋友。

不到两年，因家里遭火灾，经济上吃紧，加之老祖母抱曾孙心切，邵洵美中止学业返国。

1927 年，邵洵美与表姐盛佩玉结婚。婚礼在卡尔登饭店举行，盛况空前。证婚人是震旦大学创始人马相伯。婚后三朝友人来贺，有江小鹣、郁达夫、徐志摩、陆小曼、丁悚、刘海粟、钱瘦铁等。他们的结婚照登在《上海画报》（1927.1.21）的封面上，冠以"留英文学家邵洵美与盛四公子侄女佩玉女士新婚俪影"，还配发了《美玉婚渊记》一文，一时成为上海滩的时髦话题。

邵洵美与盛佩玉相濡以沫地走过了 41 年的生命旅程，直到 1968 年 5 月邵洵美在贫病交加的困境中永别人间。

奇缘　美国著名女作家埃米莉·哈恩曾以《宋家三姐妹》一书享誉海内外，而她与中国著名诗人邵洵美的一段旷世奇缘，却为世人所罕闻。

1905 年，埃米莉·哈恩出生在美国中西部的圣路易城。她毕业于威士康辛大学。1928 年，她在纽约亨特女子学院任教，并开始写作。同时，被聘为《纽约人》特约撰稿人。

项美丽

不久，她为古老而神秘的中国所吸引，于1935年从刚果来到上海。她最早结识的就是邵洵美。当年上海有个外国女交际家丽茨夫人，是上海一家著名洋行大班的妻子。她喜欢中国京剧，就投巨资组织了一个京剧团。邵洵美因与丽茨的朋友来往比较密切，被邀请当了她的京剧团的负责人，并把梅兰芳请进了剧团。而埃米莉·哈恩正是在这个剧团里和邵洵美一见倾心。

那天，在兰心大戏院她一见到邵洵美，就为他生有一张面白鼻高的有着希腊脸型的面庞而惊异，更为他的多才多艺和流利的英语而倾倒。不久，她就深深地爱上了他。两人的香巢构筑在福州路江西路转弯处的都城饭店里。邵洵美还根据她的名字音译，替她取了个"项美丽"的中文名字。他俩的同居完全公开。项美丽经常出入邵家，她与邵洵美的妻子盛佩玉成了朋友，与邵家大小也和睦相处。邵家人都昵称她"蜜姬"

埃米莉·哈恩小名 Mick，邵洵美将它译成了"蜜姬"。旧家女子盛佩玉重礼教，器量大，非但从不拈酸泼醋，而且跟这位洋女子感情很好。

"八一三"淞沪战争后上海沦陷，邵洵美为了宣传抗战，以美国人项美丽的名义登记出版《自由谭》杂志。他还请项美丽编辑出版外文杂志《Candid Comment》（《直言评论》），来促进中外文化交流。不过这两个刊物都因为日本军方的干涉，只出版了半年就停办了。

《自由谭》的停刊，使邵洵美在上海一时无事可为：秘密印发《论持久战》英译本，又使他处于危险中。而这时的项美丽想完成《宋家三姐妹》一书的写作。在此之前，她在邵洵美的陪同下已拜访过宋庆龄。宋庆龄提供了不少珍贵的资料和照片。这些资料都由邵洵美替她翻译成英文。时下，宋霭龄在香港，宋庆龄和宋美龄在重庆。项美丽为了完成这部著作，准备先赴香港，再转重庆，去会宋氏姐妹。她便拉上处境困厄的邵洵美于1939年一起离开上海奔赴香港。

在香港，项美丽几乎每天由邵洵美陪着去见宋霭龄访谈。不久，项美丽的这项工作告一段落，拟赴重庆；而邵洵美由于家中事务繁杂，急需处理，再则他也久思家眷想回上海，于是两人只得在香港话别。相处4年之久的异国情侣就此结束了他们的这段旷世奇缘。

《宋家三姐妹》于40年代初期出版。由于宋氏三姐妹提供了大量的第一手材料，其中有些内容具有珍贵的史料价值，故而此书一问世，即颇受读者欢迎，项美丽也因此名声大噪。

项美丽重返香港后，爱上了一个已婚的英国军官鲍克瑟少校，少校是英国驻远东情报机构的首脑。两人由相爱而同居。1941年11月中旬，项美丽生下了一个孩子。半月之后，太平洋战争爆发，香港沦陷，项美丽和鲍克瑟都被关进"敌侨集中营"。一关两年，备尝艰辛。1943年12月美日交换侨民时，项美丽被遣返美国，定居纽约。二次大战结束后，项美丽终于与鲍克瑟结婚，又生下一女。

1946年初夏，邵洵美受陈果夫之托，以考察美国电影的特使名义，购买电影器材，在美国逗留半年。其间，他在纽约与项美丽重逢。分离7年的一对旧情人相会，自有说不尽的离情别绪。鲍克瑟被邀参加了他们的彻夜长谈。当三人谈得十分融洽时，忽然鲍克瑟似真似假地指着项美丽笑对邵洵美道："邵先生，您这位太太我代为保管了几年，现在应当奉还了。"邵洵美也含笑作答："我还没有安排好，还得请您再保管下去。"项美丽闻言，前俯后仰大笑不止。

可惜，他们纽约相会之后就再也没有见过面。1946年12月邵洵美回国。

项美丽自1946年底与邵洵美分别以后的50年间，一直在从事写作。他始终没有忘记邵洵美。曾写过一本名叫《My Chinese Husband》《我的中国丈夫》的书，就是描写了她与邵洵美的那段情缘。

项美丽于1998年逝世，终寿93岁。

手足　徐志摩在上海的时候，家里有一个精美的册子，专供朋友们来了随意写写画画之用。志摩去世后，小曼将此册子作为一辑，编进《志摩日记》一书中，名为《一本没有颜色的书》。其中一幅画，是邵洵美画的，墨笔刷刷几下，涂抹出一个长长的脸，猛一看像现在一些人家里挂的那种带角的羊头骨。旁边他的题词：长鼻子长脸，没有眼镜亦没有胡须，小曼你看，是我还是你的丈夫？

光凭这几句话，只能知道两人都是长鼻子长脸，谁戴眼镜谁有胡子就不好说了。且看洵美《儒林新史》中的一段话：我们的长脸高鼻子的确会叫人疑心我们是兄弟；可是他的身材比我高一寸多，肌肉比我发达，声音比我厚实；我多一些胡须，他多一副眼镜。这下就知道谁有什么谁没什么了。全句的意思成了：你看这幅画，脸儿长长的，鼻子长长的，说是志摩吧没戴眼镜，说是洵美吧没有胡须，小曼呀，你说我画的是你丈夫志摩，还是洵美我？

邵洵美与徐志摩都是浙江人，邵洵美的原籍余姚与徐志摩的家乡海宁，隔杭州湾而相望。他们都出身于当地的望族，从小就受到了很充实的文化熏陶。

他们于 1925 年在伦敦相识。1924 年 2 月邵洵美到英国剑桥大学的伊曼纽学院攻读经济学。1925 年的暑假，他与同住在导师家的刘纪文去巴黎游玩。在那里他们结识了中国留学生张道藩、徐悲鸿和他的夫人蒋碧薇。他们一见面徐悲鸿就说邵洵美与徐志摩的面庞很相像。恰巧在这段时间徐志摩来到巴黎，徐悲鸿就将邵洵美与他长得相像的事告诉给他。没过几天，徐志摩在巴黎街头遇见了邵洵美，马上上前握住他的手说："弟弟，你让我找得好苦。"从此这两个面庞相像的乡党，就成了至交。

1927 年邵洵美因家里失火，中断学业回国。他到上海后的第一件事，就是到上海的大西路去看望徐志摩。他们爱好相同，有共同语言，很谈得来。在邵洵美与盛佩玉举行婚礼时，徐志摩和陆小曼等许多文友、画家前来祝贺。大家表示要以画志喜，刘海粟首先命笔，其他书画家相继点染，最后由徐志摩题款。这幅集体创作的画作，邵洵美视为珍宝，遗憾的是在战乱中遗失了。

1928 年 3 月的一天，徐志摩的小舅子张禹九来找邵洵美，说是新月书店要招股，希望他能入股。本来邵洵美正经营着一个金屋书店，为了支持新月书店，他关闭了金屋书店。徐志摩与邵洵美合伙经营书店，更加密切了他们的关系。有一次，徐志摩家乡有事，可是他在光华大学有课，就让邵洵美去给他代课。还有一次徐志摩让邵洵美写些东西刊登，邵洵美就随手画了一个茶壶和一个茶杯，其题款是："一只茶壶，一只茶杯；你是茶壶，我是茶杯。"这幅画的画外音是说，他们的友谊如同茶壶与茶杯一样，彼此不可分离。

徐志摩去世后，上海新月书店出版了徐志摩的遗诗集《云游》，署名陆小曼编，并作序，实际上是邵洵美为了悼念亡友，嘱托陈梦家搜集出版的。

新中国成立后，徐志摩的遗孀陆小曼来上海看望邵洵美。因邵洵美在1930 年代与鲁迅有过论争，被打成"反动御用文人"，致使他无职无业，囊中羞涩。他为了招待好这位故友的妻子，不得不把一枚吴昌硕亲刻的"姚江邵氏图书珍藏"白色寿山石印章低价出售，换来了十元的酒菜钱。这也反映出他与徐志摩的友情是相当深厚的。

雅好　　清代珍邮红印花加盖绿色"暂作洋银贰分"变体票，世人爱称为"绿衣红娘"，据说这个爱称就是邵洵美首创的。

邵洵美的收藏中，有极为珍罕、由孙中山设计的"民国飞船图样票"、"小龙一分"全部漏齿票及"绿衣红娘"等国邮之宝。

"绿衣红娘"现存世共计 7 枚（也有说是 9 枚），每一枚都有一番不同寻常的传奇经历。在1988 年出版的中国清代邮票目录中，单枚"绿衣红娘"标价为 24 万元，而直双连价格都难以估量。

2010 年香港的某次拍卖会中，最大亮点就是一枚"绿衣红娘"，拍卖估价为 800 万港元。

邵洵美对集邮有着独到深厚的见解，写有《民国试制票中之珍品》、《清红贰分修饰新变体》、《总理侧面像试制票之发现》、《如何集邮》等邮文。

从 1943 年 4 月 1 日起，上海《新申报》开始连载邵洵美的《中国邮票讲话》，连载了 60 天。这部邮学研究专著从 1878 年中国开始发行邮票起讲述，自海关大龙邮票一直讲到中信百城版邮票为止，考证翔实，文笔流畅，算是为提高国民素质，普及邮票知识起到了不可低估的作用。

文章中的很多话语，讲的是有关集邮的事，但也充满耐人寻味的深意：

"集邮的嗜好，直接可以使你空闲时不感到寂寞，要知世界不知有多少罪恶是寂寞所造成的。"

"收集邮票正像收集金石书画，不容你打破沙锅问到底，要我回答个'究竟有什么用处？'不错，我们也可以说，为的是鉴赏艺术，为的是研究文化，为的是参考历史地理与风俗，甚至可以说，为的是储蓄或是投资。但是这些决不是集邮真正的目的。要知道，无论何种收藏，他本身便是目的。客观地讲，我们可以称它是人生的点缀。主观地讲，我们可以认它是心神的安慰。所以，简单地讲，收集邮票便是去享受收集邮票的快乐。"

"现在让我从不花钱的集邮讲起。你不妨从即日起，对你自己收到的函件留心，在你家里箱箧中寻找，或是向你亲戚朋友处索取一切的旧信封，你会发现上面贴着的邮票也有不少种类。你更不妨将他们取了下来，再分门别类、贴在一本簿子上。你还可以着眼在篇幅的阔狭高低；刷色的深浅浓淡；齿孔的大小稀密；邮戳的形式性质。保你经过相当的时间，一部洋洋大观的现代国邮专集便为你所有了。这是精神换来的，而不是金钱买来的成绩。你在上面能得到乐趣，是不可以估计的了。"

"趣味是一种人工的天才，而天才则是一种自然的趣味。没有天才，你的趣味难以表现；没有趣味，你的天才会变成畸形。"

美诗

李　侯

初见你时你给我你的心，
里面是一个春天的早晨。
再见你时你给我你的话，
说不出的是炽烈的火夏。
三次见你你给我你的手，
里面藏着个叶落的深秋。
最后见你是我做的短梦，
梦里有你还有一群冬风。

妙文

不能说谎的职业

最近英国诗人吉百林在一个文学会上的演讲里有下面这样几句话：

"我们弄文的有一件事情是和平常人不同的。我们不能说谎。无论想什么方法，智识界中人，只有我们不能在工作时说谎。有时候，我们自以为说了个瞒天的谎，可是到处露着马脚。"

吉百林的意思大概是说，黑字写在白纸上，说起谎来很难；或者你可以蒙蔽人于一时，但是日子久了，自会有人发现你里面靠不住的地方。你的文章做得越好，你的谎话说得越漂亮，你的名声越大；纸老虎便越有被戳穿的可能性。

所以聪明人是不肯落痕迹的。

但是我们的文坛怎样呢？他们简直是公开地说谎！每一个都是王尔德的信徒。他们是这样的天真，这样的敏捷；他们以为骗人至少可以一世有饭吃，即使不幸被人指摘出了，那么还可以强词夺理，强词夺理而失败，则暂时不妨卷旗息鼓，隔二十天又是一位英雄好汉。

不过，无论如何，在文章里说谎，究竟不是一件聪明的举动。正像政治家对群众随意地作各种的允诺，形诸笔墨，结果让群众指以言行不一致。

在文章里夸张是无伤大雅的：是提高人家的兴致，不是去骗取人家的信任。换句话说，你可以引诱人家对于你有某一种的希望，而不可以应承人家对于你的某一种的要求。希望一个月亮或者可以因一朵花而心慰，但是应承了人家一条牛可不能用一头羊来塞责。所以即使你聪明得可以在文章里说谎，你也得根据在上面的那个原则上。

现在来看一看我们文坛上说谎的情形：

（1）偷了人家的文章，说是自己做的，结果被人查出。

（2）明明是外国文没有根底，一知半解地变成中文，广告说是最忠实的译笔，结果每一页上被人发现十个以上的错处。

（3）偷了人家的不健全的议论，自认为时代前进，以冀免被人家指为落伍，结果矛盾百出，不知所云。

（4）做文章受了奚落，便造些新闻来揭示人家私人的琐事，结果被公认为下流作者。

还有许多例子可举，总之，在文章里说谎，是没有好下场的。

弄文的说谎，不免形诸笔墨，倒霉也是活该。最奇怪是不弄文的，也偏爱去学弄文的样，横一篇宣言，竖一篇告民众书，结果是函电全属虚辞，文章无非空谈；曹子投机，汇集而成"食肉者言"等幽默文选，大发其财。

"口说无凭"原是天机一条；空头支票，假庄票式的文章，终究以少写为是。

李健吾：活着是为了"掏一把出来"

传略　李健吾（1906—1982），山西运城北相镇西曲马村人，辛亥革命志士李岐山之子。1920年，考入北京师大附中。1925年，考入清华大学西洋文学系，创作和发表了多篇中长篇小说。在父亲生前好友杨虎城将军与山西省主席商震的资助下，1931年，与老师朱自清、赴英留学的清华同学徐士瑚一起抵达法国首都巴黎。先在一所学校补习法文，后入巴黎大学文学院学习。

李健吾照

　　惊闻日军侵占了东三省的消息后，他写出爱国诗词《出征歌》，用文艺作品宣传抗击日军的思想。1933年回国，后到上海国立暨南大学任教。他认真研究巴金、曹禺等作家的作品，并发表评论。他立论公正，见解宏达，文笔华美，时人把他与北京大学的朱光潜、南开大学的梁宗岱，并称为评论界学院派"三剑客"。有人预言说：李健吾是"我们雄厚的作家群中最有前途的一位"。著名作家司马长风评价，上世纪30年代，文学评论家中李的成就最高。他相继出版了《咀华集》、《咀华二集》、《戏剧新天》等评论集。新中国成立后，他担任北京大学文学研究所研究员，撰写了《莫里哀戏剧集》、《人间喜剧的革命辩证法》、《巴尔扎克的世界观问题》等专著；还编撰了《外国古典文艺理论译丛》、《论巴尔扎克》、《巴尔扎克论文学》等巨著。

他喜欢并饰旦角演出了多部话剧，其艺术才华深得观众喜爱，演出轰动京城。他创作了《这不过是春天》、《青春》等近10部戏剧。新中国成立后，《青春》被改编为评剧《小女婿》，获得第一届中国戏剧汇演一等奖。他改编了许多外国剧本，如反内战的《和平颂》、《山河怨》等，受到叶圣陶、郭沫若的赞誉。建国后，他创作了《战争贩子》、《伪君子》及《钢铁是怎样炼成的》等多部剧本。

新中国成立后，他先后翻译了巴尔扎克的《司汤达研究》、《高尔基戏剧集》7册、《契诃夫独幕剧集》1册、《莫里哀戏剧集》27册、《托尔斯泰戏剧集》4册、《屠格涅夫戏剧集》4册等，还翻译了雨果的《宝剑》、埃斯基拉斯的《浦罗米修斯被绑》、克鲁托夫斯基的《罗森堡夫妇》、《巴尔扎克论文集》等。

在中国现代文学史上，李健吾是一位集作家、文学评论家、戏剧家和翻译家于一身、著作等身的文学大师，也是一位为东西方架设文化交流桥梁的和平使者。

演技　　民国初年，正是文明戏的兴盛时期，有位叫胡恨生的文明戏演员，激起了李健吾模仿演戏的兴致。"它迷了我一年的辰光……它让我晓得人世有一种东西，可以叫一个孩子在舞台上表现自己。"（李健吾《文明戏》）

小学五年级时，一位姓王的老师建议孩子们演戏，李健吾头一个响应。没有剧本，他们就自己编。那时的女角都由男性扮演，天遂人愿，李健吾饰了剧中的女角，一招一式，尤其是哭，都学胡恨生。尽管不那么地道，这次演出，还是引起了来看戏的正在北师大读书的封至模的注意。

当时封至模以及其他几个人正想演出陈大悲的剧本《幽兰女士》，苦于找不到扮演女角的演员，看了李健吾的演出后，封至模邀李健吾与他们合作演出。封扮剧中的小姐，李扮剧中的丫环，演出的效果出人意料，观众的叫好全在丫环这边。此后北京各大学演戏，大都来找这位小学生扮女角。

1921 年 11 月，陈大悲、陈晴皋、封至模等人组织北京实验剧社，年仅 15 岁的李健吾也列名为发起人。

六年级时，燕京大学学生熊佛西写了话剧《这是谁之罪》，邀李健吾饰剧中的女主角。戏幕拉开，演了一阵，观众反映相当冷淡。熊佛西很是焦急。临到李健吾出场，按照剧情的发展，他哭开了。哭是他的拿手好戏，观众随着他动人的表演，与剧中人物同喜同悲，完全被剧情所吸引。戏已结束，观众还沉浸其中，旋即才爆发出热烈的掌声。李健吾没有想到，在这满堂喝彩声中，还有一位特殊的人——当时任师大附小教师的邓颖超。1946 年在上海中共办事处，邓颖超对李健吾回忆说："你就是李健吾，那时你可有名了。"

文华　　1921 年夏天，李健吾以文科第一名的成绩考入北京师大附中。同时考入的还有后来成了作家的蹇先艾，成了诗人的朱大枬。到了第二学期，共同的爱好，很快将这三位少年联结在一起了。

第二学年上学期，也就是 1922 年冬天，这三个爱好文学的少年，联络一些同学，组织了一个文学团体，名叫曦社。这是现代文学史上成立较早的文学社团。他们于 1923 年初，创办了不定期刊物《爝火》，发行两期后停刊。刊名《爝火》，是朱大枬的主意。典出《庄子·逍遥游》"日月出矣，而爝火不息"。1923 年，李健吾以"仲刚"署名，在《爝火》旬刊上发表了三篇话剧习作：《出门之前》、《私生子》和《进京》。

曦社的文学活动在当时产生了较大的影响。1923 年 5 月下旬，由曦社提议，李健吾这个班曾请诗人徐志摩来作题为《诗人与诗》演讲。1924年1月17日，也是由曦社提议，师大附中校友会邀请鲁迅来附中作了那场著名的也是鲁迅先生唯一的公开讲演——《未有天才之前》，时任附中学生会主席的李健吾主持了那场讲演。

1923年底，李健吾在上海出版的《文学周报》上发表过一篇散文诗《献给可爱的妈妈们》。这是现在看到的李健吾最早在他人主编的刊物上发表的作品。全诗用了妈妈的口吻，写了他的父亲，他的叔叔，他的哥哥，他的家世的悲酸。《爝火》停刊后，李健吾还先后向《京报副刊》、《晨报副刊》和《文学旬刊》投稿，除了小说之外，李健吾还创作剧本，例如1924年7月，他的独幕剧《工人》就在《文学旬刊》上发表，因此逐渐在文艺圈有了一定的知名度。但谁又能料到，这位作者当时只是18岁的中学四年级学生呢。

尤其值得一提的是，李健吾在中学生时所写的短篇小说，十年后竟获得鲁迅的夸奖。1935年，鲁迅编选《中国新文学大系·小说二集》，精选1917年到1927年间的短篇小说，选入了李健吾的《终条山的传说》，且在《导言》中对李健吾的小说作了这样的评价："这时——1924年——，偶有作品发表的还有裴文中和李健吾……后者的《终条山的传说》是绚烂了，虽在十年以后的今日，还可以看见那藏在用口碑织就的华服里面的身体和灵魂。"

这一时期，李健吾仍参加陈大悲组织的演剧活动。一次，陈大悲告诉李健吾，周作人曾对陈说，现今有两个年轻人的散文引起他的注意，一个是徐志摩，一个是李健吾。周作人是当时文坛上的权威，他的话是对李健吾最高的评价。

1935年夏天，年方29岁的李健吾受上海国立暨南大学文学院院长郑振铎的聘请，去暨南大学作法国文学专任教授。到上海之后，工作安定了，李健吾写的文艺评论也更多了，并由此介入几次文坛论战。或许才气太大了，怕招人忌恨，写这些文章时，他用了个笔名——刘西渭。刘是最普通的姓，西渭，或许是他纪念在西安渭水边度过的那段难忘的时光吧。这个笔名，除了几个要好的朋友知道是谁，连聘他到暨南大学的郑振铎都不知道。后来郑振铎知道了，有一天两人见了面，郑振铎大声喝道："原来刘西渭就是你啊！"

李健吾的文艺批评独树一帜，不仅立论公正、见解精辟，而且论据丰富、文笔华美。1936 年，李健吾出版了文艺评论集《咀华集》，这本集子和 1942 年出版的《咀华二集》，可称得上是中国现代文学批评史上的奇葩。香港学者司马长风在他的《中国新文学史》中就对李健吾的文学评论做出了极高的评价：

"三十年代的中国，有五大文艺批评家，他们是周作人、朱光潜、朱自清、李长之和刘西渭，其中以刘西渭的成就最高。他有周作人的渊博，但更为明通；他有朱自清的温柔敦厚，但更为圆融无碍；他有朱光潜的融会中西，但更为圆熟；他有李长之的洒脱豁朗，但更有深度……再进一步说，没有刘西渭，三十年代的文学批评几乎等于零。"

激愤　　1925 年秋天，李健吾考入清华学校大学部。并和朱自清结下了深厚的师生之谊。1930 年，李健吾毕业，留校做了王文显的助教。王当时是西文系的教授、系主任，与梁启超、王国维、陈寅恪、赵元任并称为清华五大特级教授。由此也可以看出清华对李健吾的器重。在清华工作一段时间后，1932 年筹足资金后，李健吾远赴法国留学。

抵法后，他先入巴黎语言专科学校现代法语高级班学习。抵法后十余天，传来了"九·一八"事变的消息，几天之内，东三省全部沦陷。这突发的事变，让海外的游子，最深切地感受到祖国二字的份量，耻辱，彷徨，又无可奈何，只能一任外国人的嘲讽。最让李健吾感到难堪的是，与法国人谈话谈得好好的，对方忽然会插进一句问话：

"你是日本人？"

"是中国人。"他回答说。

情势变得极为尴尬，谈话中止，彼此在两种极不相同的心理之下分手，各自走开了事。开头两天，每天一清早，他还赶到街口买一份早报看，气闷归气闷，总还有个盼头，一个星期以后，报也懒得看了。接下来的"一二·八"沪淞抗战，十九路军总算为中国人争了一点体面，兴奋代替了消沉，希望变成了现实。他又买报看了，这回报贩不再以轻蔑讥诮的口吻挖苦他了，却换了另一种口吻来讽刺："中国人，怎么不回去？"甚至房东太太也奇怪，中国留学生竟然没有一个回国参战的。他们只好解释：中国是募兵制。最后日子久了，"一二·八"又在丢脸之中结束。他们便加一句解释：这个政府不会抗战到底的，回国没有意义。法国人绝不可能了解中国复杂和紊乱的情势，但是祖国两字却在李健吾心中粉碎了。

正是在这种激愤、屈辱的情绪下，为了激励国内的士气与民心，也是为了排遣自己心头的愤懑与孤独，李健吾先后写了两个剧本。第一个是以辽沈失守为背景的三幕剧《火线之外》，第二个是以淞沪抗战为背景的四幕剧《火线之内》，正式发表时改名为《老王和他的同志们》。《火线之外》后来又改名为《中秋节》。朱自清由伦敦来巴黎游览时，看了这个剧本，专门为它写了序。

1941年12月8日，日本海军突袭珍珠港，太平洋战争爆发。孤岛沉没了，整个上海沦陷了。正在这时，留在北平，已然做了北大校长的周作人，考虑到李健吾日后的生计，托人给李健吾捎来话，说你留在上海没有出路，还是回北大来做一个主任罢。师长的情义，他不会不领会，而此时出任北大系主任意味着什么，他也不会不知道。怎样回复呢？几乎是不假思索，"我写了一封回信给那人，说我做李龟年了，唐朝有过这个先例，如今李姓再添一个也不算怎么辱没。"（李健吾《与友人书》）李龟年是唐宗室子弟，通音律，后来流落江湖，成为著名的乐师。杜甫的《江南逢李龟年》就是赠给他的。李健吾说这话，表明他宁可去当戏子，也不去为敌伪效力。

1944年，他根据法国剧作家萨杜的剧本《托斯卡》改编的《金小玉》

在上海演出。上演时，石挥饰男主角，丹尼饰女主角，李健吾也扮演了其中的参议角色。此剧演了一个月，轰动上海。李健吾本不抽烟，但为了演好角色，他不得不在台上抽烟，而且抽的是由劣质烟叶自制的雪茄。最后一次演出，由于抽得过头，戏刚演完，就昏倒在后台，以后再也没有演参议一角。

由于该剧间接对日寇迫害中国爱国人士和善良百姓的野蛮行径进行了鞭挞，所以演出激起了强烈反响，从而也招来了敌人的恼怒，成为日本宪兵逮捕他的原因之一。在宪兵队里，日本人对李健吾施加残酷的刑罚，并要他交代郑振铎等人的地址，他当然没有出卖朋友。多亏夫人尤淑芬在敌人搜查时，机智地将朋友们的来信塞进了一个窟窿，敌人才没有找到更多的证据。后经友人多方周旋，将他保出。

挚友　与郑振铎　1933 年 8 月，留法两年后，李健吾学成回国，10 月与清华校友尤淑芬在北平完婚。一时找不到合适的工作，经老师朱自清与杨振声介绍，受聘于胡适主持的中美文化教育基金会下设的编译委员会，撰写《福楼拜评传》并翻译福楼拜的小说，每月领取 160 元的稿费补助。这时，在燕京大学任教的郑振铎（西谛）正与巴金、章靳以等人筹办大型文学刊物《文学季刊》。这份刊物是北平立达书局约章靳以编的，章觉得自己的资望能力不能胜任，便请郑振铎出面筹划。个人与历史的双重机缘，促成了现代文学史上这两位不世出的人才的相识。

10 月某日，郑振铎在会贤堂饭庄召集在北平的知名作家宴饮，商谈出版刊物事宜，李健吾应邀前往。同时应邀前去的还有李健吾的老师杨振声和朱自清。推测其中情由，当是杨朱二位师长的挽介之功。尤其是朱自清，当李还是清华大学学生时，朱自清就为李的作品写评介文章，又一同出国（李系留学，朱系度假），必会竭力推荐自己的这个得意门生。郑振铎是文学研究会的主要发起人，李健吾在上清华时已是该会会员，薄有声名，肯来入伙，自然礼遇有加。

1934年1月，《文学季刊》在北平出版，李健吾列名编斩人（相当于编委），在创刊号上发表了长篇论文《包法利夫人》，系他正在写作的《福楼拜评传》中的一章。也正是这篇文章，使郑振铎看中了李健吾的才学。紧接着，第三期上，李健吾又发表了他的著名剧作《这不过是春天》。一篇是研究，一篇是创作，骤然间，28岁的年轻人在文坛上放射出耀眼的光华。

翌年，郑振铎受命为暨南大学文学院院长，物色人才时，立即就想到了写过《包法利夫人》的作者，破格聘任李健吾为法国文学专任教授。李健吾先独自一人到了上海，巴金帮他在自己居住的霞飞坊附近找了一所房子，开学前，又将妻子与女儿接到上海。初到十里洋场，人地生疏，没有多少应酬，除教学外，李健吾专心写作。为了不致招人疑忌，他写的文学评论文章，用"刘西渭"作笔名发表。一时间，许多人都不清楚刘某是何人，以为新冒出了个文评家。只有沈从文和巴金知道底里，因为这些文章大多发表在沈主编的天津《大公报》文艺副刊上，后来又由巴金帮助整理成册，在他主持的文化生活出版社出版了《咀华集》。

暨南大学在真如，来来去去不方便，在市内住了一段时间后，李健吾一家便搬到真如乡下去住。抗战爆发了，真如在战区，李健吾一家又迁回市内，住在法租界的巨籁达路（现名巨鹿路）。不久学校也撤回市内，在法租界的陶尔斐斯路（现南昌路）上课。

郑先生的家也在市内，常约朋友去家里吃饭。在郑家，李健吾先后结识了阿英、夏衍等文化界的名流。这期间，阿英要办一份刊物，名叫《离骚》，怕引起租界当局注意，跟郑振铎商量时，郑出主意说，就用"刘西渭"作发行人吧。

"孤岛"时期，郑振铎与胡愈之、周建人、许广平等人组织"复社"，秘密出版《鲁迅全集》。无法公开征集购书人，只能采取朋友间相互串联的办法。一天，郑振铎悄悄问李健吾："健吾，你有五十块钱吗？你能约你顶熟的朋友也出五十块钱吗？大家凑钱出《鲁迅全集》，可是走漏风声，就性命攸关啊。"

听了这话，李健吾没说别的，立即回家拿了 50 块钱交给郑，又去找清华校友孙瑞瑛，说明来意，拿了 50 块钱交给郑。书出版后，郑给李送来一部。这部书，几经迁徙，李先生一直带在身边，视同至宝，直到十年浩劫被抄家，才不知流落到何处去了。

与巴金　李健吾曾在一篇文学评论中，提及了巴金和茅盾两位文学大师的文笔问题。

"我们今日的两位小说家，却不长于描写。茅盾先生拙于措辞，因为他沿路随手捡拾；巴金先生却是热情不容他描写，因为描写的工作比较冷静，而热情不容巴金先生冷静。失之东隅，收之桑榆，他用叙事抵补描写的缺陷。"

李健吾还嫌这样批评茅盾不过瘾，随后又加了一段："他（茅盾）给字句装了过多的物事，东一句，西一句，疙里疙瘩地刺眼；这比巴金先生的文笔结实，然而疙里疙瘩。"

除了批评巴金的文笔差之外，李健吾还批评了巴金的作品"只有热情，没有风格"等硬伤。巴金不服李健吾的批评，进行了反批评。双方你来我往，大战三个回合，谁也没有说服谁。然而，李健吾和巴金，"场上是对手，场下却是朋友"。"文革"中，巴金遭到批判，被打倒，其他人纷纷避开，但李健吾没有，他愈发地与巴金亲近起来，派自己的两个女儿先后给巴金送去八百元钱。这对于穷困中煎熬的巴金先生来说犹如雪中送炭。多少年之后，病体缠身的巴金还常常念叨李健吾，一再深情地说："想到健吾，我更明白，人活着不是为了'捞一把进去'，而是为了'掏一把出来'"，"他那金子般的心，是不会从人间消失的"。

与石评梅　李健吾与石评梅，情谊如同姐弟，称呼上则是先生。石评梅 1902 年出生，比李健吾大四岁。1923 年夏，石评梅从北京女子高等师范学校体育系毕业，受聘到北师大附中，任女子部主任、体育教员，兼教国文。当时，李健吾在北师大附中上学，刚刚升入三年级。听说本校新来了一位教员，且是山西同乡，自然想去结识。

第一次见面，就认错了人。

一天晚上，一个同乡会演话剧，李健吾饰演一个角色，知道石评梅也在场，便由一位友人介绍"相识"了，接着就亲热地谈了起来。谈着谈着，对方忽然说：

"你所说的是石评梅先生吧？"

李健吾好生奇怪，怎么，她不是石先生吗！

"你认错了，我是石先生的同学……你看那边柱下站着的才是石先生呢。"

李健吾这才走过去与石评梅相识。

石评梅教体育，喜爱文学，李健吾爱好文学，也爱好体育，又是同乡，年龄仅相差四岁，渐渐地两人熟识了，课外常在一起晤谈。"从交谈中，她了解了我的家庭，我的爱好，但是她对自己却闭口不谈，我年纪小，就像一个小弟弟似的，事无巨细，一片真心，全对她讲。"

李健吾对石评梅有了更深的认识，是三年后，石评梅带学生来清华春游那天的晚上。

1928年4月间，华北运动会的第二天，石评梅领着十几个附中同学春游，来到清华。晚上，石评梅、李健吾，还有几个附中的同学，坐在荷花池前的石阶上聊天。有一个学生问石先生的岁数，她说了，接着叹息了一声：

"我觉得活到这个年纪真不易！"她继续说，"光阴也真过得快。我希望我也能有这样一个优美的环境，在这里休息一下我的疲倦；昨天晚晌我在对面山下的石墩上坐了一夜，直到晨色微微红了起来。我不能不在社会里鬼混，哦，那社会！什么有志气的好人也让它一口吞了下去。我挣扎着，我从来不苟且，我从来只和我自己是朋友。我站在泥水里头，和这莲花一样，可是和它们一样，出污泥而不染。我的身子是清白的；我将来死去还是父母赐给我的璧洁的身体。我从来不求人，不谄媚人，我在什么事情上也没有成就，就是文章，我也不敢写了。"

"在这社会里面，女子向来是——"李健吾插嘴说。

"我真羡慕你们男孩子！只要自己有志气，有毅力，终究可以在社会上走出一条路来，你们什么都撇弃得下。至于你……"石评梅接着讲了些鼓励李健吾上进的话，又继续说道，"现在我也不悲观了：人活着，反正是要活着，有同情也好，没有同情也好，反正还要活着。所以如今当我到难受极了的时候，眼泪固然要流，然而我一看到我这许多的学生欢欢喜喜地唱着，跳着，我便安慰许多了。她们是我唯一的安慰。可是慢慢她们也要离我走开的……"

就在那次春游后的 9 月 18 日，石评梅发病，剧烈的头疼，20 日转往一家日本人开的医院治疗，无效，23 日转往协和医院，诊断为脑炎，30 日去世。年仅二十六岁。

去世的前两天，在清华上学的李健吾才听说石先生病重住院，十分惊讶，焦急。本待去看望，只是听说医院不许人进去，才未去成。不意两天后，石评梅竟溘然长逝。

石评梅去世后，朋友们根据她生前的遗愿，将她安葬在陶然亭内高君宇的墓旁。

10 月 24 日，李健吾写成《悼评梅先生》一文，先在《晨报副刊》发表，后收入蔷薇社编辑、由世界日报社印行的《石评梅纪念特刊》。这是一篇感情沉痛而文字酣畅的悼亡文章，末尾一段是这样的——

最令我感到一种显然的差别的，是看见她立在繁华而喧嚣的人海里，她漫立在一群幸福的妇女中间。面色微白，黯然伤神，孤零零的，仿佛一个失了魂的美丽的空囊壳；有时甚至于表示一种畏涩的神情，仿佛自惭形陋的念头在激动她的整个的心灵。那过去的悲哀浸遍了她的无所施用的热心，想把它骗入一时的欢乐，只是自欺欺人。她生活在她底已逝底梦境；她忏悔她昔日对于那唯一爱她底男子所犯底罪过；她跳到社会里面，努力要消耗一切于刹那的遗忘；然而她的思想仍是她的，她的情感仍旧潜在着，她终于不能毁灭她已往底评梅。她只得向天狂吁道："天啊！让我隐没于山林吧！让我独居于海滨吧！我不能再游于这扰攘的人寰了。"那末一句表示出她的极端的绝望。所有她的诗文几乎多半是她奋斗以后失了望的哀词，在那里她的始元的精神超过了我们今日所谓底颓废文学，无病而吟底作家与前代消极的愁吟底女子。她的情感几乎高尚到神圣的程度，即使她自己不吟不写，以她一生的无名的不幸而论，已终够我们的诗人兴感讽咏的了。

与林徽因　1934年初林徽因读到《文学季刊》上李健吾关于《包法利夫人》的论文，非常赏识，随即写了长信给李健吾，约李来她家里面唔。那时林徽因已经享誉文坛，她的"太太客厅"正闻名北京全城，许多人以一登"太太客厅"为幸事。林徽因的这种方式约见，多用于未相识的文学青年，如萧乾，故似有勉励、提携的意思。然而年龄上李健吾只比林徽因小两岁，而且差不多在十年前就发表作品、组织社团，相当活跃的了，文学上算得上是林徽因的前辈，不知他们见面时是如何一番情景。反正两人的订交起始于此，以后都在"京派"圈子里引为知己，尤其是李健吾，对林徽因推崇备至。林徽因借鉴意识流手法创作了小说《九十九度中》，有保守的大学教授竟然读不明白，为此李健吾写出了与小说同题的评论，热情称赞林徽因："在我们好些男子不能控制自己热情奔放的时代，却有这样一位女作家，用最快利的明净的镜头（理智），摄来人生的一个断片，而且缩在这样短小的纸张（篇幅）上。"并指出："在我们过去短篇小说的制作中，尽有气质更伟大的，材料更事实的，然而却只有这样一篇，最富有现代性。"李健吾关于林徽因小说《九十九度中》的评论，成为李健吾式文学批评的一个代表文本，并选入多种有关林徽因的书籍。

抗战八年，林徽因避居西南后方，李健吾则蛰居沦陷的上海，虽音讯阻隔，但阻隔不了李健吾对女作家的惦念。当误传林徽因已经病故，李健吾在《咀华记余·无题》中表达了对林徽因和其他三位女作家的这种情感。他说："在现代中国妇女里面，有四个人曾经以她们的作品令我心折。……一位是从旧礼教冲出来的丁玲，绮丽的命运挽着她的热情永远在向前跑；

一位是温文尔雅的凌叔华，像传教士一样宝爱她的女儿，像传教士一样说故事给女儿听；一位是时时刻刻被才情出卖的林徽因，好像一切有历史性的多才多艺的佳人，薄命把她的热情打入冷宫；最后一位最可怜，好像一个嫩芽，有希望长成一棵大树，但是虫咬了根，一直就在挣扎之中过活，我说的是已经证实死了的萧红。""但是，我前面举出的四位作家，死的死（据说林徽因和萧红一样，死于肺痨），活的活。都在最初就有一种力量从自我提出一种真挚的，然而广大的品德，在她们最早的作品就把特殊的新颖的喜悦带给我们。……我不想在这里仔细分析她们四位，因为她们每位全值得我奉献一篇专论。最像一个典雅的中国人的是凌叔华，然而最伟大的却是丁玲，萧红的前途应当没有穷尽，林徽因的聪明和高傲隔绝了她和一般人的距离。"

大概是发表这篇文章的同时，李健吾确切地得知林徽因尚在人世，喜出望外，立即又专为林徽因写了一篇《林徽因》，收入多人合集《作家笔会》（沪上"春秋文库"的一种）。以下为这篇文章的节选：

足足有一个春天，我逢人就打听林徽因女士的消息。人家说她害肺病，死在重庆一家小旅馆，境况似乎很坏。我甚至于问到陌生人。人家笑我糊涂。最后，天仿佛有意安慰我这个远人，朋友忽然来信，说到她的近况，原来她生病是真的，去世却是误传了。一颗沉重的爱心算落下了一半。

为什么我这样关切？因为我敬重她的才华，希望天假以年，能够让她为中国文艺有所效力。在中国现存的知名女作家里面，丁玲以她的热和力的深厚的生命折倒了我，凌叔华的淡远的风格给我以平静，萧红的《生死场》的文字像野花野草一样鲜丽，直到最近，杨绛以她灵慧的文静的观察为我带来更高的希望。作品没有她们丰盈，才华的显示不是任何男友所可企及，然而命运似乎一直在和她的倔强的心性为难。

绝顶聪明，又是一副赤热的心肠，口快，性子直，好强，几乎妇女全把她当做仇敌。我记起她亲口讲起的一个得意的趣事。冰心写了一篇小说《太太的客厅》讽刺她，因为每星期六下午，便有若干朋友以她为中心谈论时代应有的种种现象和问题。她恰好由山西调查庙宇回到北平，她带了一坛又陈又香的山西醋，立时叫人送给冰心吃用。她们是朋友，同时又是仇敌。她缺乏妇女的幽娴的品德。她对于任何问题感兴趣，特别是文学和艺术，具有本能的直接的感悟。生长富贵，命运坎坷；修养让她把热情藏在里面，热情却是她的生活的支柱；喜好和人辩论———因为她爱真理，但是孤独，寂寞，抑郁，永远用诗句表达她的哀愁。

与钱钟书　1945年秋天，抗日战争胜利。李健吾和郑振铎共同策划出版大型文学杂志《文艺复兴》，为此，郑振铎和李健吾分头向在上海、南京、重庆、北平的一些文友约稿。

此时，钱钟书从1944年动笔的首部长篇小说《围城》即将完成。根据文艺评论家吴泰昌在《听李健吾谈〈围城〉》一文中的记载，钱钟书的夫人杨绛是写剧本的，她和李健吾一起参加过戏剧界的一些活动，李健吾为她写过剧评，并在她的戏里凑过角儿。得知《围城》完成一大半以后，李健吾和郑振铎就向钱钟书提出，在《文艺复兴》上连载《围城》。钱钟书同意了，双方商定从创刊号起用一年的时间连载完这部长篇。但是，在《文艺复兴》创刊号组版时，钱钟书以来不及抄写为由，要求延一期发表。同时，他拿来短篇小说《猫》。这样，《文艺复兴》在创刊号发表《猫》的同时，在"下期要目预告"中，将钱钟书的《围城》（长篇）在头条予以公布。

《围城》从1946年2月出版的《文艺复兴》一卷二期上开始连载，在该期"编余"中，李健吾写道："钱钟书先生学贯中西，载誉士林，他第一次从事于长篇小说制作，我们欣喜首先能以向读者介绍。"本来，《围城》预计二卷五期结束，由于作者的原因，暂停了一期，第六期才续完。读者很关心这部小说，暂停连载的原因，李健吾在三期"编余"中及时作了披露："钱钟书先生的《围城》续稿，因钱先生身体染病，赶钞不及，只好暂停一期。"

轶事　　李健吾先生是法国文学专家，他翻译的27种莫里哀喜剧，文采斐然，誉评如潮。生活中的李先生却"略输文采"，常常露出"傻"相来。一次他陪友人去绍兴游玩，鲁迅家乡的山水草木令朋友惊喜异常。为使这种惊喜永远留在朋友记忆里，李健吾自告奋勇拍摄，围着朋友前后左右不停拍摄。瞧他东一张西一张的麻利样子，朋友以为他是位摄影高手，表情随之丰富异常自不消说。可回到家洗印出来一看，照片上什么都没有！原来这位主动热情为人拍照的李先生根本就不会拍照，这竟是他平生第一次摸相机！

晚年的李健吾夫妇

1934年春季的一天，李健吾与曹禺在《文学季刊》编辑部里聚谈，在谈及当今谁是中国最好的戏剧家时，曹禺把李健吾推为最好。

听了曹禺的评判，李健吾心里自然很是得意。他知道曹禺刚写完一个剧本。过后找到靳以一问，果然靳以说就在他的抽屉里，靳以还说他和巴金都认为剧本不错，但还有些小毛病，最后，靳以对李健吾说："你先拿去看看。"

"不，不登出来我不看"。李健吾如是说。

7月1日，《文学季刊》第一卷第三期出版，在剧本一栏里，同时刊出三个剧本。第一个是李健吾的《这不过是春天》，第二个是曹禺的《雷雨》，第三个是顾青海的《香妃》。对这样的排列，李健吾有个风趣的解释："我不想埋怨靳以，他和家宝的交情更深，自然表示也就更淡。做一个好编辑最怕有人说他徇私。所以，我原谅他。"

1945年3月，李健吾改编的《金小玉》由苦干剧团演出，立即轰动了上海剧坛。李健吾在剧中饰黄总参议。

有次开演前，李健吾在后台跟演员大谈其黄总参议的演法，如何撩袍，如何甩袖，如何抽雪茄，如何吐掉牙签，说到得意处，一不小心，把做道具用的劣质雪茄烟，猛吸一口咽了下去。他是从不吸烟的，一下子中了烟毒。正好轮到他上场，勉强支撑着将戏演完，一到后台就大呕大吐，面无人色，几乎晕了过去。朋友们看他情形不对，只好雇车送他回去。上了车，车夫问拉到哪儿，他头也不抬，凄然欲绝地说了五个字："上海殡仪馆！"

一个大活人怎么要去殡仪馆呢？车夫吓了一跳。原来李健吾住的多福村五号，就在上海殡仪馆对面，平日坐车回家，他总是这样对车夫交代的。

美文

雨中登泰山

从火车上遥望泰山，几十年来有好些次了，每次想起"孔子登东山而小鲁，登泰山而小天下"那句话来，就觉得过而不登，像是欠下悠久的文化传统一笔债似的。杜甫的愿望："会当凌绝顶，一览众山小"，我也一样有，惜乎来去匆匆，每次都当面错过了。

而今确实要登泰山了，偏偏天公不作美，下起雨来，淅淅沥沥，不像落在地上，倒像落在心里。天是灰的，心是沉的。我们约好了清晨出发，人齐了，雨却越下越大。等天晴吗？想着这渺茫的"等"字，先是憋闷。盼到十一点半钟，天色转白，我不由喊了一句："走吧！"带动年轻人，挎起背包，兴致勃勃，朝岱宗坊出发了。

是烟是雾，我们辨认不清，只见灰蒙蒙一片，把老大一座高山，上上下下，裹了一个严实。古老的泰山越发显得崔嵬了。我们才过岱宗坊，震天的吼声就把我们吸引到虎山水库的大坝前面。七股大水，从水库的桥孔跃出，仿佛七幅闪光黄锦，直铺下去，碰着嶙嶙的乱石，激起一片雪白水珠，脱线一般，撒在洄漩的水面。这里叫做虬在湾：据说虬早已被吕洞宾渡上

李健吾：活着是为了『掏一把出来』

天了，可是望过去，跳掷翻腾，像又回到了故居。

我们绕过虎山，站到坝桥上，一边是平静的湖水，迎着斜风细雨，懒洋洋只是欲步不前，一边却暗恶叱咤，似有千军万马，躲在绮丽的黄锦底下。黄锦是方便的比喻，其实是一幅细纱，护着一幅没有经纬的精致图案，透明的白纱轻轻压着透明的米黄花纹。——也许只有织女才能织出这种瑰奇的景色。

雨大起来了，我们拐进王母庙后的七真祠。这里供奉着七尊塑像，正面当中是吕洞宾，两旁是他的朋友李铁拐和何仙姑，东西两侧是他的四个弟子，所以叫做七真祠。吕洞宾和他的两位朋友倒也还罢了，站在龛里的两个小童和柳树精对面的老人，实在是少见的传神之作。一般庙宇的塑像，往往不是平板，就是怪诞，造型偶尔美的，又不像中国人，跟不上这位老人这样逼真、亲切。无名的雕塑家对年龄和面貌的差异有很深的认识，形象才会这样栩栩如生。不是年轻人提醒我该走了，我还会欣赏下去的。

我们来到雨地，走上登山的正路，一连穿过三座石坊：一天门、孔子登临处和天阶。水声落在我们后面，雄伟的红门把山挡住。走出长门洞，豁然开朗，山又到了我们跟前。人朝上走，水朝下流，流进虎山水库的中溪陪我们，一直陪到二天门。悬崖峻嶒，石缝滴滴沥沥，泉水和雨水混在一起，顺着斜坡，流进山涧，涓涓的水声变成訇訇的雷鸣。有时候风过云开，在底下望见南天门，影影绰绰，耸立山头，好像并不很远；紧十八盘仿佛一条灰白大蟒，匍匐在山峡当中；更多的时候，乌云四合，层峦叠嶂都成了水墨山水。蹚过中溪水浅的地方，走不太远，就是有名的经石峪，一片大水漫过一亩大小的一个大石坪，光光的石头刻着一部《金刚经》，字有斗来大，年月久了，大部分都让水磨平了。回到正路，雨不知道什么时候已经住了，人走了一身汗，巴不得把雨衣脱下来，凉快凉快。说巧也巧，我们正好走进一座柏树林，阴森森的，亮了的天又变黑了，好像黄昏提前到了人间，汗不但下去，还觉得身子发冷，无怪乎人把这里叫做柏洞。我们抖擞精神，一气走过壶天阁，登上黄岘岭，发现沙石全是赤黄颜色，明白中溪的水为什么黄了。

靠住二天门的石坊，向四下里眺望，我又是骄傲，又是担心。骄傲我已经走了一半的山路，担心自己走不了另一半的山路。云薄了，雾又上来。我们歇歇走走，走走歇歇，如今已经是下午四点多了。困难似乎并不存在，眼面前是一段平坦的下坡土路，年轻人跳跳蹦蹦，走了下去，我也像年轻了一样，有说有笑，跟在他们后头。

我们在不知不觉中，从下坡路转到上坡路，山势陡峭，上升的坡度越来越大。路一直是宽整的，只有探出身子的时候，才知道自己站在深不可测的山沟边，明明有水流，却听不见水声。仰起头来朝西望，半空挂着一条两尺来宽的白带子，随风摆动，想凑近了看，隔着辽阔的山沟，走不过去。我们正在赞不绝口，发现已经来到一座石桥跟前，自己还不清楚是怎么一回事，细雨打湿了浑身上下。原来我们遇到另一类型的飞瀑，紧贴桥后，我们不提防，几乎和它撞个正着。水面有两三丈宽，离地不高，发出一泻千里的龙虎声威，打着桥下奇形怪状的石头，口沫喷的老远。从这时候起，山涧又从左侧转到右侧，水声淙淙，跟我们跟到南天门。

过了云步桥，我们开始走上攀登泰山主峰的盘道。南天门应该近了，由于山峡回环曲折，反而望不见了。野花野草，什么形状也有，什么颜色也有，挨挨挤挤，芊芊莽莽，要把巉岩的山石装扮起来。连我上了一点岁数的人，也学小孩子，掐了一把，直到花朵和叶子全蔫了，才带着抱歉的心情，丢在山涧里，随水漂去。但是把人的心灵带到一种崇高的境界的，却是那些"吸翠霞而夭矫"的松树。它们不怕山高，把根扎在悬崖绝壁的隙缝，身子扭的像盘龙柱子，在半空展开枝叶，像是和狂风乌云争夺天日，又像是和清风白云游戏。有的松树望穿秋水，不见你来，独自上到高处，斜着身子张望。有的松树像一顶墨绿大伞，支开了等你。有的松树自得其乐，显出一副潇洒的模样。不管怎么样，它们都让你觉得它们是泰山的天然的主人，谁少了谁，都像不应该似的。雾在对松山的山峡飘来飘去，天色眼看黑将下来。我不知道上了多少石级，一级又一级，是乐趣也是苦趣，好像从我有生命以来就在登山似的，迈前脚，拖后脚，才不过走完慢十八盘。我靠住升仙坊，仰起头来朝上望，紧十八盘仿佛一架长梯，搭在南天门口。我胆怯了。新砌的石级窄窄的，搁不下整脚。怪不得东汉的应劭，在《泰山封禅仪记》里，这样形容："仰视天门窔辽，如从穴中视天，直上七里，赖其羊肠透迤，名曰环道，往往有絙索可得而登也，两从者扶挟前人相牵，后人见前人履底，前人见后人顶，如画重累人矣，所谓磨胸捏石扪天之难也。"一位老大爷，斜着脚步，穿花一般，侧着身子，赶到我们前头。一位老大娘，挎着香袋，尽管脚小，也稳稳当当，从我们身边过去。我像应劭说的那样，"目视而脚不随"，抓住铁扶手，揪牢年轻人，走十几步，歇一口气，终于在下午七点钟，上到南天门。

心还在跳，腿还在抖，人到底还是上来了。低头望着新整然而长极了的盘道，我奇怪自己居然也能上来。我走在天街上，轻松愉快，像一个没事人一样。一排留宿的小店，没有名号，只有标记，有的门口挂着一只笊篱，有的窗口放着一对鹦鹉，有的是一根棒槌，有的是一条金牛，地方宽敞的摆着茶桌，地方窄小的只有炕几，后墙紧贴着峥嵘的山石，前脸正对着万丈的深渊。别成一格的还有那些石头。古诗人形容泰山，说"泰山岩岩"，注解人告诉你：岩岩，积石貌。的确这样，山顶越发给你这种感觉。有的石头像莲花瓣，有的像大象头，有的像老人，有的像卧虎，有的错落成桥，有的兀立如柱，有的侧身探海，有的怒目相向。有的什么也不像，黑忽忽的，一动不动，堵住你的去路。年月久，传说多，登封台让你想象帝王拜山的盛况，一个光秃秃的地方会有一块石碣，指明是"孔子小天下处"。有的山池叫做洗头盆，据说玉女往常在这里洗过头发；有的山洞叫做白云洞，传说过去往外冒白云，如今不冒白云了，白云在山里依然游来游去。晴朗的天，你正在欣赏"齐鲁青未了"，忽然一阵风来，"荡胸生层云"，转瞬间，便像宋之问在《桂阳三日述怀》里说起的那样，"云海四茫茫"。是云吗？头上明明另有云在。看样子是积雪，要不也是棉絮堆，高高低低，连续不断，一直把天边变成海边。于是阳光掠过，云海的银涛像镀了金，又像着了火，烧成灰烬，不知去向，露出大地的面目。两条白线，曲曲折折，是奈河，是汶河。一个黑点子在碧绿的图案中间移动，仿佛蚂蚁，又冒一缕青烟。你正在指手画脚，说长道短，虚像和真像一时都在雾里消失。

我们没有看到日出的奇景。那要在秋高气爽的时候。不过我们也有自己的独得之乐：我们在雨中看到的瀑布，两天以后下山，已经不那样壮丽了。小瀑布不见，大瀑布变小了。我们沿着西溪，翻山越岭，穿过果香扑鼻的苹果园，在黑龙潭附近待了老半天。不是下午要赶火车的话，我们还会待下去的。山势和水势在这里别是一种格调，变化而又和谐。

山没有水，如同人没有眼睛，似乎少了灵性。我们敢于在雨中登泰山，看到有声有势的飞泉流瀑，倾盆大雨的时候，恰好又在斗母宫躲过，一路行来，有雨趣而无淋漓之苦，自然也就格外感到意兴盎然。

萧军："我这野气要不要改？"

萧军照

传略 萧军（1907—1988），原名刘鸿霖，出生于辽宁省义县沈家台镇下碾盘沟村，即现凌海市所属大碾乡人，笔名三郎、田军、萧军。

1925年考入张学良在沈阳办的东北陆军讲武堂第七期，学习法律和军事。1929年，萧军写出了他的第一篇白话小说《懦……》，以"酡颜三郎"为笔名，发表在当年5月10日沈阳《盛京时报》上。小说愤怒地揭发了军阀残害士兵的暴行。接着萧军又在《盛京时报》上发表了《端阳节》、《鞭痕》、《汽笛声中》、《孤坟的畔》等小说。

1932年初，萧军到了哈尔滨。正式开始文学生涯，1933年秋天，他和萧红（萧红萧军意为：小小红军。）合印了一部短篇小说集《跋涉》。其中收有萧军的《孤雏》、《烛心》、《桃色的线》、《这是常有的事》、《疯人》、《下等人》等6篇小说。

1934年6月中旬离开东北故乡，来到关内。在青岛，萧军、萧红一边编辑《青岛晨报》副刊，一边写作。萧军在这里写完了他的成名作《八月的乡村》。

1935 年 7 月，萧军自费"非法"出版了长篇小说《八月的乡村》，立即轰动了文坛，奠定了萧军在我国现代文学史上的地位。在艺术上，《八月的乡村》有着鲜明的特色。首先，它以浓郁的乡土色彩强烈地吸引着读者。其次，在人物塑造上，萧军既能准确地把握人物性格，对人物作速写的勾勒，又善于精雕细绘，并且常常把二者结合起来加以描写。此外，《八月的乡村》的风格也质朴刚健，充溢着一种不可抑止的力量，可以说是"力"的艺术。这种艺术风格特别体现在对社会生活的概括和开掘方面。这时期，萧军的创作力极为旺盛。继《八月的乡村》之后，他又出版了短篇小说集《羊》、《江上》，散文集《十月十五日》、《绿叶的故事》，中篇小说《涓涓》等。正是在这样基础上，萧军开始撰写他的长篇巨著《第三代》。

从 1936 年春起，他断断续续写了近二十年，才全部写完《第三代》。这部巨著以宏大的气魄，全面真实地再现了旧民主主义革命时期在帝国主义和封建军阀统治下的东北社会现实。

从 1940 年 6 月到 1945 年冬末，萧军一直生活和工作在延安。担任鲁迅研究会主任干事，"文协"分会的理事，《文艺月报》的编辑，鲁迅艺术文学院的教员等职务。

抗战胜利后，萧军于 1946 年 9 月 23 日重返阔别了十二年的哈尔滨。先后担任了东北大学鲁迅艺术文学院院长、鲁迅文化出版社社长、《文化报》主编等职务。就在这时，发生了《文化报》与《生活报》论争事件。当时中共中央东北局作出了"关于萧军问题的决定"，从此萧军便被排斥出文艺界，被湮没了整整三十年。萧军在极端困难的逆境中写出《五月的矿山》、《吴越春秋史话》以及《第三代》最后部分，《鲁迅给萧军萧红信简注释录》、《萧红书简辑存注释录》、《萧军近作》等重要著作。萧军在新中国成立后所写的这些作品，思想更见深沉，艺术上更加精益求精；不但保存了宝贵的文学史料，而且是非常优美的散文艺术珍品。特别是后两部作品，名为"注释"，其实是别具一格的艺术品。

习武 1917年，十岁的萧军随做生意的父亲到长春，当时日本侵略势力在东北甚嚣尘上，有志之士都以刺死伊藤博文的朝鲜志士安重根为榜样，修文习武。萧军经父亲同意，拜了江湖侠士山西人段金贵为师。从此，他就开始了昼习文夜习武的少年时代。

1926年，19岁的他到吉林北山当兵。当时，北山聚集了一批武士文人，作为文职兵，他有机会同这些江湖义士弹琴赋诗，练拳舞剑。在这里，他因路见不平，也出过几次手。由于他的剑术出众，演京剧《霸王别姬》、《打渔杀家》的演员秦小舫拜他为师，学习舞剑。1927年，他考入沈阳宪兵训练处，在这八个月的学业中，他学习了格斗—柔道—日本劈刺和侦察技能。之后，他被分配到哈尔滨当宪兵。虽然只干了几个月，但他对欺凌民众的兵痞，污辱妇女的警察，抢劫钱财的贼盗，都施展了他的武功，打了几次漂亮的仗，战无不胜。此年，他考入了沈阳的东北讲武堂。在此学习期间，他开始用不同的笔名在报刊上发表文章。在第四学期将毕业时，发生一场动武事件。起因是，在日本留学归来的中校教官朱世勤，无理鞭打一位同学，萧军气愤之下，以行意拳为同学挡开鞭子。朱世勤翻过来就打萧军，并且拔出佩刀，萧军拾取一把铁锹，格开佩刀，泰山压顶，照朱的头顶劈去。由于众多同学拉架，才没劈死后来当了汉奸的朱世勤。但是，萧军因此挨了军棍，不给毕业证书。他就这样离开了讲武堂。由于他的武功声望，辽宁昌图县的一个陆军旅，便聘请他去当了武术教官。

1931年"九一八"后日寇占领东北，他在沈阳结识了著名武师辛健侯，两人共伸爱国情怀，切磋武功，使他的武功更臻精熟。这时他已精通长拳，花拳，行意拳，八卦拳，太极拳和各路刀剑，还有日本的柔道和劈刺。不久他和辛健侯先后到了哈尔滨。

他在哈尔滨与萧红同居后，以写作为生，有时仍和辛健侯练武。在当地他结识一位白俄拳师后，又迷上了西方拳击。以后，他走青岛，奔上海，逃武汉，赴西安，涉兰州，到成都。两次投奔延安，一直到抗战胜利，他都坚持练武。就是在解放后了无声息的许多年间，北京的一些武师与他还有来往。

逝情　　萧红（1911—1942），原名张乃莹，原是黑龙江省呼兰县一个大地主的女儿。她幼年丧母，父亲张廷举是当地有名的官僚绅士，不仅对佃户奴仆很残暴，对萧红也十分严厉。家庭环境和冷漠的亲子关系使萧红从小就养成叛逆的个性。1931年，专横的父亲逼着萧红嫁给一个旧军官的儿子汪殿甲（王恩甲）。萧红断然拒绝，和封建家庭决裂，逃出了父亲的控制。

她逃婚出走至北平，考入女师大附中，未婚夫汪殿甲尾随而至，两人因经济困窘回到哈尔滨，在哈尔滨道外正阳十六道街的东兴顺旅馆同居。1932年，汪殿甲以回家取钱为由，将怀孕中的萧红抛弃，险些被旅馆老板卖到妓院以抵还六百多元的食宿费。孤苦无助、重病缠身的她向报社投书求助，报社主编裴馨园收到信后非常同情这个不相识的女读者，便派萧军到旅馆探望。萧军按照信上所示的地址找到了萧红。萧军这时看到的萧红是一个憔悴的孕妇，脸色苍白，神态疲惫，穿了一件已经变灰了的蓝长衫，拖了一双变了形的女鞋。

萧红对萧军的到来，非常惊喜，更没有料到来看望她的人正是她所佩服的作家三郎。萧红读过萧军以三郎笔名发表的诗歌和小说。萧军当时头发蓬乱、衣着褴褛，活似个流浪汉，然而，却散发着豪爽的英气，萧红不由产生信赖和亲切的感觉。年轻的萧红在那狐鬼满路的茫茫人海里，终于遇到一个知音，便打开心扉，把自己的悲惨身世，不幸遭遇，难言的屈辱，痛苦的心情，对爱和美的渴望与追求，尽情地倾诉出来。萧军在萧红的床上，发现了散落的纸片上画着图案式的花纹，虽是胡乱勾勒的，但线条洗练流畅，显示出勾勒者非凡的艺术才情。接着萧军又看到纸片上有几节字迹秀丽工整的短诗，萧军被震动了！他感到无比的惊异，眼前的是一个晶明的、美丽的、可爱的、闪光的灵魂！他决定不惜一切牺牲和代价拯救这个灵魂！但是萧军心有余而力不足，适巧松花江决了堤，遂得以趁乱从旅社救出萧红。萧军与萧红在患难中结为夫妻，两人在道里商市街二十五号大院的一间小房同居。萧军送给妻子的礼品，不是什么珠宝首饰，而是比珠宝更珍贵的三首定情诗，萧红也从此走上写作之路。

萧军与萧红结合的六年，是他们各自人生中最刻骨铭心的六年，是他们出成果最多、最艰苦也最快乐的六年，也是打打吵吵的六年。

萧红确实如萧军所说，"自尊心过强，有时膨胀到病态的地步。非常敏感。她有消极的一面，生活意志很弱"等等，这是她的性格问题，萧红生来一副多愁多病身，她不是伟人，无力自控，但她对萧军是真正投入了感情的。1938 年，他们来到设在山西临汾的民族革命大学工作，萧军总是闹着要上前线抗日，要去打游击；萧红则认为抗日应各尽所能，我们的特长是写作，应当用笔为抗日呐喊。两人各执一词，不欢而散。正是这一次争吵，让萧红下定了与萧军分手的决心。

萧军也尽了自己的努力。他一直跟着萧红，不想分手，但又忍不住不吵不闹。最后，萧军只得默默接受这一切。他在兰州遇上了贤淑温良的王德芬，并与之恋爱结婚，这一次婚姻延续了半个世纪，直到萧军逝世。萧红与萧军的同居关系维持了六年（1932—1938），正式分手时，萧红已经怀孕，那孩子后来不久夭亡。1939 年（一说为 1938 年），萧红另与端木蕻良结婚，婚姻关系维持了四年，直到她病逝于香港。萧红临终前还想起萧军，念叨道："如果三郎在重庆，我给他拍电报，他还会像当年在哈尔滨那样来救我吧！"

情书

致 萧 红

吟：

前后两信均收到了。你把弄堂的号码写错了，那是二五六，而你却写了二五七，虽然错了也收到。

今晨鹿地夫妇来过，为了我们校正文章。那篇文章我已写好，约有六千字的数目，昨夜他翻好四分之三的样子，明晨我到他们那里去（他们已搬到环龙路来）再校一次，就可以寄出了。其中关于女作者方面，我只提到您和白朗。

秀珂很好，他每天到我这里来一次，坐的工夫也不小，他对什么全感到很浓重的兴趣，这现象很好。江西，我已经不想要他去了，将来他也许仍留在上海或去北平。寄来过一次，你的第一封信她已看过了。今天在电车上碰到了她、明、还有老太太，她们一同去兆丰公园了，因为老太太几天要去汉口。

三十日的晚饭是吃在虹他们家里，有老唐、金、白薇（她最近要来北平治病了，问你的地址，我说我还不知道）。吃的春饼。在我进门的时候，虹紧紧握了我的手，大约这就是表示和解！直到十二时，我才归来。

踏着和福履里路并行的北面那条路，我唱着走回来。天微落着雨。

> 昨夜，我是唱着归来，
> ——孤独地踏着小雨的大街。
>
> 一遍，一遍，又一遍，……

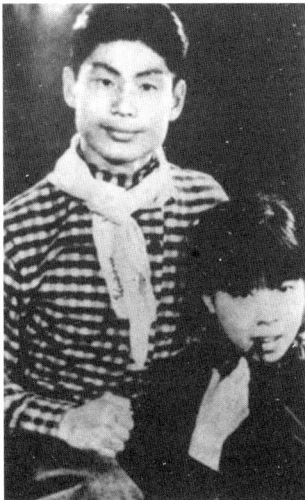

萧军和萧红合影

萧军：「我这野气要不要改？」

405

全是那一个曲调：

"我心残缺……

我是要哭的！……"

可是夜深了，怕惊扰了别人，

所以还是唱着归来：

"我心残缺！……"

我不怨爱过我的人儿薄幸，

却自怨自己痴情！

吟，这是我做的诗，你只当"诗"看好了，不要生气，也不要动情。

在送你归来的夜间，途中和珂还吃了一点排骨面。回来在日记册上我写下面几句话：

"这是夜间的一时十分。她走了！送她回来，我看着那空旷的床，我要哭，但是没有泪，我知道，世界上只有她才是真正爱我的人。但是她走了！……"

吟，你接到这封信，不要惦记我，此时我已经安宁多了。不过过去这几天是艰难地忍受过来了！于今我已经懂得了接受痛苦，处理它，消灭它，……。酒不再喝了（胃有点不好，鼻子烧破了）。在我的小床边虽然排着一列小酒瓶，其中两个瓶里还有酒，但是我已不再动它们。我为什么要毁灭我自己呢？我用这一点对抗那酒的诱惑！

偶尔我也吸一两支烟。

周处既找不到，就不必找了。既然有洁吾，他总会帮助你一切的，这使我更安心些。好好安心创作罢，不要焦急。我必须按着我预定的时日离开上海的。因为我一走，珂更显得孤单了。你走后的第二天早晨，就有一个日本同志来寻你，还有一个男人（由日本新回来的，东北人）系由乐写来的介绍信，地址是我们楼下姓段的说的。现在知道我地址的人，大约不少了，但是也由它去罢。

《日本评论》（五月号）载有关于我的一段文章，你可以到日本书局翻看翻看（小田岳夫作）。

花盆你走后是每天浇水的，可是最近忘了两天，它就憔悴了，今天我又浇了它，现在是放在门边的小柜上晒太阳。小屋是没什么好想的，不过，人一离开，就觉得什么全珍贵了。

我有时也到鹿地处坐坐，许那里也去坐坐，也看看电影，再过两天，我将计划工作了。

夏天我们还是到青岛去。

有工夫也给奇和珂写点信，省得他们失望。

今天是星期日，好容易雨不落了，出来太阳了。

你要想知道的全写出来了。这封信原拟用航空寄出，因为今天星期，还是平寄罢。

祝你获得点新的快乐！

你的小狗熊

五月二日

（注：此信系萧军于 1937 年 5 月 2 日所写，当时萧军在上海，萧红在北平。）

师谊　1934 年夏，萧军与萧红在好友舒群的安排下，到了青岛，住在舒群岳父家。萧军担任了《青岛晨报》副刊的主编，但他的主要任务是抓紧《八月的乡村》的写作，而在青岛最大的收获是在地下党员孙乐文的帮助下，与鲁迅取得联系。在青岛待了不到半年，两人迫不及待地到了上海。

鲁迅是他们心中的希望和明灯。如果能见上鲁迅，那此行所有的悲苦辛酸都值。他们只好继续给鲁迅写信。鲁迅的回信总如期而至，但谈及见面，不禁让人凉了半截，先生的意思是"从缓"。鲁迅被当局通缉数年，当时环境之恶劣与现实之残酷，让先生不得不谨慎万分。但鲁迅对人生地不熟的二萧又十分牵念，怕他们病急乱投医，再三提醒"上海有一批'文学家'阴险得很，非小心不可"，他真诚地说："我想我们是有看见的机会的。"

出乎鲁迅意料的是，他在复信中称呼萧红为"女士"，遭到她的不满与抗议。更出乎二萧意料的是，这一因过于敏感而炮制的抗议竟然博得了鲁迅的好感，他似乎看到了这对年轻人身上温润如玉的天真，他认为，他出来保护这对年轻人身上的美好东西责无旁贷。他们再通信就像老朋友一样俏皮嬉戏，而见面的机缘也已越来越近。

1934年11月30日下午两点，二萧准时来到内山书店，鲁迅早在那里等候着。这让他们有点不知所措，虽然信里很熟了，但毕竟是第一次见到先生，他们仍被他的威仪所震慑。这种震慑很快就变成倾服。鲁迅把他们带到书店不远的一家咖啡店，他们开始了平和而善意的交谈。

临别，鲁迅拿出20元钱送到萧军手上，说："这是你们需要的。"听说他们连回去坐车的零钱都没有，鲁迅把手伸进自己的衣袋，从里面掏出一把大大小小的银角子和铜板。而萧军含着热泪将《八月的乡村》抄稿递了过去。

第一次见面，鲁迅对二萧很有好感。就想着要给他们介绍几个可靠的朋友。为此，鲁迅专门设宴于梁园豫菜馆。鲁迅为二萧介绍的朋友是：茅盾、叶紫、聂绀弩与夫人周颖，还有没来得及赶上饭局的胡风夫妇。鲁迅特意委托叶紫做二萧的监护人。他们于是和叶紫成为了密友。

鲁迅的关心无处不在。两口子搬到拉都路南段时，周围住着许多白俄罗斯人，鲁迅叮嘱他们千万不要跟那些白俄说俄国话，怕有人告密带来不必要的麻烦。搬家后，他们口袋里的钱不够买一张床，鲁迅要他们到木刻家黄新波家里去借，黄新波二话没说，借给他们两张铁床，还叫了黄包车送他们回去。黄新波不久就成为《八月的乡村》一书的封面设计者。

聂绀弩鼓励他们多写点短作品，容易捞到稿费。他们埋头苦干，三郎写短篇小说，悄吟写散文。萧军的短篇《职业》由鲁迅推荐刊登在《文学》杂志第4卷第3号，拿了38元稿费，足足可以交三个月的房租。他激动得抱着萧红在房间里转圈。

鲁迅不顾劳累，认真读完《八月的乡村》，他很喜欢这部质朴刚健的作品，为此写了一篇序言："我却见过几种讲述关于东三省被占的小说，这《八月的乡村》即是很好的一部。"为了便于出版，鲁迅要萧军把"三郎"的笔名改掉，他说，俄国有个萧三，在文学上很活跃，现在即使多一个郎字，"狗们"也即刻以为就是他的；而且笔名最好有两个，一个平时写文章用，一个放在长篇上。遵照先生的指示，萧军因为非常喜欢京剧《打渔杀家》里的萧恩，加上自己军人出身，故从此改笔名为"萧军"，萧红也从此将笔名从"悄吟"改为"萧红"，两人的笔名寓含"红军"之意，是对蒋介石"言抗日者杀无赦"的蔑视与抗议。

萧军提议，他们两人加上叶紫共三人组成一个"奴隶社"。鲁迅同意，并策划了一套"奴隶丛书"，使萧军的《八月的乡村》、叶紫的《丰收》和萧红的《生死场》先后问世。《八月的乡村》描写义勇军抗日的故事，让民族危机下苦闷的民众看到了希望。

萧军与萧红对鲁迅的感情倾向在鲁迅死后表现得更加分明。闻听鲁迅的死讯，萧军发狂般赶到鲁迅寓所，在鲁迅床前双膝跪倒，平生第一次放声痛哭。萧军是治丧办事处的重要成员，他为先生守灵三夜，是先生的16个抬棺人之一，还担任了一万多人送葬队伍游行示威的总指挥。在灵柩落葬前，萧军代表《译文》、《作家》、《中流》、《文季》四大刊物和治丧办事处全体同人，发表了富有号召力的精彩演说：

"鲁迅先生他不应该死，他还没到死的年龄，他自己也不想死，人不想用死来逃避自己的责任。他要活，他要用活着的最后一滴血，为中国的整个民族和人民，为世界上被压迫的大众，争解放，争平等……鲁迅先生的死是一把刀——一把饥饿的刀，深深插进了我们的胸膛。我们要用自己和敌人的血将它喂饱！我们要复仇和前进！"

这实际上是鲁迅衣钵传人的声音。萧军接着积极投入到鲁迅纪念文集的编校出版工作中，而不管如何忙，不管刮风下雨，他每周都要到鲁迅墓地献上一束鲜花。

萧红是在日本听到鲁迅逝世的噩耗，她沉痛地写了《海外悼》，后来又写成中篇散文《回忆鲁迅先生》，这是极散淡又极凝练、极朴实又极生动、极平和又极深情的一篇文字。"一双拖鞋停在床下，鲁迅先生在枕头上边睡着了。"

特立　　萧军在延安知识分子中，是少数几个经历过整风运动而没有被完全改造了的知识分子之一。他特立独行，我行我素，公开宣称：鲁迅是我的父辈，毛泽东只能算是我的大哥。

当萧红病重困在医院，医院嫌他们穷，不给认真治疗的时候，萧军抓住医生吼道："如果你今天医不好我的人，她要是死了，我会杀了你，杀了你的全家，杀了你们的院长，你们院长的全家，杀了你们这医院所有的人！"

这一骂，那卑怯的医生赶快去给萧红治疗，不敢怠慢。

当萧军的《八月的乡村》在鲁迅帮助下出版后，张春桥化名为狄克，向他施放冷箭，还和华蒂社的马蜂一起利用小报挖苦他并影射鲁迅。鲁迅先生以《三月的租界》给予还击。而萧军并不以此为足。他威风凛凛地扬言，要亲手狠揍张春桥和马蜂这两个小瘪三，这一下把张春桥吓得一声也不敢再吭。

不吭声也不行，萧军下达战书，晚上在徐家汇的草地上决一雌雄。张春桥自知不是对手，推马蜂去挨打，他权充证人。萧军的证人是萧红。萧军带着半截铁棍去赴会，半路上碰见聂绀弩，硬给聂夺下来了，所以赤手相搏，毕竟萧军是讲武堂出来的，刚一交锋，马蜂便被干净利落地摔在地下。

萧军着实揍了他几皮锤。马蜂不服气，刚爬起来又被撂倒了，像摔一捆稻草。

有人曾把萧军在社会上的所作所为告诉鲁迅。萧军问他敬爱的先生："我这野气要不要改？""不改。"鲁迅先生微笑着回答他，萧军得意地大笑起来："好，不改！"

1938年3月12日，一个身背褡裢、手拄木棍、薄衣单袜的汉子出现在延安，他就是来寻找精神憩歇地的萧军。鲁迅死了，萧红走了，萧军再次沦为精神流浪汉。他想到了延安，当时中国最有活力、最有气节的一块土地。萧军是从山西吉县步行二十多天来到延安的，他也没有想到会在延安待多久，他本来想去五台山打游击，但路途不通，便灵机一动，拐到延安，住进了陕甘宁边区政府招待所。

那时，《八月的乡村》已成名著，萧军作为鲁迅学生的身份亦备受关注。毛泽东从丁玲那里得知萧军来了，很想见见这位"文""武"均负有盛名的鲁门弟子。他派了秘书和培元前往问候，和秘书知道此人大有来头，友好地提出安排时间见见主席。哪知被萧军客气地回绝："不见了，他挺忙的，我住上一两星期就走。"

但毛泽东要见的人岂容他随便逃避。不久后的一天，毛泽东亲自跑到招待所来看望萧军和其他友人。再过几天，中共领导人在陕北公学的操场上会餐，毛泽东特邀萧军参加。这次聚会毛泽东和他的部下们给萧军留下了深刻印象，他们高谈阔论，开怀大笑，轮流共喝一个大碗里的酒，还伴随着尘土飞扬的大风，其豪情逸气，壮志雄心，让萧军大感快慰。而毛泽东对萧军也很有好感，他写信给萧军说："你是极坦白豪爽的人，我觉得和你谈得来。"

在上海，萧军有鲁迅的庇护，而且上海是文人圈子，萧军的粗犷颇有迷人之处。到了延安，既有文人书生，又有将军元帅，亦文亦武的萧军反而成为一个"怪物"。他一边穿着俄国式衬衣，绣着白色花边和绿树枝图案，招摇过市，一边为着生活小事，从皮靴筒里拔出匕首插在桌子上；一边写申请书要求入党，一边对彭真说，谁要是命令我，我就会起生理上的反感，看来我还是留在党外吧，省得给党找麻烦；一边整天用自己的男高音唱着"同志们向太阳向自由，向着那光明的路"，一边和讥讽他的警卫连战士打架……

从萧军与周扬之间的关系也可以看出萧军的性格。1941 年 6 月 17 日至 19 日，《解放日报》连载周扬文章《文学与生活漫谈》，引起艾青、舒群、罗烽、白朗、萧军的不满，五人经过讨论提出意见，由萧军执笔，写成《〈文学与生活漫谈〉读后漫谈集录并商榷于周扬同志》一文。文章寄给《解放日报》被退了回来，萧军以为太不公平，太不民主了，遂将载有周扬文章的报纸和自己的文章送给毛泽东。毛泽东提示他，《解放日报》不给登，你不是自己办了一份《文艺月报》吗！你可以登在《文艺月报》上呀！遂刊于《文艺月报》第 8 期（1941.8）。文章思想姑且不论，用语的确颇有尖刻之处，如："我们敢于这样说：凡是到延安来的——连一个小鬼也在内——他们决不是想到这里来吃肉或者是补充维他命 C 的；这也正如周扬同志参加革命，不仅仅是为了做院长，吃小厨房以至于出门有马骑……一般。"

王实味于 1937 年从上海奔赴延安后，一直在马列学院编译室任特别研究员。四年间，他翻译了近 200 万字的马列经典著作，为马列主义在中国的传播做出过贡献。但他性格狂傲，好像只有不断地向权威挑战，才是他人生的乐趣。他在延安《解放日报》上先后发表了《野百合花》、《政治家·艺术家》等杂文，还办了壁报《矢与的》。有几期《矢与的》还贴在布上，挂在延安最热闹的地方，看的人像赶庙会一样，一时出尽了风头。

王实味的文章对延安的社会生活和革命队伍中的人际关系，进行了尖锐的指责和批评，相当片面和偏激。在整风中，当时文艺界一些写了错误倾向的文章的同志，受到了批评，但他们很快都做了检讨，党也宽恕了他们。唯独王实味不肯承认自己有错误，因而批评也就不断升级：由思想政治错误上升成"托派"、"国民党特务"，被逮捕，最终在山西兴县被杀头。

在批判王实味不断升级的时候，有一位既是王实味的朋友，又同萧军熟悉的作家跑来找萧军。这个人知道萧军同毛泽东的交往，恳请萧军去向毛泽东反映情况，幻想毛能看在萧军的面上对王实味从轻发落。萧军虽与王实味素不相识，却不假思索地答应下来，想不到碰了软钉子。毛泽东虽然态度友好，但断然拒绝了萧军的说项。毛说：这事你不要管。他不是一般思想意识错误，他有托派和国民党特务嫌疑问题。萧军虽然听从了毛泽东的话，不再过问这件事，但消息很快传开了，说萧军到毛泽东那里替王实味告状，引起一些人的强烈不满。

不久，萧军随同"文抗"的同志们到王实味所在的中央研究院参加批判王实味的大会。会场比较混乱，王实味每说句什么，立即招来一片怒吼和痛斥声。萧军坐在会场后边，听不清前边人们说些什么。他便烦躁起来，站起来大声喊："喂……让他（指王实味）说嘛，为什么不让他说话！"会场上人们目光一时间集中到萧军身上，萧军也毫不在乎。散会的时候，在路上萧军向同行的人们表示了自己的不满，认为这种批判缺乏实事求是的说理态度，并以自己特有的语言方式说了几句粗话，如"往脑袋上扣屎盆子"之类，被一位女同志向"文抗"党组织汇报了，于是形势严峻起来。

几天后，中央研究院派了四名代表到了萧军住处，向他提出抗议，指责他破坏批判会，要他承认错误，赔礼道歉！萧军勃然大怒，不但拒绝了，简直是把四名代表给轰出来。萧军怒气未息，专门写了一份书面材料上呈党中央和毛泽东主席，说明事实经过。他把这份材料取名为《备忘录》。

1942 年 10 月 9 日，延安召开了有两千多人参加的"鲁迅逝世六周年纪念大会"，萧军出人意料地在大会上宣读了他的《备忘录》。这一惊人之举真像火上加油，立即展开了激烈论战。党内外七名作家轮番上阵，萧军孤身一人，奋战群儒，毫不怯阵。从晚上八点一直论战到凌晨两点，足足六个小时也收不了场，无一人退席。大会主席吴玉章站起来劝解说："萧军同志是我党的好朋友，他今天发了这么大的火，一定是我们有什么方式方法上不对头，大家以团结为重，互相多做自我批评吧！"吴老的话，使萧军感到温暖，他又想起毛泽东叮嘱的"要故意强制地省察自己的弱点"

的话，便尽力压下怒气，尽力心平气和地说：

"我先检讨检讨，百分之九十九都是我的错，行不行？你们是不是也应该考虑一下你们的百分之一……"

会上，有一位作家不顾吴老的调解和开导，盛气凌人地说：

"我们一点也没错，你是百分之百的错！告诉你，萧军，我们共产党的朋友遍天下，丢掉你一个萧军，不过九牛一毛……"

萧军刚刚平息下去的怒气，立即又爆发了。他腾地站起来，拍案大怒，说："百分之九十九我都揽过来了，你连百分之一的错都不肯认账！那好吧，你们既然朋友遍天下，我这个'毛'绝不去依附你那个'牛'；你那个'牛'也别来沾我这个"毛'，从今后咱们就他妈的拉、蛋、倒！"萧军用手势把最后三个字一顿一顿地喊完，拂袖而去。

这次会后，萧军无形中已被扣上"同情托派分子王实味"的罪名。这给萧军后来的政治和文学生涯，蒙上了一层浓重的阴影。

1937年"七七"抗战爆发后，由于国民党反动政府抗战不力，节节败退，日本侵略者的军队长驱直入。上海、南京孤城危殆，一些机关、企业以及大批逃难的民众，开始向武汉方面撤退了！九月上旬，萧军和萧红同难民一起逃出上海，经过五天的颠簸，二萧才到达武汉。好友、青年诗人蒋锡金在码头上迎接了他们，并将自己的两间房子腾出一间给萧军夫妇。三个穷苦的青年作家在一起，各自埋头写作，帮助胡风、聂绀弩编辑《七月》。围绕这本杂志的作家和诗人，形成了现代文学史上著名的"七月"派。萧军这时正撰写长篇小说《第三代》，在《七月》杂志上连载，被评论家赞为"庄严的史诗"。萧军同时还在《七月》上发表了《不是胜利就是灭亡》、《不同的献祭》、《谁该入拔舌地狱？》、《"不够朋友"论》、《"重赏之下必有……"说起》、《踏过去》等锋芒犀利的杂文，控诉日寇罪行，揭露国民党反动派卖国投降活动，鼓舞抗日军民的斗争。萧军以《我们要怎样活下去》为题，在电台发表广播演说，并不遗余力地参加了各种有关救亡抗日的社会活动。

南京失守后不久，国民党政府通过法西斯德国公使牵线，秘密同日本议和。消息走漏后，受到社会舆论的强烈谴责，弄得国民党政府十分狼狈。于是由国民党的中宣部出面，召集在武汉的京津沪粤湘鄂的文化人开会。会上，国民党副总裁、亲日派头子汪精卫为投降活动辩护说：“现在报刊上出现‘议和者即汉奸’的标语。对此提法，兄弟实在不敢苟同。从古至今，有战必有和；哪怕是百年战争，也不能只战不和。所以要看怎样的和，如果和了对民族不利，那就不能和，还要打下去；如果对民族有利，就应该不失良机，及时而和；不然的话，一失足成千古恨，成为民族国家的千古罪人！兄弟愚见，不知诸位以为然否？……”汪精卫这一套卖国和平论，全场为之愕然。著名戏剧家洪深先生拍案而起，走上台说：“我洪深是江苏武进人，为了抗战大业，我已作出了许多牺牲了，家报传来，祖宅被敌炸平了，父母被炸死了，我都咬牙忍受了，因为人人都为抗战大业作出牺牲，并非牺牲者只有我自己。现在敌人大军压境，人家的刺刀已经扎在我们胸口上，不投降就得死拼，哪儿来的和平，这不是痴人说梦吗？……”洪深先生越说越激动，最后大声疾呼，声泪俱下。紧接着是邓初民先生讲话。老先生声如洪钟，义正词严，痛斥国民党反动派的卖国投降谬论。这时，汪精卫再也坐不住了，站起来向会议主持者请求退席，并回身向会场连连点头，说：“兄弟还有点事，各位继续发表高见，兄弟早退一步，失陪，失陪。”说着鞠了个躬，就溜了。国民党湖北省党部的一个头目红头涨脸地说：“诸位言之过激了。我衷心拥护汪副总裁的训示。和平之路未绝，吾人当尽力争取……”萧军忍无可忍，便刷地站起来，拉着萧红和锡金说：“我们走！”到门口时，又回头对那个正在口沫横飞的国民党头目骂了一声：“狗叫！”全场一片哗笑。

　　由于在这次会议上的表现，国民党当局把萧军作为迫害的对象。又是恫吓，又是拉拢，但萧军照旧我行我素，完全置之不理。于是，国民党当局动手了。十二月十日，萧军的住地来了一群不速之客。领头的一个人相当客气地对萧军说：“萧先生，有几位熟朋友请您去吃饭，蒋锡金先生已经先到了，这是蒋先生给您的便条。"萧军接过条子一看，发现字迹虽似，但并没有什么请客吃饭的事，只是锡金的一个签名。萧军判断锡金已被他们绑架了，不由怒火中烧，把便条撕个粉碎，冷笑说："诸位太不高明了。要抓人，就掏枪吧，何必玩这种骗人的把戏！""哪里，哪里，"为首的特务满脸尴尬地笑，仍想把戏演下去，"萧先生别误会，大家无非交个朋友嘛！""滚，你们这些狗东西……"萧军厉声大喝。"你他妈别不识抬举……"又一个小特务骂骂咧咧挤上来，萧军不待他说完，劈面猛击了他一拳，这家伙跟跟跄跄倒退了五六步，摔倒在地上……特务们立即喧闹起来，一拥而上同萧军厮打，这正中萧军下怀。萧军就是要把事情闹得公开化。果然，正在格斗当中，当地警察分局的警察赶来了，他们只当打架斗殴，把双方一股脑儿都带到警察局。虽然把萧军拘留起来，但由于事情弄得尽人皆知，特务也不好下手了。胡风、萧红等赶快把情况报告了"八路军办事处"。办事处负责人董必武亲自出面据理交涉。国民党当局迫于形势，只得把萧军和锡金都释放了。

萧军后来回忆当时自己的自卫措施是：武器——牛耳尖刀一把，经常置于衣袋中。资本——脑袋一颗。方法——"两手换"：要么，你杀了我，或把我送进监牢；否则就让我工作下去。萧军这种独特的斗争方式，虽曾被人讥之为"耍流氓"……然而，其中也包含着对敌人斗争的大无畏精神。

伴侣　　1938 年 4 月 28 日上午，兰州炭市街 49 号院里，站着两个男青年，一个戴着一顶灰呢帽，穿一件深红色皮大衣；另一个穿一件浅色风衣，手里还拄着一根手杖。他们四下里打量着，不停地打问着："吴先生在这儿住吗？这儿有姓吴的吗？"他们这一喊，喊来了一段爱情，而这段爱情又是那样的美丽与坚贞。

这两位男青年就是戏曲家塞克和作家萧军。他们的喊声惊动了对面堂屋里住着的一位少女，她掀开窗帘一看，没想到这一看，少女的心扉就同房门一样洞开了。这位少女就是抗战时期活跃在兰州的王氏姊妹艺术团中，出演《放下你的鞭子》中的"香姐"的王德芬。

当时国难当头，一些进步的爱国青年将个人的命运与祖国的兴衰存亡相依相系，他们全身心的投入到了驱逐敌寇，追求民族解放的滚滚洪流之中。

青年作家吴渤受王德芬的父亲、榆中县县长王蓬秋之邀，来兰州进行文艺宣传。吴渤为了增强兰州进步文艺运动的领导力量，又写信邀请在西安的萧军、塞克，以及音乐家王洛宾和他的妻子罗珊，舞台灯光专家朱星南等一同来到兰州。

萧军想不到会在遥远的大西北找到了自己的爱情归宿。正如他当时给王德芬的情书中表白的："只要我一接近你，就感到一种眼睛看不见的温柔包围了我，真的会变成一个孩子了，像一只羔羊似的伏贴在你的怀中，任着你抚摸吧，我会在这抚摸中睡得香甜而美丽！爱的！"

其实王德芬这不是第一次见到萧军，王德芬第一次见萧军还是在上海，那是她和她的姐姐德谦乘电车准备看望鲁迅的夫人许广平。在电车里碰到了萧军，王德芬看到的萧军是这样的："在两节车厢之间的过道旁的座位上，坐着一个年轻人，浓黑的头发，棕红的脸色，虽然有点瘦，但很结实，很像个游泳健将。上身穿着白色短袖针织网球衫，下身是白色西式长裤，脚穿一双尖头皮鞋。他一条腿架在另一条腿上，正聚精会神地看着一张报纸。"

当时 30 岁的萧军正是风华正茂的年龄，又是当时极为"热销"的《八月的乡村》的作者、鲁迅先生的学生。所以对于 18 岁的、情窦初开的王德芬还是具有"诱惑力"和"杀伤力"的。

"情人眼中出西施"。自己所钟情的人往往会散发着吸引人的魅力，他们的一举一动都是那么的得体。萧军来到兰州的第二天，就送给了王德芬一个雅致的浅灰带绿仿龙泉窑大开片花瓶，瓶颈上缠绕着几道鲜艳的朱红色串珠，瓶内还插着一长一短两枝刺梅。历经半个多世纪，王德芬已是一个耄耋老人时，回忆这些，对于那串朱红色的珠子仍充满了深深地爱恋："那是小姑娘最喜爱的一种椭圆形小珠子。"并有点感动地写道："四、五月份正是刺梅、芍药、丁香、牡丹……盛开的季节，兰州街上卖各种花的很多，萧军真是一个有心人啊，他怎么知道我爱花呢？"王德芬一颗平静、矜持的少女之心就这样被萧军投下了一颗石子，激起了涟漪，并一道道地荡漾开去……

萧军来到兰州后的第五天，就约王德芬出去"散步"，于是王德芬带着四岁的小妹王德莹，他们一行三人，沿着炭市街一路溜溜达达穿过了黄河铁桥，爬上了白塔山，在一个小茶馆里，他们买了一壶茶、一碟白瓜子和一碟黑瓜子，将瓜子一样分一些给小妹妹，"她就端着小碟坐到连着栏杆的长凳上嗑去了……"

萧军与王德芬虽同住一个院内，近在咫尺，但他们依然书信不断。

从双方称呼上就可知道二人爱恋之深，萧军在信中称王德芬为"我的孩子"，落款为"你的小傻子"；而王德芬写给萧军的信却是既无称呼，也没落尾，而直呼为"你"，但是在信中也称其为"没出息的"。可见二人在诙谐中充满了深深地爱恋。

然而，萧军与王德芬的相爱遭到了王德芬父母的强烈反对，王德芬是这样说的："因为他是个离过婚的人，年龄比我大12岁，我的条件比他好多了，我的父母肯定不会同意这种婚姻。"因此王家父母是无论如何也不会让自己的女儿下嫁给这样一个离过婚的且居无定所的人。

于是王家向萧军这位不受欢迎的不速之客下了"逐客令"，萧军无奈地搬出了王家，王德芬也被父母"软禁"在了家中，再不让踏出家门半步。可是姐姐王德谦却当起了"红娘"，暗中为他们传递着书信。

经过他们"顽强地、不懈地努力和斗争"，没过多久，在1938年6月2日这天的《民国日报》上，刊载出了王蓬秋刊登的"小女德芬于本年5月30日已与萧军君订婚，因国难时期一切从简，祈诸亲友见谅是幸"的订婚启事。

从此，他们相依相偎、携手走在了漫漫人生风雨路上。他们先从兰州到西安，从西安又辗转到达成都，然后又从重庆赴延安。又先后到过张家口、齐齐哈尔、哈尔滨和佳木斯、富拉尔基等地。后又来到沈阳、抚顺，最后定居在了北京。他们的足迹可以看出是从西北到西南、又从西南到了东北，其间的艰难困苦是可想而知。当然生活中的苦和难还算不了什么。最让人难以承受的是心灵上的苦，一次次暴风骤雨般的政治运动，并没有将他们击垮，而是历难弥坚。"文革"中，身陷囹圄的萧军冒着生命危险传出一封信给他的孩子们，信是这样写的："好好关心你们的母亲！她的身体多病，又没经过什么风浪的折磨，她天真的犹如一个孩子！……她是这世界上唯一能谅解我的人。尽管我们思想常难一致；我们的生活习惯、为人作风———各不相同，但我们却是不可分解的一对！"

名作

我 研 究 着

不是为了孤独，也不是为了寂寞，只是常常喜欢一个人在夜里走走，更是落着一点雨的夜。

人在行走的中间，可以想着各种各类的事情，有的时候如果对什么发生了兴味，就停止在那里，待看够了再走。

每次经过白渡桥的时候，我就要这样研究着："这水是向哪个方向流啊？"若同朋友们坐电车，我也常常要问他：

"你，先不许看，说给我，这苏州河的水是向哪一面流？"

他们也常常是答不出，虽然他们全是生活在上海很久了的人。

"也许是向西吧？"

"也许？……"我高兴了，觉得自己这试验很成功。

"这和普通的中国河流一样，也是向东的啊！"

起始我也总是疑惑这条水也许是流向西的。察看着漂流在水上的木片和碎叶……证明了这水是流向东。可是到第二次经过的时候，我又怀疑了这断定：

——也许在江水涨潮的时候，它要流向西……

在涨潮时，水面上要碰巧没有木片和碎叶等，只好看着那往来的船只：进行艰难的一面，当然就是逆水了。从确定了这河底流向，我也就不再研究它。但，我还是常常喜欢在那里走走。

也是个落着雨的夜！不很大，蒙蒙散散近乎雾似的；我也是和平常差不多，捡着自己所爱走的街走；捡着自己所爱停留的地方就停留。除开这条河以外，就是沿着外滩那条江堤走。那江水的气味——更是落过雨的夜间——腥臭得是那样地浓烈！搞夜班的码头夫们尖锐的喊叫，又是那样没有韵节地伤着人的心！我也还是爱着那地方。当然我也可以捡着有街树的宜于散步，比方像霞飞路那样地方走，不过我一走到那样有诗味的路，就要感到一种说不出的孤独！那江水的臭味和码头夫们底吆喝声，却使我增添着人生的憎和爱！

只要一看到那每所巍峨得山岳似的建筑物，生了斑锈的铜铸像，更是那个伸展着翅膀的和平的女神，我也常是这样研究：

——这要多少个黄色药包呢？才能一个不剩，轰炸得粉粉碎碎……。

这念头像婴儿似的，总是在我的心里生长着。如果我有了儿孙，这也许会要遗传给我的儿孙，要想拔除也是没有用！

我对那伸着小翅膀的女神，并不存着什么憎和爱。那不过相同铸枪铸炮用的一堆铜或铁！那些砖和瓦也是无辜的，还是应该炸碎享受这些和借用这些名义的臭虫们！

"和平的女神"建立在中国是不应该的，更是那个地方，它的意义很模糊：究竟还是要谁和平呢？是侵略者，还是被侵略者？——我研究着。

如果在二白渡桥上停下来，倚着栏杆，看一看那从路灯上投在地上的灯影，像一只剪贴的蝴蝶似的；在雨中，灯底光亮也温柔得很可爱！我研究着，什么时候写小说，可以把这段夜景插进去呢？要把这整个的景物，用怎样节省的语句，才能使读着的人，嗅到这气味——这气味也是腥臭得很浓烈！日间，可以看得见那水已经变得墨水似的发了黑；为了过渡发酵，上面飘浮的沫，白得相同很好看的菜花了。——看到这景物——我研究着。

我在上海常常看到有这样水的地方，并且还住满了像离开这水就生活不下去似的居民——徐家汇就是一例——我想，凡是居住这类地方的人民，他们底鼻器官一定和我们这些上等人构造上不相同，他们不懂得臭！并且卫生常识也不充分，还尽在那水里洗濯东西。他们大约是太愚蠢了，不晓得遵从官家卫生运动的纲领！至于"孝悌忠信；礼义廉耻"对于他们当然更不懂了——我研究着。

桥脚蹲着的那个赤着脚的瘦孩子，他并不看我，只是反复地，像是在数着，又不像，从这个手里把铜元掉转到那只手里，又掉转回来……我却看清了，无论怎样掉转那还是三个铜元。他像个机警的鸟雀似的，转着自己的头——一辆准备过桥的人力车被他发见了，快得相同一颗流星似的，飘飞着身上的布片奔走去，帮同车夫，取着很巧妙的姿势，肩膀一顺而后把身子一扭手去，如果坐车的人有分寸地，摇一摇头，于是他就回到了原蹲过的地方。——返回来的行走不像一颗流星了，只像一条慵懒的虫了——再数着铜元；再转着鸟雀似的头……。——一些衣帽和化妆品的店铺全是为女人们开的吗？为什么预备女人们用的东西总是那样地多！饮食店里的男人又是这样地多！

我研究的结果：女人大半好穿好装修，而男人们则好吃。不错，这全是为每人所喜欢而预备的；同样那发着臭味的苏州河，那桥脚，那码头……一定也是为那些鼻器官构造特殊，不懂卫生常识的居民；赤脚的孩子；喜欢在夜里走跳板的码头夫们预备的。那每所高耸的建筑物；"和平的女神"，也一定是为那些能享受这些的"主人"；爱和平的"主人"而预备的。至于这落着有点诗味的雨底夜，大约也就是为喜欢这样夜的人们——像我——而预备的了。——就像证明了苏州河的水是流向东以后一样，我也就不再研究它。